近現代日本の宗教変動

実証的宗教社会学の視座から

寺田喜朗・塚田穂高
川又俊則・小島伸之

編著

ハーベスト社

目次

序章　日本における宗教構造の変容と宗教社会学──　寺田喜朗・小島伸之…… 1
　　はじめに ………………………………………………………………………… 1
　　1．実証的宗教社会学 …………………………………………………………… 2
　　2．近世日本の宗教構造──江戸幕府の宗教政策と民衆の宗教生活── ……… 6
　　3．近代日本の宗教構造 ………………………………………………………… 8
　　4．本書の目指すところ ………………………………………………………… 17

第Ⅰ部　宗教運動論の展開

第1章　教団類型論と宗教運動論の架橋 ──────── 寺田喜朗・塚田穂高… 25
　　　　──日本の新宗教の事例から──
　　はじめに ………………………………………………………………………… 25
　　1．新宗教の多様性 ……………………………………………………………… 26
　　2．新宗教の教団類型論 ………………………………………………………… 28
　　3．新宗教をめぐる運動理論 …………………………………………………… 32
　　4．宗教的権威と救済の源泉の存在形態に基づく類型
　　　　──テクスト教団と霊能教団── ………………………………………… 33
　　5．教団類型論と宗教運動論の架橋──想定される課題群── …………………… 36
　　6．類型間移行のパターン ……………………………………………………… 39
　　7．おわりに ……………………………………………………………………… 40

第2章　佛立講系在家仏教運動の類型間移行 ──────── 小島伸之… 53
　　　　──伝統テクスト型教団の展開過程──
　　はじめに ………………………………………………………………………… 53
　　1．テクスト教団としての日蓮系教団 ………………………………………… 54
　　2．本章の分析枠組み …………………………………………………………… 56
　　3．「純粋在家主義運動」の運動過程 …………………………………………… 61
　　おわりに ………………………………………………………………………… 76

第3章　「近代教団」としての金光教の形成 ——————————— 藤井麻央 …81
　　　　——明治期における宗教運動と宗教行政——

　はじめに——問題の所在— ……………………………………………………… 81
　1．先行研究の整理 …………………………………………………………… 83
　2．教派神道体制の形成と宣教型神道の課題 ……………………………… 87
　3．組織の成立過程Ⅰ　前史から形成期
　　　　——組織形成を促す宗教政策と運動側の応答—— ………………… 90
　4．組織の成立過程Ⅱ　発展期——組織面における神道本局との差異化—— …… 95
　5．組織の成立過程Ⅲ　完成期
　　　　——内務省との独立交渉による組織整備の促進—— ……………… 99
　結論 ………………………………………………………………………… 104

第4章　霊波之光教会におけるカリスマの成立と継承 ——————— 塚田穂高… 117
　　　　——霊能の指導者集中型教団の発達課題——

　はじめに——問題の所在— ……………………………………………………… 117
　1．先行研究の検討・対象の概要・課題設定 ……………………………… 118
　2．カリスマの成立と変容
　　　　——教祖の意味づけ・救済の方途・カリスマの発現形態—— ……… 121
　3．カリスマの死と継承——後継者の養成を踏まえて—— ……………… 131
　4．おわりに——運動展開とカリスマ継承の比較研究に向けて—— ……… 138

研究動向1　世俗化論・合理的選択理論 ——————————— 大場あや… 147
　　はじめに（147）　1.世俗化論（147）　2.世俗化論の限界とその後の展開
　　（149）　3.日本における世俗化論と合理的選択理論の適用可能性（153）
　　おわりに（155）

第Ⅱ部　地域社会と宗教

第5章　近隣ゲマインシャフトと葬送習俗 ——————— 寺田喜朗… 165
　　　——根白石村における契約講のモノグラフ——
　　はじめに ……………………………………………………………… 165
　　1．研究の対象と目的 ………………………………………………… 166
　　2．調査フィールドの概要—旧根白石村— ………………………… 169
　　3．根白石村における契約講—範域・組織・機能— ……………… 177
　　4．葬送習俗の変化と契約講の変質 ………………………………… 183
　　5．契約講の変形・解体とその要因 ………………………………… 188
　　6．結論 ………………………………………………………………… 201

第6章　政教分離訴訟の宗教社会学 ——————————— 塚田穂高　217
　　　——北海道砂川市有地上神社問題のフィールドから——
　　はじめに——問題の所在—— ……………………………………… 217
　　1．神社・氏子組織と社会変動をめぐる先行研究 ………………… 218
　　2．北海道砂川市有地上神社違憲訴訟 ……………………………… 222
　　3．公有地上宗教施設の全国分布と自治体の対応 ………………… 233
　　おわりに——変化のなかの神社神道と宗教社会学—— ………… 241

第7章　人口減少時代の教団生存戦略 ——————————— 川又俊則… 249
　　　——三重県の伝統仏教とキリスト教の事例——
　　1．問題の所在——人口増加時代から人口減少時代へ—— ……… 249
　　2．仏教とキリスト教の組織の異同 ………………………………… 251
　　3．人口減少時代の宗教調査 ………………………………………… 255
　　4．人口減少時代における地域社会と宗教——三重県の事例—— … 264
　　5．人口減少時代における教団の生存戦略 ………………………… 275
　　おわりに ……………………………………………………………… 280

　　研究動向2　戦没者慰霊研究 ——————————— 小林惇道… 290
　　　　はじめに（290）　1．歴史学（291）　2．民俗学（293）　3．宗教学（294）
　　　　4．社会学（295）　おわりに（297）

第Ⅲ部　国家と宗教

第8章　穂積陳重の先祖祭祀論 ──────────── 問芝志保… 305
　　　──「国体イデオロギー」言説の知識社会学──

　　はじめに ……………………………………………………………… 305
　1.　先行研究と問題の所在 ………………………………………… 306
　2.　民法典論争以前における祖先祭祀論―明治20年代― ……… 312
　3.　民法典論争、明治民法と祖先祭祀 …………………………… 314
　4.　海外講演における祖先祭祀の説明―明治30年代― ………… 318
　5.　「優れた日本文化」としての祖先祭祀―明治末～大正期― …… 323
　6.　結論 ……………………………………………………………… 330

第9章　昭和戦前期日本の「宗教弾圧」再考 ─────── 小島伸之… 343
　　　──特別高等警察の目的と論理──

　　はじめに ……………………………………………………………… 343
　1.　先行研究の整理 ………………………………………………… 344
　2.　特高警察の目的 ………………………………………………… 351
　3.　特高警察の宗教取り締まりの論理 …………………………… 366
　　おわりに ……………………………………………………………… 374

研究動向3　国家神道研究 ──────────────── 原田雄斗… 382
　　　はじめに（382）　1.「広義の国家神道」論（382）　2.「広義の国家神道」論の修正（384）　3.「狭義の国家神道」論（385）　4.国家神道研究のその後の動向（386）　おわりに──国家神道研究と宗教社会学──（388）

あとがき　（399）

人名索引　（402）

事項索引　（404）

著者紹介　（408）

序章
日本における宗教構造の変容と宗教社会学

寺田　喜朗・小島　伸之

はじめに

　本書のテーマは、実証的宗教社会学の立場から「近現代日本の宗教変動」の諸相に接近し、その特質を考究することである[1]。「近現代日本」とは、幕末から明治・大正・昭和を経て平成に至る約1世紀半を指し、「宗教変動」とは、社会変動に伴う「宗教構造」の再編を指している。

　ここで言う「宗教構造」とは、相対的に長期にわたって持続している①宗教運動・集団、②慣習的な宗教文化、③国家・公権力と宗教との関係性という三成層の様式とその連関を意味している。つまり、宗教変動とは、政治・経済・文化・社会生活の変化——社会構造の変動——と相互規定的に教団・講社・寺院・神社・教会等といった宗教運動・集団の社会的形態、祭礼・葬制・供養・通過儀礼等といった慣習的な宗教文化を支える観念・役割・組織、宗教に関連するさまざまな法令・規制や国家の方針が変容・変貌を遂げていく事態を指している。

　「宗教変動」という概念を使用することには二つの含意がある。まず、欧米の宗教社会学の重要なキータームである「世俗化」概念の適用を避け——ヨーロッパを標準モデルとは考えず——日本の歴史の実態に即してニュートラルな立場から社会変動と宗教の関係を分析していきたい、という意図である[2]。今ひとつは、宗教変動という概念を設定することにより、「近代化」と宗教の関係を再考してみたい、という意図である[3]。本書は、近代化という概念を大上段から論じるスタイルを採用してはいないが、我々には日本社会の近代化の特質とは何か、という共通の関心がある。そして、日本社会の近代化を再考する上で、宗教変動に着目することには有意な戦略性がある、と

いうスタンスから研究を進めている。

　以下では、次章以降の各論の前提となる知見を確認するため、実証的宗教社会学の前史と課題、日本の近世・近代の宗教構造について、それぞれアウトラインを示し、その後、各章の概要とともに本書が目指すところを述述したい。

1. 実証的宗教社会学

　フランス革命後の近代社会の方向性を問う──人民派の「進歩の運動」と国王派の「秩序の回復」を調停する──思想体系として、社会学（仏 sociologie 英 sociology）という学問領域が提唱されたのは1839年のことである[4]。オーギュスト・コント（1798-1857）は、実証の精神に立脚した新たな科学──想像ではなく、理論的諸前提に基づいた観察を重視する──として社会学を構想した。

　実証科学としての社会学は、エミール・デュルケム（1858-1917）とマックス・ウェーバー（1864-1920）の学的営為によって確立したと見なしうるが、この二人の巨人がとりわけ注力したのが宗教と社会に関する研究──宗教社会学──だった。社会学の誕生は「近代社会を問う」ことに基礎づけられていたが、国家と宗教（キリスト教会）の関係再編の中で近代社会が成立した経緯に鑑みると、宗教社会学は、社会学そのものの存立に深い関わりをもつ中核的分野として誕生したことが了解される[5]。宗教と社会の関係を問うことは、かつての社会とは異なる「近代とは何か」という問いに直結しており、近代社会の存立とその構造をトータルに把握するために必要不可欠な基底的論点だったのである。

　デュルケムは、宗教のもつ凝集力──集合的な信条と儀礼──が人々を統合し、また、周期的な祝祭において集合的沸騰が経験されることによって道徳的連帯が維持・再生される、という社会的機能を論じた。デュルケムの議論は、世俗化に関する議論の基礎付けとなるものであったが、同時に、非西欧世界のさまざまな宗教に対する実証研究を大きく刺激した。日本においてもデュルケムの議論は、1910年代半ば以降、田辺寿利（すけとし）（1894-1962）や古野清人（1899-1979）等を介して積極的に紹介・翻訳され、日本宗教の実証研究に

大きな影響を与えた。

　ウェーバーは、宗教と近代化——禁欲的労働倫理と資本主義を支えるエートスの関係——について瞠目すべき分析を提出し、比較文明論的な視座に基づく壮大な議論を展開した。ウェーバーの宗教社会学は1930年代以降に岡田　謙（ゆずる）（1906-1969）や小口偉一（1910-1986）等によって紹介されたが、本格的な輸入・翻訳は、大塚久雄（1907-1996）等によって戦後に着手された。また、（西欧において近代的思惟様式を用意した）カルヴィニズムの日本における機能的代替物は何か、というテーマはさまざまな角度から検討された。いずれにせよ二人が提起した諸概念——機能、制度、集合表象、アノミー、聖・俗、積極的儀礼・消極的儀礼、行為、神義論、世界像、エートス、カリスマ、共鳴盤、現世拒否、呪術師・祭祀・預言者、使命預言・模範預言、キルヘ・ゼクテ、呪術からの解放等——は、今日的にも必要不可欠な知的財産・学術資本であり、二人の視点や発想に基礎づけられ、宗教社会学という学問領域は発展を遂げたということができる。

　日本における宗教社会学というタームの初出は、1898（明治31）年である。1910年代にはデュルケム、1920年代にはアルフレッド・ラドクリフ＝ブラウン（1881-1955）、ブロニスロウ・マリノフスキー（1884-1942）、ゲオルグ・ジンメル（1858-1918）、1930年代にはウェーバー、マルセル・モース（1872-1950）、ヨアヒム・ワッハ（1898-1955）等が積極的に紹介され、欧米の宗教社会学説ないし理論については、戦前の時点ですでに一定の受容が図られていた[6]。その後も、リチャード・ニーバー（1894-1962）、タルコット・パーソンズ（1902-79）、ブライアン・ウィルソン（1926-2004）、ロバート・ベラー（1927-2013）、トマス・ルックマン（1927-2016）、ピーター・バーガー（1929-）等、欧米の学界で注目を集めた議論の多くは、ほぼタイムラグがないかたちで日本の学界に紹介された[7]。

　これら欧米の諸理論を踏まえて、宗教と社会の関係を正面から対象化した研究は、戦後において本格的にスタートする。欧米学説の輸入・紹介のかたわら、戦前にも宗教調査はなされてはいたが、——柳田國男（1875-1962）の民俗学の影響を受けた——広域的かつ断片的に特定項目を収集・分類するエクステンシヴ・アプローチが主流であり、分析対象を局地的に限定し、その集中的な研究から立体的に全体像を描き出すことを目指したインテンシヴ・ア

プローチが採られることは稀であった。

　その後、学問の発展に伴い、研究方法の洗練が進み、日本の宗教社会学の重心は、漸次的に学説の消化から事実の消化へ、エクステンシヴ・アプローチからインテンシヴ・アプローチへと移行していく。1950年代は、伝統的な村落社会における先祖祭祀（家・同族）、神社の祭礼組織（宮座・氏子）、民間信仰（参拝講）、山岳信仰、檀家組織等に対する研究が提出されたが、1960年代以降は、これに加えて、都市における先祖祭祀（位牌・仏壇・墓）、崇敬会、祭礼組織（踊り連等）、檀信徒やさまざまな新宗教、海外移民の宗教にも研究対象は拡大していった。また、歴史的な文字資料が豊富に残されているという日本社会の資料的特徴を前提に、我が国の宗教社会学は、文字資料を踏まえた通時的な歴史分析とフィールドワークを踏まえた共時的な現状分析をクロスさせる手法が主流となる。

　日本の社会学界における本格的な実証研究の起爆剤であり金字塔となった鈴木榮太郎（1894-1966）・有賀喜左衞門（1897-1979）等の研究を受け、宗教社会学の領域では森岡清美（1923-）等が実証研究を推進・牽引した。森岡は、欧米の学説・理論のみならず——家・同族団・自然村理論など——我が国の農村研究から析出された理論・概念を周到に踏まえ、真宗教団、集落神社（および神社合祀）、プロテスタント教会、新宗教（とりわけ立正佼成会）等を対象に、単なる理論の追試に留まらない独創的な実証研究を陸続と提出した[8]。森岡は、欧米の宗教社会学のみならず家族社会学にも通暁していたが、欧米諸国で彫琢された「モデルを日本地生えの諸教団に適用するのは妥当でない」という警句を発していた[9]。

　森岡の後続世代の研究者達は、宗教社会学研究会（1975-1990、宗社研）を結成し、実証研究の質・量双方の底上げを図った。宗社研に集った研究者が産出した成果は膨大かつさまざまな領域に及んでいるが、この時期は、「新宗教研究の隆盛が日本の宗教社会学の展開を推し進めてきた」という指摘がある[10]。とりわけ『新宗教事典』(1990)はエポックメイキングな成果であり、今日的にも日本の宗教社会学が誇る最大の成果と言える。『新宗教事典』の編者の一人である西山茂（1942-）は、創価学会、本門佛立講、妙智會教団、立正佼成会等、さまざまな新宗教の実証研究から「内棲宗教」「霊術系新宗教」等、独創的な概念を案出した。その西山は、「日本宗教の社会学的な分析に

は日本の現場から切り出した「日本の宗教社会学」の理論や方法が必要不可欠」であり、「文化拘束性の高い欧米の宗教理論をやみくもに日本の宗教現象に適用したりするのは厳につつしむべき」と語っていた[11]。

　つまり、森岡と西山は、欧米で彫琢された理論やモデルを（非欧米社会である）日本社会の研究に機械的・無批判に適用することを避け、経験研究から導き出される実証的知見と（欧米で案出された）理論やモデルとを往還させることによって、その妥当性を検証し（修正ないし洗練を試み）、またそれを活用することによってより適確に現象を分析することの重要性を語っている。そして、そのようにして蓄積された実証研究の中から、「諸外国の事例にも適用可能な、より普遍性のある宗教理論」の案出を構想している[12]。このような文脈において、「実証的宗教社会学」——本書の自己規定でもある——が研究史的に位置づけられる。すなわち、実証的な作業を伴わない研究風の言説——社会学的な発想から宗教現象へコメントを加えた評論や既成理論を機械的に当てはめたアドホックな事例報告——とは区別された、日本の歴史と文化を真正面に見据えつつ、社会学の視点・方法を駆使しながら宗教と社会の関係を検討し、実証的知見と理論・モデルとの往還からボトムアップ式により普遍性のある理論構築を目指すスタンスである。

　宗社研の解散後は、「宗教と社会」学会（1993–）が組織され、日本社会学会（1924–）・日本宗教学会（1930–）とともに宗教社会学・宗教学に関する学問領域の中心的アリーナとなっている。研究対象は、国内外の村落社会や都市社会、さまざまな教団組織に加え、非制度的なネットワークや群衆行動、宗教の周辺と言いうるような現象にも拡大している。研究者・発表媒体の数も増え、関連する研究成果は毎年多数産出されている。

　むろん研究成果の産出量が増えたこと自体は研究の活性化という点で望ましいことである。しかしながら一方で、基本的な関心や標準的な研究史・研究法・概念の十分な共有が図られず、学知的プラットホームが流動化する傾向も見受けられる[13]。流行の研究テーマが短いスパンで代わり、データの蓄積や概念の精査が十分に深化・進展することを待たずに新たなテーマへトレンドが移行する傾向、個別研究の成果を共有する関心が薄れ、いわゆるタコツボ化・細分化が顕著になる傾向が確かに観察される。別言すれば、実証主義の精神が形骸化し、何のために宗教を研究するのか、何を論証するための

実証研究なのかが見失われつつある状況があるように思われる[14]。

このように研究史を俯瞰してくると、今日、デュルケムやウェーバーの学的営為、森岡や西山をはじめとした先学のアフォリズムを再度真摯に受け止め直すべき必要性があることが了解される。本書は、実証的宗教社会学の学統を継承し、その学知を一歩でも前に進めようと試みるものである。宗教社会学が、近代社会の存立とその構造をトータルに把握するために構想された学問分野であることを踏まえ、日本社会における宗教構造の変化、すなわち近現代日本の宗教変動を実証的に解明すること、それが本書の目指すところである。

2. 近世日本の宗教構造——江戸幕府の宗教政策と民衆の宗教生活——

近代日本の宗教変動を論じる際、対照軸となるのは前近代における宗教の存在様式である。とりわけ、近世日本の宗教構造については一定の理解が必要となる。キリスト教国やイスラーム諸国、あるいはアジアの他の仏教国とは異なる日本特有の宗教構造はどのように形成されたのか、ここでは、近世から近代までの概況についてアウトラインを示しておきたい。

中世（鎌倉・室町時代）から近世（安土桃山・江戸時代）にかけて、我が国には、宗教変動の一大画期があった。興福寺・延暦寺・園城寺・根来寺等といった有力寺社は、広大な荘園（寺社領）を所有し、朝廷を中心とした公家勢力、幕府を中心とした武家勢力と競合し、また一方で権威・権力を補完する一大勢力であった[15]。その寺社勢力は、織豊政権が断行した統治機構の一元化（天下統一）のプロセスで経済基盤（寺社領）と軍事力（僧兵・神人）を失い（焼き討ち・上知）、政治力を凋落させる（上知された寺社領は幕府からの寄進として再交付され、幕府は寺社の庇護者として影響力を行使する）[16]。加えて、徳川幕府が発布した寺院法度（1601-1616）や諸宗寺院法度（1665）、諸社禰宜神主法度（1665）によって寺社が有したさまざまな特権（守護不入権等）は剥奪され、世俗法（幕法）の枠内でのみ宗教活動が容認される近世型政教関係が成立した[17]。

国家と宗教の関係を整理しておこう。幕府は葬儀法要の権限を仏教寺院に独占させ（日本では僧侶の葬儀への関与は中世以降に広まる）、——とりわけ浄土宗・曹洞宗・一向宗等のいわゆる鎌倉新仏教の——寺院数が激増する。幕

府は、巨大化していく宗門の経済力を抑制し、加えて寺院乱立による過当競争（共倒れ）を防ぐため、新寺建立禁止令（1615・1631・1658・1692）を布告する。また幕府は諸宗末寺帳（1632-1633）を提出させ、本末関係を介した宗門統制を図るとともに、新義異宗の禁（1665）を布告し、公認された宗派・宗義以外（邪宗門）を厳しく取り締まった。他方、開府時に70万人を数えたキリシタンに対しては、段階的に禁教令（1612-1628）を発布して取り締まりを進める。幕府は禁教令徹底のために仏教を「活用」し、寺請証文（戸籍・住民票）の作成の義務づけを図る（1638）。これを宗門人別改帳として集約させ（1660-1669）、毎年、新たに作成・提出する義務を課した。このような漸進的措置が履行された結果、17世紀末頃には、日本固有の寺請制度（寺檀制度）が確立することになる。以降、人々はいずれかの寺の檀家・門徒として登録（寺請）されることが義務づけられ、寺院は行政機構の末端としての役割を附されることになる。檀家・門徒からの布施（財施）、檀那寺・菩提寺からの法施（法要）という互酬関係によって維持される固定的なサンガのあり方は、その後の我が国の宗教構造を大きく規定することになる。こうして公的行政機能を負うこととなった仏教は、幕府から統制を受けると同時に庇護され、「一種の国教」としての地位を得たのであった[18]。

　続いて、民衆の宗教生活の側面を概観していく。織豊政権は検地を断行し、土地所有・貢納制度の一元化を図る。兵農分離が推進され、領民統治・貢納の主体は、旧来の荘官から農民の代表（庄屋・名主・肝煎）へと転換する。農民は生産高に応じて貢租を割り当てられ（名請）、「村切り」によって確定した一定の範域（藩制村）が貢納単位となる（村請）。「統一された幕藩領主権力と兵農分離を経た丸裸の農民や共同体の関係」こそ「中世と近世との違い」という見解もあるが[19]、農民生活から見た時、近世の統治機構は実質的には粗漏なものであり──名目上村役人は存在しても村に常駐することはない──見かけ上の「厳格さとは裏腹に、その実態は牧歌的」で、実質上はムラ生活協同体の「自治」によって村落運営はなされていた、という見解もある[20]。このような制度的基盤に支えられ、我が国特有の──家産に基づき、家業・家政の単位となる──家（イエ）という生活組織が広範な層に成立する（漢族・朝鮮族の家制度とは祭祀権・相続権等が異なる）。家（イエ）で祭祀されるのは家産を築いた家の初代（先祖）とその継承者（歴代家長）であり、家産の

子孫への継承が家（イエ）の成員に課された義務であった。別言すると、家（イエ）の成員にとって仏壇で祀られるのは――仏法で悟りを開いた如来（仏）でなく――家（イエ）の先祖（ホトケ）であった。また同様に、村人は、集落神社における春秋の祭礼への参加が義務づけられていたが、そこで祭祀されているのも――記紀に記された天照大神や造化三神、あるいは勧請された神の属性とは異なる――招福除災・豊作豊漁の祈願の対象である村（ムラ）の産土神（氏神・鎮守）であった。近世を通じて人口の約85％を占めた百姓（大半は農民）は、農事暦に即した年中行事を執行するやり方で家（イエ）と村（ムラ）の安寧・繁栄を祈願してきた。つまり、家や同族団（本末関係にある家の連合）、あるいは村という固定的な顧客組織を基盤に寺社は存立していた。これを補完するかたちで、消費者的・流動的な個人を基盤とした祈願寺（檀家をもたない寺）や修験者（山伏・先達・御師）の活動が見られ、流行神（稲荷・不動・地蔵・秋葉権現・金比羅等）や巡礼（伊勢参り・四国遍路・その他さまざまな寺社への代参講等）の流行があった。

　以上が近世の宗教構造の概況である。このような近世の宗教構造を振り返れば、欧米社会の理論を、我が国に直截的に当てはめることの困難性が自ずと明らかになる。欧米の近代化論は、コントら社会学の創始者が19世紀初めに、宗教と社会の関係性の根本的再編を念頭に構想されたものである。一方、日本においては、近代化に先行するかたちで、中世的な宗教と社会の関係性が17世紀初めにすでに再編されている。欧米社会と日本社会の近代化には共通性と同時に異質性があり、そこに十分に注意を払いながら議論を進めていくことが肝要だということが了解されるであろう。

3. 近代日本の宗教構造

　続いて、近世的宗教構造から近代的宗教構造への変容、さらに戦前型宗教構造から戦後型宗教構造への変容についてみていきたい[21]。
　上記のような近世の宗教構造が変容を迫られた契機は、1853（嘉永6）年の黒船来航に象徴される欧米列強との対外的緊張とそれがもたらした対内的政変であった。幕末期の対外的緊張は、鎖国を「国体」とし、幕府を権力の簒奪者と見る後期水戸学の「皇国思想」的「尊皇」と、「神国」日本からの外来思

想・外来文化（特に仏教）の排斥を主張する「神国思想」的復古神道（平田派国学）のアマルガム（混合体）をイデオロギーとする討幕運動を生む。討幕運動は紆余曲折を経つつも、1867（慶応3）年、幕府および幕府権力のもとでの仏教寺院の近世的あり方を否定する大政奉還・王政復古へと帰結した。

　こうした政治的変革の時期であった幕末維新期における社会的混乱を背景に、天理教・金光教・丸山教などの「新宗教」が発生している[22]。

(1)　継承と革新の模索

　明治維新初期、王政復古の理念による古代律令制を範にした統治制度の復活と、祭政一致のイデオロギーによるいわゆる神道国教化政策が試みられる。これらの政策は、国家レベルでの統治機構の再編（統治体制の再編による中央集権化と近代国民国家の確立）という近代的・普遍的側面と、近世的価値を否定するために動員された統治の正当化資源としての古代的・特殊日本的要素が錯綜したものであった。なお、欧米列強の進出に対する危機感が明治維新のバックボーンを作っている。明治政府は、近世からのキリスト教禁教政策を継承し、1868（慶応4・明治元）年には長崎裁判所（旧長崎奉行所）が3,380人のキリシタンを流刑に処し、このうち562人が絶命する事件が発生している。つまり、明治維新初期のいわゆる神道国教化政策は、近世的宗教構造の本質的再編を試みつつ、一方でキリスト教禁教政策という対外重要政策を継承し、近世における仏教の機能代替物として神道を位置づける試みだったと理解することができる。

　1868（慶応4・明治元）年、政体書により太政官が設置され、また天皇が宮中で執り行う仏教的儀礼が廃止される。1869（明治2）年には神祇官が設置される。全国の神社・神主を監督下に置く方針がとられ、すべての神社を「公的」な国民道徳の施設とすることが模索されるとともに、近世における儒学・国学が主張した廃仏論の延長線上にある政策として、神仏判然令が出された。判然令そのものは古代以来の――仏教側が主導権を握る――神仏習合の刷新を企図したものだったが、1865（慶應元）年に実施された薩摩藩の廃仏――財政負担を軽減させ、強兵策を推進する目的で全1,066寺院を廃止し、2,964人の僧侶を還俗させた――が先例となり、各地で過激な廃仏毀釈が惹起され、仏教宗派は大きな打撃を受ける。

1871 (明治4) 年には、天社神道 (陰陽道系の神道)・六十六部 (廻国聖)・普化宗 (虚無僧) が、1872 (明治5) 年には修験宗が廃止される (神職へ転身する山伏が続出)。同年には、比叡山・高野山・富士山等の女人禁制が廃され、肉食妻帯勝手令が布告される。太陽暦が採用された1873 (明治6) 年には、梓巫・市子・憑祈祷・狐下げ・口寄せ等の禁厭祈祷が禁止された。このように、近世的な宗教構造の変化がさまざまに拡大してゆく。

　他方、明治維新を主導したもう一つの雄藩・長州藩は西本願寺 (浄土真宗本願寺派) から財政支援を受け、仏教勢力との関係が深かった。そのため、明治政府の初期宗教政策は、神道・仏教に対し異なる理念・利害関係を有する二つの路線の間での舵取りを余儀なくされた。

　1869 (明治2) 年には宣教使が設置され、1870 (明治3) 年には大教宣布の詔が発せられる。神道国教主義的な国民教化が試行されるが、一部の神官や (明治維新のイデオロギーの提供者層であった) 国学者や儒学者を担い手とする国民教化はほとんど成果を上げられなかった。1871 (明治4) 年には版籍奉還の一環として社寺領が上知 (境内地を除き官収) される[23]。また、(江戸時代の寺院・僧侶を担い手とする対キリスト教政策・住民管理政策であった) 宗門改・寺請制度 (檀家制度) の機能代替制度として神社・神職を担い手とすることを目指した氏子調が発令される。しかし、神職数の不足等もあって、1873 (明治6) 年に早くも廃止される。廃止の前年には戸籍法が施行されており、また、——不平等条約改正を目指した岩倉使節団 (1871–1873) が欧米各地でキリスト教禁教政策に対する強い抗議を受け——条約改正に向けた政治的判断から1873 (明治6) 年にキリスト教に対するスタンスが禁教から黙許へと転換したこともあって、以後住民管理行政は宗教を介さず、直接的に公行政が担うかたちとなる。

　こうして神道国教化政策は転機を迎え、神祇官 (1871年には神祇省) および宣教使は1872 (明治5) 年に廃止、財政問題などからすべての神社を「公的」な国民道徳的施設とする意図も放棄され、「国家ノ宗祀」(国家性・公共性を有する神社祭祀) としての約200社の官社 (官幣社・国幣社) と、民祭の神社としての約50,000社の諸社 (府県社・郷社・村社) との区別が明確化・固定化されてゆく[24]。

　以上の経緯により、国民教化には既成仏教 (伝統仏教諸宗) 僧侶の協力が不

可欠と判断され、1872（明治5）年、神祇省に代わって教部省が設けられる。前年に創設された文部省（教育行政所轄の官庁組織）とともに国民教化の指導的役割を期待された教部省のもとで、神道仏教合同の教院が設けられ、政府によって無給の公務員である教導職の地位を与えられた神官・僧侶・落語家・講談師などによって敬神愛国を宣布する神仏合同の皇道宣布が展開される。また同年には自葬が禁じられ、葬儀は神官僧侶を経なければ行えないようになる[25]。こうして、明治維新初期の神道国教化は挫折し、「官制上の祭政一致は、わずか4年余で姿を消した」[26] とも評される状況に至る。

(2) 西洋的概念のインパクト――信教自由・政教分離――

国民教化の場面において仏教・僧侶の復権的意味合いを有した神仏合同布教であったが、しだいに仏教との合同布教により神社の「国家ノ宗祀」性があいまいになるという神道側の不満と、仏教的な布教を独自・自由に展開できないという仏教側の不満が高じてゆく。ここで、キリスト教禁教に対する外圧的批判のキータームであった信教自由、そして政教分離という近代西洋的概念が、対内的な宗教政策批判においてもキータームとなる。

その結果、1875（明治8）年には神仏合同布教が差し止められ、1877（明治10）年には教部省も廃止（教部省の事務は内務省社寺局に移管）される。神道国教主義的な国民教化の挫折の過程と交錯するかたちで、1872（明治5）年には学制、1879（明治12）年には教育令が公布される。国民教化は宗教を媒介としない公教育によって担われるようになってゆく。

信教の自由、政教分離概念が政策上無視しえないものとなってゆくことと並行して、神道の公的位置づけが問題として浮上する。浄土真宗本願寺派僧侶の島地黙雷は、「神社」が布教・信教の自由、政教分離の対象としての「宗教」であるならば、それは「私的信仰」に属するものとなり、それに対する信仰・崇敬を国民に要求することはできないはずだと主張した。こうした批判を受け、政府は「神社は宗教に非ず」として、宗教的行為（布教、葬儀関与）を禁じたうえ「公的」存在とする方針を採用する。1882（明治15）年には神官の教導職兼補廃止によって神官が皇道宣布から外れるとともに、官社の神官の葬儀関与が禁止される。

これに伴い、独自の宗教的教義と実践体系を有する神道諸派は、教派神道

として「神社」から分離され、「宗教」と位置付けられた（祭祀と宗教の分離）。1879（明治12）年、府県社以下の神職の身分は仏教の住職と同様とされ（太政官布達第45号）、上記神官の葬儀関与の禁止についても、諸社の神職については「当分従前の通り」とその関与が許された。

　1884（明治17）年には、政府によって管理される敬神愛国布教者（および葬儀執行者）の地位たる教導職が廃止、教派神道各派・既成仏教各宗内の人事（住職の任免等）が国家の直接管理から外され各派各宗の管長に委任されるに至る（太政官布達第19号）。また教導職の廃止に伴って神官・僧侶・その他教導職によらない自葬も解禁される。

　以上のような政教分離、祭教分離のプロセスを経て、「宗教」と公的に位置付けられた教派神道各派、既成仏教各宗については一定の教団自治が行政上認められる一方、（特に官社たる）神社は「宗教」の圏外に立つという近代戦前期における宗教構造の基本が固まった。いわゆる「日本型政教関係の誕生」である[27]。

(3) 大日本帝国憲法と政教関係

　1889（明治22）年に発布された大日本帝国憲法には信教自由に関する規定（第28条）が設けられたものの、政教関係に関する規定は設けられなかった。つまり、大日本帝国憲法の成立は、明治初期の神道国教化政策試行以降において——明治維新のイデオロギーのうち、神国思想が後景化し皇国思想が前景化するという経緯を経て再編された——近代戦前期における宗教構造そのものに本質的変化をもたらすものではなく、それを継承するものであった。

　憲法立法の中心人物とされる伊藤博文は、大日本帝国憲法の審議過程において神道も仏教も（近代国民）「国家の機軸」になることは出来ないと明言した[28]。伊藤は近代国民国家には「機軸」（＝「人心」を帰一させる政治的・社会的統合原理）が必要であり、ヨーロッパにおいてはキリスト教が「機軸」になっていると見る。一方、日本の主な宗教である仏教・神道はともにその「機軸」足り得ず、「機軸」になり得るのは皇室（天皇）だけだと判断したのである。皇室（天皇）の地位の正統性には神道的要素が関わっているが、国家の統合原理としての神道的要素は、直接国民に対峙するものではなく、「皇室」（天皇）の背後にあってその正統性を担保するものであり、天皇を介して国民と間接的に

関わるという文脈に限定されるという認識が憲法の立法に関わった者たちに共有されていた[29]。

以上の展開を経て、幕末維新期からの政治的・法的な次元の混乱が、模索と再編により一定の着地点を見いだしたことになる。

一方、経済的・社会的な側面においては、日清・日露戦争を経て、近代公教育制度の定着[30]、資本主義の発展などにより、その後も経済的・社会的な次元においてはさらなる社会構造の変化が続く。特に地方農村の疲弊、(人口全体としては少数ではあったが)「高学歴」を得た「煩悶青年」の出現、労働問題や貧困問題を背景とした社会主義思想の台頭などは、宗教運動のあり方にも影響を与えた。

⑷ 「宗教団体法」と政教関係

明治維新以降、宗教行政は、数多くの単発法令を根拠にして行われていた。単発法令を整理統合する宗教に関する総合立法制定は、大日本帝国憲法制定以降において長年の懸案であり続けた。宗教界の反発などによって挫折を繰り返したのち、1939(昭和14)年に至り、宗教団体法としてようやく成立を迎える。この時期において懸案であった宗教に関する総合的立法の成立が達せられた背景としては、当時の戦時国防国家体制のもと、国家側の国民精神総動員の要請に、宗教界の大勢も応じた状況があった。なお宗教団体法においても神社は「非宗教」としてその対象とされなかった。

当時の挙国一致の風潮下――相対的・系統的に類似性の強い宗派・教派が個別化されていることが、国家によっても宗教界の大勢においても非合理とされ――、宗教団体法の規定により宗派統合がすすめられた[31]。こうした運用により、戦後において宗教団体法は「宗教弾圧法」と評されることも多い。しかし、従来の基本的な政教関係のあり方を大きく変化させるものではなく、また(類似宗教として宗教行政の管轄外に置かれていた)新宗教団体を宗教結社として宗教行政に取り込み、国家の関与を縮減し教団の自治を拡大するなど、信教自由と政教分離を拡充する側面も有していた。宗教団体法は、近代戦前期における宗教構造に決定的な変化をもたらすものではなく、それに対する若干の修正を加えるものだったといえる。むしろ、宗教団体法成立の背景にあった準戦時下・戦時下という全体社会的状況そのものが当時の宗教構

造に大きな影響を与えたのである。

⑸　戦後における宗教構造の再編
　敗戦とその後の占領という全体状況のなか、GHQにより近代戦前期における宗教法制のあり方が総体的に「信教の自由に反する」ものとみなされ、宗教団体法の廃止や「国家神道」の廃止が命ぜられ、近代戦前期の宗教構造は根本的な再編を余儀なくされる。
　1945（昭和20）年12月28日に発布された宗教法人令は、宗教に対する徹底的な平等と国家的関与の極限的縮小化を意図したものであり、翌年2月2日の同令改正によって戦前「非宗教」とされ続けた神社も、「宗教」として同令の対象に含められることになった。宗教法人令は法人の設立を届出のみで認める準則主義を採り、宗教法人にはすべて等しく税制上の特権を与えた。当時は、「神々のラッシュアワー」とも評される新宗教の活性化状況があり、新設される宗教法人数が激増した。そうしたなか、租税回避等のために宗教以外の団体が宗教法人として登記を行うような逸脱が少なからずみられた。
　1946（昭和21）年11月3日には日本国憲法が公布され、第20条、第89条に信教の自由および厳格な政教分離が規定される。また第24条に家庭における個人の尊重が規定されたことで、旧来の日本の社会構造の基底的要素であった家制度は新憲法に反するとされ、1947（昭和22）年、民法親族編・相続編の改正がなされた。占領末期の1951（昭和26）年4月、宗教法人令は改正され宗教法人法が成立した。濫用が問題視されていた法人設立の準則主義は廃され、認証制度[32]が採られたほか、簡素で自由に過ぎた宗教法人令の不備を補うため、宗教団体法に比しても多数の条文を備える法律となった。しかし、宗教に対する徹底的な平等や国家の宗教法人への関与にきわめて慎重なスタンス、宗教法人にはすべて等しく税制上の特権を与える規定などは宗教法人令から継続して維持された。こうして、敗戦・占領期の外圧的インパクトは宗教構造の決定的変化をもたらし、日本国憲法、宗教法人法によってその政治的・法的な側面における新たな構造が制度化されたのである。
　以上のように日本国憲法ならびに宗教法人法下においては、各宗教運動・集団は、戦前期に比べ相対的に大幅に自由な活動が許容されることになった。こうした法的状況の変化は我が国の宗教のあり方に少なからぬ影響を与

えたが、その後さらに、戦後の経済成長に伴う社会変動が宗教の社会的形態や慣習的な宗教文化に大きな影響を与えていくことになる。

　1947（昭和22）年から1950（昭和25）年にかけて、占領政策の一環として農地改革が断行される。寄生地主（不耕作地主）は没落、零細小作民は自作農化し、加えて低金利融資に後押しされて、農業の機械化、化学肥料・農薬の普及が進み、農業生産力は飛躍的に上昇した。1950年代の農村は、構造的な食糧不足に悩まされていた都市部に比べ、相対的に繁栄を享受していた。他方、農地改革では社寺教会所有の71,537町歩も買収された。これにより経済的に困窮する寺院が現れ、伝統仏教の教団分裂（単立法人化）が相次いだ。また、宗教団体法で合同を余儀なくされていた各宗派・寺院も（経済的に自立しうる宗派・寺院は）独立へ動いた。1946–1949年の4年間で、386法人が分派・新設で独立している。一方、都市部では、敗戦のインパクトによる価値的・精神的なアノミー状況と食料不足・経済的困窮を背景として新宗教の動きが活性化した。戦前までに立教していた教団はこの時期に活動を活性化させたが、戦後に大教団化した立正佼成会・創価学会をはじめとした新宗教教団は、戦後復興期から高度経済成長期にかけて飛躍的な教勢拡大を遂げた。

　1955年前後から高度経済成長が本格化し、工業部門の生産額が大きく上昇する。工業労働者・新中間層の所得も漸次的に上昇し、やがて農業所得を上回ることになる。近郊農村は兼業化による村落維持が可能であったが、僻地の農山漁村は都市への労働力供給により急速な過疎化に見舞われた。産業別就業人口比率は、1920（大正9）年には第一次産業53.8％、第二次産業20.5％、第三次産業23.7％であったのが、1950（昭和25）年には第一次産業50.7％、第二次産業22.2％、第三次産業27.1％となり、1960（昭和35）年には第一次産業30.2％、第二次産業28.0％、第三次産業41.8％、その後、1970（昭和45）年には第一次産業17.4％、第二次産業35.1％、第三次産業47.5％、1980（昭和55）年には第一次産業10.4％、第二次産業34.8％、第三次産業54.8％、1990（平成2）年には第一次産業7.2％、第二次産業33.6％、第三次産業59.2％と推移している。こうした産業構造の変化と農山漁村から都市への人口移動は連動しているが、1920（大正9）年に郡部人口と市部人口の割合は82.0％・18.0％であったのが、1960（昭和35）年には36.7％・63.3％、1980（昭和55）年には、23.8％・76.2％となっている[33]。離村向都型の社会移動は、農山漁村の過疎

化とともに、都市部においては、生活基盤が家産に基づかないサラリーマン世帯を急増させることになる(そこに大量の「宗教浮動人口」が発生することになる)。また、三世代同居が標準的であった農山漁村の直系制家族から夫婦制家族ないし核家族へ標準的な家族形態がシフトする。こうした漸進的な社会変動・家族変動が、いわゆる家と村の「危機」・変貌を惹起する。そして家と村の変貌はすなわち、それらを基盤として存立していた先祖祭祀と産土(氏神)祭礼のあり方、多くの社寺の経営・新宗教教団の動態に深刻な影響を与えることとなった。

⑹　オウム真理教事件のインパクト

　宗教法人法は、1995 (平成7) 年のオウム真理教地下鉄サリン事件を契機に見直しを迫られる。宗教団体による無差別化学テロ事件を契機に、税制等の保護を受ける対象にはより立ち入った一定の国家による監督が必要ではないかという観点が、あらためて表面化したことになる。オウム真理教事件は、宗教法人法改正やいわゆる団体規制法の制定など、宗教法人に対する国家関与の度合いをいくつかの点において増加するという結果をもたらした。しかし、戦後の公的宗教政策の基本方針そのものは、オウム真理教事件を経ても大きく変化することはなかった。オウム事件の宗教構造に対するインパクトは、むしろ宗教をめぐる言説という次元に対し、暫時、大きな影響を与えたと言える。

　なお、2000年代以降は、情報化の進展・単身世帯の漸増・雇用の流動化・東日本大震災による原発避難民の発生等といった社会的インパクトが、墓や葬儀のあり方、あるいは社寺教会・教団経営のあり方をめぐるさまざまな議論の背景となっている。

　以上、前近代・近代・現代の日本における宗教構造とその変化について概観してきた。その固有性・特殊性を前提にすれば、すでに述べたように欧米における社会のあり方とその変化を前提に構築されてきた (欧米の) 宗教と社会に関する理論を、我が国に直截的に当てはめることが、問題を孕む可能性を有するものであるか了知されたであろう。

　本書の各章の事例研究の前提には、日本における以上のような宗教変動が存在しており、それらに対する理解を下敷きに、本書の各事例研究は展開さ

れることになる。

4. 本書の目指すところ

　以下、本書の構成と目指すところを簡潔に説述しておきたい。第Ⅰ部・第Ⅱ部は、宗教運動および宗教的組織を対象化する。ワッハの類型にならうならば、第Ⅰ部はアソシエーショナルな特殊的宗教集団を、第Ⅱ部はコミューナルな合致的宗教集団を対象化することになる。また、第Ⅲ部は日本における近代国家の形成と宗教の関係を対象化する。

　第Ⅰ部は、近現代日本における宗教運動・宗教集団の社会的形態を焦点化する。第1章「教団類型論と宗教運動論の架橋——日本の新宗教の事例から——」において寺田喜朗と塚田穂高は、日本の新宗教研究を渉猟し、そこで得られた知見からボトムアップされる独自の教団類型論・宗教運動論を案出している。これは、日本の歴史のなかで生まれ、日本社会で展開を遂げた宗教運動・宗教集団を分析することを第一義として析出された集団理論（ないし類型間移行論）である。

　この議論を踏まえながら、第2章「佛立講系在家仏教運動の類型間移行——伝統テクスト型教団の展開過程——」において小島伸之は、純粋在家主義運動を目指した浄風会を、第3章「「近代教団」としての金光教の形成——明治期における宗教運動と宗教行政——」において藤井麻央は、赤沢文治というカリスマ的教祖を崇敬するローカルな講社的集団から「近代教団」へと止揚を遂げた金光教を、第4章「霊波之光教会におけるカリスマの成立と継承——霊能の指導者集中型教団の発達課題——」において塚田穂高は、波瀬善雄というカリスマ的教祖によって創唱され、必然的にカリスマ継承が教団的課題となっていった霊波之光教会の展開とその後の経過をトレースし、その特質を明らかにしている。

　第Ⅱ部は、慣習的な宗教文化を支える観念・役割・組織の変容・変貌を焦点化する。第5章「近隣ゲマインシャフトと葬送習俗——根白石村における契約講のモノグラフ——」において寺田喜朗は、宮城県仙台市郊外の旧・根白石村の地域変動を背景に、伝統的な葬送習俗を支えた契約講とよばれる近隣組織がどのような変容・変貌を遂げたのか、第6章「政教分離訴訟の宗教

社会学――北海道砂川市有地上神社問題のフィールドから――」において塚田穂高は、北海道砂川市の戦後の人口移動を背景に自然村（ムラ）の客観的象徴たる神社と氏子組織が地域社会のなかでどのような変容を遂げ、それがどのように問題化していったのか、第7章「人口減少時代の教団生存戦略――三重県の伝統仏教とキリスト教の事例――」において川又俊則は、伝統教団の宗勢・教勢調査から人口減少時代を俯瞰した後、三重県全域の人口移動・過疎化・高齢化を背景に寺院とキリスト教会がどのような生存戦略を図っているかを、それぞれ論じている。第5章では高度経済成長期が、第6章・第7章では平成以降の人口減少や高齢化がクローズアップされる。社会変動による宗教の変容については、これまでも多くの議論が提出されてきたが、本部の各章ではそれらの議論を踏まえつつ、それぞれ新たな考察が試みられる。

　第Ⅲ部は、「国家と宗教」をテーマにした論文を収録している。第8章「穂積陳重の先祖祭祀論――「国体イデオロギー」言説の知識社会学――」において問芝志保は、リベラルな法思想家と国体イデオローグの一人という相反する評価を受けてきた穂積陳重に注目し、天皇家の皇祖と国民（臣民）の先祖とが一致するという近代的な（家族国家観における）先祖観を「〈皇祖＝国民的先祖〉観」と概念化してその展開過程の分析を試み、第9章「昭和戦前期日本の「宗教弾圧」再考――特別高等警察の目的と論理――」において小島伸之は、特高警察がどのような組織であり、何を守るためにどのような対象を取り締まったのか、そして、特高の取り締まり対象は時局の変化とともにどのように変化し、その根拠は、どのように理論づけられていたのかを明らかにすることを試みている。

　上記の論文は、いずれも実証的な作業にこだわり、「実証的宗教社会学」のスタンスを意識して編まれたものである。本書は、これら各章の論考に加えて、大場あやによる「世俗化論・合理的選択理論」、小林惇道による「戦没者慰霊研究」、原田雄斗による「国家神道研究」に関する「研究動向」を収録している。

　本書の各執筆者が試みた、近現代日本の宗教変動の特性に対する実証的格闘がどの程度の成果として達成されているか否か、読者諸賢の応答を待ちたい。

注

1　本稿原案の執筆分担は、「はじめに」「1、実証的宗教社会学」「2、近世日本の宗教構造」「4、本書のめざすところ」が寺田、「3、近代日本の宗教構造」が小島である。本稿は原案全体について両名が議論の上、修正を加え成稿に至るという経緯を経ているため、内容については共同執筆として両名で責任を負う。

2　中世ヨーロッパには、社会全体を覆う国教——「聖なる天蓋」——としてカトリック教会が君臨していた。ウェストファリア条約（1648）以降、教会財産および教育・芸術・科学の支配が教会的権威から主権国家（世俗国家）へと譲渡される。世俗化 secularization という語は、本来的にはこうした事態を指し示すものだった。その後、解釈が拡大され、宗教の社会的影響力の低下ないし衰退という意味で使用されることが通例となる。日本の場合、中世ヨーロッパのカトリック教会に相当する制度的宗教・国教は存在しない。我々は、キリスト教世界の歴史的経緯から演繹された世俗化というパースペクティヴを括弧に入れ、なるべく客観的かつ中立的な立場から日本宗教の変化を論じることを企図している。世俗化の語については、[スインゲドー1973]、および本書の「研究動向1 世俗化論・合理的選択理論」を参照のこと。また、欧米の宗教社会学の動向は、[Turner ed. 2012][Christiano and Swatos and Kivisto 2016 (2002)]等を参照したが、secularization には、かなりのページが割かれており、依然として重要な概念であることが看取される。

3　2015年に刊行された「宗教と社会」学会20周年記念論集『アジアの社会参加仏教』の巻頭論文において櫻井義秀は、東アジア諸国の宗教と日本のそれとの差異を「近代化」のあり方から説明している［櫻井2015］。櫻井は、中国・台湾・香港・韓国・日本を事例に「東アジアの宗教文化には、祖先崇拝とシャーマニズムの民俗宗教に加えて儒仏道の三教が伝統的な宗教文化の層をなし、そこに外来宗教としてのイスラームやキリスト教、および新宗教が存在するという点において、異質性より共通性が顕著である」と述べている。この見解に関しては——それぞれの国・地域におけるキリスト教の受容のされ方、「祖先崇拝」に携わる儀礼執行の主体・様式・観念の差異等を看過するならば——大きな異論はない。しかしながら、「共通基盤を持ちながらも、現在の四カ国（五地域）における宗教の現状には相違点が見られる。これは四カ国における近代化と現体制の成立に歴史的差異があり、政教関係も社会体制に応じて独特なものになったからである」（傍点筆者）という説明には違和感を覚える。たとえば、仏教のあり方ひとつをとっても、家単位で寺院に帰属する（寺檀関係を結ぶ）日本と、個人的・主体的に僧侶（説教）・寺院（修行）を選択する中国・台湾・香港・韓国との間には明確な相違点がある。この相違の要因は近代還元論では説明できない。三武一宗の廃仏（中国）や成宗・顕宗・英宗の廃仏（朝鮮王朝）等、近代以前の日中韓における仏教の処遇（国家と仏教の関係）は大きく異なっており——唐の武帝の廃仏の際は、長安・洛陽の4ヶ寺と各州1ヶ寺を除いたすべての寺が破却され、26万人の僧尼が還俗させられている——、15世紀に仏葬が禁止された韓国とこの時期以降に仏葬が民衆化・一般化した日本の間には大きな分岐がある。近代以前の東アジアの宗教文化の共通性が「近代化」によって異なるものとなったという図式は、果たして妥当なのかという疑問が残る。近代化は、政治（国民国家・民主主義）・経済（産業化・資本主義化）・文化（科学・合理主義）・社会（核家族化・都市化・公教育化）それぞれに共通する変化のベクトルもあるが、各国の政治・経済・文化・社会の各層において異なる変化のあり方もある。そして、その変化のあり方は各国の前近代の社会構造に大きく

19

規定される。本書は、宗教変動という概念を駆使して、近現代日本における社会変動と宗教の関係を適切に捉えたい。

4　［新・大村・宝月・中野・中野1979：2］。
5　［ヴィレーム1995=2007：10］［望月2009：4–5］。
6　ただし、ここで注意が必要なのは、戦前の日本（ならびにヨーロッパ）において社会学は今日ほどポピュラーな学問分野ではなかった、ということである。戦後、社会学大国アメリカの圧倒的な影響によって日本の社会学は大きく発展を遂げた。戦前までの日本、またヨーロッパでは社会学者の絶対数自体が少なかった。
7　宗教社会学の研究史の詳細については、［森岡1967］［宮家1986；2002］［井上1989］［山中・林1995］［西山2000；2005］［寺田2000；2015］などを参照のこと。
8　森岡清美の研究の来歴は［森岡1992；2012］で概況がつかめる。
9　［森岡1993：297］。
10　［山中・林1995：303］。
11　［西山2005：197］。
12　［西山1992：98］。
13　ただし、こうした傾向は、すでに1990年代から指摘がなされている［山中・林1995：303］。
14　もちろん、こういった傾向は、宗教社会学という領域に限られたものではなく、近年の文教政策に惹起された構造的な問題を背景としている。研究成果の多産化、外部資金獲得に対する圧力が増すこととパラレルに、マスコミや産業界の関心に追従・迎合する姿勢が強まり、これと反比例するかたちで、腰を据えてじっくりと研究に取り組む規範が弱まっているように感じられる。総体的に見た時、研究クオリティの劣化トレンドが進行しているという声は、必ずしも社会科学・人文科学系統の「やっかみ」では済まないものであるように思われる。
15　［黒田1980］。
16　［辻1952］。
17　なお、この領域の権威的存在である辻善之助は、「江戸時代における寺院法度は…主として各宗及は各大寺個々の規制にかかるもので、その全般に亙つて規定せる宗教法と名づくべきものは無い。然れども、その間自ら主義の一貫せるものがある」と述べ、「学問奨励」「中央集権」「朝廷の権力を関東に吸収したこと」という視点から整理を行っている［辻1953：219–230］。圭室文雄は、「寺院法度制定の目的は、寺院を政治的・経済的に規制し、それを幕藩体制のなかに組み入れることにあった」とし、「寺請制度の実施によって最も有利だったのは寺院僧侶」であり、離壇することはほぼ不可能、「邪宗門という切札でおどかせば、檀家は檀那寺の意のままに動かすことができた」と述べ、「幕藩体制下に編成された仏教は、各宗派とのその宗祖の教義あるいはその精神をまったく継承していないといっても過言ではない」と論じている［圭室1971：1, 13, 89］。このような公権力による宗教統制の側面に加え、地域紛争の解決を盟神探湯・湯起請・鉄火等といった神示に委ねず、双方の言い分と証拠に即して公儀が裁く裁判の普及（呪術からの解放）という側面もこの時期の特色と言える［歴史学研究会・日本史研究会編1985］。
18　［末木2010：39］。［圭室1999］等も参照のこと。
19　［高埜1989：ⅱ］。
20　［竹内1990：6–7］。
21　以下、本節の記述は［小島2015］を下敷きとしつつ、法的・行政的側面以外の社会状況

に関する記述を加筆するなどの改稿を加えたものである。
22　新宗教が日本の宗教史上いつの時期に発生したのかについては、大きく①幕末維新期説と、②20世紀初頭説の両説があり、幕末維新期説が通説とされることが多い。しかし、この論点も今後より詳細に検討されるべき「残された論点」でもある［島薗1990：8］。
23　明治初期の上知令は、1871（明治4）年と1875（明治8）年の二段階にわけて布告されている。朱印地・黒印地を多く所有した天台・真言・浄土等の各宗は相対的に大きな打撃を受け、浄土真宗・曹洞宗・日蓮宗は実害が少なかった。
24　［阪本1994］。
25　1874（明治7）年からは神官僧侶以外の「教導職」の葬儀執行も認められる。
26　［村上1986：57］。
27　［井上・阪本1987］［井上1972：24］。
28　［稲田1962：567］。
29　［山口1999：151–152］。
30　学齢児童の就学率は1895（明治28）年に約61％であったが、日清・日露戦争の間に急速な上昇を見せ、1900年（明治33）年には80％、1905（明治38）年には約96％に達した［文部省編1972：321］。
31　従来の仏教58派は28派に、プロテスタント20団体は1教団に統合されている。
32　認証制度とは、基本的には準則主義の一種であるが、法人の登記前に一定の事項を広告し、その規則について所轄庁の認証を受けなければ法人格を与えられないとする制度である。
33　［孝本1988：43］。また、人口動態職業・産業別統計（厚生労働省）（http://www.mhlw.go.jp/toukei/list/135-1.html　2016年4月30日最終アクセス）。［藤井1974］［森岡1975］も参照のこと。

参考文献
新睦人・大村英昭・宝月誠・中野正大・中野秀一郎1979『社会学のあゆみ』有斐閣新書。
Kevin J. Christiano, William H. Swatos, Jr., and Peter Kivisto. 2016(2002). *Sociology of Religion: Contemporary Developments* (third edition). Lanham, US: Rowman & Littlefield.
藤井正雄1974『現代人の宗教構造』詳論社。
稲田正次1962『明治憲法成立史（下）』有斐閣。
井上恵行1972『宗教法人法の基礎的研究（改訂）』第一書房。
井上順孝1989「宗教社会学」石井慶和・薗田坦編『宗教学を学ぶ人のために』世界思想社、93–116。
井上順孝・阪本是丸編1987『日本型政教関係の誕生』第一書房。
小島伸之2015「近代日本の政教関係と宗教の社会参加」櫻井義秀・外川昌彦・矢野秀武編『アジアの社会参加仏教──政教関係の視座から──』北海道大学出版会、45–72。
孝本貢1988「大正・昭和期の国家・既成仏教教団・宗教運動」孝本貢編『論集日本仏教史9 大正・昭和時代』雄山閣、1–49。
黒田俊雄1980『寺社勢力──もう一つの中世社会──』岩波新書。
宮家準1986「概説 日本の社会学 宗教」宮家準・孝本貢・西山茂編『リーディングス日本の社会学19 宗教』東京大学出版会、3–21。
─────2002「宗教社会学の歴史」『民俗宗教と日本社会』東京大学出版会、145–198。
望月哲也2009『社会理論としての宗教社会学』北樹出版。

文部省編1972『学制百年史』帝国地方行政学会。
森岡清美1967「日本における宗教社会学の発達」『宗務時報』17：1-17。
─── 1975『現代社会の民衆と宗教』評論社。
─── 1992「宗教社会学への道」宗教社会学研究会編『いま 宗教をどうとらえるか』海鳴社、23-40。
─── 1993「教団組織」森岡清美・塩原勉・本間忠敬編『社会学辞典』有斐閣、297。
─── 2012『ある社会学者の自己形成──幾たびか嵐を越えて──』ミネルヴァ書房。
村上重良1986『天皇制国家と宗教』日本評論社。
西山茂1992「研究対象としての新宗教」宗教社会学研究会編『いま 宗教をどうとらえるか』海鳴社、82-100。
─── 2000「家郷解体後の宗教世界の変貌」宮島喬編『講座社会学7 文化』東京大学出版会、123-155。
─── 2005「日本の新宗教研究と宗教社会学の百年」『宗教研究』343：195-225。
歴史学研究会・日本史研究会編1985『講座 日本歴史5 近世1』東京大学出版会。
阪本是丸1994『国家神道形成過程の研究』岩波書店。
櫻井義秀2015「東アジアの政教関係と福祉──比較制度論的視点──」櫻井義秀・外川昌彦・矢野秀武編『アジアの社会参加仏教──政教関係の視座から──』北海道大学出版会、3-43。
島薗進1990「新宗教の発生時期」井上順孝・孝本貢・對馬路人・中牧弘允・西山茂編『新宗教事典』弘文堂、6-8。
末木文美士2010『近世の仏教──華ひらく思想と文化──』吉川弘文館。
ヤン・スインゲドー1973「世俗化」小口偉一・堀一郎監修『宗教学辞典』東京大学出版会、495-497。
高埜利彦1989『近世日本の国家権力と宗教』東京大学出版会。
竹内利美1990『竹内利美著作集1 村落社会と協同慣行』名著出版。
圭室文雄1971『江戸幕府の宗教統制』評論社。
─── 1999『葬式と檀家』吉川弘文館。
寺田喜朗2000「20世紀における日本の宗教社会学──アプローチの変遷についての鳥瞰図──」大谷栄一・川又俊則・菊池裕生編『構築される信念──宗教社会学のアクチュアリティを求めて──』ハーベスト社、157-175。
─── 2015「発題1 実証的宗教社会学の観点から」『宗教と社会』21：130-133。
辻善之助1952『日本佛教史 第7巻 近世篇之一』岩波書店。
─── 1953『日本佛教史 第8巻 近世篇之二』岩波書店。
Bryan S. Turner ed. 2012. *The New Blackwell Companion to The Sociology of Religion*. Chichester, UK: Wiley–Blackwell.
ジャン＝ポール・ヴィレーム1995=2007『宗教社会学入門』(林伸一郎訳) 白水社。
山口輝臣1999『明治国家と宗教』東京大学出版会。
山中弘・林淳1995「日本における宗教社会学の展開」『愛知学院大学文学部紀要』25：301-316。

第Ⅰ部

宗教運動論の展開

第 1 章
教団類型論と宗教運動論の架橋
―― 日本の新宗教の事例から ――

寺田　喜朗・塚田　穂高

はじめに

　戦後における日本の宗教社会学を牽引してきたのは、新宗教研究の領域である[1]。その主要な担い手は、小口偉一、佐木秋夫、乾孝らの第一世代（主として1950-60年代）、村上重良、高木宏夫、安丸良夫、井門富二夫らの第二世代（主として1960-70年代）、孝本貢、西山茂、井上順孝、島薗進、中牧弘允、對馬路人、谷富夫、渡辺雅子らの第三世代（主として1980-90年代）などと整理され、それに時期区分を超えて継続的に研究成果を産出した森岡清美を加えることができる[2]。そのなかでも「第三世代」が主体となって1990年に編まれた『新宗教事典』は、新宗教研究の集大成であり、質・量双方において日本の宗教社会学史上、最大の成果と言える[3]。その後、第三世代の研究者が集った宗教社会学研究会（以下、宗社研と略記）は1990年9月に解散し、ポスト宗社研世代の研究者も参入していくなかで、研究の志向性は拡散し、今日ではやや錯綜した研究状況が浮上している[4]。
　こうした問題をいち早く指摘したのは、山中弘と林淳である。彼らは、新宗教研究の領域において「必要以上に新しい概念が噴出し、混乱を呈している研究状況」があると観察している。そして、分析概念の「共有財産化」が図られなかったら、新宗教研究という領域自体が「秘教化という不健全な事態」に陥ってしまう、と警鐘を鳴らした[5]。とりわけ1995年のオウム真理教事件以降は、多様な（新）宗教論が発表されたが、それらも含めた多くの論考は、すでに提出された分析概念をあまり参照することもなく議論を進めており、協同的・継続的な研究の蓄積につながるようなものとなっていない。

本章の目的は、新宗教研究から提出された成果と知見の「共有財産化」を図るために、①研究者間に符牒として機能しうるタームの精査を進めるとともに、②教団類型論と宗教運動論を架橋する新たな分析概念としての類型を提起し、③今後、検討が要される実証的課題を俯瞰することにある。筆者らの観察によると、従来提出されてきたさまざまな類型は「何のための類型か」という目的意識が稀薄であった。あるいはカタログ的であり、かつ動態論的な志向は弱かった。本稿で提出する類型は、教団展開やそれにともなう類型間移行の分析に適合的な点にその意義がある。

1. 新宗教の多様性

　新宗教 new religion とは、（19世紀なかば以降に台頭してきた）「既成の宗教伝統とは相対的に区別される独自の宗教様式を確立させた非制度的な成立宗教」を指す[6]。日本の新宗教の場合、近代化の従属変数として通文化的に観察される文化現象としての側面と、寺請制度をはじめとする日本独自の宗教制度を背景に生成した点での固有の文化的特殊性とを併せ持っている。

　江戸後期から明治初期に立教・伸長した如来教、黒住教、天理教、本門佛立講（本門佛立宗）、金光教、丸山教、蓮門教、明治末期から大正期に立教・伸長した大本、太霊道、ほんみち、天津教、仏教感化救済会（法音寺）、大正末期から昭和初期に立教・伸長したひとのみち教団（PL教団）、解脱会、念法眞教、霊友会、生長の家、世界救世教、修養團捧誠会、円応教、終戦から高度経済成長期に立教・伸長した璽宇、天照皇大神宮教、辯天宗、立正佼成会、創価学会、佛所護念会教団、妙智會教団、善隣会（善隣教）、中山身語正宗、新生佛教教団、白光真宏会、ほんぶしん、大和教団、ポスト高度経済成長期に立教・伸長した真如苑、霊波之光教会、大山祇命神示教会、世界真光文明教団、崇教真光、GLA、阿含宗、顯正会、オウム真理教、幸福の科学、ワールドメイト、法の華三法行など、新宗教の発生と伸長にはいくつかの波があり、これら一定の規模まで拡大化したもの以外にも数百と言われる新宗教が日本には存在している。

　これらの教団は、程度の差こそあるが、先行して成立していた宗教の影響を受けている。村上重良が、「習合的神道系創唱宗教」と「法華（日蓮）系在家

教団」を二大系統として指摘したことはよく知られている[7]。日蓮系の在家講の伝統を引く本門佛立講、法華系の民間行者の影響が強い霊友会、密教系宗派と民間行者との関係を併せ持つ念法眞教（天台）・真如苑（真言）、民俗宗教あるいは習合神道の伝統を止揚するかたちで発生した黒住教・天理教・金光教・丸山教など、これらの教団は近世以前に成立していたさまざまな宗教伝統の影響を何らかのかたちで受けつつ形成されている[8]。

　一方、先行する新宗教から直接・間接的に分派・分立するかたちで成立した教団もある。天理教から分立したほんみち、金光教から分立した大本、大本から分立した生長の家・世界救世教、霊友会から分立した立正佼成会・妙智會教団・佛所護念会教団などが広く知られている。世界救世教と世界真光文明教団・崇教真光、GLA と幸福の科学、阿含宗とオウム真理教などは、後続の教団の教祖が先行する教団を直接・間接に経由して、影響を受けて立教に至っている[9]。世界救世教と生長の家を経由して立教に至った白光真宏会、世界救世教・大本・世界紅卍字会と３つの教団を経由して立教に至ったワールドメイトのように、複数の先行教団の影響を併せ持った教団もある。これらの教団は、用語ないし教義、実践ないし儀礼、世界観において少なからず先行する新宗教の影響を受けている。

　すでに体系化された成立宗教の教義以外でも、石門心学や報徳社のような修養道徳運動が重視する通俗道徳は多くの新宗教へ浸透しており、本田親徳の霊学や大石凝真素美の言霊学（大本系の諸教団など）、あるいは西田無学の先祖供養法（霊友会系の諸教団など）も特定の一教団を超えて広く影響を与えている。戦前までに形成された新宗教には記紀神話や教育勅語の強い影響下に教義を体系化させた教団（教派神道系の諸教団やひとのみち教団など）もあり、ニューソートやスピリチュアリズムの影響を強く受けている教団（生長の家、幸福の科学、大本など）もある。また、竹内文書やノストラダムスの大予言に象徴される偽史偽典、あるいはセム系一神教的な終末論を世界観の重要な一部に取り込んでいる教団（真光や、阿含宗・オウム真理教・幸福の科学など）もある[10]。

　他方で、日本の多くの新宗教は、生命連帯の思想を共有している。これは、平等・純粋・無垢な人間観と、根源的生命との調和による苦難の解消、ならびに豊穣な人生の実現を説く「生命主義的救済観（世界観）」として概念化さ

れている[11]。新宗教は、固有の宗教風土の重層的累積の上に生育しており、「報恩の理論」「原恩の意識」などと表現される大生命から「生かされている」恩恵に「感謝」するという思想と、我を捨て、心を磨くことによって現実が好転することを説く教えを多くの教団が所持している[12]。

このように、新宗教は多層的な系譜を引き、複雑な組成にある。総体的には、現世主義・平易主義・信者中心主義などといった共通項を指摘することができるが、それぞれの教団が独自の個性を有していることは言うまでもない。これまで述べてきたように、立教・伸長の時期、分派・影響関係、宗教様式の共通性、という指標によって分類を行うことは可能だが、それらだけでは諸運動の類型的特性を把捉することは難しいのである。

2. 新宗教の教団類型論

そうした運動の諸特性を捉えるために、これまで日本の新宗教研究独自の観点からいくつかの教団類型論も提出されてきている。以下ではそのレヴューを行う。

日本の宗教状況を広く概観した教団類型論としてはまず、井門富二夫が提出した「文化宗教」（社会を文化的に基礎づける。習俗や国民性）・「制度宗教」（特定の政治体制や集団と結びつく。伝統宗教）・「組織宗教」（自発的参加と近代的組織。新宗教）・「個人宗教」（非組織・個人的内面的）の4類型の参照力が高い[13]。ただしこれは、新宗教を伝統仏教や民俗宗教と区別して「組織宗教」と類型化した内容であり、新宗教そのものの分類・類型化を目指した議論ではない。

同様に、新宗教運動をも含む、現代社会で展開する宗教組織とその動態を広く捉えようとした試みに、三木英のものがある。三木は、権威志向的／自律志向的、ネットワーク／組織、創唱的／伝統的の3つの軸をかけ合わせ、8つの類型を提出している[14]。だがこの類型は、現実の宗教運動の観察・研究を踏まえ、分類すること自体を目的に提出された一種の観念論であり、日本の新宗教を説明する際に切れ味を発揮するものではなく、実証レベルにおいても発見的効用性を期待できるものではない。

新宗教を含めた土着宗教（日本で発生し展開した宗教）の宗教組織の類型論に関しては、農村社会学ならびに家族社会学の議論を応用して析出された森岡

清美の「いえモデル」「おやこモデル」「なかま―官僚制連結モデル」が高い評価を受けている[15]。導きの人的関係を重視した「いえ―おやこモデル」の事例としては天理教と金光教が、地域・最寄原則のフラットな人的関係を教団中枢の官僚制的機構が統制する「なかま―官僚制連結モデル」の事例としては創価学会と立正佼成会が挙げられている。新宗教の組織形態は、「教義による被規定性よりは社会構造による被規定性のほうが卓越している」と論じられ、「組織が確立した時代」によって組織形態に差異が見られる、との主張が展開されている。島薗進は、後にこの組織モデルに、地域集団・単位集団が自律性を薄め、教団構造が柔軟で流動的なネットワーク結合のかたちをとる「業務遂行組織―消費者接合モデル」を追加している[16]。このモデルには、オウム真理教やワールドメイトなどが該当すると論じられている。

他方、對馬路人は、カリスマ的権威の分布パターンに注目した「T (top) 構造型教団」「L (line) 構造型教団」「R (rank) 構造型教団」という類型論を提出している[17]。カリスマ的権威がトップに集中したT構造型教団にはPL教団、ヒエラルキーのラインに沿って下方にまで分布するL構造型教団には霊友会系教団、中間リーダーに限定されるR構造型教団には大成教・御嶽教・扶桑教・神習教などの教派神道の教団が挙げられている[18]。

西山茂は、森岡の議論を批判的に継承しながら、「おやこ関係」が制度化を遂げる段階で結晶化する組織型として、「系統型」「一元型」「連合型」「仲間型」の4つを提出している[19]。系統型は、森岡の「いえモデル」に相当するトップから中間リーダーを経て末端の信者にまで至る重層的で世代を超えた主従の類型であり、近世における本末の寺院関係や、近代における天理教の系統教会制などが例とされている。一元型は、中間的な組織が廃され、中央やリーダーが一元的に末端組織を把捉するようなタイプであり、近代の真宗教団や現代の創価学会・立正佼成会などが例である。連合型は、中間リーダーが水平に連合して教団中央を差配するような組織型であり、日本の新宗教では霊友会や世界救世教の三派連合などが例として挙げられている。仲間型は、個人のフラットなネットワークを重視する組織とは言えないような緩やかな組織型のことであり、スピリチュアル・グループなどが念頭に置かれている。

一方、組織論的観点とは別に「宗教様式の成立の仕方」に着目した類型論

も複数提出されてきている。その嚆矢として高木宏夫は、「奇蹟解釈から出発」型と「既成宗教の体質改善」型を提示した[20]。その後も、こうした出発点をめぐる類型論は展開を見せ、西山茂の「創唱型」「混成型」「再生型」、島薗進の「土着創唱型」「知的思想型」「修養道徳型」「中間型」、竹沢尚一郎の「伝統再解釈型」「呪術―操作型」「生き神型」などが提出されてきた[21]。

　西山茂のいう創唱型は、教祖が超自然的存在から受けた独自の啓示を基礎として宗教様式を樹立した新宗教と規定されており、黒住教・天理教・金光教・大本・天照皇大神宮教などが挙げられている。混成型とは、伝統の異なる宗教・宗派から抽出した諸要素を混成して新たな宗教様式を樹立した新宗教であり、生長の家・真如苑・阿含宗が挙げられている。再生型とは、特定の既成宗教の遺産（宗教様式）を基本的に継承し、その独特な再生によって自らの宗教様式を樹立した新宗教であり、本門佛立講・創価学会・立正佼成会が挙げられている。

　島薗進の土着創唱型とは、西山の創唱型とほぼ共通する概念であり、天理教・金光教・丸山教・天照皇大神宮教が挙げられている。知的思想型は、「知的体系性をもった宗教的、思想的伝統を引き継いで形成され」、「こうした知的源泉と呪術的現世救済信仰が合体することによって成立した」新宗教とされ、本門佛立講・創価学会・生長の家が挙げられている。修養道徳型とは、「民衆的修養道徳思想に多くを負っており、それが呪術的現世救済信仰の要素を取り込んで……「道徳運動」の形をとったもの」とされ、黒住教・ひとのみち教団・モラロジー研究所が挙げられている。中間型は文字通り他の3類型の中間型であり、土着創唱型と修養道徳型の中間型には解脱会、土着創唱型と知的思想型の中間型（土着知的思想複合型）には大本系教団・霊友会系教団・世界救世教・真如苑が該当するとされている[22]。

　竹沢は「正当化の原理」という観点から3類型を構成しており、伝統再解釈型には、霊友会・創価学会・立正佼成会・阿含宗・真如苑、呪術―操作型には、世界救世教系・真光系、生き神型には、天理教・大本・璽宇・天照皇大神宮教が挙げられている。諸類型に含まれる教団の選定と類型を用いた分析の有効性に関しては、議論が分かれるところだろう[23]。

　これとは別の観点から、西山茂は、「術の宗教」と「信の宗教」という類型論を提出している。西山は、1970年代以降に台頭した神秘や呪術を強調す

る新宗教を「新新宗教」と名付けたが、後にこれらの「新新宗教」と大正期に
台頭した「操霊によって神霊的な世界と直接的に交流することを重視する」
新宗教とを併せて、「〈霊＝術〉系新宗教」あるいは「術の宗教」と規定した[24]。
「術の宗教」の事例には、大本・太霊道・阿含宗・真光系教団・GLA系教団
が挙げられている。「信の宗教」とは、「術の宗教」の対概念で「教義信条に重
点をおいた」新宗教である。事例には、天理教・金光教・創価学会・立正佼
成会が挙げられている。

　また、島薗進は、西山の「新新宗教」に関する議論をうけて、「信仰共同体
の緊密さの度合い」を尺度に「隔離型」「個人参加型」「中間型」に分類する議
論を提出している[25]。

　既成教団との関係に着目した類型論には、西山茂の「借傘型」「内棲型」「提
携型」「完全自立型」がある[26]。他方、必ずしも日本の新宗教に限られる内容
ではないが、芳賀学は、「根本主義的セクト」「呪術的カルト」「神秘主義的ネッ
トワーク」、中牧弘允は、「土着的宗教」「普遍主義的宗教」「土着主義的宗教」、
あるいは「エンデミック宗教」（風土病的・地域限定の特殊主義的）「エピデミッ
ク宗教」（流行病的・広範囲に伝染的）、井上順孝は、「ハイパー宗教」（自文化伝統
に縛られず、グローバルな宗教文化を自由に切り貼りする）といった概念を提出し
て、新宗教の特性にそれぞれ言及している[27]。

　以上のように、日本の新宗教を分類する際にも多数の分析視点が提出さ
れ、多種多様な類型論が提出されてきた状況をまずは確認することができ
る。しかし、これらの類型論の多くは相互参照された形跡があまり認められ
ず、さらには提出後に個々の事例研究などで十分にその有効性が検討されて
きていない。

　それぞれの類型論は、概念と実態の距離、分析的戦略性、残余集合の少な
さ、発見的効用性などの観点から評価がなされるべきだろう。残余集合の多
寡で言うならば、西山の「信の宗教」「術の宗教」類型が最も包括的な議論と
言えそうだが、多くの「信の宗教」には、「術の宗教」的な性格が前面に出た
時期、あるいは運動の発達段階があったわけであり、そういった側面を視野
に入れると課題が残る概念だと言わざるを得ない。また、森岡の「いえ―お
やこモデル」「なかま―官僚制連結モデル」という連結形態は、一つの教団内
で併用されているケースもあり、教団類型論としてはやはり課題が残ると言

3. 新宗教をめぐる運動理論

　続いて、宗教集団の特性を動態的に捉える宗教運動論においては、新宗教研究の文脈から、3つの特に重要な議論がこれまでに提出されている[28]。
　最も高い参照力を有する議論は、森岡清美の教団ライフサイクル論である。教団ライフサイクル論とは、宗教運動の展開を、①萌芽的組織 incipient organization、②公式的組織 formal organization、③最大能率 maximum efficiency、④制度的 institutional 段階、⑤解体 disintegration という5段階の価値付加過程として捉えるディヴィッド・モバーグのアイディアを新宗教研究に適用させ、主に立正佼成会の運動展開を分析したものである[29]。
　西山茂は、この議論に検討を加えて教団ライフコース論を提唱している。教団ライフコース論とは、教団ライフサイクル論の分析可能な対象が「順調に大教団にまで発展した新宗教に限られる」ことを批判し、「教団自身の発達的出来事と、それを取り巻く全体社会の歴史的出来事をふたつながらに」捉え、「多様性をふまえた上での斉一性」を追求するアプローチと定置されている[30]。森岡の議論は、運動展開の法則性を追求するベクトルが強く[31]、西山の議論は、運動展開を取り巻く全体社会の影響を重視するベクトルが強い。ただし、創価学会を対象にした事例分析においても、教団ライフコース論独自のタームや発達段階指標が提出されているとは必ずしも言いがたいので、筆者らは、この二つの議論を「教団ライフサイクル／コース論」と一括りにして、以下の論述を進めていきたい[32]。
　もう一つの運動理論として、對馬路人の「集団アイデンティティの成熟過程」をめぐる議論（以下、成熟過程論と略記）が挙げられる。對馬は、新宗教の展開を、①流行神的段階、②講的組織の段階、③教団としてのアイデンティティの確立段階、という3つの段階指標に分類している[33]。對馬は、この理論仮説を実証する論考を提出してはいないが、それまで研究を進めてきた大本をはじめとした習合神道系の新宗教や天理教などを念頭において段階指標を析出していることを推察することができる。
　教団ライフサイクル／コース論と對馬の成熟過程論との共通点は、全ての

宗教運動が、組織化以前の教団アイデンティティが未成熟な段階から出発し、次第に教義・教則、儀礼・実践、集会・行事などを整え、教団施設や聖典・聖地の開発を進め、次第に組織化・制度化が進んでいくことを指摘している点にある。そして、宗教運動は必ずしも一定した形態を採らず、発達段階に応じて運動目標や組織編成、あるいは参集する信者群の剥奪特性などが異なるという点も含意されている。

　他方、相違点としては、両者の想定する発達過程が異なっている点を指摘できる。例えば、教団ライフサイクル／コース論における萌芽的組織の段階は、「既存の宗教団体への不満ゆえに生じた社会不安の段階」と定置され、「カリスマ的権威主義的予言者的リーダー」[34]がこの段階を特色づけ、「高度の集合興奮」が見られると説明されている。一方、成熟過程論における流行神的段階は、「霊能者の呪術的カリスマを中心に、現世利益を求める人びとが未組織的に参集している状態」と定置され、「卓越した呪術的カリスマ」の行使によって霊能者と人々の間には「個別的で機能的で一時的な、いわば治療専門家と顧客（依頼者）の関係」が形成され、「集団としての明確な境界も欠いた浮動的な群衆の集合体」がこの段階の特徴だと説明されている。

　このように、運動の初期発達段階には、集団の強い凝集性を伴った「高度の集合興奮」が見られるのか（教団ライフサイクル／コース論）、それとも「浮動的な群衆の集合体」に過ぎない拡散的な状態こそ原初的な段階であるのか（成熟過程論）、両者の主張は食い違っている。だがこれは、理論の齟齬や矛盾というよりは、むしろ念頭にある対象の特性による違いなのではないだろうか[35]。

　このような理論間の齟齬や矛盾の補正・説明を可能にし、教団類型論（2節）と宗教運動論（3節）とを架橋するために、以下、まず筆者らによる宗教運動の類型論を展開してみたい。

4. 宗教的権威と救済の源泉の存在形態に基づく類型
　　　——テクスト教団と霊能教団——

　筆者らは、まず日本の新宗教の実態に即して、「宗教的権威と救済の源泉の存在形態」を指標に「テクスト教団」と「霊能教団」に大別する。テクスト

教団 Text–based religion とは、宗教的権威の源泉を特定のテクストの無謬性と絶対的な威力に置く教団であり、霊能教団 Magic–based religion とは、宗教的権威の源泉を特定の人物の超常的な能力に置く教団である[36]。いわば、中核的な権威を文書カリスマと人物カリスマに区分する類型である[37]。ただし、両者は必ずしも背反的・対照的なものではない。宗教的権威の源泉は、運動の展開過程で比重に変化が見られたり、交錯したり、並存したりするので、相対的な傾向性を示す類型区分として想定しており、概念的には純粋な理念型（Idealtypus）として規定している。

　テクスト教団は、信奉するテクストの性質を指標として、「伝統テクスト型」Traditional–type と「習合テクスト型」Syncretic–type とに二分される[38]。前者は、題目や法華経あるいは日蓮の遺文など（本門佛立講系の諸教団、真実顕現以降の立正佼成会、創価学会や顕正会）の伝統的な既存のテクストを信奉し、後者は、『甘露の法雨』『生命の実相』（生長の家）・『正心法語』『太陽の法』『黄金の法』『永遠の法』（幸福の科学）などの独自に編集されたテクストを信奉する[39]。真理の顕現としての文字化された教えに特殊な威力を認めるとともに絶対的な価値を置き、運動の創始者を特殊な霊能を持った存在として神格化するというよりはテクストの提示者・解説者として位置づける点が特徴である。創始者は、普遍的・超越的真理を人々に媒介する存在として権威を有し、預言者的リーダーとして運動を牽引する。

　霊能教団は、運動内での霊能の存在形態を指標に「信徒分有型」Follower–shared–type と「指導者集中型」Leader–centered–type に分類される。信徒分有型とは、超常的な能力の保有・開発が参画者に広く開かれていることを説く教団である。手かざしで知られる真光系の諸教団が典型だが、鎮魂帰神法を称揚していた頃の大本、浄霊を説く世界救世教やその分派教団が当てはまる。指導者集中型は、超常的な能力の存在が特定の指導者に専有されていると説く教団である。ほんみち・天照皇大神宮教・霊波之光教会などが典型例と言えるだろう。

　さらに信徒分有型は「階梯型」Gradual–type と「開放型」Flat–type に分類される。階梯型とは、教団が指定する特定の修行の階梯を辿ることによって霊能ないし非日常的な能力が段階的に備わることを説く教団であり、真如苑・円応教・大和教団などがここに当てはまる。開放型とは、霊能の保有・開発

が教団への入信と共に即時的、あるいは相対的に短期間で可能になると説く教団である。ここには真光系の諸教団・解脱会・(「さづけ」開発以降の) 天理教を典型例として挙げることができる。ただし、入信と共にすぐに霊能が備わるといっても下級から上級まで霊能の階梯が用意されていたり、修行の段階に応じて霊能の効験に差異が想定されていたりすることは付言しておかねばならない。この区分もあくまで相対的なものである。

　続いて、指導者集中型を「隔絶型」Founder-type と「継承型」Successor-type に分類したい[40]。隔絶型は、丸山教の伊藤六郎兵衛、ほんみちの大西愛治郎、天照皇大神宮教の北村サヨ、霊波之光教会の波瀬善雄などのように教祖の保有する超常的な能力の隔絶性を強調して説く教団である。一方、継承型とは、超常的な能力が教祖から後継指導者に継承されることを説く教団である。金光教・PL 教団・白光真宏会など、数は少ないがここに当てはまる教団がいくつか見られる。ただし、初代教祖と全く同じ能力をそのまま継承することができるか否かは、教団ごとに様相が異なることには注意が必要である。

　すでに触れたように、宗教的権威の源泉は多層的に説かれることが多い。霊友会系の教団のように、小谷喜美や長沼妙佼、宮本ミツなどといったカリスマ的指導者に専有された特殊な能力を主要な布教の武器としながらも、法華経というテクストと先祖供養の実修を重視する教団も数多い[41]。幸福の科学は習合テクスト教団の典型と言えるが、大川隆法に多くを専有された超常的な「霊言」の力も打ち出している。当然、カリスマ的指導者の超常的な能力とテクストの権威との比重は、運動の発展段階などによって変化する。また、後継指導者の継承された霊能と教団内職能者の分有された霊能とが併存するケースも多々ある。

　以上の筆者らの提案する類型を図示すると、以下のようになる。

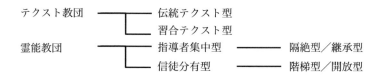

　筆者らの類型は、以上述べてきたように宗教的権威の源泉の存在形態の差

異に着目したものである。新宗教運動のフォロワー達へどのような救済財（Heilsgut）を提供しているのか、「布教の武器」と「運動の求心力」の所在はどこにあるのか、これらの視点からの類型化を試みている。また、西山の「信の宗教」「術の宗教」に大筋において立脚しつつも、特定の時代の動向を把握するためではなく（すなわち脱「時代社会論」化し）、下位類型を細分化した上で、運動展開の分析に際しての戦略性を持たせた点に独自性がある[42]。

5. 教団類型論と宗教運動論の架橋——想定される課題群——

　多くの成果が提出されている新宗教の類型論に対し、筆者らが新たな類型を提起したのは、すでに触れたように宗教運動論との接合を念頭に置いているためである。組織構造の静態的分析を行うのみならず、動態的分析へ議論を架橋させることを企図している。テクスト教団と霊能教団に二分する議論、その上で前者を伝統テクスト型と習合テクスト型に、後者の霊能教団を指導者集中型と信徒分有型に、さらに指導者集中型を隔絶型と継承型に、信徒分有型を階梯型と開放型にそれぞれ分ける議論は、既存の運動理論との接合によって新たな知見を生み出す可能性を持っている。

　前述した教団ライフサイクル／コース論と成熟過程論の齟齬は、筆者らの見解では、宗教的権威の源泉の差異、換言すれば、教団固有の中核的な救済財の性質の相違から派生している。端的に言えば、教団ライフサイクル／コース論はテクスト教団を念頭に、成熟過程論は霊能教団を念頭に理論化が図られている。この部分の混同のために、運動初期段階の捉え方などに齟齬が生まれるのである。モバーグの議論はアメリカのプロテスタント教会、森岡の議論は立正佼成会、西山の議論は創価学会の事例と、それぞれ、聖書、法華経、題目という根本聖典に中心的価値を置くテクスト教団から理論がボトムアップされている。一方、對馬の議論は明らかに霊能教団を念頭に置いた運動理論である。テクスト教団と霊能教団では、本来的な布教の武器、運動の求心力が異なり、運動初期段階においても集団の組成メカニズムや信者の動員プロセスが異なっている。これを一枚岩的に捉えているため、両者の議論に矛盾が生じるのである。もちろんテクスト教団と霊能教団、教団ライフサイクル／コース論と成熟過程論に共通の、宗教運動一般における特性や

課題群があることも否定はしない。しかし、まずはこのように宗教運動の根幹的特性の部分でタイプ分けを施すことで、議論をより分析的に展開することが可能となるのである。

　以上の類型を駆使することによって、運動理論を精緻化に向かわせることが可能になる。つまり、運動における求心力が、テクストがもたらす奇蹟・現証にあるのか、あるいは特定個人が駆使する霊能の効験にあるのか。その霊能は指導者に専有された性質のものか、信徒へも分有されている性質のものか。指導者に専有されている場合、それは継承可能と想定されているのか[43]。信徒へと分有された霊能には修行による階梯が用意されているのか、それとも一律に分有されているのか。これらの視点は、宗教運動の分析に新たな理論仮説を提供するのである。

　では、以下、それぞれの類型の運動が展開過程において直面すると想定される課題群を具体的に見ていきたい。

　テクスト教団の場合、テクストは不変であり、普遍的な価値が想定されている。つまり、宗教的権威の源泉にライフサイクルは認められない。よって、教学の整備により、権威を安定させ、世代を超えた宗教的価値の伝達が可能である。しかし一方、テクストの権威の強調と肥大化を誘引し、運動の生命力が掘り崩され、形式主義、教条主義に陥りやすい。人々の求める現世利益のニーズとの乖離が生じやすく、呪術・神秘性の保持と証しの側面における適応課題が発生する。一方、テクストの解釈の正当性をめぐって、分派・分立の危険性を内包しているのもこの類型の特徴である。伝統テクスト型教団においては、ファンダメンタリスティックな教義解釈と現実主義との間の相剋が常につきまとう。日蓮正宗とその在家講であった創価学会ならびに妙信講（現・顕正会）の事例や、本門佛立講の流れをくむ浄風会などの事例が念頭に浮かぶ[44]。習合テクスト型教団においては、テクストの構造的多面性が解釈の多様性を生み、類似的派生集団を誘発させやすいことが指摘できる。例えば、現在の生長の家と「谷口雅春先生を学ぶ会」などの運動方針の差異は、こうしたテクストの多面性に起因する部分があるだろう[45]。また、多層的霊界観と種々雑多な神々のパンテオンからその世界観が構成される幸福の科学においては、当初は運動の呼び水となっていたGLAの教祖・高橋信次の存在の位置づけをめぐって変転があったり、あるいは大川隆法＝エル・カン

ターレ＝釈迦と同次元の霊的存在である孔子が下生・成長することを待望する「レムリア・ルネッサンス」などの分派的運動が発生するに至った例もある。

霊能の指導者集中型教団の場合、霊能の発現者のライフは有限であり、霊能の効験にも教団の規模に応じてスケールの変化が見られる。大教団化・広域組織化が進展するに伴い、物理的に直接的な霊能の行使は困難になる。その際、霊能は、「直接行使」から「間接行使」へ移行されざるを得ない。また、霊能者的指導者の死や代替わりによって霊能の発現、カリスマの証明が大きく問題化する[46]。これに対しては、儀礼・崇拝対象・教典などへの「カリスマの分散的転封」[47]が要請されてくる。それがうまくなされない場合には、蓮門教、太霊道、璽宇、真理実行会の場合のように、運動が著しい停滞や衰滅をむかえたケースもある[48]。創始者の時代を経て、その後も存続している運動は、これについてある程度うまくいったものと言ってよいだろう。また、多くの教団では、教祖にまつわる物語の整備がなされる[49]。模範的人間像、神と人との仲介者、神から遣わされた者、神そのものなどと教祖の意味づけを巡ってさまざまな定式化・神話化が図られるのである[50]。その意味では、そうした教祖の言行録・物語・神話といった「テクスト教団」としての傾向性が高まる動きが取られると言ってもよいだろう。さらに、安定した継承を志向して、後継者の養成の必要性も焦点化される。継承後も常に初代教祖と霊能が比較され、運動展開に影響を与えるのもこの類型の特徴と言えよう[51]。

霊能の信徒分有型教団の場合、いかに組織の統制をとるか、という問題が浮上する。信徒分有型は、大教団化・広域組織化に際しても、あるいは指導者の代替わりに際しても、直接的な霊能の行使が継続して可能だという利点を持っている。また、誰もが霊能を保有しうるということは、成員のコミットメントの動機付けに効果的に機能する。その反面、安易な霊能の開放は、宗教的権威の一元的構造をつき崩し、運動全体の統合を脅かす可能性を有している。天理教系、大本系、世界救世教系、真光系の分派教団が数多く見られることは、この類型の特性と無縁ではないだろう[52]。特に階梯型よりも開放型の方が、霊能保持者の台頭や独自の解釈・活動、離脱・分派などを生じさせやすい。信者になりさえすれば誰でも同じ霊能が発現するとされている上に、階梯上昇というモチベーションも機能しない。一方で、階梯型は、ヒ

エラルキー構造ゆえに、本部機構が統制しやすいというメリットはあるものの、有力幹部に率いられた教会ごと・支部ごとの離脱を生みやすいことが指摘できる。

このように、類型ごとにその発達課題の特性やその色合いが異なっている様相が見えてくるのである。

6. 類型間移行のパターン

次に、これらの教団類型間の移行を具体的に想定してその運動展開を説明することを試み、理論としての有効性を探ってみよう。

霊能の信徒分有型から指導者集中型への移行は、運動展開にともない、霊能に統制が加えられ一元化されてゆく状況を意味している。これは、分派・分立を避ける効用をもたらすだろう。運動展開の初期においては、教祖のみでなくその限られた弟子などにも救済の方途としての霊能が認められていることがしばしば見受けられる。大山祇命神示教会では、当初は教祖以外にも神からの「お告げ」がなされたり「神の力」の養成がなされたりしていたが、運動内の動揺を経て教主のみに統制されていった[53]。霊波之光教会においても、当初は弟子が教祖とともに修行し「九字」を切ったとされるが、運動展開とともに神の使者としての教祖の卓越性が強調され、行使の主体が限定されるようになった[54]。また、阿含宗でも、当初は一般信者も修行により超能力を開発し、また自らの悪因縁を切ることが可能とされていたが、後にはそうした側面は後景化し、教祖の超越性が強調されていった。

指導者集中型から信徒分有型への移行は、大教団化・広域組織化にともなう呪術的要素の見直し、または、直接的な霊能の行使が不可能になったことによるカリスマの下級委譲の状況を意味している。真如苑における伊藤真乗・友司夫妻に始まる霊能が、「真如霊界」の段階的成立とともに分有・継承可能な階梯型の霊能として整備されていく過程も一つの例と言えるだろう[55]。白光真宏会の後継者・西園寺昌美の時代に始まった「印」の導入や「神人養成プロジェクト」もそうした例と言える[56]。天理教の「さづけ」の開発、あるいは大正・昭和期以降の天理教系教団の分派の発生も、統制された霊能に対する、呪術的現世利益を求めるニーズによる面があると言えよう[57]。

39

霊能型からテクスト型への移行は、運動展開にともなう「脱呪術化」「合理化」の流れと説明できる。発生当初は、呪術的な病気治しなどを布教の主要な武器としていても、大教団化する過程で、社会からの批判や信者階層の上昇などの影響を受け、このような類型間移行が見られることがある。これは、世代を超えて伝達可能なテクストへのカリスマの転封と換言することができる。ただし、そのためには、拠って立つことができるだけの伝統性や内実を備えたテクスト、並びに解釈者（教学整備者）を、当該運動が資源として内包しているか否かが重要な鍵となる。立正佼成会の「読売事件」以後の「真実顕現」は、移行がスムーズに行われた事例と言えるだろう。また、天照皇大神宮教のように教祖の隔絶性・唯一性を強調したため、その死後は教祖の言行録・教典などの遺されたものが中心的な資源となるような事例も、テクスト重視への移行の一面を表していると言える。

　テクスト型から霊能型への移行は、ほぼ見られない例である。特に完全な移行の例は、まず見いだせないと言ってよいだろう。ただし、霊能からの「脱呪術化」の徹底をはかりすぎた反動として、運動内で再呪術化の方向を希求するようなケースはしばしば見受けられる。もっとも端的な例は、キリスト教のペンテコステ運動だが、天理教の梅花運動（教勢倍加運動）にも類似した性格があった。幸福の科学が1994年には「方便の時代は終わった」として表向きには封印したはずの「霊言」を、2009年前後から「霊界の存在証明のため」などとして、大々的に復活させ前面に押し出すようになったのも、同じパターンと言えよう[58]。また、辯天宗の場合には、運動展開の時期によって、呪術的な救いと教えによる救いの間で救済論の比重が大きく揺れ動いていることが報告されている[59]。

　以上、挙げたものは限られた例にすぎないが、筆者らの提出した類型を参照することによって、新宗教運動において実際に生起したさまざまな現象・変化や運動展開とその要因を、かなり広範に捉え、説明することができるのである[60]。

7.　おわりに

　筆者らは、新宗教研究が活況を呈し、「第三世代」の研究者達が協同的に研

究を行った時代とは異なる状況に身を置いている。それは、かつては「新しさ」に注目された「新新宗教」を含む多くの新宗教運動が、すでに指導者や信者の世代交代を経験し後継者の時代を迎えている状況、あるいは多くの新宗教が教勢を伸張・拡大させることが難しくなり、停滞・漸減傾向にある状況において研究を進めている、という事態を意味している[61]。しかしそれは、新宗教の衰滅をそのまま意味するわけではないし、また新宗教研究自体に意味がなくなるということではない。ロドニー・スタークは「1000の宗教運動があったとして、10万人の信者を惹きつけ、1世紀の間続くのはそのうちでたった一つくらいであろう」と述べたが[62]、これは日本の新宗教運動の場合にはまったく当てはまらない。ここから欧米と日本の新宗教の相違が看取されるし、また、欧米の理論を無批判に適用することの危険性も了解される。日本では、1世紀以上の歴史を持つ新宗教運動はめずらしくなく、また多くの新宗教が今後もこれに続くだろう。その意味でも、筆者らは、新宗教研究の主要な関心となっていた「発生論」から「変容／継承論」へ研究の主眼をシフトせねばならない状況があると感じている。

　以上に述べてきた教団類型ならびに類型ごとに想定される課題群や類型間移行のパターンに関する事例研究を実証的に進めていくことが、こうした研究視点のシフトを促すとともに新宗教研究の精緻化、豊饒化につながっていくと筆者らは考える。研究が多く行われた教団群（類型）とあまり研究が行われていない教団群（類型）のギャップを補正し、分析概念と検討すべき命題を共有して研究を進めることが協同的継続的な成果の産出につながるだろう。そしてそれはまた、日本の新宗教運動の事例研究から析出された知見でありながら、他の文化圏あるいは世界の宗教運動一般を分析できる視点や概念を提出する可能性をも含んでいるのである[63]。

注
* 　本稿は、［寺田・塚田2007］を下敷きとして加筆・修整を行ったものである。
1 　日本の宗教社会学に対するレヴューは、［森岡1967］［井上・孝本・塩谷・島薗・對馬・西山・吉原・渡辺1981］［井上・孝本・對馬・中牧・西山編1990］［山中・林1995］［西山2000］［寺田2000］［西山2005］［大谷2005］などを参照のこと。
2 　［西山2005：197］を参照。もちろん「第三世代」の研究者は、2000年代以降も継続的に成果を産出している。

3　［井上・孝本・對馬・中牧・西山編1990］。
4　ただし、2000年代に入ってからも、［渡辺2001；2007］［ムコパディヤーヤ2005］［芳賀・菊池2007］［寺田2009］［大西2009］［櫻井・中西2010］［猪瀬2011］［塚田2015］［永岡2015］などの広義の日本の新宗教を対象とした実証的研究の書籍刊行が続いており、単純に研究が停滞状況にあるとは言えない。
5　［山中・林1995］。例えば、「習合宗教 syncretic cults」［島薗1982］と「ネオ・シンクレチズム」［井上1991］、「宗教浮動人口」［藤井1974］と「宗教的無党派層」［三木2002］、「多国籍宗教」［中牧1989；井上1985］と「エピデミック宗教」［中牧1993］、「新霊性運動」［島薗1992b；1996a］と「スピリチュアリティ」［樫尾編2002］など、ターム間にどのような関係があるのか、指示される実態の間の異同はどのようになっているのか、新しい概念を創出する必要性はどこに求められるのか、これらの基本的な関心に明確な回答を示さないまま議論が提出されているケースが少なくないように思われる。なお、日本の新宗教研究に対するレヴューは、［井上・孝本・塩谷・島薗・對馬・西山・吉原・渡辺1981］［井上・孝本・對馬・中牧・西山編1990］などを参照のこと。
6　西山茂は、新宗教を、「既存の宗教様式とは相対的に区別された新たな宗教様式の樹立と普及によって、急激な社会変動下の人間と社会の矛盾を解決または補償しようとする、19世紀なかば以降に世界各地で台頭してきた民衆主体の非制度的な成立宗教」と定義している［西山1995a：149］。本章は、日本で発生した新宗教を中心的に取り扱うため、「世界各地」という要素を含めず、規定を行った。
7　［村上1980］。また、渡邊楳雄は戦後の新興の宗教教団について述べるなかで、分析的な概念とまでは言えないものの、系統性や起源、教団成立の事情などによった一定の類別化を試みている［渡邊1950：122-146］。
8　日本の新宗教と富士講の関係について再検討を迫るものとしては、［大谷2011］などを参照。
9　日本の新宗教運動の分派と影響関係については、［井上・西山・島薗・弓山・對馬・津城・梅津・沼田1990：64-100］を参照のこと。
10　日本の新宗教運動の教えの特徴については、［對馬・島薗・藤井・井上1990：212-252］を参照のこと。
11　［對馬・西山・島薗・白水1979］。
12　「報恩の理論」は［ベラー1996 (1957)］、「原恩の意識」は［見田1965］を参照のこと。また、安丸良夫は、心の転換と修養・努力によって現実世界を好転させることができるという信念を「心の哲学」と概念化している［安丸1974］。なお、新宗教の世界観における自利・利他意識と実践の連結性とその「教導システム」を論じたものとしては［西山2012a］を、そこにおける幸福観の関係を教団比較を通じて論じたものとして［寺田2014］を参照。
13　［井門1974］を参照。なお、もちろんこの議論の前提には、ヨアヒム・ワッハの「合致的 identical 宗教集団」「特殊的 specifically 宗教集団」論［Wach 1944：56-57］、マックス・ウェーバー、エルンスト・トレルチ以来の「チャーチ」（一社会一宗教）・「セクト」（自発的参加の排他的分立集団）・「ミスティーク」（個人的内面的神秘主義）の議論［ウェーバー1920=1974；トレルチ1911=1981］や、リチャード・ニーバーの「デノミネーション」（社会のなかでの多宗教・宗派の並立）論［ニーバー1929=1984］が存在している。また、ローランド・ロバートソンは、ここに「制度化されたセクト」を加えて論じている［ロバートソン1970=1983］。ブライアン・ウィルソンは、セクトについての独自の7類型を提出して

いる［ウィルソン 1970=1972］。
14 ［三木2014］を参照。すなわち、〈創唱的権威志向型組織〉（カルト運動、新新宗教など）、〈創唱的権威志向型ネットワーク〉（組織宗教成立直前の形態）、〈創唱的自律志向型ネットワーク〉（オーディエンス・カルト、スピリチュアル情報消費者群）、〈創唱的自律志向型組織〉（クライエント・カルト、スピリチュアル・セミナーなど）、〈伝統的権威志向型組織〉（チャーチ、デノミネーション、制度的教団宗教、組織宗教）、〈伝統的権威志向型ネットワーク〉（民俗宗教）、〈伝統的自律志向型ネットワーク〉（伝統宗教情報消費者層）、〈伝統的自律志向型組織〉（セクトなど）、の8類型である。議論の前提として、前掲のチャーチ―セクト論ならびに、ロドニー・スタークとウィリアム・ベインブリッジによる「オーディエンス・カルト」（聴衆参加的小集団）―「クライエント・カルト」（面談的一時的関係）―「カルト運動」（やや継続性のある萌芽的小集団）の類型論［Stark & Bainbridge 1986］が踏まえられている。なお、ブルース・キャンプベルは、神秘志向的啓蒙型 a mystically-oriented illumination type、手段主義型 an instrumental type、奉仕志向型 a service-oriented type の3つのカルトの下位類型を提出している［Campbell 1978］。それぞれ参考になる視点を含んではいるが、近代日本の民衆主体の組織的宗教運動である新宗教の実態に即した類型論の立ち上げを企図する本稿では、これらの欧米理論の安易な当てはめは行わない。
15 ［森岡1981］を参照。
16 ［島薗1996b］を参照。
17 ［對馬2002］。なお、T構造、L構造、R構造については、［エチオーニ1961=1966］を参照のこと。
18 教派神道の組織化の類型については、井上順孝が「樹木モデル」（組織者の明確な理念に基づき、根から幹、枝葉のように広がる）と「高坏モデル」（運動の創始者はオルガナイザー的であり、雑多な集団の寄り集まり）を提出している［井上1991：124-127］。
19 ［西山2013］を参照。
20 「新興宗教の出発点には、対立した二つの立場がある。その一つは、奇蹟の解釈から出発し、それを体系化し、ついに神学にいたるもので、これが基本的かつ原則的なタイプである。いま一つは、既成宗教の体系が固定化されて現実から遊離し、教団が停滞している場合に、この体質改善というかたちで、教理体系の基本的な点には手をふれないまま部分的に合理的な改変をほどこして現代化し、さらに発展をはかるというタイプである」［高木1959：107］。
21 ［西山1988a］［島薗1992a］［竹沢1995］。
22 この議論は、中間型に当てはまる教団があまりに多いため、類型論としては整合性に問題がある、という批判を受けてもいる［西山1995a］。
23 竹沢は、同論文での対象である天照皇大神宮教を論じるためにこれらの3類型を提出しており、管見の限りではその後の研究でこれらの類型を参照・検証した形跡は見られない。また、事例の天照皇大神宮教が「生き神型」であるために外部の権力の干渉を招いたと述べているが、創価学会などの「伝統再解釈型」諸教団も戦前に干渉を招いた歴史的事実があるため、類型のちがいによって運動展開の道すじの説明をできているかについては疑問が残る。
24 ［西山1979］ならびに［西山1988b］を参照。西山茂は、「術の宗教」並びに下位概念としての「新新宗教」を「時代社会論」だと述べている［西山1997］。なお、新宗教とその背景

の時代社会を論じたものには、［西山1977；1995b］などがある。また、西山は、霊術系新宗教の型として、教祖の霊言に基づく教えを信ずる「信奉型」、特定の有資格者が霊術を施す「仲介型」、霊術が一般信者に解放された「互修型」、信者の因縁を教祖が一手に引き受ける「代行型」の4タイプも指摘しているが、その後の議論の展開は特に見られない［西山1991］。

25 ［島薗1992b；2001］を参照。
26 ［西山1990b］。西山は、家・家族と宗教シンボルの性格に着目した類型論として「家祭祀団」「家信徒団」「家族祭祀団」「家族信徒団」という4類型も提出している［西山1975a］。後二者は、仏教系新宗教を分析するために用意された。仏教系新宗教に関しては、世俗社会との調和・和合を重んじる「H（harmony）型」と、悪や困難からの勝利を強調する「V（victory）型」、「BYの在家主義」「FORの在家主義」といった類型論も提出されている。なお、近年、西山は仏教系新宗教という語をほとんど用いず「在家仏教運動」という語を用いている。これらの概念については、［西山1995c；2012c］にまとまった記述がある。
27 ［芳賀1994］［中牧1989；1993］［井上1999；2002；2012］。なお、宮台真司は、オウム真理教についての論考で、宗教全般を「行為系宗教」「体験系宗教」に二分し、後者をさらに「修養系」と「覚悟系」に二分する独自の論を展開した［宮台1995］。これに先立って島薗進は、新宗教の体験主義の研究のなかで、「享受的体験主義」と「学習的体験主義」の類型を提示している［島薗1988］。島薗をはじめとする新宗教の体験談・体験主義に関する研究については、［寺田1999］を参照のこと。
28 宗教運動論のレヴューは、［大谷1996；1999］を参照のこと。
29 ［森岡1989］。森岡は、［森岡1979］ではリチャード・クヌーテンの「萌芽的組織」「効率」「形式主義」「解体」の4段階指標を参照して分析に用いていたが、［森岡1989］では最終的にモバーグの指標を適用している。また、グスタフ・メンシングの「発端の結合の段階」「教義化と宗派化の段階」「組織化の段階」「宗教改革の段階」「衰滅の段階」説も挙げられて検討されている［森岡1989：9-11］。なお、作道信介は、森岡の議論に目配りをしつつも、経済学における成長理論などを援用しながら、一キリスト教会の展開過程をライフサイクル論的に論じている［作道2000］。
30 ［西山1990a：55-62］。
31 ただし解体の段階に向かわないような「革新的な innovative 企て」の解明にも重点を置いている［森岡1989］。
32 西山茂は、［西山1975b；1986；1998；2004］という4つの論考で創価学会の運動動態を分析しているが、ライフコース論を明示的に展開しているのは［西山1998］のみであり、そこでも一般的な性質のもの（「基本的な宗教様式の樹立と確立の段階」「宗教様式の急速な普及の段階」「宗教様式の定着と制度化の段階」）を除いては、独自の段階指標を提出しているわけではない。なお、教団ライフサイクル論と教団ライフコース論は、相反する理論的前提から析出されているため、理論的には統合することは難しいと考えられる。ここでは、互いに新宗教の運動動態に視点を置き、ライフコース論がライフサイクル論の段階指標を参照していることから、理論の妥当性の検討は括弧に入れ、便宜的に「教団ライフサイクル／コース論」と呼んでいる。
33 ［對馬1987］を参照。
34 モバーグの原文は、「the charismatic, authoritarian, prophetic leader」［Moberg 1962：118-124］であるため、訳語は「カリスマ的権威主義的預言者的リーダー」であるべきであろう。

35　前節で触れた三木英は、〈権威志向型組織〉〈自律志向型組織〉〈権威志向型ネットワーク〉〈自律志向型ネットワーク〉の4類型間相互での計12パターンの移行について議論を試みている［三木2014］。一般論を志向した野心的な試みと言えるが、そもそも何のための理論なのか——先行研究において何が明らかになっていないために新たな類型が案出されねばならないのか——不明瞭な議論を行っている。

36　なお、霊能という語は、憑霊・操霊・脱魂・審神といった能力に限らず、いわゆる超能力や俗に不思議な力と称される力能を含めたゆるやかな範囲で用いたい。

37　この文書カリスマ、人物カリスマは、筆者らの造語であり、カリスマ概念を拡大解釈して用いている。ウェーバーは、「「カリスマ」とは、非日常的なものとみなされた……ある人物の資質をいう。この資質の故に、彼は、超自然的または超人間的または少なくとも特殊非日常的な・誰もが持ちうるとはいえないような力や性質に恵まれていると評価され、あるいは神から遣わされたものとして、あるいは模範的として、またそれ故に「指導者」として評価されることになる」と、ある人物が所有していると帰依者によって見なされる特殊な資質として説明している。しかし、一方、「生来それを所有している物ないし人に宿る」「一つの賜物」とも述べており、マナmana概念をも包摂する非日常的・超自然的・非人間的な力ないし性質とも捉えている。前者の引用は、［ウェーバー1921–22=1970：70］、後者の引用は、［ウェーバー1921–22=1976：4］から。なお、以上の解釈については、［ウェーバー1921–22=1976：339］の訳注を参照した。

38　テクスト教団の下位区分については、後掲の霊能教団の下位区分と同様に、テクストの解釈が一元化されているか分有されているかによって分けた方が類型として整合的であるという意見も想定できる。確かにそうすれば、キリスト教におけるローマ・カトリックの凝集性とプロテスタントの聖書中心主義のような特性まで包含できるかもしれない。だが、本章においては、類型区分の整然さよりは、日本の新宗教運動の実態分析における有効性という観点を優先させているために、そのような区分は採用しないことを断っておく。

39　習合テクスト教団は、井上順孝のタームで言えば「ハイパー宗教」［井上1999：198-217］に相当すると言えるだろう。そのテクストの組成に「ハイパー性」が顕著に認められるということである。

40　島薗は、日本の新宗教の教祖崇拝の型として、「神的なものを、今、現に地上で代表しているというだけでなく、人類史の決定的な転換をもたらした唯一至高の存在であると信じられてきた」「本来の意味での（典型的な）教祖崇拝」と、「根源的な何かを体現しつつも、その時代の時の推移の中で人々を導いて行く指導者への崇拝」としての「歴代教祖」的（歴代教主崇拝的、会長崇拝的）な指導者崇拝を指摘している。これは、本論の隔絶型と継承型に対応すると言える。なお、島薗は、「豊かなイメージ喚起力によって、聖なる世界のパワーを地上に顕現するという機能を果たすシャーマンのような存在」としての「メディア・シャーマン崇拝（説教師崇拝、チャネラー崇拝、霊能者崇拝）的な指導者崇拝」という第三の類型も指摘しており、時代論と絡めて議論を進めている［島薗1991］。

41　なお、ここで触れた先祖供養などといった、必ずしも根本教典に明記されていない宗教実践とその効果を主要な布教の武器にする側面は、「体験要素」という別カテゴリーを設定して議論できる。体験要素は、知育ではなく、体験から学ぶことが重視される「学習型」と、非日常的な体験を享受すること自体が教えの魅力となっている「実感型」に分類される。前者は、妙智會教団や佛所護念会教団などの霊友会系教団に典型的に見られ、

後者は、(「新新宗教」として注目を浴びたころの) 真光系教団や阿含宗、オウム真理教などに典型的に見られる。ただし、この体験要素は、テクスト教団、霊能教団、双方に随伴しているものであり、教団類型の中には包含しえない。教えの学習と体験の実感は、宗教上の教導において不即不離の関係にあり、相対的に重視される比重が異なるに過ぎない。また、同様に「修養要素」というカテゴリーを想定することも可能である。これも、心なおしを条件に現世利益の段階的享受が約束される場合と、心なおしが必ずしも必須の条件として措定されていない場合とに大別される。前者の典型には天理教や修養團捧誠会、あるいは霊友会に見られるような根性直しの実践を行う教団が挙げられ、後者の典型には、創価学会、世界救世教、あるいはオウム真理教をはじめとした新新宗教の一部が挙げられる。ただし、この類型も相対的な傾向性を示すものであって、筆者らの教団類型には含めない。

42　ここで既出の概念との対応関係を整理しておこう。テクスト教団の伝統テクスト型は、西山の再生型、竹沢の伝統再解釈型の一部に対応し、習合テクスト型は西山の混成型に対応する。ただし、混成型のうち、生長の家と真如苑・阿含宗・オウム真理教との間には区分が設けられる。島薗の知的思想型は、テクスト教団全体に対応する。霊能教団は、西山の霊術系、あるいは創唱型と一部の混成型に対応する。島薗の議論との関係では、土着創唱型、あるいはそれと関係する中間型が対応する。竹沢の呪術―操作型は、霊能の信徒分有型に、生き神型は指導者集中型に対応する。なお霊能教団の二分類に関しては、對馬の類型論が筆者らのアイディアと近く、T構造型が指導者集中型、L構造型とR構造型の多くが信徒分有型に対応する。西山の一元型・連合型・仲間型も、組織による霊能の統御という点に焦点化するなら、やはり指導者集中型・信徒分有型 (階梯型・開放型) に対応してくるだろう。對馬のTLR構造理論は、正確にはT構造型はPL教団・金光教、L構造型は霊友会系教団、R構造型は戦前期の幾つかの教派神道が符合するのみの議論であり (理論上、R構造型には卍教団も符号する)、多くの残余集合を有している。これに対し、筆者らの信徒分有型と指導者集中型という類型は、ほとんど全ての霊能教団を包含できる利点を持っている。

43　類型による後継者の養成や意味づけの差異を示唆したものとしては、[塚田2006]を参照のこと。

44　日蓮正宗・創価学会・妙信講については [西山1978] など、浄風会については [大谷・小島2005] などを参照。また、佛立講系の在家主義と浄風会を中心としたテクスト教団の展開過程と組織課題については、本書第2章の小島論文を参照。

45　生長の家の影響が、白光真宏会・幸福の科学・いじゅん (龍泉) などの教団に見られることは広く知られているが、善隣教・霊波之光教会などにおいてもそのテクストの文言や内容レベルでの影響を看取できる。習合テクスト型教団の場合は、その習合性・ハイパー性に付随する「出版・読書宗教」性 (出版物の多さ) という特性も相まって、直接的な分派以上に間接的な影響を広範囲に与える可能性があることが言える。

46　なお、この問題は、広く知られた「カリスマの日常化」の議論と密接に関係する。しかし、ウェーバーは、必ずしも宗教的指導者のみをカリスマに想定していたわけではなく (軍事指導者、デマゴーグ的政治家など)、また、その議論も多種多様なパターンをパノラマ的に羅列しているのみで、首尾一貫した理論を形成させているわけではない。ウェーバーは、後継者の規則的選定問題 (「資格」への転化問題=官職カリスマへの転化)、正当性の確立問題 (真正カリスマの恒常的承認の困難性=世襲カリスマへの転化)、合理的な

規律による変質問題（官僚制とのせめぎ合い）などといった論点を摘出しているが、例えば、カリスマ的指導者の死という局面に議論を特化した場合、ここに対応する周到な議論を用意しているわけではない［ウェーバー 1921–22=1962：398–523］。
47 「カリスマの転封」という概念は、［西山1990a：55–62］を参照のこと。
48 蓮門教については［武田1983；1984］［奥1988］、太霊道については［吉永2008］、璽宇については［對馬1991；2000］、真理実行会については［孝本1980］、また総論として［西山2012b］を参照のこと。
49 島薗進はこれを「至高者神話」の成立過程として論じている［島薗1982］。
50 教祖の意味づけについては、天理教の中山みき・金光教の赤沢文治などのケースを扱った［島薗1978；1982］、天照皇大神宮教の北村サヨを扱った［渡辺1980］、妙智會教団の宮本孝平・ミツ夫妻の例を扱った［渡辺1987］などの議論を参照のこと。
51 指導者集中型教団の組織課題の解決を扱った事例研究としては［塚田2007a, b］また本書第4章の塚田論文を参照のこと。
52 これらの教団系統の「分派と影響関係」については、［井上・西山・島薗・弓山・對馬・津城・梅津・沼田1990］を参照のこと。
53 ［神奈川新聞社編著1986］を参照。
54 ［塚田2007a, b］、また本書第4章の塚田論文を参照のこと。
55 ［秋庭・川端2004］などを参照。
56 ［岡本2012］などを参照。
57 ［弓山2005］を参照。
58 ［塚田2015］を参照。
59 ［弓山1994］を参照。
60 ただし、日本の新宗教運動の展開過程における全ての事態が、本章の類型論を援用することで鮮やかに説明できるということはない。本書第3章の藤井論文で扱う金光教は、初代教祖・金光大神の『天地書附』『金光大神覚』などに宗教的権威と救済の源泉を置く点では「テクスト教団」性を、教祖家の代々教主が本部広前を継承し、各教会広前では教会長が「取次」を行うという点では「霊能教団」性を有すると言えるが、同論文で扱うテーマは明治国家体制への運動としての主体的適応と教団形成というテーマであり、外部環境の規定性の方への着目の比重が大きくなる。
61 こうした「新新宗教」論以降の日本の新宗教運動の現況と、それについての研究動向を概観したものとして、［塚田2016］を参照。
62 ［Stark 1996：113］。翻訳は、［バーカー2011=2014：184］を参照した。
63 筆者らの旧稿に対しては、「日本の新宗教のみを対象として議論を展開」「異（宗教）文化圏の宗教集団を議論に取り込むことは当初から考えられていない」［三木2014：30］との批判を向けられている。しかし、類型を切り出す際に、日本の新宗教運動に立脚したのであって、そこから彫琢された類型が日本の宗教集団に限定的に適用されるものだとは考えていない。そもそも旧稿は、ウェーバーの議論と対照させるかたちで類型を案出しており、その他欧米の教団類型論と――著者の一人が研究を行っていた――台湾の新興仏教運動および民間宗教との比較を念頭に、日本の新宗教の特質を分析する類型論を構想した経緯がある。東アジア圏における民衆宗教・民俗宗教やキリスト教受容の問題、キリスト教ペンテコステ運動の興隆と世界的展開、欧米圏におけるキリスト教的セクトの性格、イスラム圏における神秘主義の問題などを検討する際にも、本章にて提示した

類型が有効性を発揮する可能性は十分にあると考えている。

参考文献
秋庭裕・川端亮2004『霊能のリアリティへ──社会学、真如苑に入る──』新曜社。
バーカー，E. 2011=2014「新宗教における高齢化の問題」(高橋原訳)『現代宗教2014』国際宗教研究所、158-197。
ベラー，R.N. 1996（1957）『徳川時代の宗教』(池田昭訳)岩波文庫。
Campbell, B. 1978 A Typology of Cults, *Sociological Analysis* 39-3: 228-240.
エチオーニ，A. 1966 (1961)『組織の社会学的分析』(綿貫譲治監訳) 培風館。
藤井正雄1974『現代人の信仰構造──宗教浮動人口の行動と思想──』評論社。
芳賀学1994「新宗教は何を与えるのか」芳賀学・弓山達也『祈る ふれあう 感じる──自分探しのオデッセー──』IPC、72-112。
芳賀学・菊池裕生2007『仏のまなざし、読みかえられる自己──回心のミクロ社会学──』ハーベスト社。
井門富二夫1974「宗教と社会変動──世俗化の意味を求めて──」『思想』603：45-71。
猪瀬優理2011『信仰はどのように継承されるか──創価学会にみる次世代育成──』北海道大学出版会。
井上順孝1985『海を渡った日本宗教──移民社会の内と外──』弘文堂。
───── 1991『教派神道の形成』弘文堂。
───── 1999『若者と現代宗教──失われた座標軸──』ちくま新書。
───── 2002『宗教社会学のすすめ』丸善ライブラリー。
───── 2012「グローバル化時代の近代新宗教とポスト近代新宗教」中牧弘允、ウェンディ・スミス編『グローバル化するアジア系宗教──経営とマーケティング──』東方出版、405-418。
井上順孝・孝本貢・塩谷政憲・島薗進・對馬路人・西山茂・吉原和男・渡辺雅子1981『新宗教研究調査ハンドブック』雄山閣。
井上順孝・孝本貢・對馬路人・中牧弘允・西山茂編1990『新宗教事典』弘文堂。
井上順孝・西山茂・島薗進・弓山達也・對馬路人・津城寛文・梅津礼司・沼田健哉1990「分派と影響関係」井上順孝・孝本貢・對馬路人・中牧弘允・西山茂編『新宗教事典』弘文堂、64-100。
樫尾直樹編2002『スピリチュアリティを生きる──新しい絆を求めて──』せりか書房。
神奈川新聞社編著1986『神は降りた──奇跡の新宗教大山祇命神示教会──』学習研究社。
孝本貢1980「カリスマの死──真理実行会の事例──」『明治大学教養論集』139：1-20。
三木英2002「宗教的無党派層の時代──浮上する「人間至上」の宗教──」宗教社会学の会編『新世紀の宗教──「聖なるもの」の現代的諸相──』創元社、70-97。
───── 2014『宗教集団の社会学──その類型と変動の理論──』北海道大学出版会。
見田宗介1965『現代日本の精神構造』弘文堂。
宮台真司1995『終わりなき日常を生きろ──オウム完全克服マニュアル──』筑摩書房。
Moberg, D.O. 1962 *The Church as a Social Institution: The Sociology of American Religion*. Prentice-Hall.
森岡清美1967「日本における宗教社会学の発達」『宗務時報』17：1-17。
───── 1979「新宗教運動の制度化過程──立正佼成会の場合──」『中央学術研究所紀要』

　　　　　 8：31-51。
　　　　── 1981「宗教組織──現代日本における土着宗教の組織形態──」『組織科学』15-1：19-27。
　　　　── 1989『新宗教運動の展開過程──教団ライフサイクル論の視点から──』創文社。
ムコパディヤーヤ，R. 2005『日本の社会参加仏教──法音寺と立正佼成会の社会活動と社会倫理──』東信堂。
村上重良 1980『新宗教──その行動と思想──』評論社。
中牧弘允 1989『日本宗教と日系宗教の研究──日本・アメリカ・ブラジル──』刀水書房。
　　　　── 1993「エンデミック宗教とエピデミック宗教の共生──ブラジルの生長の家の事例から──」『宗教研究』296：131-154。
永岡崇 2015『新宗教と総力戦──教祖以後を生きる──』名古屋大学出版会。
ニーバー，H・R, 1984 (1929)『アメリカ型キリスト教の社会的起源』(柴田史子訳) ヨルダン社。
西山茂 1975a「我国における家庭内宗教集団の類型とその変化」『東洋大学社会学研究所年報』8：67-88。
　　　　── 1975b「日蓮正宗創価学会における「本門戒壇」論の変遷──政治的宗教運動と社会統制──」中尾堯編『日蓮宗の諸問題』雄山閣、241-275。
　　　　── 1977「宗教領域における意味の拡散と自足化」『現代社会の実証的研究──東京教育大学社会学教室最終論文集──』東京教育大学文学部社会学教室、161-170。
　　　　── 1978「一少数派講中の分派過程──日蓮正宗妙信講の事例──」宗教社会学研究会編集委員会編『現代宗教への視角』雄山閣出版、112-128。
　　　　── 1979「新宗教の現況──「脱近代化」にむけた意識変動の視座から──」『歴史公論特集・日本の新興宗教』5-7：33-37。
　　　　── 1986「正当化の危機と教学革新──「正本堂」完成以後の石山教学の場合──」森岡清美編『近現代における「家」の変質と宗教』新地書房、263-299。
　　　　── 1988a「新宗教と新々宗教」瞑想情報センター編『瞑想と精神世界事典──古代の叡智から諸宗教と哲学・ニューサイエンスまで──』自由国民社、55-62。
　　　　── 1988b「現代の宗教運動──〈霊＝術〉系新宗教の流行と「2つの近代化」──」大村英昭・西山茂編『現代人の宗教』有斐閣、169-210。
　　　　── 1990a「運動展開のパターン」井上順孝・孝本貢・對馬路人・中牧弘允・西山茂編『新宗教事典』弘文堂、55-62。
　　　　── 1990b「組織の多様性」井上順孝・孝本貢・對馬路人・中牧弘允・西山茂編『新宗教事典』弘文堂、132-137。
　　　　── 1991「霊術系新宗教の現在と将来」『G-TEN』59：38-46。
　　　　── 1995a「新宗教の特徴と類型」山下袈裟男監修・東洋大学白山社会学会編『日本社会論の再検討──到達点と課題──』未來社、147-168。
　　　　── 1995b「現世利益から超常体験へ──戦後新宗教の変容過程──」『平和と宗教』14：78-89。
　　　　── 1995c「在家仏教運動における伝統と革新」『平成6年度における東洋大学国内特別研究成果報告書および文部省科学研究費補助金（一般研究C）研究成果中間報告書』、1-19。
　　　　── 1997「「〈新新宗教〉概念の学術的有効性について」へのリプライ」『宗教と社会』3：25-29。

―――― 1998「内棲宗教の自立化と宗教様式の革新――戦後第二期の創価学会の場合――」沼義昭博士古稀記念論文集編集委員会編『宗教と社会生活の諸相』隆文館、113-141。
―――― 2000「家郷解体後の宗教世界の変貌」宮島喬編『講座社会学7 文化』東京大学出版会、123-155。
―――― 2004「変貌する創価学会の今昔」『世界』727：170-181。
―――― 2005「日本の新宗教研究と宗教社会学の百年――実証研究の成果と課題を中心に――」『宗教研究』78-4：195-225。
―――― 2012a「日本の新宗教における自利利他連結転換装置」『東洋学研究』49：49-59。
―――― 2012b「新宗教における教団危機の克服方法」『中央学術研究所紀要』41：18-34。
―――― 2012c「H（ハーモニー）型菩薩の創造――開祖の人づくりと教団づくり――」『第5回開祖記念館公開講座講演録』立正佼成会、27-79。
―――― 2013「日本宗教の教団組織論――組織類型とその決定要因――」『中央学術研究所紀要』42：2-18。
岡本圭史2012「信仰を支えるもの――白光真宏会における信者達の実践と語り――」『宗教研究』86-1：103-125。
奥武則1988『蓮門教衰亡史――近代日本民衆宗教の行く末――』現代企画室。
大西克明2009『本門佛立講と創価学会の社会学的研究――宗教的排他性と現世主義――』論創社。
大谷栄一1996「宗教運動論の再検討――宗教運動の構築主義的アプローチの展開に向けて――」『現代社会理論研究』6：193-204。
―――― 1999「宗教運動の社会心理学」『白山人類学』6：5-29。
―――― 2005「宗教社会学者は現代社会をどのように分析するのか？――社会学における宗教研究の歴史と現状――」『年報 社会科学基礎論研究』4：76-93。
大谷栄一・小島伸之2005「戦前期における純粋在家主義運動の運動過程――本法会・浄風教会・浄風寺・浄風会の事例――」東洋大学大学院西山ゼミ浄風調査プロジェクト編『純粋在家主義の展開と変容――本法会・浄風教会の軌跡――』東洋大学社会学部西山研究室、4-43。
大谷正幸2011『角行系富士信仰――独創と盛衰の宗教――』岩田書院。
ロバートソン，R. 1983（1970）『宗教の社会学――文化と組織としての宗教理解――』(田丸徳善監訳、井上順孝・對馬路人・吉原和男・渡辺雅子共訳) 川島書店。
作道信介2000「Sキリスト教会の発展過程――集団のライフサイクル論の視点から――」『人文社会論叢 人文科学篇（弘前大学人文学部）』4：69-88。
櫻井義秀・中西尋子2010『統一教会――日本宣教の戦略と韓日祝福――』北海道大学出版会。
島薗進1978「生神思想論――新宗教による民俗〈宗教〉の止揚について――」宗教社会学研究会編集委員会編『現代宗教への視角』雄山閣出版、38-50。
―――― 1982「カリスマの変容と至高者神話――初期新宗教の発生過程を手がかりとして――」中牧弘允編『神々の相克――文化接触と土着主義――』新泉社、51-77。
―――― 1988「新宗教の体験主義――初期霊友会の場合――」村上重良編『大系 仏教と日本人10 民衆と社会』春秋社、277-326。
―――― 1991「新宗教の教祖崇拝の変容」小田晋編『現代のエスプリ』292：53-63。
―――― 1992a「新宗教の諸類型」『現代救済宗教論』青弓社、62-80。
―――― 1992b「新宗教と新霊性運動」『現代救済宗教論』青弓社、221-250。

―――― 1996a『精神世界のゆくえ――現代世界と新霊性運動――』東京堂出版。
―――― 1996b「聖の商業化――宗教的奉仕と贈与の変容――」島薗進・石井研士編『消費される〈宗教〉』春秋社、88–110。
―――― 2001「「旧」新宗教と新新宗教」『ポストモダンの新宗教――現代日本の精神状況の底流――』東京堂出版、22–37。
Stark, R. 1996 "Why Religious Movements Succeed or Fail: A Revised General Model." *Journal of Contemporary Religion* 11(2): 133-146.
Stark, R. & Bainbridge, W.S., 1986 *The Future of Religion: Secularization, Revival and Cult Formation,* University of California Press.
高木宏夫 1959『日本の新興宗教――大衆思想運動の歴史と論理――』岩波新書。
武田道生 1983「蓮門教の崩壊過程の研究――明治宗教史における蓮門教の位置――」『日本佛教』59：23–41。
―――― 1984「日本近代における新宗教教団の展開過程――蓮門教の崩壊要因の分析を通して――」『大正大学大学院研究論集』8：123–134。
竹沢尚一郎 1995「共同体の形成とカリスマの継承――天照皇大神宮教――」坂井信生編『西日本の新宗教運動の比較研究 1』九州大学文学部宗教学研究室、5–34。
寺田喜朗 1999「新宗教研究における体験談の研究史」『東洋大学大学院紀要（社会学研究科）』36：93–107。
―――― 2000「20世紀における日本の宗教社会学――アプローチの変遷についての鳥瞰図――」大谷栄一・川又俊則・菊池裕生編『構築される信念――宗教社会学のアクチュアリティを求めて――』ハーベスト社、157–175。
―――― 2009『旧植民地における日系新宗教の受容――台湾生長の家のモノグラフ――』ハーベスト社。
―――― 2014「新宗教における幸福観とその追求法――生命主義的救済観と教導システム――」『宗教研究』88-2：369–396。
寺田喜朗・塚田穂高 2007「教団類型論再考――新宗教運動の類型と運動論の架橋のための一試論――」『白山人類学』10：1-20。
トレルチ, E. 1981（1911）「キリスト教社会哲学の諸時代・諸類型」（住谷一彦・山田正範訳）『トレルチ著作集7 キリスト教と社会思想』ヨルダン社、185–235。
塚田穂高 2006「新宗教運動におけるリーダーの交代・継承の諸相」『国際宗教研究所ニュースレター』50：3–9。
―――― 2007a「霊能の「指導者集中型」宗教運動の展開過程における発達課題――日本の新宗教・霊波之光の事例から――」『東京大学宗教学年報』24：109–125。
―――― 2007b「新宗教運動における指導者の後継者への継承過程――霊波之光の事例から――」『次世代人文社会研究』3：307–322。
―――― 2015『宗教と政治の転轍点――保守合同と政教一致の宗教社会学――』花伝社。
―――― 2016「日本の〈新宗教運動＝文化〉研究の課題と展望」『國學院大學研究開発推進機構紀要』8：1–35。
對馬路人 1987「信念をともにする集団」佐々木薫・永田良昭編『集団行動の心理学』有斐閣、273–299。
―――― 1991「敗戦と世直し――璽宇の千年王国思想と運動(1)――」『関西学院大学社会学部

　　　　　紀要』63：337-371。
　　　――― 2000「敗戦と世直し―― 蟹宇の千年王国思想と運動(2)――」『関西学院大学社会学部紀要』87：153-166。
　　　――― 2002「宗教組織におけるカリスマの制度化と宗教運動―― 日本の新宗教を中心に――」宗教社会学の会編『新世紀の宗教――「聖なるもの」の現代的諸相――』創元社、246-275。
對馬路人・西山茂・島薗進・白水寛子 1979「新宗教における生命主義的救済観」『思想』665：92-115。
對馬路人・島薗進・藤井健志・井上順孝 1990「教え」井上順孝・孝本貢・對馬路人・中牧弘允・西山茂編『新宗教事典』弘文堂、212-252。
Wach, J. 1944 *Sociology of Religion*. The University of Chicago Press.
渡邊楳雄 1950『現代日本の宗教』大東出版社。
渡辺雅子 1980「救いの論理―― 天照皇大神宮教の場合――」宗教社会学研究会編集委員会編『宗教の意味世界』雄山閣出版、98-116。
　　　――― 1987「分派教団における教祖の形成過程―― 妙智會教団の場合――」宗教社会学研究会編集委員会編『教祖とその周辺』雄山閣出版、111-134。
　　　――― 2001『ブラジル日系新宗教の展開―― 異文化布教の課題と実践――』東信堂。
　　　――― 2007『現代日本新宗教論―― 入信過程と自己形成の視点から――』御茶の水書房。
ウェーバー, M. 1962 (1921-1922)『支配の社会学II』(世良晃志郎訳) 創文社。
　　　――― 1970 (1921-1922)『支配の諸類型』(世良晃志郎訳) 創文社。
　　　――― 1974 (1920)「プロテスタンティズムの教派と資本主義の精神」(中村貞二訳)『世界の大思想 30 ウェーバー宗教・社会論集』、河出書房新社、83-114。
　　　――― 1976 (1921-1922)『宗教社会学』(武藤一雄・薗田宗人・薗田坦訳) 創文社。
ウィルソン, B. 1972 (1970)『セクト―― その宗教社会学――』(池田昭訳) 平凡社。
山中弘・林淳 1995「日本における宗教社会学の展開」『愛知学院大学文学部紀要』25：67-82。
安丸良夫 1974『日本の近代化と民衆思想』青木書店。
吉永進一 2008「太霊と国家―― 太霊道における国家観の意味――」『人体科学』17-1：35-51。
弓山達也 1994「弁天宗における救済論の展開―― 特に水子供養に関連させて――」『宗教学年報 (大正大学宗教学会)』24：87-99。
　　　――― 2005『天啓のゆくえ―― 宗派が分派するとき――』日本地域社会研究所。

第2章
佛立講系在家仏教運動の類型間移行
―― 伝統テクスト型教団の展開過程 ――

小島　伸之

はじめに

　宗教運動の展開は、その運動（集団）に内在的な要素と外在的な要素、両者の影響を受ける。宗教運動の展開に影響を与える内在的な要素は、例えば、当該宗教運動における宗教的権威の源泉の存在形態がある。本書第1章第4節が示す新たな類型――「テクスト教団」「霊能教団」――は、宗教的権威の源泉の存在形態の差異により、「テクスト教団と霊能教団とでは、本来的な布教の武器、運動の求心力が異なり、運動初期段階においても集団の組成メカニズムや信者の動員プロセスが異なっている」ことに着目して提出されたものである[1]。外在的な要素には、例えば、その運動が展開される地域・時代の文化（宗教文化・宗教以外の文化一般）、国家形態、家族形態、法制度、経済状況等が挙げられるであろう。

　本章は、「教団類型論と宗教運動論の架橋」という視点から、現在の在家日蓮宗浄風会に至る在家主義的仏教運動（在家仏教運動）の運動過程について、その創立から戦後の「自立」までにわたる約30年間の展開を考察して、宗教の歴史的展開に対する社会学的分析に具体的一事例を加えるとともに、宗教運動の展開のダイナミズムを示し、それに対する外部規定的要因（法的・行政的要因）の影響の大きさについて考察を加えようとするものである。また、そうした外部規定的要因が運動にもたらす矛盾に対し宗教運動がどのように対応し止揚を図るのか、という点にも着目してみたい。

1. テクスト教団としての日蓮系教団

(1) 近世における日蓮系教団

　日蓮系教団において基本的に共通する宗教的権威の源泉は法華経と日蓮である。この二つの宗教的源泉のそれぞれをどのように意味づけるかについては、各教団による相対的な差異があるが、日蓮自身が法華経への絶対帰依を説いたことも踏まえて「テクスト教団」「霊能教団」の二分法的類型に従えば、法華経という特定のテクストの無謬性と絶対的な威力に置く「伝統テクスト型」と位置付けてよいであろう。テクスト教団は「テクストの解釈の正当性をめぐって、分派・分立の危険性を内包している」[2]。日蓮没後の展開を振り返っても南北朝末期から室町時代中期において、法華経全28品（章）のうち、前半（迹門）と後半（本門）の価値の違いを巡り、本門が優れ迹門が劣るという勝劣派と両門に価値の差異はないという一致派の間の論争——法華経の解釈を巡る争い——が生じ、多くの分派を生ぜしめている[3]。このことについて宮崎英修は、「当時の日蓮宗諸宗本寺の動向をみると、寺門経営の面を重視して権威・名利に親しみ、折伏精神、諫暁活動を忘れて摂受・寛容な弘経態度を取って宗祖弘通の本義に遠ざかっていた。分立した諸師はこれに対する宗風改革の理念、乃至は宗祖及び本寺開山の正統を顕揚せんとする意識に支えられ、従ってその独立の名分は宗祖・開山の正系正嫡、直授相承を継ぐものであることを主張し、その教学的根拠を本寺の一致義と異なる本勝迹劣義によって裏付けたものというべきであろう」と述べている[4]。こうした法華経の解釈を巡る分派は、その後の歴史においても繰り返されることとなる。日蓮にあった強い正統意識とそれに伴う排他性は、法華経というテクストへの絶対的帰依の思想によっている。他宗への排他性が自教団の摂受的現状への批判に変換するとき、教学の内省による正統性の回復の主張というかたちで分派の危機が立ち現れるというDNAが、日蓮系教団には受け継がれていると言える。

(2) 本章の対象事例と在家主義

　本章の分析対象である現在の在家日蓮宗浄風会に至る宗教運動（以下、記述の便宜上本稿において「純粋在家主義運動」とする）は、佛立講系在家仏教運動である。「純粋在家主義運動」は、母教団である本門佛立講の講内改革運動と

して始まる。本門佛立講は、近世の日蓮系仏教宗派の在家講——宗派の教義に即しつつ俗人信徒の参加による活発な信仰活動を展開——の流れが近代になって新宗教というかたちに発展した例の一つである[5]。

西山茂の定義によれば、在家仏教運動とは、「世俗の職業を持つ仏教者（在家＝民衆）が宗教活動の実践主体となって（民衆主体主義）、現世における人間と社会の救済をめざす（現世主義）近代以降の新しい仏教運動」である[6]。

在家仏教運動が研究史上注目された前提には、村上重良・安丸良夫らによる民衆宗教論の文脈がある[7]。民衆宗教論とは、幕末維新期において民衆宗教の一部が日本社会全体に一定の宗教的・思想的影響を及ぼしたとする議論であり、日本における近代化の契機の一つとして民衆主体の宗教運動、つまり日本の平信徒主義（layman movement）的運動とその権力との対抗を焦点化する議論である。いわば西欧におけるプロテスタント運動とその影響による近代化というコンテキストを、日本社会において適用する試みであった。民衆宗教論においては、黒住教、天理教、金光教等の教派神道が主として取り扱われたが、仏教運動の中で取り上げられた代表的事例が本門佛立講であった[8]。本門佛立講は、1848（嘉永元）年1月に長松日扇（にっせん）（長松清風、1817–1890）によって結成された本門八品講（はっぽん）を前身とする在家仏教運動である。在家仏教運動は、既成仏教教団に対する批判を原点とし、それゆえに既成仏教の中心的構成要素である職能宗教者としての僧侶、活動拠点としての寺院の価値相対化を運動のアイデンティティおよび正当化原理の一つとしていた。

(3) 母教団としての本門佛立講——テクスト教団・在家主義教団として——

本門佛立講は、1857（安政4）年、日蓮宗八品派・本門法華宗の僧から還俗した長松日扇によって開講された日蓮宗八品派の在家講である。勝劣派である八品派は、日蓮の孫弟子である日隆が1420（応永27）年に摂津尼崎に本興寺を建てたことに始まり、法華経のうち第15品（章）から第22品（章）の本門八品が釈迦（久遠の本仏）および宗祖日蓮の正意であるとして特に重視する教義を立て、当時布教に不活発であった一致派から分離した宗派である[9]。さらに、幕末維新期において本門法華宗内では三途成不論争という激しい教義論争が生じていた。三途成不論争とは、「三途（地獄、餓鬼、畜生の三界）に堕ちている霊が、遺族や縁者の妙法回向の力でそのまま成仏できるか否かをめぐって」

それを肯定する三途成仏論（皆成派）と否定する三途不成論（久遠派）の間の論争である[10]。三途成仏論は積極的な布教を制限する近世の寺請制度に適応し、死者供養を主要な仕事とみなしていた宗門のあり方に適合的であり、そうした今日でいう「葬式仏教的」な宗門のあり方に対する批判が、教義論争のかたちで現れたのである[11]。

三途不成論に立つ日扇は、法華経の題目「南無妙法蓮華経」の口唱を第一とした易行と病気なおしを代表とする現世利益の強調（「現証利益」「ご感応」）を特徴とする宗門改革運動と積極的な布教および他宗に対する折伏を展開し、教勢を伸ばしていく[12]。しかし、他宗に対する激しい折伏が大津64ヵ寺による訴え（キリシタンの疑い）を招き、1868（慶応4、明治元）年、日扇は投獄され、京都府知事により日扇の再出家と寺院止住を条件に釈放、その後の布教活動が許される[13]。

在家講であった開講時の佛立講には僧侶も寺院も存在していなかったが、1868（慶応4、明治元）年の日扇の再出家を皮切りに、日扇の弟子たちの得度が続く。翌1869（明治2）年には、無住寺院であった北野の宥清寺（妙蓮寺末）に入寺して「仏立修学所」の看板を掲げ、寺院を拠点とするに至る。

こうして、「ひとたび僧侶と寺院をもつようになった佛立講は、その後の勢力の伸張とともに、一方では積極的に僧侶を養成し、他方では荒れ寺や無住の宗門寺院を数多く入手・復興させ」た結果、「次第に寺院中心・僧侶主導」の傾向を深めてゆく[14]。さらに、日扇没後の明治30年代以降、宗内での地位を安定させるために宗内の大勢に順応するという方針を採ったことで、佛立講は「宗門の教団体制の中枢にまで進出し、宗政全体に大きな影響力をもつ」ようになる一方で、「以後、急速に在家主義色を薄め、僧侶主導型の教団へと大きく変貌」していった[15]。

本章の事例である「純粋在家主義運動」は、こうした佛立講の「既成化」（僧侶中心的組織への転換）に不満を抱いた人々によって展開される。

2. 本章の分析枠組み
(1) 教団類型論と宗教運動論の架橋
宗教運動論、教団類型論に関する先行研究の整理は本書第1章を参照してもらうことを前提に、本章の分析枠組みについて述べておきたい。

本書第1章「教団類型論と宗教運動論の架橋」において、寺田喜朗と塚田穂高は既存の新宗教研究における教団類型論に対して、「筆者らの観察によると従来の類型は、「何のための類型か」という目的意識が稀薄であった」と総括し、「組織構造の静態的分析を行うのみに留まらず、動態的分析へ議論を架橋させる」こと、「類型を駆使」することにより「運動理論を精緻化」することが必要であると述べている[16]。寺田・塚田の指摘を踏まえ[17]、三木英も同様の問題意識のもとに、「宗教集団類型を用いてのこれまでの研究は概して、当該社会に存する宗教集団を類型によって描写することにとどまって」おり、「宗教集団の時間軸上の展開に議論が及ぼされることは少なかった」と述べ[18]、自ら設定した「通文化的比較を可能とする」類型論に基づき、我が国の立正佼成会とアメリカのUFOグループを事例に、それぞれ類型間移行論を展開している[19]。寺田・塚田の論が理論的整理と方向性の提示を主とした（具体的な事例研究を伴わない）ものであったのに対して、三木は具体的な二つの事例を対象とした事例研究によって、宗教運動論と教団類型論の架橋を試みている。

しかし、寺田・塚田の「何のための類型か」という問題提起を受けた三木の研究は、実は「何のための類型か」という点を自ら曖昧にしてしまっているという点で少なからぬ問題を孕んでいる。すでに紹介したように、三木の類型は元来「通文化的比較を可能とする」ために設定されたものである。一方、三木は「第二章第四節で本書は宗教集団の新たな諸類型を提出した。それらを念頭に世界に活動する宗教集団を観察し、どの社会にどの類型が顕著であるか（あるいは観察し難いか）という点に照準を合わせて考察を深めてゆくなら、宗教集団を介しての比較社会論を発展させることができるであろう。しかし本章は比較（宗教）社会論への道を歩まず、新しい諸類型に拠りつつ、類型間移行の問題を検討してゆく」と述べている[20]。ここで三木が「しかし」と述べているように、類型提出段階での目的（宗教集団を介した通文化的比較社会論）とその類型を適用する事例研究との間に、目的と方法の乖離が生じている。三木による教団類型論と宗教運動論架橋の試みが、全体として必ずしも成功していると言えないのは、主としてこの点に起因すると考えられる。

さて、本章もこれら先行研究の問題提起を踏まえ、新宗教教団の運動理論

と類型論を連携させた事例研究を試みる。本章の目的をあらためて確認すれば、既存の教団類型論を前提に、類型間移行論を用いて宗教運動の動態を可視化すること、その運動のダイナミックな展開に宗教運動内在的要因だけではなく、外在的要因が極めて大きな影響を与えていることを示すことである。

　本章が分析の手がかりとする類型論は、西山茂による既成教団等と新宗教の組織的な関係に着目した類型論（借傘型―内棲型―提携型―自立型）である。三木によれば、西山によるこの新宗教類型論は、「類型間移行の問題を視野に収めた」ものではあるが、「借傘型、内棲型が自立型へと展開するといった程度の、シンプルな移行パターンがここで描けるに過ぎない」とされる[21]。確かに、占領期における宗教政策・宗教法制の大転換を背景に、日本の新宗教教団の類型の移行パターンを概括的に捉えれば、おおむね三木の指摘（戦前：借傘型・内棲型から戦後：自立型）通りの「シンプルな移行パターン」が描かれることになろう。こうした三木の指摘は西山の類型論がそもそも想定していたことからすれば基本的に間違ってはいない。スタティックでマクロな分析からすれば、主として本門法華宗との関係性に着目するかぎり、本章が事例とする「純粋在家主義運動」は、戦前は一貫して内棲型的類型のもとにあったとすることも可能である。しかし、宗教運動の展開過程のダイナミズムに着目しその展開を可視化するという関心（「何のための類型か」）に基づき、西山の類型論のミクロレベルへの読み替えと応用、すなわち類型間移行論的考察を試みることにより、三木の指摘とは異なるパターンを描くことが可能となる。そこには、極めて跛行的で複雑な移行パターンが現出する。

⑵　「借傘型―内棲型―提携型―自立型」類型

　事例の分析に移る前に、まず本章の類型間移行分析が前提とする教団類型論について簡単に整理しておく。すでに述べたように本章が類型間移行分析に用いる類型は、西山茂による「借傘型―内棲型―提携型―自立型」の四類型である。西山は、新宗教の組織境界の曖昧さをふまえつつ、また、日本における宗教法制・宗教行政の特殊性も前提として、新宗教と既成教団等の組織的な関わり方に着目した新宗教全体を対象とする類型論を提示した[22]。西山はさらにそれを発展させ、より対象を絞り込んで在家仏教運動の類型とし

て整理し、Ⅰ 宗教様式の成立の仕方、Ⅱ 既成の仏教諸教団との組織的な関係、という二つの視点によって区分した[23]。Ⅰの区分は、①創唱型、②混成型、③再生型の三類型である。①の創唱型とは、教祖が超自然的存在から受けた独自の啓示を基礎として成立した教団であり、②の混成型とは、伝統の異なる宗教・宗派から抽出した諸要素を混ぜ合わせて成立した教団である。また、③の再生型とは、特定の既成教団の伝統的な遺産を基本的に継承し、その独特な再生によって成立した教団で、「一番オーソドックスな在家仏教運動」[24]であるとされる。Ⅱの区分は、①借傘型、②内棲型、③提携型、④自立型の四類型である。①借傘型とは、合法的な教団活動を維持したり、組織を温存するという便宜上の都合によって既成教団などの傘を借りている教団で、既成教団に所属してはいるものの宗教様式の核心部分において所属教団との連続性が希薄な教団である。②内棲型とは、既成教団に所属しつつも、既成教団とは相対的に区別される「教団内の教団」であり、宗教様式の核心部分を既成教団から継承している点で借傘型と区別されるタイプである。また、③提携型とは、既成教団の外部にありながら既成教団と提携して、聖地などの宗教センターを自教団の修行や団体参拝の対象として利用したり、そこから指導者が僧位僧階を受ける教団である。④自立型とは、いかなる既成教団からも組織的に自立している教団である。本章では、戦前の我が国の仏教運動に宗教法制・宗教行政が大きな影響を与えたことを示すため、および対象事例の運動過程のダイナミズムを可視化する目的のもと、以上のうちⅡの視点に特に着目する。

　西山は、「純粋在家主義運動」(在家日蓮宗浄風会)の運動過程について詳細な事例的検討を加えた上で分類を行ったわけではないが、「戦後に独立を遂げるまでの在家日蓮宗浄風会」を「日蓮宗八品派」所属の内棲型に分類し[25]、戦後の浄風会については直接的な言及はないものの、「戦後に独立を遂げるまで」と述べており、三木が指摘したように、内棲型から自立型(戦後)という移行パターンを想定しているように思われる[26]。

⑶　戦前における在家主義運動の矛盾律

　西山によれば、教団類型論の一類型である内棲型教団(＝内棲型教団、内棲宗教)には、「形骸化した既成教団の宗教様式を再生し、これを正しく継承し

ているものは自分たちであるという正統意識」があり、主観的には母教団以上に正統意識が強く、こうした正統意識の強さが内棲型宗教と母教団との深刻な対立葛藤の潜在的要因の一つとなるという[27]。また西山は、内棲型教団とその母教団（既成教団）との関係を、「両者が一方ではギブ・アンド・テイクの共棲的な利益交換関係を保ちつつ、他方では内棲宗教の独自なアイデンティティの故にしばしば葛藤する」「両義的で構造的な関係」であるとする[28]。両者の関係は、一方において「順調の時には、前者が後者の『伝統』から布教上の『合法性』や思想体系・実践体系の『正当性』を引き出し、また後者は前者から経済的・労力的その他の教団運営上の便宜を得る」関係にあり、他方において、「内棲宗教がひとつの教団改革運動である限り、母教団の『原点』には忠実であったとしても現在の母教団の教団体制にまで心からの忠誠を尽くすということはな」く、「そこには、一定の批判精神が内包されて」おり、「母教団は内棲宗教に対して一定の警戒心と軽蔑とをもって対しているのが普通」といった関係にあるため、「内棲宗教と母教団とが深刻な対立葛藤の関係に陥ったときには、必ず、内棲宗教の独立や、その母教団からの追放ないし解散が叫ばれるようになる」という[29]。こうした内棲型教団の事例研究として、西山は、佛立講と法華宗との関係を取り上げ、「無僧侶無寺院の純粋在家講」[30]として出発した佛立講（花洛講）が法華宗との対立・葛藤を通じて、「両義的で構造的な関係」を形成してゆく過程と、戦後に「僧侶主導の完全な独立宗団化」[31]による一宗独立を達成する過程を分析している[32]。

　西山や三木が、内棲型から自立型へという類型間移行のパターンを想定しているのは、内棲型教団は常にその母教団から独立するベクトルを有するという性格を前提にしてのことである。

　この様な内棲型教団の性格はテクスト教団という教団内在的要素に因るものである。こうした教団内在的な要素から言えば、内棲型はその組織規模の拡大に伴い、いずれ独立することになる。

　しかし、すでに述べたように、宗教運動の展開過程はその内在的要素のみならず、外在的な要素にも影響を受ける。特に戦前の宗教法制・行政において、近世より存在していた伝統宗派とは組織上の接点のない新しい宗派や寺院の創設は認められていなかった[33]。また、伝統宗派と組織上の接点のない新しい仏教の教会も、1940（昭和15）年の「宗教団体法」の施行までは認めら

れていなかった。運動体が少人数の信者集団といった規模にとどまる場合、社会問題を惹起しないかぎり国家レベルの法・行政には対象としては認知されず、いわば公的レベルでは存在しないかたちで事実上存在しうる。しかし、その小規模な運動体が発展して独自の組織を確立し、その規模を拡大するにつれて物理的な活動拠点の必要性が現出し、その設立問題を契機として、公的法制・行政の対象として把捉されざるを得なくなる。伝統宗派と組織上の接点のない新しい宗派・寺院・教会の創設が認められていなかった以上、「仏教」の形態でそうした活動拠点を設立するためには、既成教団との関係の設定が法的行政的に迫られることになる。したがって戦前期においては、一定の規模に教勢を伸ばした在家仏教運動などの「新しい」形態の仏教運動が、「仏教」としてのアイデンティティを保ちながら、宗教活動の合法性を獲得するためには、既成教団との組織上の関係を持たざるをえなかったのである。

　以上のような、教団内在的な要因と外在的な要素の両者のもとで、理念としての僧侶・寺院に対する脱価値化のベクトルと活動の合法性の確保に伴う既成化（僧侶・寺院の必置）のベクトルという、二つの逆向きのベクトルに引っ張られるかたちで、戦前期における「純粋在家主義運動」は、《在家主義の組織的実現と活動の合法性の確保との矛盾律》を抱え込みながら、運動を展開せざるを得なかった[34]。そしてこの矛盾律は、在家主義の運動過程にも決定的な影響を及ぼしている。以下、教団類型論を教団運動論に架橋するという分析手法を用いて、その影響を具体的に見ていきたい。

3.「純粋在家主義運動」の運動過程

　「純粋在家主義運動」は1916（大正5）年に設立された「本門佛立講本法会」（以下「本法会」）に始まり、その後、妙蓮寺を大本山とする「本門法華宗」（当時）所属の「本門八品浄風教会」（1931（昭和6）年創立、以下「浄風教会」）となり、そして「浄風寺」・「在家日蓮宗浄風会」（1941（昭和16）年以降）に至る宗教運動・組織である[35]。本法会は母教団の「本門佛立講」の既成化（集団における僧侶中心化と活動拠点の寺院化）に反発した多羅尾清車を中心に、無僧侶・無寺院の在家主義を掲げて発足した改革的講内集団であった。あらかじめ概観

すれば、「本法会」は母教団である「佛立講」との組織的・人的関係を断った後、戦前期の宗教行政・宗教法制への対応の結果、伝統仏教教団の「法華宗」に所属、ついには寺院を設立し宗門への帰属を継続する一派（浄風寺）と在家主義を貫く一派（浄風会）に分裂する「浄風寺問題」を招来する。

(1) 法的・行政的背景――近世・近代の寺院新設制限――

　ここで、本書序章の内容と部分的に重なるものではあるが、本章の考察に深くかかわる、戦前の仏教運動に大きな影響を与えた明治以降の寺院行政の概要と、その前提となった近世における寺院行政・法制における寺院新設制限の変遷に触れておきたい[36]。

　近代日本の宗教行政は寺院新設を長らく禁止したが、その起源を遡ると1612（慶長17）年の「キリスト教禁止令」まで遡ることができる。キリスト教が国内に広まっていくことを抑止するため、幕府は「寺請制度」[37]を開始した。この「寺請制度」により寺院が戸籍の管理という公的役割を負うことになった。ところが、この「寺請制度」開始を契機に、新たに生じた"市場"への新規参入が相次ぎ、寺院が急増するという状況を招いた。公的役割を負った施設には、安定した経済基盤のもとでの持続性が要求される。そのため、幕府は1615（元和元）年、1631（寛永8）年、1658（萬治元）年、1692（元禄5）年、立て続けに新寺建立禁止を発令した[38]。

　明治維新後の1871（明治4）年、「社寺領上知令」によって寺院は近世的特権地であった領地を政府に没収され、かつての経済的基盤の多くを政府に返納し、代わりに社寺逓減録が支給される。社寺逓減禄は1883（明治16）年に終了し、それまでに信徒からの浄財収入による維持・運営の確立を達することが求められた。「社寺領上知令」と同年、戸籍法の制定により国家が直接戸籍を管理することとなったが、1872（明治5）年、新政府は「大蔵省第118号」を発令した。これは江戸時代と同様に無願の社寺創立を原則禁止し、特別のものは詮議によって新設できるとするものであった[39]。なお、この時期僧侶は神官とともに、教部省大教院体制により近代的国民養成とキリスト教に対する防遏とを狙った国民教化政策の担い手という別の公的役割を負わされていた。しかし、教部省体制は内部対立で混乱し、1875（明治8）年には大教院が解散し神仏合同布教が禁止され、同年「信教自由保障の口達」が出される。

1877(明治10)年には教部省が廃止され、僧侶は公的な国民教化の担い手としての地位を解かれる。

こうした状況のなか、社寺創立原則禁止の方針は1878(明治11)年に転換され、信教自由を認める方針のもと「社寺取調概則」(内務省達乙第57号)が公布、江戸時代より原則的に禁止されてきた寺院の新設が自由化される。しかし、この自由化によって全国的に寺院が急増し、統計上では1879(明治12)年7月から約一年間に全国で189ヶ寺が新設される。

思わぬ寺院の急増を憂慮した新政府は、1886(明治19)年、「内務省訓第397号」により、再び寺院の新設を原則禁止する。この寺院新設原則禁止は、「凡神仏ニ信事スルハ各自ノ自由ニシテ官之ヲ制スヘキ限リニ非スト雖モ新ニ社寺ノ数ヲ増加シ一聚落ニ数社寺アルカ如キハ古社寺ニ衰頽ヲ与フルノミナラス元来追遠報本ノ祭場タレハ復多数ヲ必要トセス」という理由、すなわち1871(明治4)年に公布された社寺領上知令によって領地を政府に没収され、経済的基盤を檀越信徒からの浄財収入に頼って維持・運営されていた既存寺院の財政状況を保護するためのものであった。寺院新設の再禁止は1940(昭和15)年の「宗教団体法」施行まで長きにわたって継続することになる。

また、「太政官布達第19号」により教導職が廃止され、僧侶の公的管理が宗派管長による管理へと移行した1884(明治17)年には「内務省達乙第37号・戊第2号」が公布され、「社寺取扱概則」第1条による申請(寺院新設)には宗派管長の添書が必要になり、以後宗派管長の意向に反する寺院創設が不可能になる。つまり既成仏教の宗派に属さない"新仏教"が寺院を有することが事実上不可能になった。

明治政府は、いったんは新規参入を自由化したものの、新規参入の激化が寺院の経済基盤を脅かすことに着目し方針を再度転換した。それはいわば新寺院の参入によって市場を奪われる既存寺院に対する保護を意味したため、新規参入側にとってはその仏教保護政策こそが立ちふさがる規制となった。

その後、1923(大正12)年に「神仏道教会所規則」(文部省令第32号)が制定され、教派神道と仏教に関する「教会所」の新設が自由化される。「教会所」とは、公衆を集めて宗教活動を行える、(仏教の場合、寺院ほどの規模と諸施設を備えるまでは至らない)いわば中規模の宗教施設のことである。1939(昭和14)年には「宗教団体法」(法律第77号)が制定され、1886(明治19)年以降原則禁止

されてきた寺院の新設が自由化される。ただし、第6条に「寺院又ハ教会ヲ設立セントスルトキハ設立者ニ於テ寺院規則又ハ教会規則ヲ具シ第二項第五号ノ教会ヲ除クノ外予メ管長又ハ教団統理者ノ承認ヲ経、法人タラントスル教会ニ在リテハ其ノ旨ヲ明ニシ地方長官ノ認可ヲ受クルコトヲ要ス」とあるとおり、「社寺取調概則」同様、寺院の新設には宗派の管長の承認を求めていた。つまり、「宗教団体法」による再解禁においても既存の宗派に属しない単立の寺院設立は想定されていなかったのである。

　本章の事例とする「純粋在家仏教運動」にとっても、これら寺院（や教会所）に関する国家行政の在り方が極めて大きな影響を与える。

(2)　前史　本門佛立講の既成化

　1858（安政3）年、長松日扇は「門流の信者真実出家の論」を著述した。「門流の信者真実出家の論」とは、「僧俗の区別は信心の有無のみによってなされるべき」と主張したもので、重要なのは形（形式）ではなく中身（信心）なのだという論理であり、出家・在家の形式的区分を相対化する論理的根拠を示したものである[40]。この論の根本にあるものは既成仏教の「堕落」に対する批判であり、在家主義的立場の正当性を訴えるものであった。

　すでに述べたように、1868（慶応4）年、日扇は活動上の合法性を確保するために再出家し、翌1869（明治2）年10月に無住寺院であった北野の宥清寺に入寺して「佛立修学所」の看板を掲げる。日扇は、これを「便宜剃髪」であると位置づけた[41]。元来僧侶に対する批判論であった真実出家論による出家・在家の形式的区分を相対化を状況適合的に読み替えることで、形（形式）ではなく中身（信心）が重要なのであり、出家しても信心が維持されていれば問題はないという結論を導いたのである。

　その後も、既成仏教に対する改革・対決路線を継続させてきた佛立講であったが、日扇没後の明治30年代以降には本山（「本門法華宗」）との融和協調方針に転じ、佛立講の独自色を抑え宗派の中に浸透しつつ宗門を内側から改革していく戦略に転換していった[42]。盛んな教勢を背景に、1905（明治37）年5月には、日扇の後を継いだ佛立講二世「講有」御牧現喜（日開）が、宗門の五大本山の一つである上総の鷲山寺の貫主（兼務）となり、同年11月には本門法華宗の管長となって大僧正に、1911（明治43）年11月にはかつて佛立講

を圧迫した本山妙蓮寺の貫主となる[43]。翌1912（明治44）年には、三世講有を継いだ野原弁了（日隋）もほどなく妙蓮寺の貫主に、翌年1月には宗門の管長となって大僧正位となった。また日扇には、宗門から1899（明治32）年5月に上人号と権大僧正位が、ついで1912（明治45）年1月には大僧正位が追贈され、宥清寺に対しても、1901（明治34）年中本寺の寺格が与えられた[44]。

　佛立講は教勢を急速に拡大し（公称信者数：1916（大正5）年10万人、1920（大正9）年20万人）、宗門の教団体制の中に組み込まれながらも、宗政全体に大きな影響力を持つに至り、急速に在家主義色を薄め、在家教団から僧侶主導の「教講一体型教団」へと変貌していった[45]。一方、こうした状況のなか、佛立講の既成化を批判する日扇の弟子（多羅尾清車）が出現する。

(3) 第1期　本門佛立講本法会

　本門佛立講東京支部の内紛を契機に、1916（大正5）年4月28日、東京市芝区白金三光町（現在の港区白金）に「本門佛立講本法会」が結成される。本法会の実態は、明治末年から大正初期にかけての佛立講東京支部の内紛を直接的な契機とし、日扇没後の宗門協調的な佛立講の体制に不満を持っていた多羅尾清車（新吾、?–1924）を創立者として、佛立講改革を意図して結成された団体であり、多羅尾のもとに集まった十数名の講内改革グループであった[46]。当時宗門融和浸透路線をとっていた佛立講への批判は、自ずと佛立講内の僧侶批判と在家の優位性の主張を伴うものであった。会の活動や集会などは会員宅で行われていた。

　1917（大正6）年以降、秋尾眞禄（1875–1943）、宮内多吉（1877–1965）、橋本良知（1886–1955）ら後に教団幹部となる面々が、当時「ハイカラ」な技術職であった写真師の業界ネットワークにより次々と入信する[47]。1919（大正8）年4月28日、本法会は「本門佛立宗本法会」に改称、同年10月13日、佛立講の『妙講一座』を踏まえつつ、多羅尾が取捨改定した『本門佛立宗本法会信徒必携』を発行、宗教様式面で佛立講に対し独自色を打ち出し始める[48]。

　教団類型論的な視点から言えば、内部にありながら、既成教団の教義と儀礼の核心部分を継承しその正系を主張するという内棲型教団の特徴が、この時期の本法会に表れている。

　以上のように、多羅尾の下に集まった小規模な佛立講改革グループが本法

会の最初期の実態だった。母教団・本門佛立講に内棲する小集団ではあるものの、この時点での本法会は内棲型教団というには至らない規模の存在に過ぎないため、萌芽的内棲型教団とでも評すべきであろう。この段階の両者の関係性は、母教団・佛立講—子集団（教団）・本法会からなる内棲型である。この段階では、国家レベルの宗教政策・宗教法および宗派レベルの宗内政治、宗制・宗規の対象として把捉されていない集団であった。

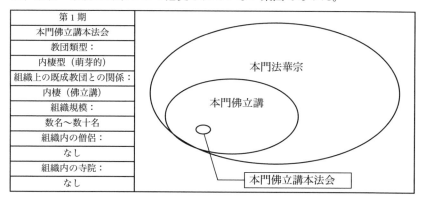

(4) 第2期　本門佛立宗本法会

　1922（大正11）年2月25日の門祖御会式において、体調を崩した多羅尾から秋尾への法燈相続の式典が挙行される。しかし翌年10月頃から本法会内で体調を回復した多羅尾派と秋尾派の対立が生まれ、最終的に本法会は秋尾を中心としてまとまり、多羅尾と決別する[49]。佛立講の学徒であり日扇の直弟子である多羅尾との決別は、佛立講と本法会との決別を象徴する出来事であった。本法会は講内改革運動から転じ、独自性のさらなる強化へと向かうのである。

　本法会は徐々に教勢を伸ばし、信徒数が400名を超え始めると会員宅での収容が困難になってきた。そのため、1925（大正14）年春頃、高円寺に新道場を建設することが決まり、1926（昭和元）年2月25日に開筵式が執り行われる[50]。高円寺道場の法的な所有関係がどのようになっていたのかは不明であるが、会が不動産の所有主体足り得る法人格を有するものではなく、その土地は秋尾の義兄にあたる中島精一の所有であったことから推定すると、秋尾・中島等関係者の個人名義か共有形態であったと考えられる。

教団類型論的な観点から見れば、この時の本門佛立宗本法会は——ごく短期間ではあるが——自立型の組織となったと位置づけることができる。佛立講から組織的に離れ、まだ後に見られる法華宗との組織的な関係も形成されていないためである。戦前の宗教行政・宗教法制のもとで、この時期の本門佛立宗本法会が自立型の組織たりえた要因は、まだ少人数で小規模な集団にとどまっていたことにより、いわば任意団体的な存在であったこと、そのことが活動の合法性の確保や活動拠点の設立などの点で、国家の宗教行政・宗教法の公的な対象としては認知されていなかったことにある。

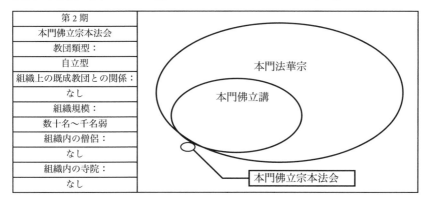

(5) 第3期　浄風教会

　その後、「本門佛立宗本法会」は急速に信者数を拡大していった。1929（昭和4）年には信者数が1,000名を超え高円寺道場も手狭となり、それらの会員を収容できる大規模な「根本道場」の建設を迫られることとなる。1931（昭和6）年7月17日、本法会は淀橋に新道場を建設すると同時に、「本門八品浄風教会」へ改称した[51]。この改称は、単なる名称変更にとどまるものではない。なぜなら、道場建設により既成教団との新たな組織的関係性の構築を伴うものであったからである。

　私有の拠点で小規模（かつ非過激）な活動を展開する場合には、それが宗教的活動であったとしても行政当局の関知が事実上ないということがありうる。しかし、1,000人規模の会員を集めた大規模な集会を催すことは、宗教行政・宗教法制との接点を不可避的に生み出す。大規模な宗教的集会は、宗教行政法令である「神仏教会所規則」の「教義ノ宣布又ハ儀式ノ執行ニ際シ

公衆ヲ参集セシムル」ことに該当する。活動の合法性を担保するためには、その活動拠点となる施設が「教会所」という法的位置づけを得ていることが必要となる。そして「教会所」を建設するためには、「神仏道教会所規則」第2条が定める手続き上、すでに公認されている既成仏教宗派管長の承認が必要であった。

　こうして、宗教活動の合法性の担保に迫られた「本法会」は淀橋道場建設に際し、幹部の橋本良知と交流のあった本門法華宗宗務総監の三吉日照（顕隆、1891-1955）を通じて、佛立講の母教団であった本門法華宗へ所属することとなる[52]。さらに、法華宗の宗内規則である「本門八品教会条例」は、教会の管理者として宗派に所属する僧侶を設置しなければならないと規定していたため[53]、橋本ら幹部4人が三吉のもとで得度する[54]。こうした幹部の出家は、長松日扇の「真実出家論」「便宜剃髪論」を用いて会員に説明された[55]。佛立講の既成化に反発して分派した「純粋在家主義運動」が、佛立講と同様の論理によって既成化へと進んだのである。

　「本門佛立宗本法会」までの段階においては、本法会は私法的に権利能力を有さないことはもとより、宗教行政上も正式な位置づけをされていない任意団体であった。しかし「本門八品浄風教会」となった段階で、宗教行政上の八品派所属「教会」として、同時に、「神仏堂教会所規則」上の「教会所」として、国家行政および宗派内行政において公的に位置付けがなされた。

　なお、法華宗内の教会は従来、すべて「本門八品教会」と位置づけられていたが、宗内に一体化していた佛立講系列の教会を別個に取り扱うため、1924（大正13）年に「法華宗宗法宗規」が改正され、新たに「本門佛立教会」（佛立教会）が加えられて宗内の教会は二種となっていた。佛立講改革グループとして発足した本法会の本尊・教義・儀礼等の宗教様式は佛立講式をベースとしてそこに独自性を加えたものであった。宗教様式の点から言えば、本法会は佛立教会に強い近似性を有していたことになる。しかし、佛立講改革運動として発足し、その後袂を分かち、組織的に関係を断絶したというこれまでの運動展開の経緯上、本法会は佛立教会にはなり得ず、宗教様式の点では相対的に相違性の強い「本門八品教会」とならざるを得なかった。組織の拡大に伴う法的必要性から本門法華宗に所属する「本門八品教会」となった浄風教会は、宗教様式は佛立講式でありながら、所属は「本門八品教会」であるという捻れ

を抱え込むこととなり、本門法華宗内において名実不一致であるとの強い批判が生じる事態をも招いた[56]。「浄風教会」が「本門八品教会」であることは、座り心地の悪さを伴うものであったのである。

　以上を宗教類型論を用いて敷衍すれば、本門八品浄風教会は、本門法華宗と佛立講の一体化を前提にしてマクロ・スタティックな視点で捉えれば内棲型教団といえるが、佛立教会と八品教会の関係性を踏まえてよりミクロ・ダイナミックな視点で捉えれば、借傘型的な状況（借傘的内棲型）にあったと捉えることも可能なのである。

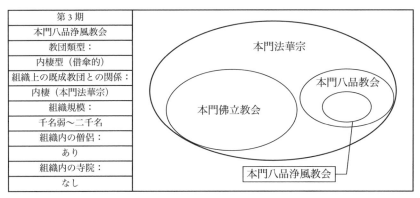

(6)　第4期　浄風寺問題

　「本門八品教会」という借傘的な宗内の位置づけに座り心地の悪さを抱えつつも、順調に教勢を発展させつつあった「浄風教会」の次なる転機は、1939（昭和14）年に到来する[57]。「宗教団体法」の成立である。同法第6条第2項第5号は「宗派、宗派又ハ教団ニ属セザル教会」＝「単立教会」の設立を可能とする規定を置いた。本法会設立の理念であった無僧侶無寺院の在家主義との関連で言えば、「宗教団体法」第6条は既成宗派に属さない教会、すなわち「寺院」ではなく、活動拠点主管者として「僧侶」を置く必要もない在家集団が合法的に宗教行政上位置づけられる可能性を認めた点で、大きな意味を持つものであった。

　教団類型論的視点から言えば、浄風教会は宗教様式上の座り心地の悪さを伴う借傘的内棲型教団から、自立型教団へと移行する展望が開けたのである。また同時に、「宗教団体法」は、1886（明治19）年「内務省訓第397号」以降原則

として禁じてきた寺院新設も認めた。

　このような法的状況の変化によって、発展する宗教運動が自らの教団をどのような形態へと展開させるべきか、いくつかの選択肢のもとで、教団の主体的選択による自己形成の大きな契機が訪れたことになる。なお、教団の主体的選択と自己形成というテーマは、本書第3章においても金光教を分析対象として扱われているため、参照いただきたい。

　さて、教団創設の理念的価値の観点、すなわち無僧侶・無寺院の組織形態を理想とする「純粋在家主義運動」の観点から言えば、「宗教団体法」成立を契機に、単立教会として宗派から独立することが自然な展開であるようにも思われる。ところが、現実には淀橋にあった浄風教会の既成宗派所属の寺院への昇格という選択肢が採られる。なぜ、「浄風教会」は「宗教団体法」の規定においては選択することができた無僧侶・無寺院の「純粋在家主義」を組織形態上体現可能な「単立教会としての独立」という選択肢を採らなかったのであろうか。

　まず、従来の経緯がすでに構築していた既成教団との組織的人的関係性の存在という問題がある。宗門に属し会内に僧侶を抱えながらも「便宜剃髪」「真実出家」論によって僧侶化を止揚し、「本門八品浄風教会」として約10年にわたる活動を蓄積し宗派内でも一定の地位を築いてきたこれまでの経緯をすべて清算し、独立してゼロに戻すことを決断することは、心情的にも組織運営上も現実的ではないという判断である。宗教的・理念的な価値を重視する宗教運動といえども社会における組織として当然世俗的側面を有するものであり、宗教的理念・理想のみで運動が展開されるわけではなく、既存の組織的人的関係の慣性の影響をまったく無視することはできない。

　さらに、浄風寺昇格という浄風教会の選択に影響を与えた背景として、当時の準戦時下・戦時下における挙国一致ムードの蔓延に伴う宗派間の合同の機運の高まりが挙げられる。所属母体の本門法華宗そのものが法華宗および本妙法華宗と「三派合同」（法華宗）を果たす中で、浄風教会が独立することは、現実には困難な全体社会的状況があった。この雰囲気を示す資料として、浄風会所蔵「浄風寺問題概略」には「戦時中の統一政策が宗教界にも及ぶ」「単立教会の存在困難と云はれる」との文が冒頭に記されている。

そして浄風教会が順調に教勢を伸ばしていたこともまた、「単立教会」になる選択を採り難くしていた。「宗教団体法」の運用上、「教会」とは、"中規模"の宗教施設が想定されていた[58]。当時、600坪の敷地を持つ本部施設と東京市内だけで1,000軒を超える信者数を有していた浄風教会は、「寺院」相当の組織規模になっており、「教会」が想定している組織規模には「不適格」であった。

　以上により、「宗教団体法」施行後の組織の法的位置付けの方向性として、無僧侶・無寺院の「純粋在家主義運動」という教団創設の理念の組織上の体現化という観点からはもっとも適切な選択と思える単立教会としての既成宗派からの独立の道は、現実には選択し難かったのである。

　「宗教団体法」の規定上、既成宗派に属さないで無僧侶・無寺院の「純粋在家主義」に基づく教団組織を合法的に位置づける法的選択肢はもう一つ存在していた。それは「宗教団体法」第28条が規定する「宗教結社」となる道であった。しかし、この選択にも現実的には大きな難点が存した。「宗教結社」には法人格が与えられなかったことが理由である。団体に法人格がなければ施設を団体所有とすることはできない。当時の「浄風教会」の施設規模を考えると、淀橋道場などの施設を団体そのものが所有することができないという点は、「宗教結社」化を断念させるに足る理由であったと思われる。

　「浄風教会」の寺院昇格に向け、1941（昭和16）年2月21日に当時の浄風教会理事長宮内が妙蓮寺にて出家得度式を行う。1942（昭和17）年2月26日には、秋尾ら浄風教会幹部と妙蓮寺貫主・福原日事ら宗門幹部が京都で懇談。機関誌『事観』によれば、会見では、「正法を以て国家御奉仕に邁進すること其には寺方の六百年の歴史と、浄風教会の新進気鋭の教勢とを結び付けて活動する事」「互に協力して当局をして一層当宗の趣旨を領解せしむべきやう努力する事」等の意見が交わされたという[59]。

　一方、佛立講の僧侶主体化・拠点寺院化に反対して誕生した本法会結成の理念から、会内には浄風教会の寺院化方針への反発も強かった。そうした心情を踏まえ、1941（昭和16）年4月13日、500余名の信者を集めて執り行われた浄風教会の京都道場の開筵式において、宮内は「更に奮起せよ」と題する法門のなかで、「昨日私は当教会の本山の妙蓮寺に参詣をしました。之が私が僧侶の姿としての初参詣であります。元来私が僧侶の姿をすると云ふ事は私の

本意ではありませんが、今日の国家の制度として止むを得ないのであります。(略) 化儀の上から宗制法規の定むる法服を纏ふ必要があり、少さい心を以て一天四海皆帰妙法を叫んでゐるやうな事では不可ない」と述べている[60]。1942（昭和17）年7月17日の日扇大徳御会式における幹部橋本の法門「大尊師の事ども」においても、日扇の「便宜剃髪来由状」が言及され「「日扇大尊師の御心持は当時の堕落した一般僧侶と伍したくはなかつた。出来る事なら在家の身で弘通広宣がしたかつだのだと仰せられてゐます。当会も法律といふものがありますから、幹部の多くは現在僧籍に入つてゐますけれども、精神は大尊師の『在家にてあるべき也』の御心持を失わないでやつてゐるのであります」と述べられている[61]。佛立講の既成化を正当化した論理である日扇の「真実出家論」「便宜剃髪論」が、この段階でもさらなる浄風教会の既成化を正当化する論理として用いられたことがわかる。

　こうした会の既成化の正当化に関し、会長である秋尾がこの時においても在家であり続けたという事実は重要である。本法会の設立後の法燈相続以来、会には、教学的指導者秋尾、教団実務運営者宮内という役割分担が存在していた。橋本や宮内ら会の幹部が法的必要性のもとで出家をした後も、在家者である秋尾が会長・総裁（組織のトップ）にあり続けるという運営原理は、在家主義を掲げながらも僧侶・寺院を有しているという矛盾を調和するいわば要石の役割を担っていた[62]。

　1942（昭和17）年9月30日、東京府知事へ寺院設立認可申請がなされ、1943（昭和18）年2月6日東京府知事より、浄風寺の設立認可が下りる。山号は秋尾の名前を取り、「眞禄山浄風寺」と命名された。

　教団類型論的に見れば、浄風教会から浄風寺昇格という選択によっても従来の位置づけ —— 母体である佛立講およびその母体である法華宗との関係 —— は変わらないため、類型間移行は生じなかったことになる。

　なお、同時期の浄風寺の母体である本門佛立講に目を転じれば、1933（昭和8）年本門法華宗「宗規」が改正され「特別教区条例」が成立、佛立講系17ヶ寺を従来の宗門の本山の系列から切り離し、それらの寺院が法華宗系統の本末関係にそれぞれ位置付けられつつ、同時に佛立講系統の親会場としての寺院であったという二重性を解消した[63]。宗内の佛立講系寺院がまとめて一つの特別教区として再組織化されたのである。これは、佛立講によるこ

れ以上の宗門全体の侵食をおそれた宗内反佛立講派僧侶の運動が関わっていたとされる[64]。

第4期 眞禄山浄風寺
教団類型： 内棲型
組織上の既成教団との関係： 内棲（本門法華宗）
組織規模： 千名弱～二千名
組織内の僧侶： あり
組織内の寺院： あり

法華宗／本門佛立講（特別教区）／眞禄山浄風寺

(7) 第5期　会の分裂

　会の既成化に対する不満は、秋尾会長の死後、宮内住職に対する批判という形態をとって噴出する[65]。1943（昭和18）年6月27日の秋尾の逝去に伴い、浄風寺設立が表面化して以来くすぶっていた、運動の合法性の確保と無僧侶無寺院の在家主義の理念の間の矛盾がそのまま鋭い現実の組織内派閥対立として、すなわち反宮内派と宮内派の対立構造に変換されたのである。矛盾律調和の体現者である秋尾亡き後、橋本・山崎らを中心にした反宮内派は宮内派と袂を分ち、会は分裂する。宮内派に合流した信者は、宮内の担当教区であった第三教区を中心とした60軒程度で信者の多くは反宮内派につく。一方、活動拠点であった浄風寺は住職たる宮内の側に確保された。反宮内派には信者のほとんどが合流することとなったが、物理的な活動拠点であった「浄風寺」と宗教活動の合法性を担保する法的地位が失われたことになる。

　宗教活動の合法性を得るため、反宮内派は、1944（昭和19）年7月17日、宗教結社「在家日蓮宗浄風会」設立の届出をする。物理的法的活動拠点である寺院を失うことは、組織にとって損失である一方、それは同時に「便宜剃髪」「真実出家」によらずに在家主義の理念を現実の組織上に実現することを可能とした。「宗教団体法」上の宗教結社は、既成宗教の系統を問わず、一律の規定によって規定されていた。したがって仏教系といえども「住職」や「寺

院」の設置が求められていないため、既成宗派との組織的関係性を取り結ぶ必要性が法的に求められることもなかった。教団類型論的に見れば、在家日蓮宗浄風会は、自立型の教団へ移行したのである。

しかし、このまま組織が発展し、一定規模以上の活動拠点の整備の必要に迫られたとき、佛立講・浄風教会・浄風寺の経験と同様の既成化の道程を辿らず、「仏教」としてのアイデンティティを維持したまま無僧侶・無寺院の「純粋在家主義運動」を維持できるかは不透明であった。

だが「在家日蓮宗浄風会」が、その後この困難な課題に直面することはなかった。日本の敗戦により「宗教団体法」が廃止され、宗教をめぐる法的行政的状況が大きく変化したからである。

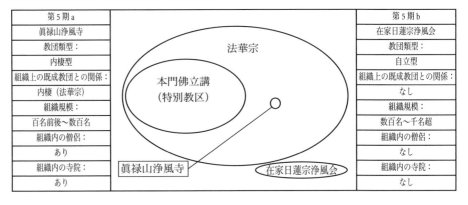

(8) 第6期　戦後における状況

1945（昭和20）年、「宗教団体法」が廃止される。ポツダム勅令として「宗教法人令」が出され、1951（昭和26）年には、「宗教法人法」が公布される。「宗教法人法」第2条は、「この法律において「宗教団体」とは、宗教の教義をひろめ、儀式行事を行い、及び信者を教化育成することを主たる目的とする左に掲げる団体をいう。一　礼拝の施設を備える神社、寺院、教会、修道院その他これらに類する団体、二　前号に掲げる団体を包括する教派、宗派、教団、教会、修道会、司教区その他これらに類する団体」と定め、「宗教団体」という単一の法的カテゴリーを規定し、各伝統宗教教団と新宗教教団の区分を概念上設定しなかった。これにより既成宗派と無関係の仏教系「単立宗教法人」の設立も可能となった。組織規模の拡大に伴い活動の合法性を得るために既

成宗教との組織的接点を迫る宗教行政・宗教行政的前提は決定的に変化したのである。

　法的状況の変化だけでなく、宗教界における「宗派合同」を推進し分派を許さないとする社会的気運もまた、失われた。1952（昭和27年）1月、かつての本門法華宗五大本山のうちの一つである妙蓮寺は他の四大本山から別れ、三派合同により成立した「法華宗」を離脱して、「本門法華宗」として独立、同年4月には三派合同の「法華宗」が解散され、合同前の旧本門法華宗は「法華宗（本門流）」を、旧法華宗が「法華宗（陣門流）」を、旧本妙法華宗が「法華宗（真門流）」をそれぞれ名乗ることになった。

　本門佛立講は、1947（昭和22）年3月、「本門佛立宗」として法華宗から独立した。「浄風寺」の宮内は本門法華宗内での地歩を固め、1957（昭和32）年に本門法華宗管長に就任、妙蓮寺貫主としても名前を連ねた。本門佛立宗と浄風寺は、戦後においても「便宜剃髪」「真実出家」論のもとで、寺院と僧侶を置いている。一方、在家日蓮宗浄風会は、1952（昭和28）年6月、宗教法人格を取得した。2014（平成26）年末現在、信者数32,824人、全国に14の教会と6の拠点を有しながら、僧侶も、寺院も有さない教団として存在している[66]。

第6期	教団類型	組織上の既成教団との関係	組織規模	組織内の僧侶	組織内の寺院
在家日蓮宗浄風会	自立型	なし	約3万	なし	なし
眞禄山浄風寺	内棲型	本門法華宗	？	あり	あり
本門佛立宗	自立型	なし	約40万	あり	あり

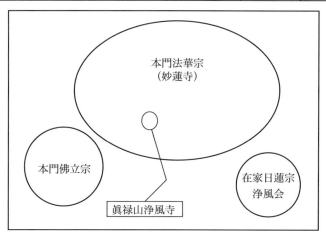

おわりに

　本章の目的は、教団類型論・類型間移行論を用いて宗教運動の動態を可視化すること、その運動のダイナミックな展開に宗教運動内在的要因と外在的要因がどのように関わっているのかを分析することにあった。すでに紹介したように、三木によれば、西山によるこの新宗教類型論は、「類型間移行の問題を視野に収めた」ものではあるが、「借傘型、内棲型が自立型へと展開するといった程度の、シンプルな移行パターンがここで描けるに過ぎない」とされる[67]。

　一方、本章で具体的に検討したように、教団類型論を援用して戦前から戦後の「純粋在家主義運動」の展開を振り返ってみれば、本門佛立講本法会（内棲型）→本門佛立宗本法会（自立型）→本門八品浄風教会（借傘型的内棲型）→眞禄山浄風寺（借傘型的内棲型）、在家日蓮宗浄風会（自立型）という、跛行的で複雑な移行パターンを辿ったことになる。

　その背景には、自然史モデル的な教団の発展という要素、および「仏教」のなかでも正統たる自負を強く有する日蓮系教団（テクスト教団）であるという内在的な要因だけではなく、戦前においては、「仏教」であることを前提とした運動は、法的・行政的制約のもと、既成教団との組織的関係性を、その運動の発展に伴って余儀なくされるという外在的な要素が決定的に関係していた。こうした教団内的要因と外的要因により、戦前期における「純粋在家主義運動」は、「内棲型が自立型へ展開」するというシンプルな移行パターンとは全く異なる展開過程を辿ったのである。また、「純粋在家主義運動」が組織上の既成化を迫られるたびに、長松日扇の「真実出家論」「便宜剃髪論」という論理（テクスト）による正当化・止揚が図られていたことも明らかになった。

　本章の事例に基づいて言えば、また本章第3章で検討される金光教の事例も併せて鑑みれば、宗教運動の展開過程とは、その運動が根ざす社会・国家の世俗的（行政的・法的）環境に影響を受けつつ、教団の内在的諸要素である「宗教的権威の源泉の存在形態のありかた」や「運動の求心力」を軸にして、状況対応の選択を重ねていく過程であると言える。その意味で宗教運動の

展開を考える際、教団外的要因を捨象した運動展開の普遍的共通性の把握には、その目的設定次第とはいえ、高からぬ限界があると考えていいように思われる。

　以上、本稿は教団類型論と教団類型論の架橋を、教団外在的要因と教団内在的要因の相互作用のなかから生み出されてくる運動過程の複雑な展開過程を描き出すために用いることを試みてきた。この試みが成功しているか否かは読者に委ねるとしても、理論から事例への援用にせよ、事例から理論への還元にせよ、また教団類型論にせよ、宗教運動論にせよ、明らかにすべき目的を明確に設定・意識し、それに適合的な方法論・事例を用いるという点について意識的である必要があることは、今一度強調されておくべきであろう。

注
* 　本稿は、［大谷・小島2005］および［小島2013］をもとに大幅な改稿を加えたものである。
1　本書第1章第4節参照。
2　本書第1章第5節参照。
3　近世の日蓮宗における教義論争の概略については、［村上1976：42］を参照。
4　［宮崎1972：7］。
5　［島薗1990b：11］。
6　［西山1995：11］。
7　民衆宗教研究興隆期の研究史整理として［島薗1990a］参照。当該期の代表的著作としては［村上1958］［鹿野1969］［村上・安丸1971］［安丸1974；1977］［ひろた1980］［小沢1988］などがある。
8　先行研究として、本門佛立講の展開過程や概説については［村上1976］［西山1987；1991］を参照。
9　［村上1976：43］。
10　［村上1976：52］。
11　［村上1976：53］。
12　［村上1976：78］。
13　［村上1976：123–127］。
14　［西山1991：239］。
15　［西山1991：219］。
16　本書第1章「はじめに」参照。
17　寺田・塚田論文の初出は［寺田・塚田2007］であり、三木の論考はそれを踏まえて書かれている［三木2014：29］。

18 その少ない先行研究としてリチャード・ニーバーによるセクト─デノミネーション論、ローランド・ロバートソンによる救世軍の質的変化を論じた研究を挙げている［三木2014：79］。
19 ［三木2014］第4章・第5章。
20 ［三木2014：79］。
21 ［三木2014：29］。
22 ［西山1990：132–134］。
23 ［西山1995：13–16］。
24 ［西山1995：14］。
25 ［西山1990：133］。
26 ［西山1990：133］。
27 ［西山1995：15］。
28 ［西山1983：1］。
29 ［西山1983：3–4］。
30 ［西山1991：210］。
31 ［西山1991：243］。
32 ［西山1981；1982；1983］など。
33 本書序章参照。
34 ［大谷・小島2005：5–6］。
35 ［大谷・小島2005：9］［会史編纂委員会編2009：33–35］。
36 本項の記述に際しては、［山崎2005］および［梅田1971］を参照した。
37 「寺請制度」はキリスト教徒ではないことを証明した寺請証文を、民衆が檀那寺より受けることを義務づけた制度である。
38 しかし、新寺建立禁止令のたび重なる発令という事実は、無住寺院の再興・復旧・移転を名目とした脱法的新寺建立等により、新寺建立の禁止が現実的には徹底され得なかったことを物語っている。
39 実際は無住寺院の再興・復旧・移転を名目とした伝統的手法によって新寺の創立が行われていた。
40 ［西山1983：7］。
41 ［西山1983：9］。
42 ［西山1985：25］。
43 ［西山1985：25–26］。
44 ［西山1985：26］。
45 ［西山1985：26］。
46 ［大谷・小島2005：11］［会史編纂委員会2009：35］。
47 ［大谷・小島2005：11–12］［会史編纂委員会2009：46］。なお、浄風会初期幹部の写真師ネットワークや、信者一般の社会階層については、［大西2009：91–138］を参照のこと。
48 ［大谷・小島2005：12］［会史編纂委員会2009：83］。
49 ［大谷・小島2005：12–13］［会誌編纂委員会2009：50］。
50 ［大谷・小島2005：13–14］［会史編纂委員会2009：51］。
51 ［大谷・小島2005：18］［会史編纂委員会2009：69–70］。
52 ［大谷・小島2005：18］［会史編纂委員会2009：70–71］。

53 「本門八品教会所規則」第8条「教會所設立者ハ僧階教師ニ限ル」、第10条「教會所ニハ擔任教師一名（中略）ヲ置クヘシ擔任教師ハ訓義以上ノ者ニ就キ（以下略）」。
54 ［大谷・小島2005：18］［会史編纂委員会2009：71］。
55 ［大谷・小島2005：19］［会史編纂委員会2009：227］。
56 ［大谷・小島2005：19-21］『大獅子吼』282号、昭和10年9月15日発行、27頁、『大獅子吼』283号、昭和10年10月15日発行、27頁。
57 1933（昭和8）年の時点で東京に14部、地方は北海道、横浜、千葉、埼玉、群馬、福島、茨城、静岡、山梨、愛知、岐阜、大阪、京都、兵庫、和歌山、徳島、愛媛、宮崎、朝鮮に支部があった。1940（昭和15）年頃には奉天、張家口にも支部が置かれ、東京市内の浄風教会の信者数は東京市内6教区45部1,356軒であった。
58 「宗教団体法」の運用内規において、仏教に関しては「寺院」(設立認可標準として①檀徒・信徒合せて300人以上、②境内地200坪以上、③本堂・庫裏各30坪以上、④境内地・本堂・庫裏（建物としての寺院有）、⑤基本金5,000円以上）、「教会」(設立認可標準として、法人教会の場合①教徒・信徒合せて200人以上、②構内地150坪以上、③会堂30坪以上、③境内地・会堂・（建物としての）教会有、④基本金5,000円以上、非法人教会の場合①教徒・信徒合せて100人以上）という、規模的な基準が存在していた［井上1972：392-393］。
59 『事観』134号、昭和17年4月30日発行、20頁、［大谷・小島2005：27］。
60 『事観』122号、昭和16年4月30日発行、7頁、［大谷・小島2005：26］。
61 『事観』138号、昭和17年8月28日発行、10頁、［大谷・小島2005：27］。
62 ［大谷・小島2005：30］［会史編纂委員会2009：226］。
63 ［西山1985：27］。
64 ［西山1985：27］。
65 ［会史編纂委員会2009：223-277］［大谷・小島2005：29-30］。
66 ［文化庁編2016：76-77］。
67 ［三木2014：29］。

参考資料・文献
本門法華宗1935『大獅子吼』。
本門八品浄風教会1941-42『事観』。
会史編纂委員会2009『清き流れを――在家日蓮宗浄風会史――』戦前編、在家日蓮宗浄風会。
会史編纂委員会2010a『清き流れを――在家日蓮宗浄風会史――』戦後編上、在家日蓮宗浄風会。
会史編纂委員会2010b『清き流れを――在家日蓮宗浄風会史――』戦後編下、在家日蓮宗浄風会。

文化庁編2016『宗教年鑑 平成27年版』文化庁。
ひろたまさき1982『文明開化と民衆意識』青木書店。
井上恵行1972『改訂宗教法人法の基礎的研究』第一書房。
鹿野政直1969『資本主義形成期の秩序意識』筑摩書房。
小島伸之2013「純粋在家主義と戦前日本の宗教制度」『本化仏教紀要』1：71-109。
小沢浩1988『生き神の思想史――日本の近代化と民衆宗教――』岩波書店。

三木英 2014『宗教集団の社会学——その類型と変動の理論——』北海道大学出版会。
宮崎英修 1972「日蓮教団の展開」田村芳朗・宮崎英修編『講座日蓮3 日蓮信仰の歴史』春秋社、2-14。
村上重良 1958『近代民衆宗教史の研究』法藏館。
――― 1976『仏立開導長松日扇——幕末維新の仏教改革者——』講談社。
村上重良・安丸良夫 1971『日本思想体系67 民衆宗教の思想』岩波書店。
西山茂 1981「法華系在家教団の成立と変容——本門佛立講の場合——」池田英俊他編『日本人の宗教の歩み』大学教育社、328-343。
――― 1982「周辺体験と思想形成——佛立開導長松清風の場合——」宗教社会学研究会編『宗教・その日常性と非日常性』雄山閣、141-160。
――― 1983『内棲型新興教団の教団組織論的研究』昭和57年科学研究費補助金（一般研究C）研究成果報告書、東洋大学社会学部第12研究室。
――― 1987「本門佛立宗教団史」佐々木宏幹責任編集『現代のこころ 本門佛立宗』旺文社、123-132。
――― 1990「組織の多様性」井上順孝・孝本貢・對馬路人・中牧弘允・西山茂編『新宗教事典』弘文堂、132-137。
――― 1991「佛立講の成立と展開」本門佛立宗開導百遠諱記念論文集編纂委員会『佛立開導長松日扇とその教団 上巻』平楽寺書店、205-246。
――― 1995「在家仏教運動における伝統と革新」『平成六年度東洋大学国内特別研究成果報告書』東洋大学社会学部、1-19。
大西克明 2009『本門佛立講と創価学会の社会学的研究——宗教的排他性と現世主義——』論創社。
大谷栄一・小島伸之 2005「戦前期における純粋在家主義の運動過程——本法会・浄風教会・浄風寺・浄風会の事例——」東洋大学西山ゼミ浄風会調査プロジェクト編『純粋在家主義運動の展開と変容——本法会・浄風教会の軌跡——』東洋大学社会学部西山研究室、4-43。
島薗進 1990a「新宗教を指す用語」井上順孝・孝本貢・對馬路人・中牧弘允・西山茂編『新宗教事典』弘文堂、2-5。
――― 1990b「伝統の継承と革新」井上順孝・孝本貢・對馬路人・中牧弘允・西山茂編『新宗教事典』弘文堂、9-13。
梅田義彦 1971『改訂増補 日本宗教制度史 近代篇』東宣出版。
寺田喜朗・塚田穂高 2007「教団類型論再考——新宗教運動の類型論と運動論の架橋のための一試論——」『白山人類学』10：1-20。
山崎幹泰 2005「近代における社寺の「創立再興復旧」制限について」『日本建築学会計画系論文集』590：145-150。
安丸良夫 1974『日本の近代化と民衆思想』青木書店。
――― 1977『出口なお』朝日新聞社。

第 3 章
「近代教団」としての金光教の形成
――明治期における宗教運動と宗教行政――

藤井　麻央

はじめに――問題の所在――

　本稿は、19世紀末の近代日本という歴史的条件下において制度や行政に応答しつつ宗教運動が教団組織[1]を形成する過程を、金光教（こんこうきょう）を事例として検討するものである[2]。従来、金光教の教派神道体制下での組織化は、近代天皇制国家による抑圧の過程として把握されることが多かった。しかし、組織の発生という運動論的観点から考察することで、初期新宗教の近代社会への適応という課題を考えてみたい。

　明治維新から敗戦までの日本において、諸宗教は国家による強い統制のもとに置かれており、特に新たな宗教運動にとっては戦後と比較して多くの規制が存在する厳しい環境であったことはよく知られている[3]。だが、そうした社会的環境において伸張した新宗教の代表として、金光教、および天理教が挙げられる。両者ともに幕末維新期に発生した民衆を主たる担い手とする宗教運動だが、創始者の死後に教派神道体制の枠組みで教団組織を構築した。そして、戦前を通じて教団規模を拡大して教派神道の中では両教団のみが右肩上がりの伸張をみせた[4]。新宗教運動の発展および停滞には個別事例ごとに複合的な要因があり、また、数量的発展のみが教団の組織的な成功の尺度ではないが、教団規模の拡大は社会への適応度合いの一つの指標といえる。西山茂は近現代における日本の新宗教の消長を決定したと思われる要因を 4 点に整理し[5]、このうち「抑圧的な政治体制への順応」は、政教分離と信教の自由が貫徹されていない戦前期までの日本にあって教団の命運を分けるほどの重みをもつことになったと述べている[6]。西山は、大本やほんみちと

比較しつつ、金光教と天理教は天皇制国家体制とその宗教政策に柔軟に対応することで政府の弾圧を免れたことを指摘している。

　政治体制への順応の過程において、金光教では運動の創始者である赤沢文治(あかざわぶんじ)(1814-1883、川手文次郎、金光大神(こんこうだいじん))の唱えた教えや宗教様式がそのまま発現できずに改変された。政治体制の意向、すなわち天皇制国家体制や文明開化政策等に対決的・逆行的として「淫祠邪教」とみなされた教えや実践は取り締まりの対象となっており、実際に赤沢文治や布教者らは違警罪等を理由に活動に制限を受けてきた。この政治体制への妥協による教えと実践の改変は、戦後になり教団内部のみならず一部の研究者からも「国家神道への従属のみち」として指弾されることになる。金光教や天理教などを「民衆宗教」[7]として把捉し、はじめて日本近代化の見取図の中に位置づけたとされる村上重良は、教祖の思想に「近代宗教」(政治権力からの独立、信仰の内面化、教義の合理化)の萌芽を見いだすと同時に、教祖晩年以降の教団が明治政府に順応する展開を「政治権力に奉仕する現世利益中心の宗教」への変質とした[8]。また、村上を批判的に継承した小沢浩は、金光教の教派神道としての独立を「汚辱」と表現し、以後の金光教は天皇制国家を独自に支えていく役割を担わされたとする。さらに、国家に迎合的な教派神道としての建前的な公式の立場とは別に、信徒層には教祖の信仰(生き神思想と取次の実践)が生き続けていたとして、そこに教祖性や本質をみようとする、「二重構造」の見方を明確にしている(いわゆる「二重構造」論)[9]。このように、教祖時代の金光教に民衆的な独自性を見いだす歴史学や民衆思想史における議論においても、金光教の組織化以降の政治体制への順応の過程は一つの重要な論点となってきた。だが、金光教に関する種々の研究の中でも教派神道体制への編入を積極的に論じこうした視角では、金光教という運動主体は後景化し、教派神道としての組織の成り立ちは天皇制国家への従属・動員の過程として把握され、組織形成を担った組織中枢(教務・教政)は教祖性の簒奪者とみなされるしかなかった。

　では、宗教運動の組織の発生という観点からは、教派神道としての組織形成はどのように捉えることができるのか。組織形成は一定の規模を伴う宗教運動に関する一般的課題であるが、初期新宗教にとっては、教派神道体制への編入が時代に規定された特殊的状況課題(時代的課題)であったと考えられ

る[10]。さらに、教派神道体制に編入されるか否か、編入されても独立教派となるか、独立教派の付属教会にとどまるかという時代的課題への応答には、運動側の主体的な意思決定能力の有無を考慮に入れる必要があるだろう。本稿が注目したいのはまさにこの点である。これまで、金光教が独立教派となったことは信者・教会数などの規模から自明なこととされ、むしろ一定の規模を有しているにもかかわらず独立が遅れたのは「国家神道教義との距離」のためであり、この距離を埋めるように教義を「歪曲」することで独立を得たと理解されてきた[11]。確かに、独立に際して内務省による教義内容への介入が存在したことは、宗教運動と国家の関係を考える上で重要な論点である。しかし、この説明では運動論的アプローチが欠落しており、集団性や継続性の志向が乏しかった教祖時代から約15年の間に組織体をなして独立教派となる飛躍が閑却され、金光教の展開を自然発達的で素朴な発展史観でしか捉えられない限界があるように思われる[12]。本稿はこの組織形態の画期を、国家の抑圧の結果として捉えるのではなく金光教の主体的な意思決定能力とそれに基づく組織形成という観点から考察してみたい。その際に先行研究において問われてきた教派神道体制への編入という問題を、組織形成の外部的要因として設定することで、それに関連する宗教政策が金光教に対してどのように作用していったのかを具体的に検証したい。

1. 先行研究の整理

まずは先に述べた先行研究以外で本稿に関係する研究を整理する。金光教を主題的に扱った先行研究を、発生に関する研究と、教派神道体制へ編入される時期にあたる神道金光教会時代を論じた研究の二種に分けてまとめておく。

前者の金光教の発生に関する研究は、島薗進と福嶋信吉の研究をおさえておきたい。島薗進は、金光教と天理教を例に、新宗教の発生を「民俗〈宗教〉」の内発的止揚の過程として捉え、その指標として「親神思想」「救けのわざ」「生神思想」の3つの教義・活動要素を挙げ、このうち生神思想の重要性を指摘した[13]。生神思想とは、教祖の宗教的体験を通じて生み出された救けの信仰に伴い確立された思想的表現であるとされる。この思想は救けの信仰の源

泉たる教祖の死後に教団の発展とともに次第に希薄化し、救けの根拠である生神という教祖像から人間教祖像を定着させていったと論じた[14]。島薗の議論は、教祖研究により新宗教運動の発生に関する理論を提出したものであり、さらに救済の根拠たる教祖像の変遷をも考察することで教団の制度化段階までを射程に入れている。

　一方の福嶋信吉は、今日の金光教が立教の根拠とする「立教神伝」と救済原理である「取次」が教祖に始まる「伝統」として発見され、「取次教団としての金光教」が発生する過程を明らかにした[15]。具体的には、「昭和九・十年事件」（教信徒を巻き込んだ管長退任・罷免要求運動）により管長と取次者とが分裂状態にある矛盾が表面化した際に、教監・高橋正雄の信仰思想・教団論が支柱となり、教祖像・取次・取次者が取り結ばれ「生神金光大神取次の道」として教団が自覚されると同時に、「教団とは何か」を絶えず問い続ける伝統が金光教の中に生じたとする。

　ところで森岡清美は、宗教組織の特色として超俗と世俗の二面性とその相互規定的関係性に注目している[16]。森岡によれば、宗教組織は教祖による救済を約束する働きをめぐって成立し、その後継者により代表される究極的な宗教的権威が組織の核となるが、この超俗の組織は、官僚制組織や分節化した地方的単位の部分、すなわち世俗の組織を介することで社会とかかわりを持つことができ、また維持が可能となる。この二面性に照らせば、島薗と福嶋の研究は考察対象とした時期や着眼点はそれぞれ異なるが、共に金光教における救済やその源泉たる教祖の生成および教団史における維持・展開を論じたものであり、外部環境に目配りがされていても主眼は超俗（聖）の部分にあるといえる。一方、組織形成の要因として法制度や行政等の外部環境に着眼する本稿は、社会との接点を強く有する世俗の組織の形成を中心に検討することとなる。

　この世俗の組織の形成が主題となってくるのが後者の神道金光教会時代を扱った研究であるが、これについては桂島宣弘と金光教学の成果を挙げておきたい。近世思想史を専門とする桂島は、村上や小沢の論じた金光教が先天的に備えたとする近代性を、近代天皇制国家の抑圧に直面する中で「淫祠邪教」というレッテルを免れるために「近代化」が強要されていく過程を明らかにすることで鋭く批判した[17]。そして、明治期の金光教を「民衆宗教の神

道化、宗教化過程」、「病気直しから教えの宗教へ（プラクティスからビリーフへ[18]）」、「民衆宗教から教派神道への転回」へといった「変容」として把握し、そこに「民衆宗教」に対する「国家神道体制の抑圧的性格」をみる[19]。抑圧的な政治体制への順応の過程に祈祷・霊験から教え中心の布教への転回を見出した点など、桂島の論考に参照すべき点は多い。だが、あくまで明治期における「民衆宗教」の「変容」の事例としての金光教を「国家神道体制」という外部環境の抑圧・規制から把握して、当該期の金光教の運動としての主体性を重視しない点は本稿との決定的な違いとなってくるだろう[20]。

　次に金光教学の成果である。福嶋信吉が論じた「教団とは何か」を問い続ける金光教独特の問題意識は、金光教学においては客観性・実証性を持って組織の成立過程を論じることになっている[21]。教団と法制度や行政等の動向との関係を精緻に明らかにしながら、教団史観や現状の教団のあり方が絶えず問われてきた。現在、最も参照力を有するのが神道金光教会としての組織化を事例に提唱された佐藤光俊の「擬態論」である[22]。「擬態論」とは、端的に言えば、布教公認のための口実であった神道金光教会という擬態が既成事実化し、以後の教団組織は教祖との差異を宿命にせざるを得なくなるが、他方では教祖リバイバルが教団史に絶えず生じているとする論である。「二重構造」論との関連で教団の内外を問わずに参照されることが多いが、運動の動態性を重視し、そこに教祖リバイバルという一つの法則性のあり方を問う「擬態論」は、「二重構造」論とは一線を画していると言える。この佐藤光俊の動態的なアプローチに示唆を受けつつも、本稿ではそれとは異なるかたちで組織形成を考えてみたい。

　そこで参照したいのが「教団ライフサイクル／ライフコース論」における知見である。森岡清美は、デイヴィッド・モバーグによる①萌芽的組織、②公式的組織、③最大能率、④制度的段階、⑤解体という宗教運動の展開パターン論を、立正佼成会を事例に分析し「教団ライフサイクル論」を提唱した[23]。個人や家族へのライフサイクル的接近の根拠が「加齢」であるのに対して、集団に対するライフサイクル的接近は「価値付加過程（累積的過程）」であるとする。「教団ライフサイクル論」は運動の展開とともに組織化・制度化が自ずと進むことを基本的には想定しており、自然史的かつ一般的な「発達」を下敷きにして組み立てられていると言える。

一方、西山茂は、「教団自身の発達的出来事と、それを取り巻く全体社会の歴史的出来事」の絡み合いの視点を導入する必要があるとし、「ライフコース論」を提唱した[24]。西山は展開段階等の議論を深めているわけではないが、創価学会を事例に教団発達に則した宗教変容の問題を「宗教様式の革新」として論じ、歴史的な出来事や外部環境の変化に対処して、主体的に自己をいかに再組織化するかという教団の意思決定の問題を扱っている[25]。ただし、森岡も教団ライフサイクルには累積性だけではなく「革新的な」要素があり、個人の加齢のように逃れえぬコースを辿るものではなく、「自己決定能力」いかんにより大幅に左右されることをも事例に基づき指摘している[26]。
　森岡と西山の分析視角には、運動展開の法則性か、外在する社会要因を重視するかというベクトルの差異があるが[27]、宗教運動の制度化段階において主体的で能動的な動向が運動の方向性を左右することを指摘している点では一致をみせていると考えてよいだろう。この指摘を手掛かりに、金光教の組織形成の過程を検証していき、運動における主体的な意思決定がいかなる形で存在し、組織形成に作用していったのかを考えたい。その際、インフォーマルな集団がフォーマルな組織を形成する1885（明治18）年から、さらに一派独立を果たす1900（明治33）年までの約15年前後の期間を金光教における宗教組織の成立過程として位置づけ、その過程の具体的様相を検証することにする。金光教の公式見解では、赤沢文治が家業である農業を止めて取次に専念するようになる1859（安政6）年が立教年とされており、この後赤沢文治の教えを受けた者も各地で布教を展開する（「出社」と呼ばれる）ことから、幕末期に組織化が始まったとする見方もある[28]。しかし金光教が具体的な組織体を形成するのは、赤沢文治の死去から2年後、1885（明治18）年の神道事務局付属神道金光教会創設に端緒がある。森岡清美は、教団の成立を宗教団体の創立と短絡的に結びつけずに、運動体が構造的機能的分化する累積的過程としており[29]、本稿はこの見解に立脚して組織の成立過程を上記のように設定する。そして、この過程を便宜上、Ⅰ前史から形成期、Ⅱ展開期、Ⅲ完成期の段階で把握していくこととする。
　その前にやや遠回りになるが、組織を強く規定することになる教派神道体制について確認しておく必要がある。

2. 教派神道体制の形成と宣教型神道の課題

(1) 明治前期の宗教行政と教派神道体制の形成

　教派神道とは、戦前日本の行政上の扱いにおいて非宗教とされた神社神道に対して、仏教宗派と並んで宗教として扱われた宗教団体（13派）を指し、その体制と概念自体は明治前期の宗教行政の副産物として生じたものである。そのため、教派神道は思想と組織の両面において宗教的な展開があまり見られなかったという評価もあるが、井上順孝の指摘するように、神道が近代社会の変容の中で生み出した宣教型の教団宗教の端緒であったという点において重要な意味を持つと考えられる[30]。しかし、教派神道への研究関心が決して高くないことも手伝って、この見解が広く共有されているとは言いがたく、同時に、本稿が対象とする教派神道体制成立後の明治20年代以降の状況についての研究は少ない[31]。従って、教派神道体制の成立経過を確認することで、明治20年代に神道教派が置かれた状況の手がかりを得たい。

　1868（慶応4）年、祭政一致と神祇官再興が達せられ、明治維新により神道界は大きな転換点を迎えることになる。教派神道体制の形成は神道界を変容させた諸政策のうち国民教化策に直接的要因を持つ。1870（明治3）年、「大教宣布の詔」に基づき宣教使による「惟神之大道」の宣教が開始されるが、この国民教化策は早々に挫折し、1872（明治5）年に祭祀は式部寮に移管され、宣教は新設の教部省が担うことになる（第一次祭教分離。なお社寺は大蔵省が管轄）。教部省は維新後の神道中心の宣教策から転換して、神道（総ての神官）と仏教が合同で国内へのキリスト教浸透防止にあたるべく教導職を設置し、「三条の教則」（敬神愛国の旨を体すべき事、天理人道を明にすべき事、皇上を奉戴し朝旨を尊守すべき事）を綱領とする国民教化策を推進しようとした。同年に大教院が実質的に神仏合同の宣教機関となった。

　この教部省時代の諸動向は神道界において宣教活動を展開する組織の形成を促すことになったとされる。教導職制により教義や教師制度を整えるモデルが提供され、大教院は神道界の合同布教を促進するなどの効果を持った。また、「教会大意」（明治6年8月）により、公認講社となる法的条件が示されたことで組織形成のガイドラインができたことになる[32]。最も注目すべき点は、教導職制により神道が仏教と共通の組織編制の流れに投げ込まれたとい

うことである。遠藤潤によれば、寺院・僧侶の上位概念としての「各宗」「宗門」に相当する集団組織が神官には存在しなかったため、教部省により神官の組織化が図られるとともに、「宗門」に相当する組織としての「神道」が法令上登場することになった[33]。つまり、国民教化策の一環で教導職制が導入されて、従来は異なる形態を持っていた神道と仏教が行政上同列に扱われるようになったことで、新たに生じた宣教型の神道（のちの教派神道）の組織形成は仏教の体制に倣って進むことになったのである。

　神仏合同の宣教機関とされた大教院だが、仏教勢力による信教自由の声が高まり、1875（明治8）年に真宗が大教院を離脱し、神道教導職は独自に神道事務局を組織した結果、大教院はわずか3年で解散した。政府は島地黙雷らによる政教分離運動も受けて同年には「信教の自由保障の口達」を発する。これにより教導職制は維持されたままだが神仏は個別に布教を行うことができるようになり、仏教は宗派単位、神道では宗派に対応する神道事務局が布教にあたることになった。一方で翌1876（明治9）年には神道を3つの「部分」に分けて、それぞれの引受者（千家尊福、久我建通、稲葉正邦）が管長と見なされるようになり、神道教導職は任意でいずれかの「部分」に属することになった（同年には田中頼庸が引受の第四部が追加される）。これは1872（明治5）年に仏教7宗に置かれた管長制に対応するものであったと考えられる。しかし、「部分」に収まらない講社は独立請願を行い、同年に神道黒住派と神道修成派が独立（別派差許）を認められるなど、神道内部の不統一ぶりと分立状態が表面化し始める。独立性の高い講社の存在だけでなく、神道事務局の指導的立場にある国学者らも一枚岩ではなかった。そのため神道の部分制は二転三転し、1880（明治13）年頃からは神宮（伊勢神宮）と出雲大社の祭神論争が表面化して各々の神社の宗教的優位性が主張される状況が生じていく。

　他方、1877（明治10）年に教部省が廃止され内務省社寺局が設置されると、それまでの宗教政策の見直しが図られて政教分離に向けた動きが政府内で主流となる。信教の自由・政教分離は西洋に倣った近代国家樹立のためには欠かせない要素の一つであるが、政教分離を達成すると同時に神社を「国家ノ宗祀」とする制度を構築するには「神社非宗教」論を採る必要があった[34]。しかしこの論理は「国家ノ宗祀」たる神社の神官が宣教並びに葬儀を担当する「宗教者に付する職名の」教導職を兼補していることで矛盾が生じていた。

祭神論争の状況も相まって、1882（明治15）年1月に官国幣社神官の教導職兼補が禁止されて（内務省達乙第7号及び丁第1号）、神社は宗教の枠外に置かれることになる（第二次祭教分離）。神道事務局の指導者たちは神社祭祀に奉祀する神官か、神道教義を布教する教導職かの二者択一を迫られ、同年5月、神道神宮派、神道大社派、扶桑派、実行派、大成派、神習派が神道事務局から独立した。さらに9月には大成派から御嶽派が独立、11月には修成派を除く8派が教名を名乗ることが許可され、神道13派の原型が成立した。さらに、1884（明治17）年8月太政官布達第19号により「神仏教導職制を廃止し寺院の住職を任免し及教師の等級を進退することは総て各管長に委任」するとして、教導職が廃止され、神仏教宗派には管長が置かれることになり、神社と教宗派との区別はいっそう明確となり教派神道体制は成立をみた。

(2) 太政官布達第19号以後の神道教派

　神仏教宗派に管長制を導入することになった太政官布達第19号は、宗教に関する統一法規である宗教団体法が1940（昭和15）年に施行されるまでの政教関係を決定づけた布達として重視されている[35]。ここでは、管長制導入後の教派神道を考える手がかりとして、教導職制を仏教教団の自治確立過程として論じ、同布達の意義を述べた羽賀祥二に注目したい[36]。羽賀は同布達を「それまで国家の手中にあった住職・教師の任免権を神仏各管長に「委任」し、この管長権と教団法とによって各教団は自らの宗教権力を確立し、近代的な「自治」的教団を形成していった」と意義づけた。そして、明治20年代は仏教にとって各教団の「自治」的能力が試されるとともに、神社が非宗教化される中、キリスト教や西欧哲学との対決で「宗教」の内実が問われていく時代であったとしている。この指摘は同布達により仏教宗派と同じ制度条件下に置かれた神道教派にも適応され得るが、教派は組織基盤の脆弱性という点において仏教宗派とは比較にならない状態にあったと考えられる。

　先述のとおり仏教宗派に比肩できる布教・教化の組織体がなかった神道にも教部省時代の教導職制導入等により組織的な布教・教化体制が促進された。だが、本山の代替単位として設置された神道事務局は統一教義を創ることもできずに教団形成が失敗に終わっている。1882（明治15）年に神道事務局から独立した教派は一定の布教形態を有していたものもあるが、この独立は

宗教行政の結果として唐突にもたらされたものである。すでに独立していた黒住・修成の2派でさえ教導職制を存立基盤に組織形成を図っていたために行政に翻弄される格好となった。羽賀が論じたように1872 (明治5) 年に教導職管長が設置された仏教7宗にとってはその間が結果的に太政官布達第19号への準備期間となりえたが、部分制が二転三転した神道の場合、多くの教派は移行・準備期がなく、仏教ほどの組織の内実を伴わないままに管長制のもとの教団「自治」という枠組みに放りこまれたと推察される。つまり、教派神道体制の成立時に、それを構成する宣教型神道たる神道教派の組織自体は未成熟な状態であったということである[37]。

　他方、教導職設置以降、組織の基盤がない雑多な集団や個人の布教者などは公認の宗教団体に属さなければ活動が認められず、1884 (明治17) 年の教導職廃止以降も小規模である場合や新興である場合の宗教活動は公認の教宗派を借傘[38]しないと活動ができない状況が続くことになる。当時にあって自らの信仰を最も発現できる方途は独立教派となることであった[39]。もちろん、教導職廃止により「三条の教則」などに束縛されることもなくなったとはいえ、独立教派となったとしても多くの制約があることは1889 (明治22) 年の帝国憲法での「信教の自由」の条項に端的に示されていることはいうまでもなく、金光教内部にも限界は自覚されていた (4節参照)。だが、ここで注目したいのはこうした抑圧的側面ではなく、羽賀の指摘に示唆を受けて浮上してくる、管長制導入以降の独立教派には教団「自治」能力の有無が与件として問われたのではないかという点である。明治20年代になると、教派の独立を誘引する宗教行政上の大きな転換もなく、太政官布達第19号以前の9教派の独立と1900 (明治33) 年の金光教の独立は明らかに異なる条件下にあったと考えた方が自然だろう。

　以上の点を明治20年前後の神道教派を取り巻く環境として念頭に置きつつ、金光教の組織成立過程を検討していきたい。

3. 組織の成立過程Ⅰ 前史から形成期
　　　――組織形成を促す宗教政策と運動側の応答――

(1) 明治前期の宗教政策と赤沢文治の周辺

　1885 (明治18) 年に設立される神道事務局付属神道金光教会 (以下、神道金光

教会）は信仰に起因して集団化が企図されたのではなく、赤沢文治とその周囲に対する種々の宗教政策とそれに対する応答として、各地の出社の受け皿となるべく設立されたという特徴がある[40]。神道金光教会の設立は、1883（明治16）年赤沢文治の死後、金光萩雄（1849-1919、のちの管長）、佐藤範雄（1856-1942、のちの芸備教会長）、二代白神新一郎（1847-1910、のちの大阪教会長）、近藤藤守（1855-1917、のちの難波教会長）らにより行われた[41]。組織成立過程の第一段階として、以下でこの状況を整理していきたい。

　明治政府の宗教政策が備中（現・岡山県）大谷村の赤沢文治の周囲にも強く影響を及ぼし始めるのが教部省時代である。教部省の政策はその柱であった神仏合同布教が不成功に終わった一方で、1872（明治5）年太政官布告第177号により自葬禁止と葬儀執行を神仏の二教に限定することで葬儀を国家が把握するなど、政府が宗教を中央集権的に管理する体制を整えた。赤沢文治のような民間の布教者に対しては厳しい対応がとられることとなる。

　江戸幕府の宗教統制下で赤沢文治は1864（元治元）年に白川神祇伯の許状を得てその活動を容認されていたが、神社制度の整備の一環で布告された1871（明治4）年の「神官職員規則」により実質的に神主職を失い、1873（明治6）年1月に教部省第2号達（「梓巫市子憑祈禱狐下ケ等の所業禁止の件」）が出ると村戸長から神前撤去を受けた。その後戸長の内達により神勤（布教行為など）は再開されたが、行政区画の変革に伴い内達は次第に効力を失い、1876（明治9）年頃より岡山県内に警察機構が整備されると、教部省第2号達や教部省達第22号（明治7年6月「禁厭祈禱をもって医薬等を妨ぐる者取締の件」）などの「淫祠邪教」の取り締まりを目的とする法令類を理由に官憲からの干渉が厳しくなった。赤沢文治の周囲は岡山県宛に「敬神愛国」を奉戴している旨を差し出して神勤に対する一応の認可を得たが、以後も官憲の干渉は続く。先述の通り、1872（明治5）年の教導職制の導入によって教導職に任命された者以外の布教行為は原則できなくなっていたが、赤沢文治自身は「此の方は人が助かりすればよい」と組織形成には終始距離をとり、教導職取得などによる布教容認化にも積極的ではなかった。

　中国・近畿地方に広がる出社布教者たちは教導職取得や神仏の公認講社の傘下に属するなどして活動を容認させていたが、有機的なネットワークを築いてはおらず個別・雑多に存在していた。だが、明治10年代になり組織形

成を促す状況が生じる。1点目は、1880（明治13）年の「旧刑法」制定により違警罪が制定されたことである。これにより流言浮説や祈祷符咒をなす行為と見なされた場合は処罰対象となるなど無資格の布教行為の取締りが厳しくなったため、布教行為の容認化の手立てとして布教者間の互助的な関係が模索され始める。2点目は、1882（明治15）年の神官教導職分離により神道界に教派が分立したことで、神道事務局や各教派が教勢争いを始めたことである。結果、各教派は出社布教者たちの布教容認化の積極的な受け皿となったが、これが複数の教派の傘下講社として各出社が取り込まれていく状況を生じさせることになる。例えば、山口では出社が神宮教三柱教会として組織化されていく状況があった[42]。

他方、赤沢文治の周囲では、政府の神社制度の整備の大谷村への波及と、広前の布教容認化の事情が絡むかたちで神社設置が進められた。大谷村の地主らの働きかけにより1878（明治11）年に村社賀茂神社の社掌に金光萩雄が任ぜられ、同神社付属社として素戔嗚神社（幕末から明治初年にかけて建築が進められた「金神社」で出願したが淫祠類と見なされ社号として認められなかった）が県から認可を受けた後、1884（明治17）年には「金之神社」の社号が許可され、成立年月不詳の無格社が建築物もないままに成立することになる。

ここで、当時の公認の講社や教会について整理しておきたい。教部省時代に「教会大意」が制定されたことで、後に神道教派となる黒住・吐普加美・御嶽などの講社は「一派之教会」として認可されていたが、「神社非宗教」に基づく政策が1882（明治15）年の神官教導職分離などで具体化する中で、神社の付属講社と教会所などの説教を行う施設の分別の徹底化が図られた。①官国幣社と府県社以下に対して神社付属の講社にして教法部類にあらざるものが結集する場合は地方庁を経て内務省に届け出る旨が通達されたのに対し（15年11月内務省達丁第3号（官国幣社宛）、同内務省達乙第64号（府県社以下宛））、②神仏各教宗派・神道事務局宛には教会・講社の結集や説教所等設置の地方庁届出が通達された（16年3月内務省達戊第2号）。

金光萩雄が社掌となった金之神社は①に従った容認の求め方であるのに対し、佐藤範雄らは②による教会設立を選択することになる。すでに金之神社が成立しながら「教法部類」での講社結収を選択したことからは、布教容認化という目的以外に、教法すなわち教義の宣教型集団としての志向、及び一

地方に止まらない広がりを視野に入れた組織形成の意図をある程度認めてよいだろう。仮に①の神社崇敬講社としての布教容認のみであれば、国家祭祀とその礼拝を専らとして、宣教活動が著しく抑制されたという状況が生じた可能性もある[43]。その意味で、②に基づき教派神道傘下としての教会設立の選択は神社系講社との差異化を図る大きな分岐であったといえる。

(2) 神道金光教会の成立と佐藤範雄の「リーダーシップ」の機能

　②の通達に基づき教会設立を実現させたのが佐藤範雄である[44]。1876（明治9）年、大工職であった佐藤は土肥彌吉という人物から赤沢文治の方位方角の自由の教えを聴き感激を受けて広前を初拝し、1880（明治13）年には教導職試補を取得して地元の広島で取次を行い、参拝者を得ていた。一方で、「尊いお道」を「一派独立教」としたいという思いと、赤沢文治死後に「お道」が「流行神」として廃れる危惧から、赤沢文治晩年より組織形成を画策する。沼名前神社の吉岡徳明の助言を受けて、1882（明治15）年より金光萩雄とともに赤沢文治の教えを書き留めて信条を作成し、この信条が後に「慎誠」「神訓」という計82カ条の教義として整理されていくことになる。大阪を拠点とする白神・近藤と知遇を得ていた佐藤は、1883（明治16）年の赤沢文治没後、白神と近藤が布教開拓、自身は外部との折衝に当たるという役割分担をして教会創設を本格化させる。浅口郡の神官教導職を管理する者が赤沢文治を妨害していたため佐藤の地元である広島神道事務分局の局長・三上一彦に教会設立の取り計らいを願い出ると、まずは「宣教師」（神道事務局の役名）となり野田菅麿の中国地方での宣教活動への同行を命じられる。そして、広島県下の出社及び信徒を広島事務分局の下に糾合し、次に野田の備中の巡教に乗じて備中分局での基礎を固めて同局長から佐藤宛に金光教会設立の委任状を得ることに成功する。1885（明治18）年4月に「金光教会講社結収之件御願」等を神道管長宛に提出し、6月には神道備中分局所轄金光教会設立が岡山県令から認可された。ここに金光教にとって初めて組織が発生したことになる。その後、出社が複数の教派や仏教系既成教団などへ分属していることでの相剋などの種々の問題がありながらも、佐藤を中心に1885（明治18）年岡山県、1886（明治19）年山口県、1887（明治20）年大阪府で講社結収が行われ教勢は拡大し、1888（明治21）年に金光教会は六等直轄教会へと昇格する。これにより

地方ごとの神道地方分局との隷属関係が解消されたことから、大阪分所（白神）と難波分所（近藤）の所属教師たちは積極的に近畿・関東で布教を行い、布教圏を拡大させていった。

　神道金光教会は教会長に金光萩雄、専掌（本部重役）に佐藤、白神、近藤が就いたが、上記の内容から実質的には佐藤範雄が金光教会創設の主導者であったことが確認される。塩谷正憲は宗教組織における「リーダーシップ」を「集団目標に向ってメンバーを糾合する機能」と定義し、その機能を「目標の管理」「成員の統合」「成員の補給」「外界への適応」の4点に分類している[45]。金光教の組織の成立過程において佐藤範雄はその機能の全てを担い、世俗の組織における「リーダーシップ」の機能を果たしていたことが浮上してくる。明治10年代後半、運動内部は教祖の死という局面を迎え、一方では政府の宗教政策がさまざまなかたちで広前や出社に影響を及ぼしていた。特に神道教派の分立による教勢争いは、出社布教者が複数の教派に分属する状況を作り出すのみならず、赤沢文治と関係を持たない者が自身の教勢拡張策として講社結収元となろうとする動きも生じさせていた（神宮教三柱教会などの動向）。これら内外の状況は運動の存亡を左右する危機的状態を引き起こしていたと言えるが、教法系の教会設立の方策を知る者は運動内部には存在しなかった。そこで、佐藤が自らの行動をもって外部に人脈を形成して三上や野田ら神道事務局員に協力者を得ることで、神官教導職分離により流動化する中国地方の神道界の状況を理解していき、金光教は組織形成の端緒につくことができた。神道金光教会創設は、既存の出社（で結収に応じた者）を当時の宗教政策に適応させて布教容認を実現すると同時に、個別・雑多に存在していた布教者たちの集団化を可能にするもので、運動の存続を基底的に担保する効果を持ったといえる。

　以後、佐藤は神道本局員として頭角を現し本局内でも重用されていく中で、本局に関係する皇典講究所・國學院の学者や政府機関などに人脈を形成していき、独立の外堀を固めていった。一方で、金光萩雄は地方性の濃厚な神社というモデルしか組織の参照枠を持たず、金光教会の教会長でありながら金之神社の管理者としての地位にも固執し続け[46]、白神と近藤は金光教会の組織作りよりも自身の手続教会の教勢拡大に熱心であった。本来的に金光教の布教者や教会は地域に根差したものであり、特に赤沢文治が広前に座し

て外部に向けた布教を行わなかった。このため、佐藤の在り方は金光教の布教者としてみれば異質なものとして映るが、だからこそ「外界への適応」を一手に担う佐藤の存在は金光教の組織形成において重要であったと考えられる。

写真1　旧広前の一部（明治23年ごろ撮影）
金光図書館蔵

以上、組織成立の第一段階として神道金光教会設立までをみてきたが、この段階で、出社布教者にとって喫緊の課題であった布教容認、ならびに佐藤ら組織者が危惧した教祖の信仰実践の散逸という問題はひとまず解消したといえる。換言すれば、講社結収と神道金光教会設立により、金光教は「成員の統合」の端緒についたということになろう。ここで注意しておきたいのは、その後、独立教派となることは、運動の内外に生じた課題解決という点では相対的に必然性が高かったとは言えないという点である。つまり、佐藤の独立への意思が、神道金光教会の当面の目標に設定され、それに基づき組織の整備が進んでいくという点を考慮する必要が出てくる。

4. 組織の成立過程Ⅱ　発展期
　　──組織面における神道本局との差異化──

(1)　明治20年代の神道本局

そこで、まずは佐藤の独立志向がいかなるものであったのかを考えておきたい。先述の通り、佐藤は赤沢文治在世中から「尊いお道」を「一派独立教」としたい思いを抱いていたが、これは佐藤が破邪学的関心を抱いていたことと無関係ではないだろう。佐藤は教導職取得前後から在地神職らより熱心に国学を学び始めるが、佐藤の教義表明の展開を論じた北林秀生は、この際に佐藤は神道的知識の習得に止まらず、黒住教、仏教、キリスト教の教義に対する金光教の信仰の優位性・独自性を確認する手段を学習していった点を指摘している[47]。そして、神道とも仏教ともいえぬ赤沢文治の信仰実践への疑問を本人に投げかけた際に、「ただ天地の道理を説いて聞かせておる」という裁伝を受け、「お道の本体」について疑うところがあったが「万事晴れて」、

「この道は、まったく世に伝えのなき天下無類の神の伝えをお開きなさる神聖なる道」であることが確認されたことで、佐藤の「天下無類」の信仰発揮のモチーフとなり得たと述べている。事実、佐藤は「天下無類」「天地の明教」を金光教への修辞として好んで使用していくことになるが、このモチーフは佐藤が神道本局員として活動する過程において、中国地方を越えた"日本における宗教"という国家レベルの視座を獲得していくことで補強されていったと考えられる。

上記のように佐藤の中で醸成されていった独立教派への意思が、神道金光教会の目標として設定されて組織の実体作りが進む過程を、組織成立過程の第2段階として検証していきたい。その際に注目したいのは、佐藤が何を参照枠に、どのような組織機構を整備したのかという点である。

佐藤が組織を整備するに際して組織のモデル[48]となった宗教は、佐藤が目標としていた独立教派が最も身近なモデルであったと考えるのが自然だが、2節にて確認したように、明治20年前後は教派神道の体制自体は形成されたものの、それを構成する個々の教派は宣教型宗教組織としては未成熟の状態であった。例えば、神道金光教会が借傘していた神道本局（本来の派名は「神道」だが「神道本局」と称していた）は、神道事務局が教導職制廃止後に改組されて一教派となったものと考えてよいが[49]、佐藤のような神道本局そのものの拡張を目的としない借傘型教会の人物を重用していくほど凋落していた[50]。神道界として統一教義が策定できず教派が分立した残骸である神道本局には教祖的人物やリーダーシップを発揮する組織者がおらず、異質な宗教運動、すなわち①神道国教論の固持者、②府県社以下の神官兼神道教師、③金光教のような布教容認のために属する借傘型教会（禊教、天理教、丸山教など）が雑居している状態であったと考えられる。

行政上は宗教団体として扱われるようになったとはいえ、神道本局では大教宣布運動や「神道大教院」設置運動[51]など、明治初期の神道国教化への再帰的な志向を強く有する活動が①の要員を中心に②③の者たちを巻き込むかたちで行われていた[52]。だが、政府は教導職制廃止により神道国教化策を払拭し、神道界も「国家ノ宗祀」たる神社の奉仕者にふさわしい地位確立を望む潮流となっており、神道本局の立場はすでに明治10年代に少数派であった[53]。こうした神道本局も明治20年代後半になりようやく宗教団体として

の位置を模索し始める。その要因として、神官教導職の分離後も神職（非宗教）と教師（宗教）の兼任が許された府県社以下神職の扱いをめぐり神道界を二分した分離・非分離派の対立を経て、府県郷村社神官奉務規則（明治24年7月内務省訓令第12号）が定められるなど神社と宗教の分離が一層進んだことなどが挙げられる[54]。

1894（明治27）年、佐藤の盟友であり説教家として名高く非分離運動でも実を挙げた野田菅麿を幹事に据えた神道本局は、機関誌『まこと』を刊行し、麻布に神殿教務所を新築するなど「改革」に着手した。『まこと』においては、「神道は輓近に至りて、宗教の形をなしたるものなれば、随いて宗教に必須なる要件に乏しきものあり」と宗教の一つとして自己を定位し[55]、宗教としては仏教とキリスト教から遅れをとっているとの認識を示す。そして、道徳ではなく神道の宗教的教理を考究すること、教会制度を完備すること、布教者の養成及び布教方法の改良など、宗教として教義・組織両面の内実を作る必要性が繰り返し謳われ、神道国教論は後景化した。管長制のもとの教団「自治」という枠組みに偶発的に放りこまれて一教派になった神道本局だが、「一教派としての面目を保つ」必要が当然ながらあり、神道国教論や神社との一応の決別を経た明治20年代後半に、仏教とキリスト教をモデルにしながら宗教組織体の形成を図ったことがうかがえる。

(2) 佐藤範雄による組織形成の特徴

以上の神道本局の一連の動きの渦中に、本局の地方宣教師から幹事（独立請願時の佐藤の役職は、神道本局中教正、山口分局長、金光教会専掌）となっていった佐藤は、本局の抱えた神道の宗教組織化という問題を内部から共有する立場にあり、また、非分離派の評議員として政府高官への陳情を担当、奉教主神鎮祭問題でも政府に対して陳情運動を主導するなど政府との交渉に身を置くことで、当時の宗教行政における神道教派の位置を把握することになった。それは、神道教派が宣教活動を許されながら、その教会所での主神鎮祭、公衆の出入りや参拝が認められず（これが奉教主神鎮祭問題である）、また、各自治体、あるいは自治体と警察との教会設置条件の認識が異なるなど、不備の多い制度下に置かれていたということである[56]。その原因は、政府の「神社非宗教」に第一義が置かれた政策において副次的に教派神道体制が生じ、

また、宗教に関する統一法規が存在しなかったことにあると言える。

他方で、神道金光教会内部の問題として佐藤が直面したのは布教拡大に伴い生じた大阪分所（白神）と難波分所（近藤）の勢力争いであった[57]。1887（明治20）年以降、白神、近藤に導かれた布教者たちは近畿から東海・関東へと布教地を開拓したが、白神と近藤は信仰の導き関係だけでなく分所長及び本部専掌としての職権をもって新規布教地の教会を両分所の隷属下に置き縄張り争いを繰り広げた。当時の教規上は分所の権限は都道府県を越えて及ぼすことはできず、教務体制が個人の濫用を許すほど未熟であったことを露呈させていた。だが、1893（明治26）年に大阪府外で教会を開設していた近藤の弟子6名が難波分所の隷属関係を断ち切るよう本部に訴えるなど地方教務基盤も次第に成長していき、教規本来の本部と地方の教務機能の分節化が次第に可能となる素地ができていった。20年代後半、佐藤は白神・近藤を牽制すると同時に本部教務の機能強化を再度図る。

佐藤は神道金光教会設立当初から結収された講社に対して「伝習」という教義や祝詞の統一化を施すなど「成員の統合」には強い関心を有していた[58]。一方で布教圏が拡大することで、教会活動が「淫祠邪教」視されて既成宗教者や地域と軋轢が生じる事態も各地で惹起していた[59]。上述の縄張り争いの末、1893（明治26）年に本部は「真正の金光教会講社の信徒」を創出するよう布教拡張に慎重な態度を示し、さらに翌1894（明治27）年、佐藤は本部に教師養成機関である神道金光教会学問所を設立した。その意図は「文明の世」に「教祖の教え」を広めるために、統一的な教義認識を備え、かつ「文明の世」に適う基礎学力を有した布教者を全国に送り出すことにあったといえる[60]。設立当初は神道本局との関係から金光教独自の教義を教える科目はなかったが、教師養成を本部主導で行う体制が開始されたことで本部の教務機能の強化が図られ「成員の統合」も漸進すると同時に、運営を主導する佐藤の薫陶を受けて教務を担い得る人材の輩出にもつながった。

同学問所が仏教やキリスト教の学校を参照にして創られたという点が、佐藤による組織形成におけるモデルの問題を考えるとき重要な意味を持ってくる。佐藤は、野田菅麿の中国地方巡教に随行した際に、広島で浄土真宗本願寺派やキリスト教の学校を見たことが創設の動機となったとしているが[61]、実際に神道界にはモデルとなりうる教師養成機関が明治20年代当時存在し

なかった。仏教には学林を備えた宗派が多数存在し、キリスト教は一般教育で存在感を示す中、宣教型組織の端緒についたばかりの神道教派に布教者の養成や教育という観点は非常に希薄であった（教派神道の教師養成は以後も課題として残る）。そうした状況下、神道本局の付属教会でしかなかった金光教に教師養成機関が備えられたことは、教学や布教の振興に寄与し、教育分野に進出する仏教、キリスト教に比肩する組織体を形成するという金光教内部の発展のみならず、神道本局や他教派に対して組織面での先進性を示すことにもなった。神道本局は付属教会である金光教会の学校を「神道の学校最も鮮き中にこの学校あり」「キリスト教に倣った文明的の布教手段」と伝えた[62]。

　このように金光教は明治20年代を通じて布教圏を拡大するとともに、仏教やキリスト教をモデルにしながら組織を拡充することで、借傘元の神道本局をしのぎ始めていた。この組織面での進展が独立を可能にした最大の要因であったと考えられる。なぜなら、奉教神すら異なる借傘型教会の雑居状態が宗教行政上も神道本局の教務上も容認されている以上、どれほど教義上の差異化が図られても独立の十分条件とならない[63]。神道本局との差異化はむしろ組織面で示される必要があり、ここに借傘型教会に止まるか否かの分水嶺があったと考えられる。

　さらに、借傘元の神道本局の側の状況をみれば、教派として現実的に神道の宗教性を模索し始め宣教型組織を形成しようとする時期にあたっていた。だが、その構成員は短期間に一等直轄教会となっていった金光教と天理教の比率が高まっており、かつ、教師数の多い金光・天理両教会の発言権の増大という事態をも招いていた。1898（明治31）年稲葉正邦死去に伴う管長選挙は、金光教と天理教の肥大化が神道本局の教務に及ぼす影響が改めて自覚される場面であったと考えられることが資料からうかがえる[64]。これらの状況を総合的に考えれば、神道本局の財政問題にもある程度見通しが立った明治30年代初頭、両教会の独立請願を神道本局が認めたことに納得のいく説明がつく。

5. 組織の成立過程Ⅲ 完成期
　　——内務省との独立交渉による組織整備の促進——

(1) 内務省社寺局の要求と金光教の応答

　1899（明治32）年5月、神道本局二代管長・稲葉正善より独立請願を認めら

れた金光教は本局維持の方策につき協議を経た上で7月に内務省宛に独立請願書を提出し、翌1900 (明治33) 年6月に一派独立が認可された。明治27年には禊教と神理教がそれぞれ神道本局と御嶽教から独立して新たに教派となっているが、内務省が独立教派となる条文化された認可基準を明示したことはなく、この時期の独立の成否はその時々の内務省の意向と当事者間の交渉如何にかかっていたと考えてよいだろう[65]。交渉内容を示す行政文書は確認できないが、佐藤が残した資料[66]をみると内務省の意図を読み取ることができ、そこには教団「自治」との関係が指摘できる。この独立請願から独立認可に至る過程を、組織成立過程の第3段階として、以下に具体的に見ていきたい。

独立請願は佐藤と東京における金光教の基盤を築いた畑徳三郎が交渉窓口となり行われた。独立認可を下したのは布教の実績や教師養成機関の完備にあったと公文書上はされているが[67]、それ以外にも内務省社寺局はさまざまな要求を佐藤らに突きつけていた。約10ヶ月の交渉経過から社寺局の要求を整理すると、①教義の整備、②非神社的建築様式、③教師養成機関の完備、④議会制度の導入、⑤教区制の導入の5点にまとめられる。これらの点が交渉を経て、独立時の教規に織り込まれることになったため、1900 (明治33) 年に認可された教規は社寺局と佐藤らの共同制作ともいえ、「宗教行政の関与の度合い」は明らかに強かったと言える。

内務省の要求とそれに対する金光教の応答を個別に確認しておく。①教義の整備は、国家との関係を考える上で重要になってくるが、ここでは要点のみを指摘するにとどめる。典籍類は畑を中心に国学者らの助力もあり整えられたが、教義については佐藤が内務考証官・荻野仲三郎から49の質問を受けることになる。荻野は神道的脚色による多神教的神観を否定し、唯一絶対・一神教的な神観を支持し、この交渉が以後の「神誡」等の教義にも影響していることが指摘されている[68]。荻野は宗教行政と神社行政の両方に長く携わった人物で、内務官僚として「神社非宗教」の立場を有する一方で、宗教に対しては「信教の自由」と進化論的宗教観を有していたことが確認される[69]。荻野は「天地金乃神」の奉祭についても説明書を提出することで認め、佐藤に対して「立派な新進宗教」と評した。②非神社的建築様式については、参事官・中川友次郎より「金光教は世界唯一の明教と主張するなら、教会の

構造方式も世界唯一の方式にせよ」と注文をつけられ、神道形式を改めて教祖存命中の広前などを基に図面を引くことでことなきを得たが、ここには神社と宗教の分離策の徹底が見て取れる。③教師養成機関の完備については、すでに神道金光教会学問所は私立学校令に基づく金光中学へと展開していたが、社寺局長・斯波淳六郎は「新進の教派として独立教となる程の教派が、独立したら検定条規による事はできない」と教師の質の確保と持続的な生産を佐藤に求めた。そこで、当時の教派では一般的だった検定による教師認定を廃して、金光中学に年2回の卒業生を出す講習科を設けることになった。④議会制度は、佐藤は評議員制を目論んでいたが内務省の強い指示によりやむを得ず受け入れることになり、独立直後から開始された。⑤教区制の導入により、それまで都道府県単位で置かれた分所という地方的単位から都道府県をまたいで設定された教区に支部が置かれ、教会を地域ごとに統合した。これは、その土地の布教開拓者に依存していた地方教務を改める制度になるとともに、内務省が強く要求した教団の財政を支える賦課金徴収とも連動していくことになる。

　以上の③教師養成機関、④議会制度、⑤教区制が組織に関わる事項であるが、いずれも当時の教派の中ではほとんどみられないもの、もしくは教規上は存在しても機能しているとは言いがたいものだった[70]。従って、金光教は一派独立に際して、それ以前の神道教派とは異なる組織体、佐藤の言葉を借りれば「神道教派の模範となるべき教規の編成」が内務省社寺局から要求され、それに応え得たからこそ独立が認可されたという見方が成り立つ。その組織体とは、本部が各教会や教師を掌握して等質性の高い組織を実現し得る諸機構を備えた組織であり、これは教団「自治」を可能にする組織とも言い換えることができよう。これらの諸機構は規模の大きい仏教宗派にはすでに備えられており、これに比肩する組織体が目指されたと考えられるが、2節で述べたように仏教宗派に倣って神道教派の形成が進んだことを考えれば自然の流れであったともいえる。

(2)　「自治」的教団の形成
　ここで金光教と同時に独立請願を開始した天理教の状況を簡単にみておきたい。金光教が請願から約1年で一派独立を果たしたのに対して、天理教は

約10年にわたり5回に及ぶ請願を行うことになり、両者の独立請願の経過は対照的なものとなった。天理教は金光教と比べて教団規模が大きい分、社会的軋轢も大きいものがあり、独立の単純な比較はできないが、天理教の交渉経過を見ても内務省が組織整備を強く要求していたことがうかがえる。天理教は独立請願書を内務省に提出すると同時に、天理教校の設立願を奈良県知事宛に提出したが、これは請願を進める中で「人材養成のための学校一つ無いような事で、独立とは思いもよらぬ事だ」と官辺で言っていることが判明したためとされる。第1回請願で社寺局から「独立どころではなく処分を検討している、改善せよ」と突き放された天理教の交渉役・松村吉太郎は、教義と組織の整備の必要性を感じてこれに着手する。教義については、神道本局顧問の井上頼圀らを招いていわゆる「明治教典」を完成させ、組織については、天理教校の開校のほか、教区制の設定、教典普及講習会の開催、1,400名の教師を辞職させるなどの対応が取られた[71]。松村が主導した組織の整備とは、本部から末端の教会に至るまで統一的な布教を行い得る組織体の形成であったといえる。本稿冒頭で述べたように、金光・天理の独立が遅れたことは「国家神道的教義との距離」として通例説明されてきたが、金光教と天理教の独立交渉を詳細に観察すれば、独立に際しては「自治」可能な教団か否かが問われ、宗教団体としての組織整備が独立の成否を分ける重要な争点の一つとなっていたことが明らかとなる。

　ではなぜ、内務省は明治30年代に独立交渉を持った金光教や天理教に対して組織完備を要求したのだろうか。明治20年代、仏教宗派では本山と管長をめぐる内紛が曹洞宗、浄土宗と相次ぎ起こり、その際の調停をめぐって内務省はあくまでも介入せずに自治による解決を促す一方で、教師の規律や事務詳細の報告を求めるなど管理体制を強化していった。その到達点が1895（明治28）年の内務省訓令第9号の発令とされる[72]。同訓令は、太政官布達第19号で教宗派の各管長に委任されていた教師の等級進退に、新たに一定の条件（教義への精通と中等教育以上の学力）を課したものであり、教派に対しても等しく適応された。明治20年代の神道教派に関わる主要な問題は、先述の1889（明治22）から1891（明治24）年にかけて起こった神官教師分離・非分離問題と、1894（明治27）年の天理教と蓮門教に対する「淫祠邪教」キャンペーンであったと考えられる。前者は先述の通り、神社と教派神道との分

離を促進させたが、これにより神職と神道教師それぞれに求める職能が明確化していったことになる。後者については新宗教弾圧として知られるが、教派神道の問題としてみれば、両教会を監督すべき神道本局及び大成教が教内の統治や管理の機能不全に陥っていることが明るみに出たともいえる。つまり、教派は仏教よりも根本的本質的に組織やその構成員のあり方が問われている状態であり、これが教派側からみた内務省訓令第9号発令の背景として考えられる。さらに、1906 (明治39) 年に内務省は内務省訓令第385号と宗教局通牒甲第14号を発令して、神道教派のみに教師検定の徹底を促し、その監督を強化している。また、1901 (明治34) 年に行われた内務省による各地の教会の取調内容からは、各教会の所属を訊ねる（つまり無届でないかどうかの確認）とともに、本部の所在や管長の存在など教会が所属する組織に関する質問が散見される[73]。これらの動向からは、明治20年後半から30年代にかけて、内務省は教派の統治機能の確認と徹底化ともいうべき対応をとっていることがうかがえる。

　上記の状況を勘案すると、宗教団体の監督者である内務省からすれば、雑居性が高く、明治初年以来問題視してきた「淫祠邪教」の温床ともいえる教派の組織的あり方を問題視し、一方では組織形成が進んでいた金光教や規模の大きい天理教を独立させる過程で、それまでの教派の問題点を反映させて「自治」可能な教団へと両者を仕立て上げ、直接的な監督下に置くことにしたという見方もできよう[74]。逆に金光教に即して言えば、こうした内務省との交渉という外生的契機が基幹組織の合理化・制度化を促進したことが確認される[75]。内務省が要求した教師養成機関、議会制度、教区・支部制といった組織機構は今日の金光教においても機能しており、1900 (明治33) 年の一派独立により以後の金光教の組織的基礎の多くが整備されたといえる。

　さて、一派独立は佐藤にとって15年間の「大願成就」であるのみならず、格別の意味を付与することになったと考えられる。それは、当時の教宗派の独立を取り巻く状況と内務省との厳しい交渉がもたらした、先進的かつ模範的な独立教派という自負である。佐藤が独立直後に「復命書」に認めた内容によれば[76]、「近年政府は教宗派の独立請願に対してその教義及び宗教行政法独立の理由等につき非常なる調査を要する方針を執り」、仏教では10数、神道では6教会が独立請願していたが、唯一金光教が独立許可されたのは「前

例に徴し未だ嘗て聞かざる所の大幸」であった。そして、「政府はこの教規教則の認可を与ふと共に之が監督の責を荷ふものなれば寸毫の違背も許す能はず」、教規の実行（具体的には、役員・支部・予算・会計規則・教費金賦課などの設置及び開始）を速やかにしなければならないとしている。これは、以後「神道教派の模範となるべき教規」を備えた金光教を模範的な独立教派たらしめるよう内部規制が働くことを意味する。佐藤ら組織中枢は明治30年代半ばから40年代にかけて教規を実行に移すのみならず、教師養成機関の拡充や教会長講習会の開催などさまざまな施策を行っていった。このように独立により組織の整備が加速することで、元来教義から説き起こされていた佐藤の「天下無類」のモチーフは組織面に及び、「神道中では本教の組織が一番よい」とする教派神道における金光教の優位性が自覚されていった[77]。「十二派中、決して後へは退かない」という佐藤の意志は、金光教の教義宣布という面のみならず、日露戦争から戊申詔書渙発に至る国家政策に金光教が積極的に同調する強い動機となっただろう。実際に、「国家に対する有効性を証明する自由競争」に参入し[78]、仏教宗派に引けを取らない活動を可能にした組織力が明治40年代の金光教には備わっていたということにもなる。

結論

　以上、金光教の組織の成立過程を、Ⅰ 前史から形成期：神道事務局付属神道金光教会の創設前後（明治10年代）、Ⅱ 発展期：神道本局の借傘型教会の時期（明治20年代）、Ⅲ 完成期：独立請願から一派独立前後（明治30年代）として検証してきた。

　まずは金光教の組織形成を取り巻く法制度面からまとめておきたい。金光教の組織形成が開始する明治10年代後半は、明治維新による政教関係の変化が一定の安定を迎える時期にあたるが、結果的に宗教に関する統一法規が1940（昭和15）年まで施行されなかったため、神道教派およびそれに付属するかたちでしか存立し得なかった教会群が、法制度面において不安定な状態に置かれたことは明らかであった（これは、奉教主神鎮祭問題などに端的に示されている）。さらに、明治前期の宗教行政の副産物として生じた神道教派は1884（明治17）年太政官布達第19号により体制自体は固定されても、それを

構成する各教派は宣教型神道組織としては未成熟な状態であり、明治20年代以降もこの問題を抱えていた。従って、この時期に新たな宗教運動を安定させるべく政治体制へ順応するには、積み重ねられていく宗教関連の単発法規類を的確に見極め、かつ、基盤が安定しない神道教派の内情に精通する必要があったといえる。つまり、運動側の主体的な制度への適応がなければ、当該期にあって宗教運動の維持・継続は困難であったことがうかがえる。金光教においては、佐藤範雄のリーダーシップの機能こそが、運動の発生源である中国地方を越えた国家レベルの外部環境、すなわち教派神道体制への適応を可能にしたと考えられる。

　金光教の組織形成における佐藤の重要性は以前より指摘されてきた。だが、多くの場合、そこには「国家神道への従属のみち」を決定づけたイデオローグとしての評価が伴われていた[79]。金光教の教派神道体制への編入＝天皇制国家への従属・動員という捉え方と、佐藤範雄＝イデオローグの見立ては表裏の関係をなしてきたといえる。確かに、佐藤のように政府機関と直接交渉を持ち、国家レベルで金光教を把握する視座を有したのは、明治30年代までの金光教においてはごく少数であり、従来の布教者たちと佐藤との「道」に対する認識のずれが生じるのは避けがたかったことも付言しておく必要がある[80]。しかし、国家による抑圧的側面が強調されることで、今まで十分に論じられてこなかった宗教運動としての金光教の展開は、佐藤の組織作りにむけた取り組みが運動において果たした役割や機能が明らかとなることで論及が可能となる。

　本稿では、法制度や行政等の外部環境に着眼したことから、結果的に佐藤の「外界への適応」という機能を中心に検証してきた。一方で、「リーダーシップ」のその他の機能とされた「目標の管理」「成員の統合」「成員の補給」に関しても佐藤が主要な役割を担ってきたことは随所で述べてきた。まず、1885（明治18）年の神道金光教会設立により「成員の統合」の端緒についた後、組織の内実作りの動機となった一派独立という「目標」は、佐藤の独立への強い意思なくして存在しえなかったことは4節にて指摘した。「目標の管理」は教団の路線決定に関わり、「リーダーシップ」の4機能のうち最も重要であるとされるが[81]、本事例においても、一派独立という「目標」に基づき明治20年代に組織形成が進む過程において、「外部環境への適応」「成員の統

合」「成員の補給」が調整されていくことが確認された。例えば、「成員の統合」を漸進させることになる教師養成機関の設置は、二代白神新一郎や近藤藤守を中心に担われていた布教圏の拡大、すなわち「成員の補給」に惹起していた組織整備を阻害する縄張り争いや「淫祠邪教」視の問題を調整するべく行われていた。また、佐藤は宗教を取り巻く外部環境に目を配る中で、宗教組織として出遅れていた神道教派ではなく仏教やキリスト教という組織モデルを獲得することで教師養成機関の具体化に成功している。こうした例からは、佐藤の行動力に裏付けられた適応戦略の巧みさを指摘できると同時に[82]、金光教の展開における、国家による抑圧でもなければ、自然発達的でもない、主体的な意思決定とそれに基づく組織の成り立ちを指摘することができる。

　さらに、神道教派としての組織形成を具に検証したことで、例えば、近年桂島宣弘が論じてきた「病気直しから教えの宗教へ（プラクティスからビリーフへ）」という「近代化」とは異なる近代社会への適応の側面を照射することが可能となった。金光教が神道本局の借傘型教会となり一派独立する過程は、当時にあって宗教活動を安定化させる必須条件とも言える布教容認をもたらしたことに加えて、一派独立に際して生じた内務省との直接交渉という外生的契機は、内部の基幹組織の合理化・制度化を比較的短期間に可能にするように作用していた。一派独立後の金光教の組織は、教宗派における「自治」的教団の形成を目論む内務省への応答を経て整備されたものであり、「近代教団」ともいえる内容を備えていたとも指摘できる。具体的には、全国展開可能な本部と地方的単位の結合の構築（教区・支部制）、議決機関の完備（議会制度）、教師の安定生産（教師養成機関）、経済基盤の安定化（賦課金）などがそれにあたる。

　内務省は教宗派の監督を各管長に委任している以上、「自治」を可能にするこれらの組織機構を教宗派に求めていくのはいわば当然であったが、少し注意しておきたいのは、神道教派の問題点が金光教に反映された可能性が高いという点である。組織の合理化・制度化は単に内務省との交渉により促進されたというだけではなく、教団「自治」が問われた明治20年代を経た時期に交渉がもたれたという時代的与件[83]と、借傘型教会の時期に既存教派をしのぐ宗教組織としての機構（教師養成機関等）を備えて運用できていたという

金光教の内生的制度化が前提にあったということを考慮しなくてはならない。つまり、当該期における新たな宗教運動の維持・継続は、単に法制度や行政等への適応が果たされれば可能となるのではなく、それに相応するだけの組織体力ともいうべき内生的な発達が必要だったということが推察されるのである。

　独立後の金光教が「模範的な教規」を備えて「自治」的教団を体現し得る宗教団体として洗練された組織体を有したことは、以後の運用過程が教勢の伸張と連動している可能性を示唆するものである。一方で、教派神道として整備された組織が内包した、取次者という宗教的権威と管長という世俗組織の頂点との二元的体制が、教団の安定的な運営を阻んでいくことも見逃すことができない。なぜなら、この問題は、太政官布達第19号による管長制導入後、多くの仏教宗派においても同様に生じており、宗教行政との応答関係の中で形成されていく日本の「近代教団」が抱えた組織形態の課題として重要な論点となるからである。

表1　金光教の組織成立過程と関連機関の主要動向

西暦	元号	宗教行政	神道教派	金光教	佐藤範雄
1882	明治15	内務省達乙第7号及び丁第1号→官国幣社神官の教導職兼補禁止	神道神宮派、神道大社派、扶桑派、実行派、大成派、神習派、御嶽派の独立		
1883	16			赤沢文治死去	(28歳)神道広島事務分局にて「宣教師」となり、野田菅麿の巡教に随行
1884	17	太政官布達第19号→教導職廃止、管長制導入			
1885	18			神道備中事務局分局所属金光教会設立	
1886	19		神道事務局、神道本局へ改組(教規認可)		
1887	20				(32歳)大阪にて近畿の講社結成に取り組む
1888	21			神道本局六等直轄教会に昇格、規約を改正 白神新一郎、近藤藤守らの弟子により東海・関東へ布教圏の拡大	(33歳)広島国文学会入学、国学者らと知遇を得る
1889	22				(34歳)日本赤十字社社員となる
1890	23	(帝国憲法施行)	神官と神道教師の分離・非分離に関する対立		(35歳)神官教師非分離派の神道本局臨時評議員となり、政府へ反対運動を展開
1891	24			東京市内教会の閉鎖問題がおこる	(36歳)教会閉鎖問題につき政府へ陳情開始
1892	25				
1893	26	社寺局通牒社甲第1号→奉教鎮祭と教信徒に限っての礼拝につき条件付きで容認		金光宅吉死去、金光摂胤広前奉仕の開始	
1894	27	(日清戦争)		神道金光教会学問所(明治31年金光中学に改組)設置	
1895	28	内務省訓令第9号→教宗派の教師資格の徹底化	禊教、神理教の独立		(40歳)戦地慰問
1896	29				
1897	30				
1898	31		神道本局初代管長死去	一等直轄教会となる	
1899	32	第一次宗教法案 私立学校令	天理教、独立請願開始(明治41年、一派独立)	独立請願開始 金光中学、私立学校令に基づく中学となる	(44歳)別派独立請願委員となり、政府との独立交渉を担当
1900	33	内務省社寺局、神社局・宗教局へ分離		一派独立	

註

1　本稿では「教団」を一般に用いられる分析概念として使用するが、金光教における「教団」は昭和九・十年事件以降の「教団自覚運動」において特別の意味を有すること（[福嶋1994a][大林2001]を参照）、また戦前の宗教制度において、「教団」はキリスト教会に用いられ、金光教は「教派」であったことを付言しておきたい。

2　本書第2章の小島論文において、宗教運動の展開過程は法制度や宗教行政という外的要因に決定的影響を受けつつ、内在的諸要素を軸に状況に対応するための選択を重ねて行く過程であると論じられている。また、宗教運動の普遍的把握の困難性も指摘している。本稿の主眼は、実証的な歴史分析により金光教の組織形成を明らかにすることで、「国家と宗教」という問題の一端を論じることにあるが、宗教運動論的観点については、小島の見解と底した問題意識のもと、運動の主体性という点をより積極的に論じていく。

3　その詳細は、[井上・阪本1990]に整理されている。

4　金光教の信徒・教会・教師数は教派中飛びぬけて多かったわけではないが、右肩上がりに推移した点に特徴がある。参考までに教師数は、953（1900年）→1,031（1910年）→1,545（1920年）→2,580（1930年）→3,447（1939年）と推移した（内務省編『内務省統計報告』1～28巻、文部省編『日本帝国文部省年報』41～65年報より）。

5　[西山1990：56-62]。西山は、理論的な一般化をしないとことわった上で論じている。他の3点は、「カリスマの日常化」「霊能者の統御の程度」「組織の一元化の程度」である。新宗教の展開を危機に対する対処から論じた[西山2012]も参照。

6　この見解は西山以外にもみられる。例えば、高木宏夫は天理教や金光教について「国家神道形成という宗教政策のワクの中での教団形成であって、このワクへどのように対応していくかということが、教団を存続させる決定因子となっている」と述べている[高木1954：277]。

7　民衆宗教論と新宗教論の理論的視角の違いについては、[島薗1995]の整理が参考になる。

8　[村上1971：632-633]。村上の金光教に対する考えとしては同書のほか、[村上1972]が基本文献として挙げられる。

9　[小沢1988：56-57, 73]。戦前期の金光教、天理教を「二重構造」のフレームを以て理解することは、民衆宗教論にかぎらず一つの潮流を形成している。金光教を対象としたものとしては、[福嶋1995][中山2007]などが挙げられる。一方、「二重構造」論への反駁として、早い段階では、後述する佐藤光俊の「擬態論」がある。最近では[永岡2015]が「「二重構造」論の脱構築」という観点から教祖以後の天理教の展開を扱っている。

10　一般的課題、特殊的状況課題、教団の主体的な意思決定という分析視角については、[西山1998]から借用した。

11　例えば、「この時期[註：帝国憲法発布から日露戦争後]の新宗教は、合法的な布教や別派独立を願う教団側の心意を逆手にとった政府の宗教統制によって、自発的ないし半ば強制的に、国家神道に屈従した教義の変更を余儀なくされた。こうした動きは前期にも認められたが、この時期に独立を認められるにいたった教派神道諸派が、前期のそれよりも新宗教性の強いものであったために、教義変更への政府の圧力は、以前にも増して強かった」（[西山1990：26]）と基本的には理解されてきた。

12　こうした説明とは異なる角度からの指摘をしているのが、教派神道として金光教や天理教の独立を説明した井上順孝である。井上は具体的な論証はしていないが、①教団の指導者層と宗教行政担当者等との人脈形成、②神道本局との交渉を独立の要因として挙

げている［井上1991：44］。この2点については本稿4節、5節にて具体的に検討するなかで重要であることが明らかとなる。ただし、井上は「補完期」とするこの時期（明治17～41）年、宗教行政の教派神道への関与の度合いは低かったとしているが、本稿は決して低いとは言えない関係を論じた。
13 ［島薗1978］。
14 ［島薗1979］。
15 ［福嶋1994a, b］。
16 ［森岡1981：19-21］。
17 ［桂島2005a］。赤沢文治における民俗的信仰の基盤についても詳細に論証している。
18 桂島が下敷きにしているのは、近代日本における宗教概念の成立の問題である。磯前順一によれば、幕末から明治維新期の日本において、religionの訳語として当初はプラクティス（非言語的な慣習行為）的な「宗旨」「宗門」が膾炙していたが、明治10年代以降、ビリーフ（概念化された信念体系）の系統の言葉である「宗教」に固定されていく。その背景には、日本へのキリスト教伝道の中心をなすプロテスタントがビリーフ中心主義をとっていたことが挙げられる。これにより、民間信仰や民衆宗教は、「キリスト教を軸とするビリーフ的な「宗教」観が形成されてゆく一方で、近世に信心や信仰と呼ばれた庶民の宗教的生活の一部は、淫祠邪教として著しく貶められていったのである。この段階で、プラクティス的なものは明らかにビリーフの下位におかれ、その一部は反文明的なものとして社会から排除されていったのである」という［磯前2003：41］。
19 ［桂島2005a］所収の「明治二十年代の民衆宗教——金光教にみる「民衆宗教」から「教派神道」への転換——」「民衆宗教の宗教化・神道化過程——国家神道と民衆宗教——」、ならびに［桂島2005b］を参照。
20 「近代天皇制国家のきびしい禁圧下での金光教団の選択は、主体的なものであり得る筈はなかった」［桂島2005a：191］。これと関わる問題として、桂島は初期金光教の信仰共同体に「生き神」集団をみているが、組織の観点からみれば教祖時代に集団性があったとは言いがたいという立場を本稿は採っている。
21 金光教学における客観的・実証的研究は外部研究者からも定評がある［井上・孝本・對馬・中牧・西山編1990：249］。
22 ［佐藤1978］。「擬態論」については、［佐藤1998］も参照。「擬態論」は「御発展史観」や「堕落史観」を乗り越えて提起された。「御発展史観」とは、組織化を「取次の道の自覚展開」と捉え、教団の実態がいかなるものであれ「取次の道」というDNAがあったとする見方である。一方の「堕落史観」は、「教祖の教えの神道化という犠牲」のもと、天皇制国家と近代合理性と癒着迎合することで布教公認化・組織化がなされたという見方である。詳しくは、［金光教学研究所2004：156-166］を参照。
23 ［森岡1989］。
24 ［西山1990：55-56］。
25 ［西山1998］。
26 ［森岡1989：303-309］。
27 本書第1章の寺田・塚田論文における議論を参照。
28 ［井上1991：15-16］。
29 森岡は、制度化の過程を「流動的な群衆が固定成員をもつ集団となり、インフォーマルな集団がフォーマルな組織になり、未分化な役割構造が分化と統合を含む構造となり、

る」としている［森岡1979：32］。
30　［井上1991：3-4］。
31　明治宗教行政史の研究において神社制度の形成過程やその政治史の展開が複数の分野にわたり議論されたことが手伝って、教派神道体制の成立までの経過はその詳細が明らかにされている。その流れについては、［井上・阪本1990］［井上1991］に簡潔にまとめられている。しかし、成立後の宗教行政と神道教派の関係は積極的に問題化されていない。
32　［井上2005：376-377］。
33　［遠藤2004：175-176］。
34　この時期の「神社非宗教」論については、［佐々木1985］などに詳しい。
35　太政官布達第19号については、［新田1997］に先行研究が整理されている。その骨子は、①昭和14年宗教団体法公布までは個別の宗教法規が累積されたが同布達はその根幹を為すものであった、②同布達は政教分離を規定したものであったが、その分離は完全なものではなく仏教宗派と神道教派を公認教的に扱うものであった、③一応の教団自治が認められたとはいっても、教団認可の骨格たる教規宗制の認可権を内務卿が掌握している以上、国家の宗教に対する監督権・統制権は強大だった、の3点となる。
36　［羽賀1994］。
37　さらに、制度上は神社神道と教派神道の区分が明確化されたとはいえ、府県社以下神官の神道教師の兼任、及び「非宗教」たる神社が「宗教」とされる仏教と教派神道と同じ内務省社寺局で管轄されるという矛盾が生じていた。組織の未成熟であることも手伝って、教派神道における神社神道との葛藤と宗教としての自己定位をめぐる問題は明治20年代にも引き続いていたと推察される。
38　西山茂は「戦前までの天皇制国家とその宗教統制の下で、合法的な宗教活動を維持するために、やむをえず既成教団などの傘を借りていた新宗教」を「借傘型」として類型化している［西山1990：133］。詳しくは、本書第2章を参照されたい。本稿では神道金光教会を借傘型教会と見ておく。
39　少なくとも、後述する組織形成を主導した佐藤範雄にとっては独立教派となることが「道を立て教えを開きし人を教祖と呼び、この教えを他の教派の厄介にならずして教えられる」「宗教の最上位」として映っていた［佐藤1927：69］。
40　［佐藤1978：68-69］。神道金光教会時代については、同論文のほか、［北林1996］を中心に参照した。また、その概要については最新の教祖伝［金光教本部庁2003］が参考になる。
41　金光教における宗教的権威は、教祖の広前（自宅につくられた神を祀り参拝者を取り次ぐ場）を継承した金光宅吉（1854-1893）、金光摂胤（1880-1963）へと連なる「神前奉仕者」にあるが、彼らは世俗の組織運営とは基本的に切れていた。
42　神宮教三柱教会については、［山田1978］に詳しい。その他、1883（明治16）年には白神と近藤のもとに大阪事務分局の者が美濃国国幣中社南宮神社の金山彦命の分霊を勧請して講社を設立するという打診があった。
43　［早川1982：21］。上記の講社の達令の整理についても同論文の整理を参照した。
44　以下、神道金光教会創設までの経緯については、［佐藤1970］より。
45　［塩谷1979］。
46　こうした佐藤範雄と金光萩雄の組織の参照枠の違いが、管長家をめぐる「昭和九・十年

事件」の淵源となる。

47 ［北林2000：40-42］。続く引用は、「金光大神御理解」〈Ⅲ内伝5〉［金光教本部教庁2004］より。

48 「宗教運動の組織化といっても、当事者には何らかのモデルがあるはずであり、モデルに導かれて組織化の道を進むのである」［森岡1980：5］。森岡は社会構造というマクロなモデル（具体的には「いえ」と「おやこ」）を鋳型に挙げたが、ここでは他の宗教組織をモデルとして検討する。

49 神道本局の教派としての成立時期については、神道事務局時代との連続性の解釈によりいくつかの議論がある。［井上2005］のほか、［芳村1974, 1975］を参照。

50 佐藤の神道本局員としての活動については、［佐藤1978］などに整理されている。また、本局の機関誌を見れば、明治20年代後半の神道本局の事務は、佐藤のほか天理教の前川菊太郎らが欠かせない存在となっていたことが確認できる。

51 「21年勧告文書及回答書」（「黒住教文書」丙号81号、岡山県立記録資料館蔵）。

52 明治20年代の神道本局の一連の動向については、従前等閑視されている。だが、明治10年末に「非宗教」と「宗教」に分断された神道界の諸動向を検証する上で神道本局は重要な位置にあると筆者は考えており、本稿においてその一端を明らかにした。

53 ［阪本2007：318-324］。

54 神官と神道教師の分離問題については、［神崎1938］［佐々木1987：46-52］［山口1999：181-182］を参照。

55 社説「将来の神道を論ず」『まこと』2号（1895年8月）。

56 教法部類の教会所等は「神社の所為に倣ふもの」は不都合として葬祭執行と平素の衆庶参拝が禁止されており（明治14年10月3日内務省達乙第48号、戊第3号）、1893（明治26）年に教会所での奉教鎮祭と教信徒に限っての礼拝は条件付きで認められるようになるものの（社寺局通牒社甲第1号）、活動に多くの制限が課された状態であった。佐藤はこの「奉教主神鎮祭問題」と呼ばれる問題に1888（明治21）年から開始される東京布教での教会所閉鎖を通じて向い合うことになり、教派全体の問題と受け止めて以後生涯をかけて宗教法制定に向けた運動を行うことになる。詳しくは、［大林1997］。

57 ［藤尾1984］［北林1996：53-61］を参照。

58 佐藤範雄が教内統一にこだわりを有した理由として、赤沢文治の布教のあり方が対人的かつ個別的で儀礼・テクストが存在しなかったこと、そしてこれが、布教者間の共通性を欠き金光教の名を借りた類似の布教行為の横行を引き起こしており、佐藤の「天下無類」観と接触したことが考えられる。

59 この時期の「淫祠邪教」視された例は、［北林2000：72-74］にまとめられている。

60 神道金光教会学問所の成立と展開の経過、および独立交渉への影響については、［藤井2014］を参照。

61 ［佐藤1927：52-53］。

62 『まこと』9号（1896年3月）、同28号（1898年4月）。

63 神道金光教会時代の教義については、［桂島2005］のほか、［北林2000］に詳しい。本稿では教義の問題に立ち入ることはできないが、教規における奉教神の記載や「慎誠」「神訓」の整理過程に対して、公認性のみをみるか、独自性をもみるか、評価が分かれていることを付言しておく。

64 「神道管長の選挙に際しても神道分局の議員等は教会長の職に在るものは選挙せらるる

ことを得さるものと議定せんと主張せり。(中略) 本教会はもとより神道本局に向って反抗するの意志なしと雖も、権利の争いはいつしか神聖なる教法の境を侵さずとも限られず」(佐藤範雄「別派独立請願理由書(明治三二年)」[金光教教学研究所2001]所収)。天理教では、中山眞之亮(初代真柱、後の天理教管長)を神道本局管長に推す動きがあり、おさしづを仰いでいることが確認できる[天理教教義及史料集成部2001:260-262]。

65　1876(明治9)年の黒住派と修成派の独立は、信徒25,000人以上の見込み、神社に関係なく教法上に成立していることが条件になっていたことが明らかにされているが[宇野1983]、当時と30年代の教派を取り巻く環境とは全く異なるためこの条件は参考にとどまる。また、1934(昭和9)年に文部省宗教局の有光次郎は「新宗教運動によつて新規に一派を創立する」ことができるとしながらも、「只一般に一派創立に付ては、其の起源・沿革の消長・教義並びに布教の実績・教師養成機関の設備・教勢の実力等と慎重に考査し、且一派独立すべき特殊の事由を認めたものに対して、上奏勅裁を経て許可する慣例である」とその難しさを述べている[有光1934:44]。

66　[佐藤1970][佐藤1927]などを参照。

67　内務省秘乙第527号『公文類聚第24編・明治33年・第31巻』。

68　[北林2000:51-58]。進化論的宗教観を有した仏教者や学者から、神道の多神教的現世的世界観は、宗教としての遅れ・未熟さとして指摘されていた。

69　荻野の宗教観・神社観については、例えば、荻野仲三郎「宗教の研究に就て(1)(2)」『ほつま』11・12号、1900年7月・8月、『神社協会雑誌』1904年8月、1905年8月以降に繰り広げられた神社界との論争を参照。

70　教宗派の組織についてのまとまった資料として1921(大正10)年から文部省宗教局により刊行される「文部省宗教局1977」が挙げられるが、運用実態については今後個別に検証が必要である。

71　天理教の独立請願とその交渉経過については、[芦田1927][松村2009]を参照。

72　[羽賀1994]を参照。

73　「内務省属視察ニ対スル各教会長応答(明治34年9月)」(金光教教学研究所蔵)。

74　参考に天理教独立に関する内務大臣・平田東助の答弁を挙げておく。「寧ろ是[註:天理教]に一定の資格を与へて、之を寧ろ直接に監督すると云ふことは、宗教の監督上に於て却て是は便なるのであると云ふことを、私[註:平田東助]は認めたのである」(「第25回帝国議会衆議院予算委員会議録第6回(1909(明治42)年1月27日)」)。

75　森岡清美は内生的な価値付加過程を促進する要因として政府機関との交渉という外生的契機の重要性を指摘しているが[森岡1980:4]、金光教の一派独立からは同指摘の妥当性を見いだせる。

76　「金光教会別派独立請願復命書(明治33年6月23日)」([金光教教学研究所2001]所収)。佐藤が管長・金光萩雄に宛てたもの。

77　「第1回臨時議会における議長挨拶(明治33年9月10～12日)」([金光教教学研究所2001]所収)など。

78　[安丸1979:209]。

79　佐藤に対するこうした評価は、神道金光教会設立から一派独立に至る動向に加えて、その後、明治末期以降に地方改良運動や感化救済事業において活発に活動していく状況も加味されている。明治末期の佐藤の活動については、[藤井2015]に簡潔にまとめた。また、金光教内での佐藤の評価については一様ではないが、安丸良夫の指摘するように、

近代日本の国家体制の中で積極的な役割を果たすような存在へと金光教を押し上げる佐藤の活動と、教団・信徒の宗教的自律性とのあいだにある複雑な葛藤については、『金光教学』所収の諸論文が取り上げていることを付言しておきたい [安丸2007：355]。

80　例えば桂島は、直信の一人である高橋富枝の明治末年の言葉として「別派独立も出来、教祖様多年の御趣意を貫き、教理も次第に整い、お道は立派に立ちましたが、教えの中の理屈が次第に進んで来て、御徳はその割合に進まぬように思われます」といった言葉を引用している [桂島2005：193]。「道」についての認識は、[福嶋1995] を参照。しかしながら、佐藤による組織形成は単に世俗領域に止まるものではなく、彼の宗教的信念に裏付けられ、超俗的な意味合いを有していたことはいうまでもない。例えば、註77の資料では、議会開設に際して、国会や地方議会とは異なり、「神前で手を拍つ心神様の御用であるという心持で神聖なる習慣を作られねばならぬ」と述べて世俗の議会とは区別されるという認識を示すとともに、教祖死後の教勢拡大や「時勢」の要請により、予算立案などが必要な状況への葛藤も述べている。

81　[塩谷1979：110]［西山1987：43-44]。

82　教師養成についていえば、結果的に、内務省による教師養成の徹底化、および、日清戦争以降の就学率の上昇という社会構造の変化に金光教を順応させるものになったと言え、佐藤の時代状況の読みの巧みさを指摘できよう。

83　1899（明治32）年の内地雑居、および第一次宗教法案、翌1900（明治33）年の内務省社寺局の神社局と宗教局への分離という宗教行政をめぐる大きな動きが、この時期の教宗派に対する教団「自治」の求めにどのように影響したのかも今後考究していく必要がある。

参考文献
芦田義宣編1927『天理教高安大教会史』芦田義宣。
有光次郎1934『宗教行政』常磐書房。
遠藤潤2004「「神道」からみた近世と近代」池上良正・小田淑子・島薗進・末木文美士・関一敏・鶴岡賀雄編『岩波講座宗教3 宗教史の可能性』岩波書店、159-184。
福嶋信吉1994a「死んだと思うて欲を放して神を助けてくれ――金光教における教団論の形成と宗教伝統の革新――」島薗進編『何のための〈宗教〉か？――現代宗教の抑圧と自由――』青弓社、63-104。
―――― 1994b「教団と救い――金光教の発生について――」『東京大学宗教学年報』11：65-79。
―――― 1995「日本の宗教における近代化と「道」――天理教・金光教を事例として――」『宗教研究』69(3)：149-170。
藤井麻央2014「明治中期の宗教政策と神道教派――内務省訓令第九号の金光教への作用――」『國學院雜誌』115-7：57-71。
―――― 2015「明治末期の国家政策と金光教」『宗教研究』88（別冊第73回学術大会紀要）：305-306。
藤尾節昭1984「布教史試論(3)――布教・縄張り考――」『金光教学』24：1-39。
羽賀祥二1994『明治維新と宗教』筑摩書房。
早川公明1982「金之神社考」『金光教学』22：1-46。

磯前順一 2003『近代日本の宗教言説とその系譜——宗教・国家・神道——』岩波書店。
井上順孝 1991『教派神道の形成』弘文堂。
——— 2005「神道大教にみられる「神道」の教団化過程」『神道宗教』199・200：369-383。
井上順孝・阪本是丸 1990「法と新宗教」井上順孝・孝本貢・對馬路人・中牧弘允・西山茂編 1990『新宗教事典』弘文堂、462-486。
井上順孝・孝本貢・對馬路人・中牧弘允・西山茂編 1990『新宗教事典』弘文堂。
桂島宣弘 2005a（初版 1992）『幕末民衆思想の研究—— 幕末国学と民衆宗教——（増補改訂版）』文理閣。
——— 2005b「近代における〈宗教〉化体験」西村清和・高橋文博編『近代日本の成立——西洋経験と伝統——』ナカニシヤ出版、3-27。
神崎一作 1938『神道六十年史要』宣揚社。
北林秀生 1996「神道金光教会における講社結収の展開とその特質」『金光教学』36：31-85。
——— 2000「教団草創期における教義表明の諸相——佐藤範雄の主祭神表明の態度に注目して——」『金光教学』40：33-79。
小沢浩 1988『生き神の思想史——日本の近代化と民衆宗教——』岩波書店。
金光教教学研究所編 2001『教団史基本資料集成 上巻』金光教教学研究所。
金光教教学研究所 2004「教団史研究の方法をふりかえる」『金光教学』44：153-200。
金光教本部教庁編 2003『金光大神』金光教本部教庁。
——— 2004（初版 1983）『金光教教典（増補版）』金光教本部教庁。
松村吉太郎 2009（初版 1950）『道の八十年（改訂新版）』養徳社。
村上重良 1971「金光大神と金光教」村上重良・安丸良夫校注『日本思想体系 67 民衆宗教の思想』岩波書店、616-633。
村上重良 1972（初版 1958）「黒住教・金光教の宗教史的意義」『近代民衆宗教史の研究』法藏館、163-189。
森岡清美 1979「新宗教運動の制度化過程——立正佼成会の場合——」『中央学術研究所紀要』8：31-51。
——— 1980「宗教運動の展開過程」『宗務時報』50：1-9。
——— 1981「宗教組織——現代日本における土着宗教の組織形態——」『組織科学』15-1：19-27。
——— 1989『新宗教運動の展開過程——教団ライフサイクル論の視点から——』創文社。
文部省宗教局編 1977『宗教制度調査資料1』原書房。
永岡崇 2015『新宗教と総力戦——教祖以後を生きる——』名古屋大学出版会。
中山郁 2007「大衆登山講の近代——教派神道化とその蹉跌——」『修験と神道のあいだ——木曽御嶽信仰の近世・近代——』弘文堂、135-199。
西山茂 1987「教団組織者のリーダーシップ——立正佼成会創立者・庭野日敬の場合——」『組織科学』21-3：43-51。
——— 1998「内棲宗教の自立化と宗教様式の革新——戦後第二期の創価学会の場合——」沼義昭博士古稀記念論文集編集委員会編『宗教と社会生活の諸相』隆文館、113-141。
——— 1990「新宗教の展開」井上順孝・孝本貢・對馬路人・中牧弘允・西山茂編『新宗教事典』弘文堂、22-39。
——— 1990「運動展開のパターン」井上順孝・孝本貢・對馬路人・中牧弘允・西山茂編『新宗教事典』弘文堂、55-63。

──── 1990「組織の多様性」井上順孝・孝本貢・對馬路人・中牧弘允・西山茂編『新宗教事典』弘文堂、132-137。
──── 2012「新宗教における教団危機の克服方法」『中央学術研究所紀要』41：2-18。
新田均 1997「公認教制度の採用に関する史料の翻刻と分析」『近代政教関係の基礎的研究』大明堂、136-153。
大林浩治 1997「一教独立とその課題──佐藤範雄の宗教法制度化要求──」『金光教学』37：47-84。
──── 2001「社会変動の中の「昭和九・十年事件」──教団秩序再編と教義・制度の位相──」『金光教学』41：1-34。
宇野正人 1983「神道教派特立の過程──明治九年における展開──」國學院大學日本文化研究所創立百周年記念論文集編纂委員会編『維新前後における国学の諸問題』國學院大學日本文化研究所、503-555。
阪本是丸 2007「明治宗教行政史の一考察」『近世・近代神道論考』弘文堂、299-327。
佐々木聖使 1985「神道非宗教より神社非宗教へ──神官・教導職の分離をめぐって──」『日本大学精神文化研究所教育制度研究所紀要』16：87-128。
──── 1987「明治二十三年神祇官設置運動と山田顕義」『日本大学精神文化研究所・教育制度研究所紀要』18：927-987。
佐藤範雄 1927『金光教々学講演（明治三十六年）』金光中学校佐藤範雄先生興学基金管理部。
──── 1970『信仰回顧六十五年 上巻』「信仰回顧六十五年」刊行会。
佐藤光俊 1978「擬態としての組織化──神道金光教会成立とその結社運動──」『金光教学』18：62-112。
──── 1998『金光教の歴史に学ぶ』金光教本部教庁。
塩谷正憲 1979「宗教集団への参加と人間改革」森岡清美編『変動期の人間と宗教』未來社、99-131。
島薗進 1978「生神思想論──新宗教における民俗〈宗教〉の止揚について──」宗教社会学研究会編集委員会編『現代宗教への視角』雄山閣出版、138-169。
──── 1979「金光教学と人間教祖論──金光教の発生序説──」『筑波大学哲学思想学系論集』4：101-128。
──── 1995「民衆宗教か、新宗教か」『江戸の思想』1：158-169。
髙木宏夫 1954「宗教教団の成立過程──天理教の場合──」『東洋文化研究所紀要』6：266-338。
天理教教義及史料集成部編 2001（初版 1963）『稿本 中山眞之亮伝』天理教道友社。
安丸良夫 1979『神々の明治維新──神仏分離と廃仏毀釈──』岩波新書。
──── 2007「民衆宗教と「近代」という経験」『文明化の経験── 近代転換期の日本──』岩波書店、337-362。
山口輝臣 1999『明治国家と宗教』東京大学出版会。
山田実雄 1978「神道三柱教会の成立と崩壊── 布教史研究ノート──」『金光教学』18：1-28。
芳村忠明 1974・1975「旧制度に於ける神仏道教宗派の創立分合について（上・下）」『神道宗教』74：28-64、75：18-33。

第4章
霊波之光教会におけるカリスマの成立と継承
――霊能の指導者集中型教団の発達課題――

塚田　穂高

はじめに――問題の所在――

　独自の宗教的体験と圧倒的な霊的能力をその宗教的権威の源泉とする指導者（教祖）によって開始された宗教運動は、その運動展開のなかで自らの宗教様式をどのように形成させていくのだろうか。また、その宗教様式は、その後どのように継承されていくのであり、それに向けて運動はどのような準備をなしていくのであろうか。
　日本の新宗教運動が一般的に、教祖・指導者の独自な資質や個性に大きく依拠しているという理解に異論はないだろう。教祖に代表される指導者は運動の求心力であり、帰依の中心対象であると言ってよい。しかし、その教祖は、運動が発生した時点で（現存している教団であれば今日と同じような意味において）「教祖」たりえたわけではない。そこには神聖化・至高者化といった意味付与の累積的過程が存在するはずである。
　他方、その指導者に牽引された運動は持続的な展開を志向するものの、その指導者自身の生命はあくまで有限である。よって、指導者の高齢化や逝去という事態は運動にとって大問題であり、危機・転機ともなりうる。そこで多くの運動は、指導者の世代交代によって、そしてそれを主たる方途とするカリスマ[1]の継承によって、事態の乗り越えをはかろうとする。実際、すでに日本の新宗教運動のほとんどが指導者の交代を経験しており、「後継者の時代」が到来している状況にある[2]。
　よって、こうした宗教運動におけるカリスマの成立・展開論ならびに継承論とは、特定の宗教伝統に限定されない普遍的課題であると同時に、社会的

資源としての宗教の次世代における担い手の育成という現代的課題とも深く関わっているのである[3]。

以上のような問題をより鋭く論じるには、「第1章 教団類型論と宗教運動論の架橋」で示された霊能教団——とりわけそのなかでも霊能・呪術による救済が圧倒的な教祖の霊的能力の行使とその凝集力によってなされる「指導者集中型」と言える運動——を検討対象とするのが、戦略的と言えるだろう。

よって、本稿では、「指導者集中型」教団である日本の一新宗教運動、霊波之光教会の事例を対象に、運動展開のなかで教祖をめぐるカリスマが成立していく過程、ならびに後継者が運動内で養成され認知されていく過程を明らかにしていく。このような作業を通じて、霊能教団（指導者集中型）類型の有効性もまた検証されていくこととなるだろう。

1. 先行研究の検討・対象の概要・課題設定

日本の新宗教運動の教団成立や展開過程を論じた蓄積は、数多い。そのなかでも明確な宗教運動理論と接続されているものとして、立正佼成会を対象とした森岡清美の研究と、創価学会を対象とした西山茂の研究が挙げられることは「第1章 教団類型論と宗教運動論の架橋」でレビューされた通りである[4]。だが、これらの研究では、冒頭で提示した「指導者が何者であるか」といった問題はそれほど問われていない。それは、当該研究における問題設定や対象とした時期によるものでもあろうが、対象教団が教義信条に重点を置き、法華経や題目などのテクストに救済と宗教的権威の源泉を置く「テクスト教団」であることがやはり大きいと考えられる。

他方、集団アイデンティティの成熟過程をめぐる運動論を提示した對馬路人は、カリスマの継承・指導者の後継者の問題に関しても論じている[5]。對馬は、カリスマ継承の二つの観点として、継承されるカリスマの内実の日常化の度合いと、選定の手続き・方法とを指摘している。後者に関しては、世襲制が多いことを指摘し、文化伝統、家産観念、運動内調和の保持の三点をその原因としている。

一方、前者のカリスマの日常化の度合いに関連しては、西山茂が近現代における日本の新宗教教団の消長を決定したと思われる四要因のうちの一つと

して、「教祖のカリスマを世代的に伝達可能な新たな宗教伝統（信念と実践の体系など）のなかに転封（カリスマの日常化）し、以後の教団が教祖の個人的カリスマのみに依存することなく教勢を伸ばしていく体制を整えてきたか」という視点を提出している[6]。

運動の発足時においては、指導者（教祖）の圧倒的な霊的能力に救済の源泉を拠っており、現前の指導者により直接的に救済がもたらされるような形態が可能である。だが、その教祖のカリスマが代替不可能なもので、運動がその教祖のみに可能なカリスマ的霊能の行使や儀礼のみに拠って展開してきたような場合、その死後の展開に動揺が見られるだろうことは想像に難くない。教祖のカリスマが継承可能な形態になっているかどうかが、運動展開上の重要課題の一つになると言えよう。

次に、島薗進は、自身の天理教・金光教の研究に立脚したカリスマの質的変容論の中で、「生神信仰」から「親神思想」「救けのわざ」「生神思想」の成立への展開を述べた[7]。また、遠隔地に信者が増えたり教祖が逝去したりすると、「至高者神話」——教祖が神から選ばれた存在であるゆえんと、人類史上において教祖がしめる特殊な位置についての神話——が成立するが、それは信徒との交わりに伴って宗教集団の制度化が進み、人格的な接触に基づく崇拝関係から、理念的な位置づけを媒介とした崇拝関係への移行が起こり、集団が自ら何ものであるかを客観的に認識しようとする、やや後の段階であると指摘している[8]。

島薗のこの議論は、「教祖が何者であるか」という意味づけに関わる問題群である。そしてそれはまた、教祖から後継者へというカリスマ継承の内実を左右するものでもある。教祖にはどのような意味づけが与えられており、後継者はどのような存在として何を継承し運動を展開させるのか。これらの点も、運動展開上の重要な課題であると言えるのである[9]。

以上のような先行研究の検討からは、①教祖のカリスマの「転封」の度合い、②教祖が何者であるかという意味づけの問題、③後継者の選定・養成、④継承後の方向性、などを視点・着目点として析出できる。これらは、森岡・西山と同様に家族社会学のタームを援用するならば、運動展開上でのカリスマ形成・継承に関する「発達課題」群なのである。

こうした問題意識を踏まえ、本稿では、戦後の日本の新宗教運動の一つで

第Ⅰ部｜宗教運動論の展開

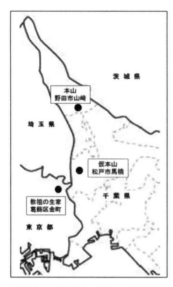

霊波之光に関係する場所の位置関係

あり、霊能の指導者集中型教団と言える、宗教法人霊波之光教会（以下、霊波之光）のケースを検討する。

霊波之光は、1956年に、「拝み屋」的存在であった波瀬善雄(はせよしお)(1915-1984、以下、教祖とする)の周りに信奉者が参集し、霊波之光神霊研究讃仰会として千葉県松戸市にて発足した。翌1957年に法人化し現在名、1969年に現在地の千葉県野田市に本山を移転、1970年代に教勢を伸ばし、1984年の教祖逝去後は、長男の敬詞(けいじ)(1948-)が「二代様」として後を継ぎ、現在に至っている。現在、全国に公称90万人の信者と8支部7礼拝所などを擁している。新日本宗教団体連合会（新宗連）の加盟教団でもある。

その世界観・救済観は、教典『御書』に詳しい[10]。人間は「宇宙神」（大自然大神、大神様、大霊とも呼ばれる）に守られて暮らすのが本来の姿だが、先祖から、あるいは生きながら集積してしまう「因縁」により、「法則」から離れているためにさまざまな問題や不幸が起こるとする。そのように神から離れてしまった人間を是正し、神と人間をつなぐための神の使者が、宇宙神の分神である救世主「御守護神様(ごしゅごじんさま)」である教祖だとされる。

具体的には、「御つながり」（入信）によって神とのつながりが回復され、「御神体御札」によって「御守護神様」である教祖を介して、各信者に宇宙神のエネルギーである「霊波」が注がれるとする。その守護のなかで人間は幸福に生きることができ、神の目的である人類救済・世界平和の実現に向かうのだとされる[11]。

同時に、「心なおし」の教えも見られる。「病のもとは心から」であり、「気随（意）気儘」に生きていては因縁を集積してしまう。「心一つを立て直し」、ただ神を求め祈り、「神に守られる」信仰者になることが重要だとされる。

続いて、教団の有する救済の方途・救済財を挙げよう。まずは「御つながり」をし、御神体御札を祀ることである。病気に効くとされる、聖なる水「御

神水」もある。次に「祈り」が挙げられる。問題状況時に「御守護神様、御守護神様…」と助けを求めることが、その解決・現状打開の方途とされる。以上が、日常生活における基本的な救済の方途である。他に、本部や各支部・礼拝所で行われ、期間が限定される「特別御祈願」という種々の祈願がある。聖神殿における祈りの後、身代わり札ともいえる「人型」が記された「生命札」を生命橋から聖神之池へ流す、という所作で行う。

　このように霊波之光は、信徒に分有された霊能や教えの理解の程度による階梯などをそなえてはおらず、教祖の霊的能力に救済の源泉を置く「指導者集中型」教団であるのが顕著な特徴だと言える。よって、あらためて本稿が主眼とするカリスマ形成と継承の諸問題を検討するには格好の対象と言えるだろう。他方で、霊波之光についての学術研究は、小野泰博による概要記述的な論考を除いてはほぼ存在しておらず[12]、その展開過程を詳らかに記述することにも意義が認められるだろう。

　以上、本稿では、霊能の「指導者集中型」教団である霊波之光を対象に、教祖の意味づけの変容、救済の方途・カリスマ行使の形態の変容、指導者の継承について、運動展開と関連させた上でその特徴を解明することを課題とする。

2. カリスマの成立と変容
　　　——教祖の意味づけ・救済の方途・カリスマの発現形態——

　以下では、教団の展開過程を、便宜上第Ⅰ期〜第Ⅳ期に区分して論じていく。

第Ⅰ期	1915–1956	教祖の生誕〜修行〜会の発足	：教団前史
第Ⅱ期	1956–1969	教団発足〜現在の本山への移転	：萌芽的組織[13]から公式的組織へ
第Ⅲ期	1969–1984	本山移転〜教祖の逝去	：大教団化・最大能率の段階へ
第Ⅳ期	1984–	教祖の逝去・後継者の継承〜現在	：後継者の時代

　各期の区切りは、組織の発足、根本聖地の整備、指導者の逝去といった運

動展開上の画期によって設定されている。

　本節では、長年の修行により霊能をそなえたとされる教祖が、どのようにそのカリスマ的力能を行使し始め、そのなかで彼が何者であるとみなされていったのか、またその行使の形態が、主に1969年ごろを境にどのように変化していったのか、そのモノグラフを描いていく[14]。

(1) 運動発足前段階における宗教的使命の自覚とカリスマの生成

　霊波之光の教祖・波瀬善雄（生名・長谷義雄）は、1915（大正4）年7月2日、東京府南葛飾郡金町村（現在の葛飾区東金町7丁目）の貧しい農家の長男として、生まれた。生家は、大正・昭和の急激な人口増加を迎えつつあった金町の周縁部にあった。1937年の日中戦争で中国（満洲）に出征したが、病に倒れ重病兵として内地に送還される。その病床における病の苦難から神仏の存在と信仰の意味を問い、その存在の有無と意志の確証を得るために、1939年6月8日、病身のまま旅に出た。四国・高松から入った山中[15]で座禅を組むなかで神秘的な体験をし、病気が治ったという。後に、金町で写真館を営み、1941年に結婚する。三女誕生後、1948年には、長男の敬詞が誕生する。

　その後も10年以上にわたり、日本全国を修行で巡ったとされる[16]。教祖の修行が、全くの独力で行われたのかは明らかではない。しかし、宗教的センターにおいて行者や宗教的職能者と交流があった可能性はあるだろう。このように、全国の霊山・霊場を巡り座禅や滝行に打ち込むなかで、自らの経験を問い直し神仏の存在の確証を追究したのであった。

　この長年の修行は、教祖に霊的能力をそなえさせたとされる。年代は未詳だが、大雪山（九重山とも）の山頂において、「九字を切れ……九字を切るのだ。九字を切れ、大霊の九字を切れ」との神の声を聞き、その瞬間に神通力を授かったとされる。1954年3月7日には、霊峰山山頂で光が自らの身体に吸い込まれる体験を得た。

　　汝、神に近寄れ。
　　神は汝を愛し、汝に苦を与えたり。
　　神は汝に教えを与えん。
　　神を冒瀆する者は、神は許さず。

　　汝、神の使者として生をうけたり。
　　汝、神の法に従え。
　　汝の教えに従う者、救われたるべし。
　　神を知る者は、神を恐れず。

汝、立て世を救うべし。　　　　　　神は汝を常に守らん。

　このような神の声を聞き、自らが「神の使者」であると悟った（教団では「大霊降下」と呼ぶ）。
　以上の教祖の経験をまとめよう。神仏の有無を追究する旅立ちの原因であった病苦は癒えたが、それ自体は教祖の疑問を解決するものではなく、なぜ病が癒えたのか、神仏の力が働いたのかという新たな疑問を喚起した。その疑問は、生業を得、家庭をかまえた教祖を、さらなる長年の行に打ち込ませた。そこにおける過酷なまでの身体的な鍛錬と徹底的な神仏の有無と意味の追究は、霊的能力を裏打ちし、その宗教的使命を自覚させた。このようなカリスマの生成と自覚化の過程であった、とまずは言うことができるだろう。

(2)　萌芽的組織から公式的組織の段階におけるカリスマの直接的発現と意味　　　づけの変容

　霊波之光の前身、霊波之光神霊研究讃仰会が松戸で発足したのは、1956年2月のことである。しかし、すでに1950年ごろから、教祖は行者・拝み屋的な宗教的職能者として、自らの体験に裏打ちされた何らかの力を他に示す存在になっていた。教祖の妹は、当時「行をしているから力があるのか」と思い、「拝み屋さん」の感覚で教祖に助言を求めていたと述懐している[17]。「昭和25年ごろから、お帰りをお待ちする人達が増えてきた」ようで、1950年から1951年には、後に初期の幹部になる人々がすでに救われていたという[18]。
　当初は、問題状況にある者が、すでに問題の解決を得た者の家に集まり、そこに教祖が出張するという形態をとった。布教・伝達は、キーパーソンを核に、兄弟・近隣・顧客・友人など密接なコミュニティ内でのネットワーク上でなされていた。都心部よりはむしろ近郊農村・都市周縁部の、旧来の人々の個々の具体的な悩み・問題に、教祖がマンツーマンで応じ、解決と現世利益とをもたらしていたようだ。多くの人々が、当時を振り返り、教祖の応対によって問題状況が打破された経験を語る。
　この時期の教祖の意味づけに注目しよう。機関紙『霊波』上の断片的な記述を拾うと、「よい神様があるから」「金町にどんな病でも治してくれる神様がいらっしゃる」「何をお尋ねしても解決して下さる素晴らしい御方のとこ

ろへ行く」「馬橋にすごく偉い御方がいらっしゃる。何でもかなうよ」「偉い先生だ」「あの先生はただの人ではない」「治らないものはない」といった声が目立つ。個別の悩みに直接的に現世利益をもたらす力を持つ「先生」として、教祖が認識されている。

こうして1955年ごろには、各地に数十人単位の救済・功徳の体験者や信奉者群、すなわち萌芽的組織が形成されてきた。これらの信奉者群は近隣地域とはいえ各地に散在・拡散しており、いまだ宗教的職能者としての教祖のクライアントたちが、個別に集まっているにすぎなかった。だが、信奉者が増え、各地への出張も継続的なものとなるにつれて、大勢が一度に集まることができる特定の場所を求める声があがってきた。また、継続的・持続的な集団を形成しようという動きも出てきた。その結果、会が発足し、早くも1957年には法人化し、松戸に「仮本山」ができてくる。

発足した当時の機関紙『霊波』の創刊号（1956年10月）には、「教主・波瀬先生」とある。機関紙の内容のほとんどは、神の守護・力により病気から解放されたという現世利益を語る体験談である。また、同創刊号には、「神と先生」という記事も見られ、神と教祖には区別がある。現在の尊称である「御守護神様」は、すでに立教前から祈りの言葉としては用いられていた[19]。このように、呪術的カリスマの行使による拝み屋的活動の結果、よくあたる「先生」のもとに集まった人々によって運動が形成されていった。

次に、発足後、徐々に教勢を伸張させた1960年代を見ていく。

まず1960年に、教祖の「御聖行」の様子が描かれた8ミリ映画「神への道」が教祖主導のもと完成した。教えに関しても、講話にて直接に、あるいは機関紙掲載のかたちで説かれるようになっていった[20]。それに伴って、教えを説く者としての「教主様」という尊称が一時的に定着していった。1961年にはさらに、「御由来」と呼ばれる、教祖の生誕（の2年前）から行を経て「大霊降下」と讚仰会の発足までに至る一貫したストーリーが教祖自らの手によって記され、示された[21]。これは、1964年制作の16ミリ映画によって広く伝えられるようになる。この映画はその後本部内外で繰り返し上映され、多くの目に触れた。

この時期にはまた、「現象」と呼ばれる教祖の力に基づく奇跡的な出来事がいくつも起こったという。1960年の高尾山での滝行において、滝つぼの中

心で滝にあたる教祖が九字を切った瞬間、その体から稲妻のような強烈な光が発したという事件。1961年に、教祖の講話を録音したところ、前年に教祖が四国で病苦から救ったという韓国人の感謝の言葉が録音されていたという事件。同年、四国霊峰山に入山し、随行者の一人がロープを体に巻き絶壁を下った際にロープが切れ、谷底へ真っ逆さまに落ちたが、山頂で座禅を組んでいた教祖が九字を切ると同時に消え、谷底にて落ちた随行者を手に抱いて、岩の上に降ろし再び消え、さらに数秒後には、仮本山に帰っていたという事件などが、教団内で立て続けに起こったとされる[22]。

これら一連の事件は、教祖の身体が現前に存在する場で、直接的に教祖の力が顕現したものとされる。そして、教会内で、幹部・役員などの中枢信者には直接的に、周辺的な一般信者や潜在的回心者には機関紙などを通じて、教祖がいかに特別な力を有する存在であるのかを示しうるものであった。また、個別的な問題が解決した者に対しては、その現世利益的な救済の背後にある「教え」や超越的な意志の存在へと徐々に目を向けさせるような働きをしたと言えよう。

それは並行して、教祖の意味づけにも変化を引き起こしていった。すでに1960年には、幹部が「教主先生を、神様とお呼びしても少しも変だとは思いません」と発言している[23]。その上で前述のような「現象」を受けて、同行者の一人は、

> 教主様が本当に神と一体であるのだ…幹部の先生方が教主様は本当に神そのものなのだ、神は実際にあるのだ、(と言っていたのが本当だ) ということがわかった[24]
> もうこのころは、教主様は神そのものだ、と幹部の方々から聞いておりました[25]

と述べている。1963年には、当時の会長が、

> しかしあのころ(さまざまな「現象」が続いた1960年代初頭)からだんだん教主様に対する考え方もかわってきたんですね[26]

と述べている。

それに対応して、教祖の尊称も大きな変遷を遂げる。1960年ごろには「教主先生」「教主様」がよく用いられていたが、1960年は1年の間に「師」「教主先生」「教主様」「御聖主」などの尊称が入り乱れた。その後、「御聖主」「聖主様」「御主」などが普及するが、再び「教主様」が多く用いられるなど、混乱状況であった。「教え」を確かに説くのだが、それだけではない圧倒的な力がある。「教主様」と呼んでも、そこには収まりきらない。一方で、一般信者は依然として現世利益的な問題解決を求めて、つまり偉い「先生」の感覚で参集してくる。この尊称の混乱とも言える変遷は、教祖の意味づけの不安定さを反映したものであったのだろう。また、教祖自身が自らの呼称を決めることはなかったのもその一因と言えよう[27]。

このような1960年代における教祖の尊称の混乱を払拭したのが、1968年3月の「北海道の事件」である。同年初の地方支部として開設された北海道支部に、浮浪者風の行者が現れ、教祖の写真を指し、「あの方はどなたですか」と問うので、副支部長が「教主様です」と答えたところ、「お名前は二ツない。神だ」とどなり、立ち去ったということがあった。これに対して、

> 「教主」というのは宗門を開き教えのみを説き、神通力のない人のことをいうのであるともお説き賜った。私達本山員は、ここで現在までの歩みの中に大きな誤りをおかしていたことを気づかしていただいたのだ。私達はこのとき（以前の「現象」時）から「神様」であることを悟り歩まねばならなかったのだ[28]

との反応が見られる。そして、続く号において、

> いま後はいっさい「教主様」という御名前は、わたしたちは今日いまからお使いすることはできません。…どうかいまから「神様」とお呼びして（ください）[29]

と、教祖の尊称が統一され、それ以降、体験談中の教祖への呼びかけも「神様」になる。

こうして教祖は、数々の超常的な出来事により、直接的な力の行使をしつつも、力を持った「先生」や「教主」ではなく「神様」と認知されるようになっていった。しかし、この段階ではどのような「神様」であるかは、未だ確定していない。そうであっても、「大自然大神」という超越的存在の認識と、自らの出生から神と人間とをつなぐという使命の自覚までの一貫したストーリーとをそなえ、同時に圧倒的な力を顕現させる存在としての「神様」であったということは言える。

　「教主様」から「神様」への変遷が起こったこの時期は、初の地方支部ができ、新しい本山へ移る直前の時期である。この時期の特徴は、「直接性」にあった。木を削った「御神体御札」には、教祖が一枚一枚力をこめた上で配布したという。また、「現象」を通じて教祖の力が直接的に顕現し、信奉者を連れての修行や直接的な教化もなされた。運動の拠点である「仮本山」も規模が大きくなく、直接的接触が充分可能な段階であった。だが、日に日に信者が増え仮本山も手狭になっていたこと[30]、初の支部を持ちもはや金町・松戸周辺のみの「神様」に留まらない段階にまで進みつつあった。

　以上から、この段階の運動展開の発達課題とは、直接的な接触とカリスマの行使が行われるなかで、教祖が何者であるかという意味づけを（ほぼ）確定することであったと言えよう。すでに相当の信者を抱え、もしこの時期に「教祖が何者であるか」の意味づけの統一がなされないまま、全国的に発展を遂げた次段階に突入していたなら、それは混乱を生み展開の阻害要因となったかもしれない。そしてそれは、教祖長男の敬詞が「二代様」として後継者養成の途につく前の段階でもあったのである。敬詞が「教主様」の息子であるのか、それとも「神様」の息子であるかは、その後の方向性に差異を生むであろう。その意味でも、このカリスマの意味づけそして尊称の変容という問題の比重は大きかったのである。

(3)　最大能率の段階における教祖の意味づけの確定とカリスマ発現の「間接化」と「転封」

　1969年、本山が現在地に移され、多くの信者の参集が可能になった。1970年代に入ると、メディアへの露出・利用も顕著になり教勢の伸張に影響を及ぼした。地方支部も徐々に拡充をみせ、教勢が全国的に拡大していった[31]。

1971年には、敬詞が「入教」(教団職務への従事の開始)し、後継者の養成が実質的に開始されるが、その記述は次節に譲る。

　まずは、教祖の意味づけの面に引き続き注目しよう。前節で統一された「神様」という尊称から現在の「御守護神様」への変遷の時期は、機関紙上等で特別に通達があったわけではなく、明確には確定しがたい。1971年に教会理事の言として、

> 御守護である霊波は、宇宙神の御分神であられます生神様によって、受けられ、注がれるのでございます。それゆえに、生神様を御守護神様と称して、お祈りするわけでございます[32]

とある。もっとも、その後もただちに「御守護神様」に統一されるわけではなく、1971・1972年中は、「神様」と「御守護神様」は併用されている。だが、教祖が「大宇宙神と人間とを媒介する神の使者」である「神様」であり、「人間は神から教祖を介してエネルギーである霊波が送られ、守護されている」というコンセンサスは形成されている。一方、祈りの対象は立教当時から「御守護神様」であったが、「御守護神様」とは何者か、なぜ「御守護神様」と祈ると救いが得られるのかは、未解決・未確定のままであった。こうした状況を踏まえると、教祖という「神様」が、実は「御守護神様」であったという変遷とその定着はしごく当然のものであろう。

　このように、大教団化し、後継者の指名・養成が始まった70年代早くに、教祖が祈りの対象である「御守護神様」であるというその意味づけが確定されていることが指摘できる。このことは、教団内世界観を確固たるものとして潜在的回心者に提示することを可能にするものであり、大教団化に適合的な変化であったと言えよう。また、後継者の養成・カリスマの継承の観点から言っても、役割・範囲を明確化する働きがあったと言える。

　次に、救済の方途ならびにカリスマの発現形態の側面を見ていこう。キーワードは、「間接化」と言える。この時期の教会の状況と教祖の実感をよく表していると思われる発言をまず引用する。

> 今日では全国的に広まって大きくなってしまいましたから、前みたいに

ひざを交えて話をするということは恐らく今後もないでしょう[33]

　1969年の本山移転に伴い、御祈願が執り行われる聖神殿、信者が集まり祈りを行う礼拝堂、参門、生命札を流す聖神之池、聖神殿に続く聖命門など、教会の基本的儀礼に不可欠な施設はこの時点で設けられた。御祈願の生命札を聖神之池に浮流する事も決定し、1970年には生命橋も造られ、現在の御祈願の原型が形成された。1969年7月2日の御聖誕祭には、教祖が礼拝堂の自らを模した「御神像」の「開眼之御儀」を執り行った。
　この時期の教勢の拡大とそれに伴う変化を看取できる、象徴的な例を二つ挙げよう。
　本山移転の翌1970年から、正月三箇日に「交通安全御祈願」を実施するようになった。普段は車両進入禁止の本山内に特別に進入させ、教祖が信者の車一台一台に直接手を触れ（「御九字」を切ったとも）力を注ぎ、交通安全を祈願するというものであった。これは、信者が教祖と直接的に会うことのできる数少ない機会の一つであった。しかし、年を追うにつれ、順番を待つ車が公道にあふれ、数キロ離れた交差点まで列になるようになり、1978年には中止された。代わりに、平時の特別御祈願の中に交通安全御祈願が組み入れられ、車体御守と追突御守が提供されるようになった。
　二つ目として、本山移転後、7月2日の御聖誕祭時に、教祖は礼拝堂に来た信者一人一人からプレゼントを受けとり、握手をしていた。信者が、このように教祖に直接的に身体的接触をすることは他にはなく、ほぼ唯一の機会であった。1975年には数千人が参集し、1976・1977年も前年にも増して多人数が長蛇の列をなし、長い時間がかかったという[34]。よって、1978年には孫らが代表として花束を渡すという形式に変わった。
　一見すると些細な例かもしれない。だが、このように参集する人々の増大に伴って、信者が教祖に直接的・身体的接触をする機会がまず失われていったということがよくわかる。
　次に、この時期に顕著に見られた教団のマスメディア利用ないし、マスメディアからの教団への注目の例をみよう。
　1970年8月17日正午過ぎ、当時のお昼の人気番組「アフタヌーンショー」（現・テレビ朝日系列）に、「宇宙神出現」のテロップとともに、教祖が生出演し

た。自らの教えについて述べるとともに、会場からの質問にも次々と答えた。

1981年には、TBSから取材がなされ、5月2日、「報道特集」で全国に放映された。教団では、相当の反響があった大きな契機として捉えられている。ここでは教祖の講話の一部は流されるが、直接答えている場面はない。11年前の生出演と比すると対応が異なり、直接的なものではなくなっている。

続いて、前段階と同様に起こった「現象」に注目する。信者宅での神秘的現象など、この時期にも枚挙に暇がないが[35]、前段階において強いインパクトをもたらしたような滝行中に発光した事件や崖から落ちかけた随行者を救い一瞬で仮本山に戻ったとされる「現象」などと比べると、その性質が著しく異なる。前段階での事件は、内部の人間に対して大きなインパクトを与え、教祖の意味づけに変化をもたらした。だが、この時期のものは、特に何らかの変革をもたらすものではなく、むしろどこにあっても御祈願の功徳や神のエネルギーが受けられている証左として捉えられている。また、前段階の教祖自身の身体が直接的に関与するものと比べると、教祖がその場にいない一般信者の家などで間接的なかたちで起こっている。

1982年7月2日には、教祖が自らの教えを整理し執筆した『御書』が発行された。前段階の仮本山時代には、教祖から直接教えが説かれることが頻繁に見られた。だが、この『御書』により、教祖の教えはそのなかに書き出され、これをまず読んで、学ぶことが重要視されるようになった[36]。

山での行は、本山移転後も断続的には続けられた。だが、1981年から1984年の逝去までの間には、入山の記録は見出されない。重大な意味を持つ「御聖旅の山」での行は、行わない年も出始め、寒中での長期の行は控えられるようになってくる。加齢の影響もあっただろう。

このような中で、一般信者の前に教祖が姿を見せるのは、御聖神祭・御聖旅祭・御聖誕祭の三大佳節や、新米奉上式や新年といった大祭の時など年に数回に限られてきた。1975年には教会のシンボル「救いの城 天使閣」が本山内に落成し、大祭の日に教祖がその欄干から参集した信者を見渡し、手を振る形式が確立する。教祖自身が大勢の信者の前に立つ姿が、今度は大規模化した信者の側から見られるというページェントのかたちになっていった。

以上のことから、この段階の運動展開の発達課題は、大教団化に対して／

写真1 救いの城 天使閣 霊波之光提供 1998年8月撮影

向けて、どのような対応を取るかであった。すでにこの段階の初期において、教祖の意味づけは確定していた。大人数に対応可能な間接的な救済の方途が整備され、多くの信者が本部を訪れるようになり、教勢を伸ばした。その結果、教祖がその力を直接的に行使・披瀝するような機会は減り、直接性は希薄になった。一方で、その力は離れていてもあまねく降り注がれているという観念が広まっていった。教祖のカリスマは見えにくいものに、シンボリックなレヴェルに変遷していった。また、教祖のカリスマは、御祈願・御神像・御書などへと分散的な転封がなされていった。重要なのは、そのカリスマが「証し」されることであり、それを実施し継承していくことができる形態が整備されていったのである。

3. カリスマの死と継承——後継者の養成を踏まえて——

以上、前節では教祖のカリスマが生成・発現し、その意味づけが変遷していき、さらに大教団化していくなかで、その意味づけが確定し、カリスマが継承可能なかたちに分散的に転封されていった過程を描いた。本節では、そ

れらと並行して指導者の後継者の養成が行われていった過程と、運動展開の
ライフコースをカリスマの死と継承という出来事が横切った局面を描いてい
く。

(1) 後継者の養成過程

　後継者である「二代様」・波瀬敬詞は、1948年7月28日、東京・葛飾に生
まれた。教団が発足したのは1956年であるから、彼は生まれながらにして
「二代様」だったわけでも「神様」の子どもであったわけでもなかった。出生
から大学卒業時までの足跡についての機関紙上でのリアルタイムの言及はほ
ぼ皆無だが、継承後の自らの講話などによって部分的に知ることができる[37]。
敬詞は、幼少期から現前の教祖の力は認めても、父親が「（御守護）神様」で
あることに戸惑いを覚えていたという。後継者としての実感もまだなかっ
た。もっとも、親類である幹部の言によれば、彼を特別視する向きは当然
あったようだ[38]。1967年、明治学院大学法学部に入学。在学中には、教団の
各種行事に参加したが、あまり積極的な意識はなかった[39]。いまだ後継者と
しての自覚と使命感は希薄であったといえよう。大学卒業をひかえ、「当然、
霊波之光の人達は私が来る（教会の仕事に従事する）ものだと思っておりまし
た」[40]という教団内での期待感に思い悩んだ。

　その後、教会への継続的なコミットを経て意を決し、1971年3月、大学を
卒業し「入教」（教団職務に従事し始めること）に至った。それまでの尊称は「敬
詞様」だったが、

> 波瀬敬詞様の尊称を、総教司令本部から、このたび二代様と称する旨の
> 発表がありました。つつしんで全信者の皆様に、ご報告申し上げます[41]

と定められた。同年、結婚。これに伴い、機関紙上に、「二代様は教会の次
代を継がれる御方。我々の子孫は二代様によって導かれていかなくてはなら
ないのです」「二代様に今後よろしく導きくださいますことを御祈りいたす
ものであります」[42]といった言及が顕著になり、敬詞が感謝の対象や次代を
担う者とみなされてきていることがわかる。なお、これらはまず幹部候補生
や教会員といった中核的信者の言に、「神様（御守護神様）、二代様、よろしく

ご指導の程をお願い致します」といった言葉とともに現れてきた。一方、一般信者の体験談の末尾は、まだ「御守護神様（神様）、ありがとうございました」である。

このように、教団が新たな本拠地を定めてまもなくの、教祖が最前線で活動を展開するとともに、運動の大教団化が始まりつつある時期に、すでに後継者養成とそれについての認知が始まったのである。

またこの時期、教祖はその死後のことにまで言及を始めている点も注目される。

　　私がこの世の中を去った後も、昇天はしていきません。私の霊魂は、やはりこの地上界で、神の使いを果たさなければならないようにできているわけです[43]
　　そして、私がいなくなっても、後を継ぐ二代を通じて救いの道を開けるようになっているわけです[44]

また、敬詞自身も、「御教えに、二代目として継ぐ事が宇宙神の「摂理」と説かれている」と述べている[45]。教会本部も同様に、1978年1月の「霊波は連綿として続く」という記事において、

　　助け救われていく私たちにとっても、一番心配されることは生き神様のあとは「奇跡はなくなるもの」と考えることでしょう。…二代様が世代を御継ぎになられた後も御分神であらせられます御守護神様に御祈りしてくださることによって霊波は二代様に送られ奇跡の霊波が賜わられるのです[46]

としている。「二代様」の意味づけと同時に、死後の「御守護神様」の意味づけもなされていることを看取できる。

だが、敬詞を後継者とみなす認識は、これらの継承に関する言及によってのみ形成されたとは言えない。それらと並行して、年中行事の儀礼や本部内施設の落成といった各種教団行事の前面に立つ「二代様」の姿、青年部員などの若い世代の先頭に立つ姿が多くなっていった。1973年には、教祖と敬詞

がともに修行の山へ「御入山」[47]。1974年には、敬詞が、地方役員に「三つの実行」という具体的な信仰実践の指示を出すなどした[48]。

1976年10月から翌年にかけては、落成したばかりの札幌支部に1年近く長期出張をした。膝を交えて信者に教えを説き、来訪者等の対応やパンフレット布教、会合参加など、教勢拡大の現場の最前線で実践を行う敬詞の姿は、機関紙上で大きく報じられた[49]。これは前節で論じた教祖の「間接化」を補うような直接性を持った行動としても機能したと言えよう。

こうした動きを受けて、1977・1978年あたりからは、一般信者の体験談の末尾にも「御守護神様、二代様、ありがとうございました(どうぞ御導きください)」といったかたちでの「二代様」への言及が頻繁に見られるようになっていく。

その後も、前述の通り大きな反響があった1981年のTBS「報道特集」では敬詞への単独インタビューが行われ、

> 記者：御守護神様が亡くなった後は、二代様が生神になるということですか？
> 敬詞：(即座に、はっきりと)ちがいます。…ただ、今生きている人たちの代表者として、御守護神様の尊い御力を託されて、人々に霊波を送っていく。…そして私(敬詞)が亡くなった後は、継いだ者が送っていく。

と答えているが、これも前述の意味づけを再確認した内容と言ってよい。

このように、1971年の入教から1984年の教祖の逝去に至るまでに、後継者である「二代様」・敬詞については、教勢拡大の現場や教団行事の先頭に立ち実務的リーダーシップを発揮するという実践的な面と、機関紙上等における言及の増加と意味づけの確定というシンボリックな面の双方において、継承の認識ならびにその妥当性の認識が醸成されていった。この時期の運動が取った方針とは、後継者の養成ならびにカリスマ継承の周到な準備期間として機能したということが言えるだろう。

(2) カリスマの死と後継者への継承

1984年3月19日、68歳の教祖は突然の心臓発作で亡くなった。当時、敬

詞は35歳であり、1971年の「入教」からは13年ほどが経っていた。一週間後の3月26日、教会葬が執り行われた[50]。敬詞は、教祖の逝去を、「御守護神様は、霊波、御光となられたのです」と述べた。教会理事の言葉には、

> 親しく接することのできた御姿は拝せなくなっても、御守護神様は、永遠不滅の霊波として御実在なされるのです。次代を背負われます二代様は、救世主、御守護神様が御定めになられた御方です。私たちは、御守護神様の御言葉であり、天声であります「御書」をいただき、霊波之光二代様の説かれます御教えに従うとき、人類救済の霊波は、御守護神様から二代様に送られ、人類救済の霊波、大神通力は連綿と続いていくのです

と、教祖の姿・肉体はなくとも霊波は永遠不滅であり、敬詞を介して注がれ続けるということが、確認された。参列者の中には、「御守護神様が御逝去されたのではなく、二代様を通されて若返られたのだ」「二代様の心の中からの御言葉をお聞きし、二代様について行こうという決意が心の中から込み上げてきました」「これからが本当の歩みだと思います。これからは若い者が先に立って一人一人が信念をもって御教えを伝えていかなければと思います」「私も一青年部員として微力ながらも二代様についていきたいと思います」といった声が聞かれた。

　同年7月2日には、「霊波継承之御儀」が執り行われた。この時に「御守護神様、二代様、我等人類救済の道へあゆませ給え」という祈りの声が上がったとされる[51]。このフレーズはその後、「結合の祈り」「信者のための祈り」という最も重要な祈りの言葉として広く膾炙され、今日に至る。

　同年7月28日には、青年部決起大会が執り行われた。これを契機に青年部の活動は熱を帯び、この会は後に「二代様御誕生祭」として年中行事化されていった。続いて、各支部への精力的な出張や教祖ゆかりの山への登拝も行われた[52]。

　同年11月2日の新米奉上式での講話では、自らの役目を、

> 御守護神様は、この宇宙を創造した宇宙神の御分神として、この世に尊

き御体をもって、助け救いの道を開いて下さいました、そして霊波・御光となられ、この地上界の人々を助け救うために、宇宙神の御分神として、永遠に宇宙神とこの地上界をつなげられる役目を果たして下さっているわけです。では私の役目は、という事になります。この世に実際に肉体をもって人々を導いていく、その役目をする者。その者を通して霊波が送られ、人々が助け救われていきます。それが私の役目なのです

と確認している。

　教祖の没後一年となる1985年3月19日には、「奉(たてまつる)霊波感謝祭」が行われた。以降、この日は教祖をしのび感謝する重要な年中行事となっていった。

　教祖の意味づけの面では、教祖が逝去後に「霊波」「御光」となることについての直接的な言及は生前のものの中には見当たらない。だが、それは決して唐突なものではなく、死後の祀り上げとも言えない。教祖自身も生前に、死後は「神の使い」を果たし続けることを述べており、また教会幹部も善雄が「宇宙神の御分神」であると言及している。よって、教祖の使命や後継者の役割の意味づけには、大きな動揺や変節が見られない。

　救済の方途やカリスマの発現形態の面でも、教祖が亡くなることで、何かができなくなったということは特に見当たらない。以前と変わらずに儀礼が行われ、「霊波」となった教祖から変わらず宇宙神のエネルギーが（敬詞を介するようになったものの）送られるとされる。そして、以前と同じように功徳が実感せられ、その体験が寄せられる。教祖の死によって救済の方途やカリスマの発現が間接化したのではなく、すでにそのかたちが整備されていたのである。

　そうした意味で、運動には動揺が見られないのであり（もちろん信者に並々ならぬショックを与えたことは確かだろうが）、変わらないという実感と、新たな出発であるとの意識の方が前面に出ている。さらには、新たな年中行事の創出により、信者の凝集力は増す結果となった。その後も教勢は目立った停滞を見せず、現在に至っている。

　継承後から現在までの展開をごく簡単に触れておくならば、①本部施設・地方拠点の拡充、②教祖の足跡の強調、③横のつながりの提供、④目標の創出、の四つの方向性で整理できる。

第4章｜霊波之光教会におけるカリスマの成立と継承

写真2　新礼拝堂と参拝する信者　霊波之光提供　2015年7月撮影

①として、本部内では、霊波門（1988年）・宝物殿（1992年）・RHKホール（1997年）・新礼拝堂（2015年）などが次々と建設された。これらはいずれも教祖の生前の「御構想」に基づくとされている。教祖の構想を引継ぎ、それを実現しようとする姿勢は、教祖の後を継ぐ者であるという継承の正統性を補強する。また、支部・礼拝所などの地方拠点も、次々に形成されている[53]。継承前の大教団化に伴って参集した信者のニーズに応えて、インフラ整備がなされたものと言えよう。

②としては、本部内の宝物殿・AYUMI館（1994年）・御由来館（2001年）[54]などの創設が挙げられる。また、「霊波」暦の制定（2000年）や、『御聖蹟』（1993年）・『御教え』（1995年）などの刊行もその例である。これらの施設建築あるいは出版物というメディアを活用して、教祖の「至高者神話」が繰り返し強調されている。この強調もまた、宗教的権威の源泉を常に認識させ、その教祖の後を継ぎ宗教的使命のもとに救済に従事する後継者の正統性を確かなものにすると言えるだろう。

③の横のつながりの提供と、④の目標の創出は相互に関連している。青年部活動は、教祖の逝去後、いっそうの盛り上がりを見せた。1987年からは「二代様御誕生祭」が年中行事の一つとなり、その誘致が各地域の活動目標とも

なっていく。1985年には、準青年部、少年部が発足し、現在の少年部から青年部に及ぶ年齢別組織が整備された。近年では、札幌支部に端を発した、市民祭りへの参加も著しい。これも信者に目標と共同性を与えるものである。

その他、各種スローガンやテーマの創出も顕著である。現在「前進コール」として各種集会や講話で行われている掛け声や、「暖かい心はあいさつから笑顔と思いやりに喜びと幸せ」の「あいさつの御教え」、講話中の語句からのテーマなどが、提出され強調されている。

こうした横のつながりと平易な運動目標の創出の動向は、後継者である「二代様」・敬詞の次のような認識に基づくものと考えられる。

> （継承後）この時思いました。信者さん方に一つ欠けているものがある、それは和である、と。一人一人の信者さんは素晴らしい。御守護神様と信者さんのつながり、縦の線、すなわち求める心は素晴らしい。だが横の線を見た時、助け合っていく心が欠けていました[55]

この言葉は、霊波之光という指導者集中型の宗教運動の特徴をよく表しているとともに、その後継者の担うべき課題を端的に反映していると言えるだろう。従来からの教祖の霊能と効験を求める「縦の線」の強さに加えて、「横の線」という紐帯の強化が必要だというのである。

以上、継承後の展開を四つの方向性でまとめたが、重要なのはこれらが教祖の教えからの逸脱やその変更とはなっていない点である。教祖の構想を実現してその足跡を強調すること、そして「今も変わらず救済の力にあずかることができている」という運動内の実感とともに、横の紐帯強化の方向性に舵取りすることは、継承後の正統性とスムーズな展開を裏打ちしているのである。

4. おわりに——運動展開とカリスマ継承の比較研究に向けて——

本稿は、教祖の霊的能力の行使に救済と宗教的権威の源泉が置かれ、継承不可能に一見思えるカリスマを有する霊能の指導者集中型の宗教運動において、教祖の意味づけとカリスマ発現の形態がどのように変遷して確定され、

さらにはそれが教祖の死を経てどのように後継者へスムーズに継承されていったのかについて、後継者の養成とその後の展開のプロセスをも含めて、解明しようとしたものである。

　教祖が何者であるかという意味づけの問題は、公式的組織の段階における混乱と変遷を経て、教勢拡大期前後にはほぼ確定されていた。特に、教祖の修行体験を下地とした「生神思想」や「至高者神話」が、制度化が進んだり教祖の逝去後ではなく、立教間もない段階で早くも成立しており、それが教祖のたび重なる超自然的な力の顕現の経験と映画などのメディアにより信奉者にスムーズに受容されていったことは、当該運動のユニークな点と指摘できる。この段階でこの発達課題がクリアされていたことは、後の教勢拡大と安定した継承のプッシュ要因となったと言えよう。

　次に、教祖のカリスマの継承可能なかたちへの「転封」の問題である。確かに、教祖の直接的なカリスマの行使は継承可能な性質のものではなかった。だが、急激な大教団化とそれに伴う救済の方途の整備（間接化）によって、すでに教祖の生前に、その直接的行使の機会が減少せざるをえなく、質的な転換がなされ、継承可能な形態になっていた。この点において、この発達課題はクリアされていたと言えよう。そのような間接化にもかかわらず、それでも功徳の体験は得られ人々が参集するというカリスマの「証し」は繰り返しなされていた。各種の問題状況の打破には、それに応じた「御祈願」や諸実践が準備されていた。崇拝対象としての御神像、家で祀る「御神体御札」、教えが説かれた『御書』などへのカリスマへの分散的な転封も行われ、継承可能なものになっていた。教祖が亡くなっても、その力が得られるような形態が確立していたのである。実際に、教祖の逝去後も、救済の方途は変わらずに、そのエネルギーは後継者を通して注がれるという認識も強固に醸成されていた。霊能と救済の源泉が、教祖の長年にわたる修行と唯一の「神の使者」であるという宗教的自覚に基づいたタイプであったために、他の霊能者の養成や霊能の分散といった方向には向かわなかった。また、特定のテクストに拠って立つ方向への力点の変更も特に行われなかった。

　後継者の選定の手続きや方法の観点では、カリスマ保持者の生前指名により、帰属主義の原則に則って、長男が世襲したオーソドックスな型といえる。機関紙での言及がなかったことや、後継者自身の認識からは、生まれながら

の後継者というわけではなかったことも看取できる。一方で、カリスマの死によってにわかに後継者となったのでもまたなかった。

　後継者養成については、教祖の生前の1971年の後継者指名と養成開始から、教祖の逝去による実質的な継承に至るまでの期間に、運動の現場に立ち機関紙上等での言及が増加することで、実践的な面とシンボリックな面の双方において、運動内での継承の認知が充分に醸成されていた。

　教祖の死に際して、その死は「霊波・御光」になったと説明されたが、それは生前の教祖の意味づけの延長線上に位置するものであった。後継者の意味づけには変更がなく、変わらず救済が得られるという実感を伴って、スムーズな継承がなされた。

　さらに、継承後も路線転換をせず、教祖の生前の構想を実現することに注力し、教祖の足跡を「至高者神話」として強調することで、自らの継承の正統性を補強している点が有効に機能している。

　継承の型として世襲を採用することは、一般に能力主義の裏打ちが必要である[56]。後継者が受け入れられるためには、その力が本物であることを「証し」し続けなければならない。しかし、宗教運動の場合、とりわけ本稿で対象としたような教祖の霊的能力に宗教的権威の源泉を置く霊能の指導者集中型（さらに隔絶型）の場合、（初代）教祖を超えるようなことは想定しにくく[57]、無理な路線転換は、運動内に動揺を与えかねない。そうすると、ともすれば教祖の「縮小再生産」「小型版」になってしまいかねないという問題もある。

　そのように考えると、本稿が明らかにしたのは、霊能の指導者集中型教団において、教祖の意味づけとカリスマの分散的転封が充分になされ、また後継者養成とその舵取りもうまくなされた「成功例」の場合だったのであり、それぞれの段階で出てきた発達課題とは、教団類型にかなりの部分を規定されていたものだと言えよう。換言すれば、テクスト教団や霊能の信徒分有型教団においては、この種の発達課題はかなり違った様相で現れ、またその解決法も異なったかたちで模索されるであろうことは容易に想像がつくのではないか[58]。その点で、本稿でなされた検討とは、宗教運動の展開過程を比較考究する際に、継承されるべきカリスマの質、ならびに後継者の養成の程度に着目することの有効性を示したものとして位置づけることができるだろう。

注
*　本稿は、拙稿［塚田2007a, b］を下敷きとして統合し、大幅に加筆・修整を行ったものである。
1　「カリスマ」に関する先行研究をここで詳細に論じることはしないが、マックス・ウェーバーのいう「非日常的なものとみなされた（元来は…呪術的条件にもとづくものとみなされた）ある人物の資質」という説明に則る［ウェーバー 1921-22=1970：70］。また、その妥当性を保証するのは、「証しによって…保証された、…被支配者による自由な承認」［同：71］である。
2　「二代目、三代目の後継者の時代」［對馬1990］、「二世時代」「教祖二世」「教祖三世」［井上 1992］といった語句で言及されている。各教団の後継者への継承の状況を概観したものとしては、［塚田2006］を参照。
3　この点は、「カリスマの日常化」問題とも当然関わる。ウェーバーは、「（カリスマ的）支配が継続して存在し続けるときは、…支配関係は日常化してゆく傾向をもつ」と述べる［ウェーバー1921-22=1960：52］。これは、①秩序の伝統主義化、②カリスマ的行政幹部の引受け、③カリスマの意味の変化、によって生ずる。その後継者選定は、（α）諸標識による物色、（β）指名技術、（γ）指名、によるとする。指名は、（ⅰ）保持者自身、（ⅱ）使徒団や戦士団、（ⅲ）世襲、（ⅳ）典礼的非人格化、による。典礼的非人格化とは、カリスマが「一定の聖式、すなわち…秘蹟的行為によって移転されえ、あるいは作り出されうるところの、呪術的資質である」とするものである［同：54］。なお、新宗教を中心とした世代間信仰継承については、［渡辺2003］［弓山編2006］［猪瀬2011］などを参照。
4　［森岡1989］ならびに［西山1998］を参照。新宗教運動の展開理論としてはこれまで、「既成化」［竹中1968］、「制度化」［森岡1979］などのタームを用いての検討もなされてきた。
5　［對馬1987；1990；2002］などを参照。
6　［西山1990］。他の三要因は、霊能者の統御の程度、組織の一元化の程度、抑圧的な政治体制への順応の程度、である。また島薗進も、遠隔地に信者が増えたり教祖が逝去したりすると、一次的カリスマの排除がなされ、「指導者のカリスマは、彼の力を受け伝える人々……や指導者の残した遺物の中に、感染して保持され」るとしている［島薗1982］。
7　［島薗1978］。「生神信仰」とは、当初神がかりを繰り返していた流行神的職能者が徐々にその機会を減少させ、人格全体が神的なものの顕現であり生神とされる信仰のことである。「生神信仰」の成立後、大自然・宇宙を統べる存在である親神思想が醸成され、独自の救済の方途が用意され、その生神が神に選ばれたという一回起的な起源に基づく神と人との唯一の媒介者であるという「生神思想」が成立すると論じている。
8　［島薗1982；1987］を参照。
9　こうしたカリスマの成立と日常化、継承の問題を扱った具体的研究としては、民間宗教職能者と信奉者による集団が教団化していく事例を扱った［池上1999］、天理教系教団の分派を教団内の天啓者待望と霊能の分有から考察した［弓山2005］、真理実行会における教祖の死と継承不全の問題を扱った［孝本1980］などが参考になる。他にも、GLAの高橋信次のケースを論じた［沼田1986］、円応教の深田千代子のケースを論じた［磯岡1987］、天照皇大神宮教の北村サヨなどの事例を論じた［竹沢1995］や、［川村1987］などの諸研究が挙げられる。

10 『御書』はほぼ唯一の教典である。他に根本経典の『誓訓』、映画「神への道」(1964年)のシナリオをもとに教祖の足跡を描く『御教え』、教えのエッセンスを説く小冊子『霊波之光の信仰』、月刊誌『REIHA』に掲載される教祖あるいは教主の講話などがあるが多くはない。教学面にはそれほど重点を置いていないことが言える。

11 このような霊波之光の救済観は、宇宙の本体・宗教的根源者・人間の本性・生と死・悪と罪・救済方法・救済状態・教祖の八側面から特徴づけられた、新宗教における「生命主義的救済観」とほぼ合致すると言ってよいだろう［對馬・西山・島薗・白水1979］。

12 ［小野1981；1985a, b；1995］。他に［渡辺・井桁1989］［井上・磯岡・津城・弓山1990］［井上1992］［由木1995］［井上2007］などに断片的な記述がある。またジャーナリストによるものとしては、［猪野・梅原・清水1972］［上之郷1987］［黒羽1997］などが参考になる。

13 ここでいう萌芽的組織・公式的組織・最大能率の各段階名称は、モバーグの議論［Moberg 1962］を踏まえてはいるものの便宜的に設定したものであり、本稿の対象を厳密に教団ライフサイクル論に当てはめて論じようという意図はない。

14 以下の教団の展開についての記述は、『御聖跡』［霊波之光編1993］・『御教え』［霊波之光編1995］や、月刊紙『霊波』(1956年創刊)・月刊誌『Ayumi』『RHK』『THE REIHA』などの教団資料に基づくものである。

15 この山は「御験山」「霊峰山」後には「御聖旅の山」と呼ばれ、正確には公表されていない。しかし断片的な情報や四国八十八ヵ所を巡拝している点から、四国遍路と関わりが深い香川県内の山のようである。

16 18年間の「御聖行」中に70以上の山を巡ったとされ、その内のいくつかが、「霊峰山『二十七の岳』」として聖地化されている。これらからは、北海道の山々が多いこと、月山・御岳・白山・大峰山・石鎚山など、山岳信仰・修験道と密接に関わる山々が多く含まれていることがわかる。

17 『Ayumi』2001年2月号。また小野泰博によると、教祖は当初、「エイといって九字を切ったり」、二本の指で身体に触れる按手療法を行い、頼まれると自転車で気さくに出かける「よく当り、よく効く先生」だったという［小野1981］。

18 『Ayumi』2000年1月号。

19 当時は「御守護神様、御守護神様」と祭壇に向かってお祈りしながらも、後ろにいる「御守護神様(教祖)」には背を向けていた、という「笑い話」が伝わっている(『RHK』2000年9月・10月号)。

20 「信仰の本質について(全9回)」『霊波』1961年10月号〜1964年8月号、など。

21 『霊波』1961年5月号に「教主様御聖誕の由来」が掲載。

22 『霊波』1960年6月(臨時特別)号、1961年12月号など。

23 『霊波』1960年6月(臨時特別)号。教祖自身は「私は皆様と共に神様のお使いをしているのですよ」と述べていた。

24 『霊波』1960年6月(臨時特別)号。

25 『霊波』1994年5月号。これは、回顧的に述べられたものである。

26 『霊波』1963年3月号。

27 教祖の妹は、「もちろん、御自分のことを御守護神様と呼びなさい、とおっしゃったことはありません」と述べている(『霊波』1992年10月号)。「二代様」・敬詞は、1993年7月2日御聖誕祭の講話において、「(善雄の尊称は)なぜかと言いますと強制ではないのです。強制でこう呼びなさい、ああしなさい、というふうに出来上がったのではないん

す。ちょっと言葉を変えて言いますと、「信じざるをえない」という事です…御守護神様からは、強制的に（こう呼ばせるという事）は、ありませんでした」と述べている（『RHK』2000年9・10月号）。

28 『霊波』特別号（1968年4月1日、1頁のみの臨時号）。
29 『霊波』1968年5月号。
30 初期信者の回想によると、本山では幹部信者が一人で御札を削っており、「初めの頃は信者さんも少なく毎日御札を作る必要はありませんでしたが、日ごとに広まり、本山は徐々に手狭に感じるようになってきました」という。
31 管見の限りで初出のルポルタージュでは、1972年の時点で、信者数が「公称7、80万人」とある［猪野・梅原・清水1972：72］。『宗教年鑑』での公称信者数の初出は、1976年版で743,615人とある。なお、かつての『宗教年鑑』においては、霊波之光教会の公称信者数は、問い合わせの多い単立宗教法人の一つとして巻末に掲載されていたが、宗教法人法改正後から現在に至るまでの『宗教年鑑』においては、どの単立宗教法人の公称信者数も掲載されていない。ただし、回答を拒否しているのではない。
32 『霊波』1971年8月号。
33 『霊波』1976年12月号。
34 『Ayumi』2001年5月号。
35 1970年12月、教祖が山で行中に本部礼拝堂の芝生の一角のみに雪が積もった。1971年1月、教祖の車を洗った水が御神酒に変わった。1974年7月、北海道の信者宅で蝋燭の燃え残りが「光」という文字を描いた。1975年5月、埼玉・三郷の信者宅で、グリーンピースを入れて炊いたご飯が赤ご飯に変わった。同年6月、千葉・野田の信者宅で餅を煎ったところ次々と光玉に変わった。1976年7月、栃木・小山の信者宅で二基の燭台の片方が巨大化した、などである。
36 教祖の死後も、『御書』の独自の解釈やその教学的整備は許されず、なされていない。その意味では、これにより教えの整備が事実上完了したとも言える。
37 1981年9月20日の青年部総会、1994年7月28日、1996年7月28日の二代様御誕生祭、などにおける講話。敬詞の長男である「三代様」敬仁の動静が、出生から諸人生儀礼・入学から卒業、そして現在に至るまで、逐一機関紙上に掲載されているのとは対照的である。後継者の動静をどう描き、信奉者に情報を発信するかは、運動の発展段階とも対応しているだろう。
38 2005年の筆者の聴き取り調査に基づく。
39 1968年の「本山地鎮之御儀（地鎮祭）」や、1969年の現在の本山に移転する「御遷神之御儀」といった教会として大きな節目となる行事の際のことを、「お前出ろと言われたんですが、だめなんですね。親から出ろと言われると、やだ！と出ないんです」などと述懐している（『RHK』2003年4月号）。
40 1994年7月28日の二代様御誕生祭における講話（『Ayumi』2000年6月号）。
41 『霊波』1971年4月号。
42 『霊波』1971年10月号。
43 1972年7月2日の講話。『霊波』への掲載は、1988年4月号。
44 年代未詳だが、内容より1975年以前のものと判断できる（『RHK』2005年4月号）。
45 『霊波』1973年8月号。
46 『霊波』1978年1月号。

47 『霊波』1973年7月号。
48 『霊波』1974年10月号。
49 この出張が、「札幌支部飛躍の一大転換点」となったとも捉えられている。事実、札幌支部はその後の全国的な展開の中でも、市民祭りへの参加、二代様御誕生祭の誘致など、常に支部の中で先頭に立っていると言える。
50 以下の逝去をめぐる言説は、「奉 感謝御守護神様 特別号」(『霊波』1984年4月号) に掲載。
51 『霊波』1984年7月号。
52 それに対しては、「御守護神様の御聖行の厳しさを、二代様に御登山頂く事により教えて頂いているのですね」といった信者のコメントが機関誌に掲載されている (『Ayumi』2000年9月号)。
53 1984年、郡山支部。1986年、新・札幌支部。1990年、北九州支部。1995年、沖縄支部。1996年、横浜集会所。1998年、名古屋AYUMI館集会所 (2000年に名古屋礼拝所)。1999年、関西支部礼拝所 (2004年に関西支部)。2000年、仙台礼拝所。2001年、静岡礼拝所。2002年、新潟礼拝所、釧路礼拝所。2004年、旭川礼拝所。2005年、横浜AYUMI館 (支部) など。以降も、礼拝所や実践者センター参拝所などの建設が続いている。
54 立体映像、動刻人形、(教祖自身のものも含む) ナレーションにより、立教までの重要場面を説明する施設である。
55 1994年7月2日御聖誕祭における敬詞の講話。
56 企業や芸事の場合の「二世」・後継者論としては[船曳2003]などを参照。宗教運動の後継者論を精緻化していくには、後継者一般にあてはまる面と、宗教運動特有の面を考慮に入れなければならないだろう。
57 もっともこれも、「継承型」あるいは島薗進の言う「歴代教祖」型[島薗1991]であれば可能であろう。これは、霊能の指導者集中型教団の内でも「隔絶型」と「継承型」の比較の必要性を示唆している。
58 テクスト教団や霊能の信徒分有型教団において想定されうる発達課題群については、本書第1章の寺田・塚田論文の5節を参照されたい。

参考資料・文献
霊波之光編1982『御書』。
─── 1989『御由来 神への道〈縮刷版〉』。
─── 1993『御聖跡』。
─── 1995『御教え』。
─── 1956-2006『霊波』創刊号 (昭和31年10月)〜584号 (平成18年9月)。
─── 2000-2001『月刊Ayumi』創刊号 (平成12年1月)〜24号 (平成13年12月)。
─── 2002-2006『月刊RHK』25号 (平成14年1月)〜83号 (平成18年11月)。

船曳建夫2003『二世論』新潮文庫。
池上良正1999「巫者信仰における制度化の葛藤 ── 赤倉山神社の成立過程を事例として ── 」『民間巫者信仰の研究 ── 宗教学の視点から ── 』未來社、245-282。
猪野健治・梅原正紀・清水雅人1972『民衆宗教の実像 ── 十二人の教祖たち ── 』月刊ペン

社。
猪瀬優理2011『信仰はどのように継承されるか――創価学会にみる次世代育成――』北海道大学出版会。
井上順孝1992『新宗教の解読』筑摩書房。
─── 2007「波瀬善雄」井上順孝編『近代日本の宗教家101』新書館、162-163。
井上順孝・磯岡哲也・津城寛文・弓山達也1990「神道系新宗教教団の活動と教え」『国学院大学日本文化研究所紀要』65：1-56。
磯岡哲也1987「自己受容化とカリスマの成熟――円応教教祖深田千代子の場合――」宗教社会学研究会編集委員会編『教祖とその周辺』雄山閣出版、51-69。
上之郷利昭1987『教祖誕生』新潮社。
川村邦光1987「教祖のドラマトゥルギー――カリスマの制度化と継承――」宗教社会学研究会編集委員会編『教祖とその周辺』雄山閣出版、135-154。
孝本貢1980「カリスマの死――真理実行会の事例――」『明治大学教養論集』139：1-20。
黒羽文明1997「検証異色集団を斬る(8) 宗教法人・霊波之光――人類の救済・世界平和を目標に御守護神様の愛を伝える――」『政界』19-10：70-74。
Moberg, D. O. 1962 The Church as a Social Institution : *The Sociology of American Religion*. Prentice–Hall.
森岡清美1979「新宗教運動の制度化過程―立正佼成会の場合―」『中央学術研究所紀要』8：31-51。
─── 1989『新宗教運動の展開過程――教団ライフサイクル論の視点から――』創文社。
西山茂1990「運動展開のパターン」井上順孝・孝本貢・對馬路人・中牧弘允・西山茂編『新宗教事典』弘文堂、55-62。
─── 1998「内棲宗教の自立化と宗教様式の革新――戦後第二期の創価学会の場合――」沼義昭博士古稀記念論文集編集委員会編『宗教と社会生活の諸相』隆文館、113-141。
沼田健哉1986「現代新宗教におけるカリスマの生と死――高橋信次とGLAの研究――」『桃山学院大学 社会学論集』20-1：1-33。
小野泰博1981「霊波之光教団について」小口偉一『日本のシャマニズムに関する調査研究』未公刊、25-34。
─── 1985a「総論」小野泰博・下出積與・椙山林継・鈴木範久・薗田稔・奈良康明・尾藤正英・藤井正雄・宮家準・宮田登編『日本宗教事典』弘文堂、707-712。
─── 1985b「新宗教運動の基礎」小野泰博・下出積與・椙山林継・鈴木範久・薗田稔・奈良康明・尾藤正英・藤井正雄・宮家準・宮田登編『日本宗教事典』弘文堂、726-754。
─── 1995『谷口雅春とその時代』東京堂出版。
島薗進1978「生神思想論――新宗教による民俗〈宗教〉の止揚について――」宗教社会学研究会編集委員会編『現代宗教への視角』雄山閣出版、38-50。
─── 1982「カリスマの変容と至高者神話―― 初期新宗教の発生過程を手がかりとして――」中牧弘允編『神々の相克――文化接触と土着主義――』新泉社、51-77。
─── 1987「教祖と宗教的指導者崇拝の研究課題」宗教社会学研究会編集委員会編『教祖とその周辺』雄山閣出版、11-35。1
─── 1991「新宗教の教祖崇拝の変容」小田晋編『現代のエスプリ』292：53-63。
竹中信常1968「既成化すすむ新宗教教団」『別冊あそか』陽春号、33-39。
竹沢尚一郎1995「共同体の形成とカリスマの継承――天照皇大神宮教――」坂井信生編『西

日本の新宗教運動の比較研究1』九州大学文学部宗教学研究室、5–34。
塚田穂高 2006「新宗教運動におけるリーダーの交代・継承の諸相」『国際宗教研究所ニュースレター』50：3–9。
─── 2007a「霊能の「指導者集中型」宗教運動の展開過程における発達課題──日本の新宗教・霊波之光の事例から──」『東京大学宗教学年報』24：109–125。
─── 2007b「新宗教運動における指導者の後継者への継承過程──霊波之光の事例から──」『次世代人文社会研究』3：307–322。
對馬路人 1987「信念をともにする集団」佐々木薫・永田良昭編『集団行動の心理学』有斐閣、273–299。
─── 1990「教祖の後継者」井上順孝・孝本貢・對馬路人・中牧弘允・西山茂編『新宗教事典』弘文堂、122–125。
─── 2002「宗教組織におけるカリスマの制度化と宗教運動──日本の新宗教を中心に──」宗教社会学の会編『新世紀の宗教──「聖なるもの」の現代的諸相──』創元社、246–275。
對馬路人・西山茂・島薗進・白水寛子 1979「新宗教における生命主義的救済観」『思想』665：92–115。
渡辺雅子 2003「新宗教における世代間信仰継承──妙智會教団山形教会の事例──」『明治学院大学社会学部付属研究所年報』33：121–135。
渡辺雅子・井桁碧 1989「新宗教における病気治療──教祖のカリスマと「聖なる水」──」(上・下)『明治学院論叢 社会学・社会福祉学研究』81：79–95、82：39–106。
ウェーバー, M. 1921–22=1960『支配の社会学Ⅰ』(世良晃志郎訳) 創文社。
─── 1921–22=1970『支配の諸類型』(世良晃志郎訳) 創文社。
由木義文 1995『宗教学序説』朝倉書店。
弓山達也 2005『天啓のゆくえ──宗教が分派するとき──』日本地域社会研究所。
弓山達也責任編集・財団法人国際宗教研究所編 2006『現代における宗教者の育成』大正大学出版会。

研究動向 1
世俗化論・合理的選択理論

大場　あや

はじめに

　世俗化 secularization は、1960年代以降、欧米の宗教社会学において議論されてきた主要な研究テーマの一つである。近代化に伴う社会変動によって、宗教の果たす役割はどのように変化しているか、さまざまな議論が提出されてきた。ただし、「世俗化」というタームの用いられ方は多種多様であり、どの立場から議論を展開するか、また宗教をどのように定義するかによって議論の方向性は大きく変わってくる。本稿では、世俗化を「近代化とともに宗教の社会的影響力は低下していく」とする歴史観ないし視座を指すものとする[1]。以下では、まず世俗化論とそれに対する批判について、欧米における議論の大まかな流れを整理し[2]、次にその世俗化論が日本の宗教学ないし宗教社会学ではどのように捉えられてきたのか、また、日本における世俗化はどのように論じられてきたのかを見ていきたい。

1. 世俗化論

　世俗化に関する議論へ嚆矢を放ったのは、エミール・デュルケムやマックス・ウェーバー等の19世紀末から20世紀初頭に活躍した社会学者たちである。
　デュルケムは、宗教の社会的機能を —— 共通の信念・行動様式によって人々を拘束することで —— 社会的連帯の維持に貢献することだと考えていた。彼によれば、近代化は社会的分業を発達させ、宗教の役割 —— 社会的連帯の上で果たす統合的機能 —— を縮小させていくプロセスに他ならない[3]。一方、ウェーバーは、近代化を、人々の思考や行動を合理化させ、呪術を必

要としなくなるプロセス(「脱呪術化」)だと捉えた[4]。すなわち両者は、近代化のプロセスで宗教の影響力は徐々に失われていくことを予見したのである。以下に紹介する多くの世俗化論者は、基本的にデュルケムとウェーバーの理論枠組みを受け継いでいる。

1960年代以降、欧米では、移民の流入と共にアジア系の新宗教の活動が活発化し、これとパラレルに——伝統的なキリスト教会とは思想・信条や儀礼・実践が大きく異なる——キリスト教系の新宗教の動きが社会的な注目を集めた。他方、ヨーロッパ諸国では伝統的教派の教会出席率が低迷していたが、アメリカでは教会出席率に大きな変化は見られなかった。このような事態を受け、宗教の現状理解や機能について、よりマクロな視点から包括的な説明を試みたのがイギリスの宗教社会学者ブライアン・ウィルソンである。彼が1966年に"Religion in Secular Society"を刊行して以来、活発な論争が繰り広げられることとなった。

ウィルソンによれば、世俗化とは、近代化に伴う共同体の解体により制度的宗教が社会的重要性を喪失していく過程である[5]。彼は、イギリスにおける教会出席率の低下などを根拠に、その過程は必然的かつ不可逆的なものだと主張した[6]。また、アメリカでは教会会員数は増加の傾向にある一方で、教会出席率はさほど変わらないという統計データを用い、イギリスとアメリカでは異なる変化を見せるものの、文化的差異を考慮すればどちらにおいても宗教の影響力は衰退していると結論付ける[7]。ウィルソンは、世俗化の主な要因を、人々の信頼関係によって統合されていた共同体が、利益や効率を第一に追求するようになったことに求めている[8]。

これを受け、翌1967年にはアメリカで活躍するピーター・バーガーとトーマス・ルックマンが、『聖なる天蓋』と『見えない宗教』を相次いで出版する。

バーガーは、——中世のキリスト教会を念頭に——人々の生活全体を覆っていた宗教的世界観を「聖なる天蓋 sacred canopy」と呼んでいる。近代化によりこの天蓋が解体されることで、社会と文化の諸領域が教会の支配から離脱し、それぞれのルールに基づき自律的に動くようになるこの一連のプロセスをバーガーは世俗化と捉えている[9]。さらにバーガーは、社会と文化だけでなく個々人の意識においても世俗化が見られると主張する。すなわち制度レベルの世俗化としての「客観的世俗化」と、個々人の意識レベルの世俗化

としての「主観的世俗化」である[10]。バーガーによれば、主観的世俗化とは、世界と自分の人生を宗教的な解釈を通さずに認識するようになることを意味している。

バーガーと同窓のルックマンは、宗教を（教会のような）組織化された形態でのみ捉え、宗教の衰退を短絡的に追認する従来の世俗化論を批判した[11]。ルックマンにとって宗教とは、社会を統合し、個人にアイデンティティを与える意味体系であり、必ずしも組織化され、制度的なもの（教会や寺院）とは限らない。その意味体系は、かつて特定の制度的宗教に独占されていたが、それはもはや社会全体に影響力を及ぼす唯一の意味体系ではなくなった。その代わり、個々人は自ら宗教を選んだり、宗教的表象を寄せ集めて意味体系を形成したりするようになり、宗教は私事化されて「見えない宗教 invisible religion」になったとされる[12]。ルックマンにとって世俗化とは、教会のような組織化された制度的宗教（見える宗教）から制度的宗教の形態をとらない「ラディカルに個人化された宗教性」（見えない宗教）への変化を意味している。

以上のように、宗教をどのように捉えるか、また、どのような現象をもって世俗化とするかが論者によって異なり、「世俗化」はきわめて多様な意味を含み持つ概念となっていった。

2. 世俗化論の限界とその後の展開

1980年代以降、中東や東欧、アジア、南北アメリカにおいて宗教の社会・政治的存在感が増し、従来の単線的な世俗化論の図式では捉えられない状況が現出している。さまざまな立場から世俗化論の是非を問う論争が起こったが、未だにはっきりとした決着が見られたわけではない。バーガーは「多元主義が必ずしも世俗化をもたらすわけではない」として自説を撤回したが[13]、ウィルソンは「自らの理論は——あくまで社会構造の中での宗教の機能について論じているのであり——宗教復興現象とは矛盾しない」との見解を示した[14]。ウィルソンの理論を引き継いだスティーヴ・ブルースとロイ・ウォリスも、限定条件を付加することで自らの理論的立場を固持している[15]。

その世俗化論も、山中弘の整理によれば、「長い年月の中で徐々に一定の方向に収斂してきている」とされる[16]。一つは、ウィルソン流の世俗化論を

批判的に継承し、修正して使おうとするカレル・ドベラーレやホセ・カサノヴァらの世俗化論修正派の立場。もう一つは、世俗化論を完全に破棄し、それに代わる新しい理論として「合理的選択理論 rational choice theory」を採用するロドニー・スタークやウィリアム・ベインブリッジらの世俗化論破棄派の立場である。以下、山中の分類に従い、それぞれ見ていく[17]。

(1) 修正世俗化論

　修正世俗化論とは、分析次元や命題を分けてそれぞれを実証的に検証、批判することで、概念としての精度を高めようとする立場である。

　ドベラーレは、世俗化という概念は多義的であるため、世俗化を社会全体・組織・個人の三つの次元に分けて整理している[18]。すなわち、①社会全体レベルにおける世俗化とは、共同体の衰退や社会の機能分化により社会が非聖化 laicization する過程、②組織レベルとは、宗教組織自体の影響力が低下する過程、③個人レベルとは、個人の宗教的コミットメントが低下し、宗教意識が弱化する過程を指している。そして、世俗化論の射程は①の社会全体レベルに限定すべきであり、②・③のレベルには、それぞれ個別の実証研究が必要だと主張している[19]。また、ドベラーレは、非聖化が近代化に必然的に伴う一方向的な進化の過程ではなく、当該社会の社会的・文化的状況に左右される過程だと述べている[20]。

　一方、カサノヴァは、従来の世俗化論が「世俗化の歴史的プロセス自体」と「それが宗教に影響を与えた結果」を混同していると指摘する。すなわち、①世俗的な領域（国家、経済、科学など）が宗教的領域から機能的に分化していくことと、②宗教的実践や信仰の衰退、③宗教の私事化は区別して考えなければならないと主張した。彼は、①機能分化という意味での世俗化は有効・妥当だとするものの、②宗教の衰退と③私事化は必ずしも近代化に伴う過程ではないと判断している[21]。また、伝統宗教が近代社会において再活性化し、公的領域へ進出してくる現象を宗教の「脱私事化」と呼び、さまざまな事例を紹介している[22]。

　両者は研究の目的や方向性には違いが見られるが、世俗化論をいくつかの分析レベルないし命題に分解し、「社会の機能分化」に限定することを主張する点では共通している[23]。

(2) 合理的選択理論

これに対して、従来の世俗化論を完全に放棄し、全く新しい視点から世俗化を捉え直す立場が存在する。その代表的論客がアメリカで活躍するスタークやベインブリッジ、ローレンス・アイアナコンである。彼らは、宗教市場 religious market という概念を用い、さまざまな統計データを駆使して、人々の宗教行動を分析しようと試みている。そして、経済学の理論を応用した「宗教の合理的選択理論」を世俗化論に代わる新しい理論的パラダイムとして提起している。ここでは、まず彼らの理論がどのようなものかを紹介した上で、彼らがどのように世俗化や現代の宗教状況を捉えているのかを見ていきたい。

合理的選択理論は、「人間は自らの行為を合理的に選択する」という人間観・行為観に立脚している。スタークとベインブリッジは、宗教の研究にも「人間は自分の利益が最大になるように行為を選択する」という基本命題が適用可能だと見なしている[24]。この立場に立つと、宗教の選択は、(あたかも)経済的活動の一種として捉えられ、個人は宗教を選ぶ「買い手」、宗教組織は治病や死後の生の保証、お守りなどの物的商品を供給する「売り手」とみなされる。人々は、教会へ行くのにかかる時間や距離、求められる献金の額や修行の内容、また魅力的な教えを説いているかということを勘案し、合理的に宗教を選択する。宗教市場理論では、自由な市場で諸教団が信者獲得のために競合している状態が宗教を活性化させると考えるのである。

では彼らは、世俗化という事態をどのように捉えるのだろうか。彼らは、世俗化のプロセス自体を否定しているわけではなく、世俗化を一方向的な進化論的文脈で捉えることを否定している。彼らにとって世俗化とは、単一の宗教が市場を独占し、自由な競争がなされないことで、——魅力的な宗教商品の開発・供給がなされず——宗教消費活動が停滞していく現象のことを意味している。つまりそれは、個々人の宗教的欲求の減退ではなく、供給者側すなわち宗教の側が多様性を欠いているために一時的に起こる現象であり、宗教が衰退していると「見える」にすぎないとされる[25]。

なお、「宗教市場」という概念自体は新しいものではなく、すでにバーガーも多元主義的状況は宗教伝統を市場化させると述べている[26]。ただし、従来

の世俗化論と、それに対する新理論としての宗教の合理的選択理論は、以下の二点において立場が大きく異なっている。一つは、バーガーら世俗化論者たちは、宗教の多元的状況を世俗化の帰結としてネガティブに捉えているのに対し、スタークら反世俗化論者たちは、多元的状況こそが市場を活発化させるとポジティブに評価する点である。もう一つは、世俗化論が人々の宗教的ニーズ（需要）を重視するのに対し、合理的選択理論では国家の宗教市場に対する規制や宗教組織による宗教的サービスの供給を重視する点である。

最後に、スタークらの議論の抱える課題と展望について考えてみたい。合理的選択理論に対してはさまざまな批判が投げかけられてきたが、主な論点は以下の二つにまとめられる。

一つは、宗教市場という考え方や合理的選択理論で宗教現象を解釈することの是非についてである。つまり、アプリオリに人間の合理性を前提として議論を進めることの妥当性である。信仰や宗教選択には、対人関係における義理人情など、さまざまな外的要因が影響し、合理的な判断を超える場合がある。ウェーバーは、目的合理的行為と対置させるかたちで価値合理的行為という類型を案出したが、合理的選択理論が前提とする合理性は、明らかに目的合理性を念頭に置いている。ホモ・エコノミクスの立場（利己的で合理的な消費行動をする人間観）を前提とする議論の妥当性については、なお検討の余地が残っているだろう。

もう一つは、日本を含む非欧米社会への適用可能性と理論の汎用性についてである。スタークらは、自らの理論の一般性を主張するが、ほぼ欧米のキリスト教世界だけが事例に挙げられており、その他の文化的コンテクストにどの程度適用できるかという問題がある。

合理的選択理論に対する評価は一定せず、おそらく全ての宗教状況を全面的に説明できる理論とはなりえないだろう。ただし、アメリカの宗教状況との対比からヨーロッパの状況を相対化し、宗教社会学に新たな視点を提供したことについては大きな意義を見出すことができる。

以上、世俗化をめぐる諸議論を概観してきた[27]。それぞれの理論は、その社会の文化的背景に強く規定されていることに留意しながら、以下では、日本の宗教社会学の文脈における適用可能性を見ていきたい。

3. 日本における世俗化論と合理的選択理論の適用可能性

(1) 世俗化論の受容と適用可能性

これまで述べてきたような欧米での世俗化論は、井門富二夫やヤン・スィンゲドーなどによって早くから日本に紹介されてきた[28]。井門は、マクロな視点から社会全体の変動を理論的に捉え、それによって宗教の変動、とりわけ新宗教の出現を体系的に説明しようとした[29]。井門は、社会の機能分化の進展とともに宗教自体も機能分化するとし、世俗化を宗教の衰退ではなく「内心倫理化」であると主張する[30]。

しかし、日本の宗教社会学全体としては、世俗化論は日本には適用し難いという論調が強く、欧米ほどに活発に議論されることはなかった[31]。その根拠はいくつかあるが、日本においては歴史上——中世ヨーロッパにおけるカトリックのような——社会全体を覆う宗教は存在しなかったというのが最大の理由である。このような宗教の存在形態の違いに加え、日本の近代以降のいわゆる「国家神道」をめぐる複雑な歴史的展開や、新宗教の発生と展開過程（とくに戦後の高度経済成長期における急速な伸張・発展）[32]などの状況を考慮すれば、単線的な世俗化論の直接的適用には困難が多いように思われる。

とはいえ、高度経済成長期を含む戦後の社会変動によって家制度や伝統的な地域社会が激しく揺さぶられ、それらを支持基盤としていた先祖祭祀や神社が大きく変化したことは明らかである。そこで、前提となる宗教形態の差異を自覚し、限定をつけることで、世俗化論の日本への適用を試みたのが柳川啓一、阿部美哉、森岡清美である。柳川と阿部は、欧米の世俗化と比較しうるような日本の社会的宗教的現象として家（イエ）の衰退に伴う祖先崇拝の変化を指摘している[33]。同様な視点から、森岡清美も「先祖祭祀」の私的個人化、任意化を指摘する[34]。このように、祖先崇拝（先祖祭祀）に関しては日本でも欧米の世俗化とパラレルな関係が見られるとされた。

神社に関しても、戦後の社会変動によって氏子組織が解体され、地域神社は衰退を余儀なくされたことが指摘されている[35]。しかし、石井研士によれば、全ての神社が一方向的機械的に衰退していったわけではなく、各神社の置かれた状況によって「格差の増大」が生じたのだという[36]。都市化がプラ

スに働き、多くの参詣者を集める神社や、新興住宅地などで新たに神社が創建される事例も見られる。例えば、初詣を考えてみた場合、毎年多くの参詣客が訪れる神社も存在する[37]。

こうした現象に世俗化論を適用するとすれば、どのように説明できるだろうか。伝統宗教や実践の衰退、個人化・私事化をもって世俗化とすれば日本にも世俗化が見られると言えるが、新たな宗教運動や実践の発生・興隆という現象を根拠に世俗化を否定することも可能であり、やはり単純な適用は難しいと考えられる。

(2) 合理的選択理論の適用可能性

では、合理的選択理論はどうだろうか。日本の宗教状況に目をやると、檀家や氏子の帰属を消費者的な合理的選択によって決定しているケースはきわめて稀であり、家系や地縁など慣習的な要因によって決定がなされていることが一般的だろう[38]。また、新宗教の場合においても、家族・親戚・友人・知人など既存の人間関係を活用した勧誘によって入信を決めることが一般的である[39]。このように、信教の自由が明確に保障されている戦後日本においては、自由な宗教活動が認められている一方で、しきたりや慣習、信用などの社会文化的な拘束性もまた大きい。教会ごとに独立自治を行う会衆派教会が多く存在するアメリカでは、日本より自由な市場が開かれている。よって、アメリカ独特の宗教状況から生み出された合理的選択理論を日本に単線的に適用することは難しいと言える。

一方、初詣の起源を探ってみると興味深いことが分かる。平山昇によれば、初詣は明治時代以降、鉄道会社の働きかけにより創られ、定着していった行事だとされる[40]。そもそも近世以前において寺社への正月参詣は一般的ではなく、また参詣する場合も、初縁日や氏神、恵方などに基づいて「いつ」「どこに」詣でるか決まっており、参詣対象も徒歩圏内の寺社に限られていた。しかし、1872 (明治5) 年の新暦への移行をきっかけに正月に寺社へ詣でる新たな風潮が生まれ、明治中頃になると縁起を重視する「信心参り」よりも「行楽ついで」の参詣が増えてくる。これに目を付けた鉄道会社が「初詣」という用語を創出し、正月参詣を大いに宣伝し始める。こうして日にちや場所に関する拘束性のない初詣が成立し、明治30年代以降、鉄道沿線にある

郊外の寺社への初詣客が増加した。とりわけ、今日もなお圧倒的な数の初詣客を集めている川崎大師と成田山新勝寺は、一つの寺院に対して複数の鉄道が敷設されているところに特徴がある[41]。

以上の例に合理的選択理論を適用させて説明すると、次のようになる。いつ、どの寺社に参詣してもいい初詣が創り出されたことで、消費者である参詣客にとって社会文化的拘束性のない自由な宗教市場が開かれた。また、供給側の鉄道会社が複数存在するという多元的状況の中で、各鉄道会社が乗客誘致をめぐって相互に競合したことで市場が活性化し、沿線にある郊外の寺社への参詣客は大幅に増加した。

このように、日本とは異なる宗教状況から生み出された理論であっても、分析対象や条件の付け方によっては有効な説明を与えてくれるケースも認められるのである。

おわりに

以上、欧米の宗教社会学において活発に議論されてきた世俗化論と、それに対して展開された諸議論を紹介してきた。すなわち、世俗化論を精緻化させようとする修正世俗化論と、世俗化論に代わる新たなパラダイムを目指す宗教の合理的選択理論である。また、これらの理論が日本の宗教社会学ではどのように捉えられ、批判的検討がなされてきたのかを整理し、日本の宗教状況への適用可能性についても検討した。すでに述べたように、世俗化論あるいは合理的選択理論は、日本宗教の歴史的展開、および現状を十全に説明することができないという見解が学界では一般的である[42]。しかし、これらの理論を全面的に拒否してしまうのは建設的な姿勢とは言い難い。分析対象を精査し、理論を限定的に適用していくことで新たな知見を導出することも可能であろう。日本の宗教社会学のガラパゴス化を避けるためにも欧米諸理論との不断の対話（貪欲な摂取と批判的検討）は不可欠であり、そのプロセスを踏まえた上でそれぞれのフィールドに応じた領域密着型の理論析出が目指されるべきであろう。

注

1　また、本稿において「近代化」とは、産業化（工業化）を中心とし、それに関連する政治的・経済的・社会的・心理的な変化の総体を指すものとする。すなわち、社会の機能的分化、合理化、都市化、地域共同体の衰退、社会的流動性の増大、価値観の多元主義化などを意味している。

2　世俗化に関する議論は、宗教社会学からの発題を出発点とし、宗教現象学、神学、教会史学など多くの立場から論考が提出された。それらを全て検討することは不可能なので、ここでは代表的な論者を挙げ、議論の流れを概観することを目的とする。また本稿は、世俗化論に関しては［スィンゲドー1973］［渡辺1993］［東馬場2010］を、その批判的議論としての合理的選択理論に関しては［岩井2000］［小池2002］［沼尻2002］［住家2010］を特に参照した。

3　［デュルケム1893=2005］。

4　［ウェーバー1904–05=1989］。

5　［Wilson 1966：10–15, 250］。

6　ウィルソンは、「英国における世俗化の統計的証拠」と題した章で、イギリスの教会出席率や堅信礼を受ける人の数、子供の日曜学校出席率、教会政治の有権者数などさまざまな統計的データを駆使して、19世紀末からの60–70年間で、ほとんどの宗教儀礼を行う人が減少し、個人のライフサイクルを通して見ても、加齢とともに宗教的関与の割合は減退する傾向にあることを指摘した［Wilson 1966：21–39］。

7　［Wilson 1966：11–12, 250–253］。1880年には人口の20％だったアメリカの教会会員数は、1962年までに63％に伸びている。また、ギャラップ調査によれば、毎週の教会出席率は1950年代初頭から60年代初頭まで45％前後を維持している［Wilson 1966：109–110］。アメリカでは歴史的にイギリスのような制度宗教は存在しなかったが、ウィルソンが「影響力が低下している」と主張する「アメリカの宗教」とは、いわゆる「メインライン（主流派）」と呼ばれる諸教派のことである。

8　［ウィルソン1976=1979：26–27］。

9　［バーガー1967=1979：165］。

10　［バーガー1967=1979：166, 196］。

11　［ルックマン1967=1976：25–60］。

12　［ルックマン1967=1976：147–159］。

13　［Berger ed. 1999：2–3］［Berger 2001：194］。

14　［Wilson 1992：199–200］。

15　［Wallis and Bruce 1992］。

16　［山中2001：54–55］。

17　山中はのちの論稿において、世俗化論の理論的方向性について加筆・修正をしている。しかし本稿では、［山中2001］での整理、すなわち従来の包括的な世俗化論をいくつかのレベルに分解した方向と、全く新しい理論を提唱した方向という意味で、「修正派」「破棄派」の分類を採用したい。なお、加筆・修正された［山中2006］では、特にカサノヴァの評価に修正が見られることを付記しておく。また、世俗化論の背後にある「産業社会と宗教」という問題設定自体の限界性を指摘するジェイムズ・ベックフォードの立場も言及されている。

18　［ドベラーレ1981=1992：27–31；1986：1–2；1987：18］。ドベラーレは、248点もの著

書、論文を検討し、錯綜していた世俗化概念を整理した。
19 よって、個人レベルにおける「聖なるものの回復」を引き合いに出して、社会が世俗化したとする見解を批判する研究は、明らかに要点をはずしていると述べる［ドベラーレ 1987：18］。
20 ［ドベラーレ 1981＝1992：237-239］。
21 ［カサノヴァ 1994＝1997：20-55］。
22 ［カサノヴァ 1994＝1997：13-14］。同書では、スペイン、ポーランド、ブラジル、福音主義プロテスタンティズム、合衆国におけるカトリシズムの5つの事例を比較・検討している。
23 特にカサノヴァは、(自著は) 世俗化論の包括的な研究、ないし3つの命題をそれぞれ試験し確認するものではなく、「近代世界における公共宗教の比較歴史的な研究のための、理論的、分析的な枠組みを作り出すこと」が主な目的であると述べている［カサノヴァ 1994＝1997：269］。
24 ［Stark and Bainbridge 1985：5］。
25 ［Stark and Iannaccone 1994：230］。
26 ［バーガー 1967＝1979：212］。
27 世俗化論に関連する1990年代以降の論稿としては、［藤原1997］［住家1998；2005］［岩井2000］［山中2001；2004；2006］［小池2002］［沼尻2002］［岡本2007］［マクガイア2002＝2008］［伊藤2015］などが挙げられる。また近年では、［ベック2008＝2011］［ハーバーマス・ラッツィンガー 2005＝2007］［ハーバーマス・テイラー・バトラー・ウェスト2011＝2014］などにおいて、「ポスト世俗化」「ポストセキュラー」の時代・社会における宗教という問題設定がなされている。
28 日本において世俗化論を扱った初期のものとしては［井門1972；1974］［スィンゲドー1978］などが挙げられる。特に井門は、欧米の理論を積極的に取り入れ、日本の状況から独自の理論を提出した点で、「日本の宗教社会学の展開にとって特筆すべき業績であるように思われる」［山中・林1995：307］。ただし、井門の理論は、必ずしも日本の状況から実証的に析出されたものではない。
29 ［井門1972］。つまり、近代化により従来の宗教を支えていた伝統的な社会的基盤が解体され、農村から都市へと流入した人々は「宗教的浮動層」となり、これが新しい宗教運動発生の社会的地盤になったというものである。また、藤井正雄は、このような層を「宗教浮動人口」と呼び、なかでも故郷の檀那寺との関係が切れた人々の動態を分析した［藤井1974］。
30 ［井門1974：154-160］。井門によれば、宗教は、社会の機能分化の進展に伴い、①社会を文化的に枠づける「文化宗教」(国民共通の宗教心性)、②伝統的な宗教制度である「制度宗教」(檀家制度や氏子制度)、③人々の宗教的欲求に応じて自発的に組織された「組織宗教」(新宗教教団)、④個人の内面に存在する「個人宗教」(個人的な宗教性・霊性)という4つの領域に機能分化するという。井門のいう世俗化とは、「見える宗教」としての②と③は衰退したとしても、宗教は①と④の「見えない」かたちで機能し続けるという「内心倫理化」であり、ルックマンの影響が看て取れる。また、井門の議論は、③の組織宗教 (新宗教教団) の出現を必然的過程として捉えている点が注目される。
31 世俗化論の日本への適用が難しいことを早くから指摘した論者として、堀一郎、柳川啓一、阿部美哉、田丸徳善らが挙げられる［堀1975］［柳川・阿部1978］［田丸1979］。ま

た、『東洋学術研究』では世俗化論やその再考に関する特集が組まれ（25巻1号：1986年、26巻1号：1987年）、森岡清美、荒木美智雄、石井研士、阿部美哉、田丸德善らが世俗化論の日本への直接的な適用が不可能であることを論じている。26巻1号の巻頭言において柳川は、世俗化論が日本などの非キリスト教圏にも適用できる普遍的な理論となるには、前提となっている聖俗二元論自体を再考すべきだと述べている。それ以降の日本における世俗化を扱ったものは、［大村・西山編 1988］［林 1992］［石井 1998］［西山 2000］［島薗 2000；2011］などが挙げられる。また、1970年代後半以降の日本の宗教社会学では、（その前の世代の井門らと対照的に）欧米の理論の直接的・機械的な日本への適用に対する批判的な眼差しが強く、参与観察や質問紙調査、歴史的資料を用いる徹底的な実証研究が行われ、とくに新宗教研究による「世俗化理論の批判的な克服」が目指されていた［山中・林 1995：306–304］。この他、日本の宗教社会学の研究史については、［寺田 2000］［西山 2005］などが詳しい。

32　日本の新宗教の展開過程については、［西山 1990］を参照されたい。西山は、幕末から昭和末年までの新宗教の展開を6つの時代に区分してその特徴を示している。

33　［柳川・阿部 1978：15］。彼らは、「西洋と比較しうるような宗教制度のない社会の社会学的研究においては、まず、ターゲットとなる宗教現象を見い出し、次に、その研究にふさわしい理論的枠組の構築の作業を行わなければならない」と主張している。

34　［森岡 1986］。森岡は、現代の先祖祭祀を「双系的選択的な物故近親者にたいする私的個人的性格の強いどちらかといえば任意でインフォーマルな祭儀」としている［同：53］。

35　［森岡 1964］［森岡・花島 1968］。

36　［石井 1998：256–262］。

37　2009年警察庁発表のデータによると、参詣客数上位10位までの各寺社にはそれぞれ200万人以上の人出があり、上位3位の明治神宮、成田山新勝寺、川崎大師には300万人前後が訪れている。また、同年の全国合計では、統計を取り始めた1974年以降最多の9,939万人を記録した。イスラームの聖地メッカへの大巡礼（ハッジ）が、（政府による人数制限があるとはいえ）2013年に過去最多の198万人の巡礼者数を記録したことを考えると、（その訪問の意味合いにちがいはあるにせよ）日本の各寺社への初詣客数の多さがうかがえる。

38　ただし、通夜や告別式を省くまたは僧侶を介さない「直葬」などの葬送形態の登場により、従来の寺檀関係を突き動かし、慣習的な拘束性を弱化させているという傾向が近年見られる。

39　［渡辺 1990：206］［寺田 2016］。

40　［平山 2015：23–41］。

41　鉄道会社同士の乗客誘致競争の内容とは、運賃の割引や運行時間の延長、新聞への広告掲載などである。その後、このようなパターンが大都市において繰り返され、今日の参詣客数ランキング上位10位の寺社のうち7つが、複数の鉄道路線がアクセスする郊外の寺社である［平山 2015：31–35］。

42　山中は、世俗化論は前近代と近代の間に何かしらの断絶を認める歴史観に基づいた近代化論を背景とするため、現代に適用するには「枠組み自体の賞味期限が切れている」と主張する［山中 2004：126］。また、上述のように、世俗化論も合理的選択理論も、結局のところそれぞれの理論が生み出された社会文化的コンテクスト以外にはそのまま適用することは難しいという見解が多く見受けられる。しかし、ウィルソンの世俗化論提唱から50年が経った現在も完全に放棄されたわけではなく、日本宗教学会第74回学術大会

（2015年）では世俗化に関する議論が取り上げられたシンポジウムやパネルが企画されるなど、現在もなお議論の俎上にあがるテーマである。

参考文献

ベック，U. 2008=2011『〈私〉だけの神――平和と暴力のはざまにある宗教――』(鈴木直訳) 岩波書店。
バーガー，P. L. 1967=1979『聖なる天蓋――神聖世界の社会学――』(薗田稔訳) 新曜社。
Berger, P. L. 2001, "postscript" in Woodhead, L. Heelas, P. Martin, D. (eds.), 2001, *Peter Berger and the Study of Religion,* Routledge, 189-198.
――――, (ed.), 1999, *The Desecularization of the World: Resurgent Religion and World Politics,* Wm. B. Eerdmans Publishing Co.
カサノヴァ，J. 1994=1997『近代世界の公共宗教』(津城寛文訳) 玉川大学出版部。
ドベラーレ，K. 1981=1992『宗教のダイナミックス――世俗化の宗教社会学――』(ヤン・スィンゲドー、石井研士訳) ヨルダン社。
――――1986「世俗化諸理論と社会学的パラダイム」『東洋学術研究』25 (1)：1-31。
――――1987「世俗性と宗教――方法論的提言――」『東洋学術研究』26 (1)：16-30。
デュルケム，É. 1893=2005『社会分業論』(田原音和訳) 青木書店。
藤井正雄1974『現代人の信仰構造――宗教浮動人口の行動と思想――』評論社。
藤原聖子1997「90年代の世俗化論」『東京大学宗教学年報』15：27-43。
ハーバーマス，J.・ラッツィンガー，J. 2005=2007『ポスト世俗化時代の哲学と宗教』(三島憲一訳) 岩波書店。
ハーバーマス，J.・テイラー，C.・バトラー，J.・ウェスト，C. 著、メンディエッタ，E.・ヴァンアントワーペン，J. 編2011=2014『公共圏に挑戦する宗教――ポスト世俗化時代における共棲のために――』(箱田徹・金城美幸訳) 岩波書店。
林淳1992「日本宗教史における世俗化過程」脇本平也・柳川啓一編『現代宗教学4 権威の構築と破壊』東京大学出版会、31-57。
東馬場郁生2010「世俗化 (論)」星野英紀・池上良正・氣多雅子・島薗進・鶴岡賀雄編『宗教学事典』丸善、262-265。
平山昇2015『初詣の社会史――鉄道が生んだ娯楽とナショナリズム――』東京大学出版会。
堀一郎1975『聖と俗の葛藤』平凡社。
井門富二夫1972『世俗社会の宗教』日本基督教団出版局。
――――1974『神殺しの時代』日本経済新聞社。
石井研士1998『戦後の社会変動と神社神道』大明堂。
伊藤雅之2015「21世紀西ヨーロッパでの世俗化と再聖化――イギリスのスピリチュアリティ論争の現在――」国際宗教研究所編『現代宗教2015』、249-269。
岩井洋2000「宗教の合理的選択理論についての覚書」『國學院大學日本文化研究所紀要』86：270-252。
小池靖2002「現代宗教社会学の論争についてのノート――霊性・合理的選択理論・世俗化――」国際宗教研究所編『現代宗教2002』東京堂出版、302-319。
ルックマン，T. 1967=1976『見えない宗教――現代宗教社会学入門――』(赤池憲昭、ヤン・スィンゲドー訳) ヨルダン社。
マクガイア，M. B. 2002=2008『宗教社会学――宗教と社会のダイナミックス――』(山中弘・

伊藤雅之・岡本亮輔訳）明石書店。
森岡清美 1964「近郊化による地域構造の変化——三鷹市野崎町会の事例研究——」『国際基督教大学学報2-A 社会科学研究』10：31-98。
――― 1986「先祖祭祀と日本の世俗化」『東洋学術研究』25(1)：43-56。
森岡清美・花島政三郎 1968「近郊化による神社信仰の変貌」『國學院大學日本文化研究所紀要』22：71-136。
西山茂 1990「新宗教の展開」井上順孝・孝本貢・對馬路人・中牧弘允・西山茂編『新宗教事典』弘文堂、22-39。
――― 2000「家郷解体後の宗教世界の変貌」宮島喬編『講座社会学7 文化』東京大学出版会、123-155。
――― 2005「日本の新宗教研究と宗教社会学の百年——実証研究の成果と課題を中心に——」『宗教研究』78（4）：195-225。
沼尻正之 2002「宗教市場理論の射程——世俗化論争の新たな一局面——」『社会学評論』53（2）：85-100。
岡本亮輔 2007「私事化論再考——個人主義モデルから文脈依存モデルへ——」『宗教研究』81（1）：23-45。
大村英昭・西山茂編 1988『現代人の宗教』有斐閣。
島薗進 2000「現代宗教と公共空間——日本の状況を中心に——」『社会学評論』50（4）：541-555。
――― 2011「日本の世俗化と新しいスピリチュアリティ——宗教社会学と比較文化・比較文明の視座——」『社会志林』57（4）：23-34。
Stark, R. and Bainbridge, W. S., 1985, *The Future of Religion*, University of California Press.
―――, and Iannaccone, L. R., 1994, "A Supply-Side Reinterpretation of the 'Secularization' of Europe," in *Journal for the Scientific Study of Religion*, 33(3), 230-252.
住家正芳 1998「P・L・バーガー世俗化論の批判的検討」『東京大学宗教学年報』16：97-106。
――― 2005「宗教社会学理論における『市場』——合理的選択理論批判——」『宗教研究』79（3）：49-71。
――― 2010「合理的選択理論」星野英紀・池上良正・氣多雅子・島薗進・鶴岡賀雄編『宗教学事典』丸善、116-117。
田丸徳善 1979「世俗化の問題——その予備的分析——」『CISR 東京会議紀要』CISR 東京会議組織委員会、40-57。
寺田喜朗 2000「二〇世紀における日本の宗教社会学——アプローチの変遷についての鳥瞰図——」大谷栄一・川又俊則・菊池裕生編『構築される信念——宗教社会学のアクチュアリティを求めて——』ハーベスト社、157-175。
――― 2016「新宗教の教導システムの比較研究——後期近代社会を視野に——」『宗教研究』89別冊：114-115。
Wallis, R. and Bruce, B., 1992, "Secularization: The Orthodox Model" in Bruce, S. (ed.), 1992, *Religion and Modernization: Sociologists and Historians Debate the Secularization Thesis*, Clarendon Press, 8-30.
渡辺雅子 1990「入信の動機と過程」井上順孝・孝本貢・對馬路人・中牧弘允・西山茂編『新宗教事典』弘文堂、202-209。
――― 1993「世俗化」森岡清美・塩原勉・本間康平編『新社会学辞典』有斐閣、876-877。

ウェーバー，M. 1904-05=1989『プロテスタンティズムの倫理と資本主義の精神』(大塚久雄訳) 岩波文庫。
Wilson, B. R., 1966, *Religion in Secular Society,* Pelican Books.
ウィルソン，B. 1976=1979『現代宗教の変容』(井門富二夫・中野毅訳) ヨルダン社。
――― 1992, "Reflections on a Many Sided Controversy" in Bruce, S. (ed.), 1992, *Religion and Modernization: Sociologists and Historians Debate the Secularization Thesis,* Clarendon Press, 195–210.
山中弘 2001「世俗化論とイギリス宗教史」『哲学・思想論集 (筑波大学)』27：53–73。
――― 2004「宗教社会学の歴史観」池上良正・小田淑子・島薗進・末木文美士・関一敏・鶴岡賀雄編『岩波講座・宗教　第3巻　宗教史の可能性』岩波書店、107–129。
――― 2006「世俗化論争と教会――ウィルソン世俗化論を手がかりにして――」竹沢尚一郎編『宗教とモダニティ』世界思想社、15–48。
山中弘・林淳 1995「日本における宗教社会学の展開」『愛知学院大学文学部紀要』25：316–301。
柳川啓一・阿部美哉 1978「日本における宗教社会学の課題」『東洋学術研究』17 (3)：1–16。
ヤン・スィンゲドー 1973「世俗化」小口偉一・堀一郎監修『宗教学辞典』東京大学出版会、495–497。
――― 1978「世俗化――日本と西欧――」柳川啓一編『現代社会と宗教』東洋学術研究所、67–88。

第Ⅱ部

地域社会と宗教

第5章
近隣ゲマインシャフトと葬送習俗
――根白石村における契約講のモノグラフ――

寺田　喜朗

はじめに

　キリスト教会と世俗国家の関係が再編されるプロセスで近代社会が形成された西欧諸国において、宗教と国家の関係を問うことは、近代社会の存立機制、ないし社会的分業の進展を問うことを意味している。一方、既に近世初頭に政教関係が大きく再編された日本では、制度的宗教（仏教・神道）と国家の関係を問うことが近代化の諸相（近代社会の存立機制や社会的分業の進展）を問うことと等価ではない。日本社会の近代化は――教会権力から世俗権力への統治機構の移行と役割の移譲（機能分化）ではなく――、政治機構および経済機構の転換にともなう社会・文化領域の変動と捉えた方が適切である。すなわち、近代的な中央集権国家の主導下で産業化・都市化が進展し、これに伴い伝統的な社会結合・文化体系は再編された。日本の宗教社会学は――制度的宗教と国家の関係性のみならず――、産業化・都市化による宗教組織（寺社・教会・教団）の存在形態および慣習的な宗教文化を支える担い手組織の変容を対象化することによって、「日本社会における近代化の特質」というテーマに接近することが可能となる。

　本章は、地域社会をフィールドに日本社会の近代化――伝統的な社会結合・文化体系の再編――にアプローチすることを試みる。その際、伝統的な葬送習俗を支えた担い手組織に着目する[1]。地域社会における一連の葬送儀礼においてテツダイ――合力（こうりょく）（労働・金品の提供）・互助（相互扶助）――を担当した近隣組織へのモノグラフ研究から日本社会の近代化の一側面を照射してみたい。

1. 研究の対象と目的

(1) 日本の伝統社会と近隣組織

フェルディナント・テンニースは、家族や村落を基盤とした親密な共同生活（ゲマインシャフト）から都市的でインパーソナルな公共生活（ゲゼルシャフト）への移行を近代化の特質と捉えた[2]。この図式を下敷きに、富永健一は——『日本の近代化と社会変動』(1990年) において——、日本の「伝統社会」の基軸となる社会結合を「村落ゲマインシャフト」「同族ゲマインシャフト」「家ゲマインシャフト」と定式化した[3]。しかしながら、日本社会の実態に鑑みると「近隣ゲマインシャフト」という概念が措定されなければ正鵠を得た議論とは言い難いように思われる[4]。日本の地域社会には、本末の系譜に基づく同族（団）と近隣世帯が水平的に結びついた地縁組織（○○組や△△講と名付けられている事が多い）が併存してきたことは周知の事実である。これを有賀喜左衛門は「同族と組」、福武直は「同族結合と講組結合」と概念化した[5]。ただし同族（団）に対しては重厚な実証研究が陸続と提出されてきたことと対照的に[6]、研究史上、近隣組織は等閑視され、主題化されることが少なかった[7]。松岡昌則は——農村社会学の研究史を振り返り——「日本の村落社会における近隣関係自体に着目することはこれまできわめて少なかった」と述べている[8]。

本章は、旧宮城郡根白石村（ねのしろいし）（現在の仙台市泉区西部）の「契約講」（けいやくこう）[9] とよばれる伝統的な近隣組織の事例研究を試みる。宗教社会学の立場——農村社会学とは異なる——からモノグラフ研究の手法を用いて、「村落」「同族」「家」とは異なる社会結合の原理を明らかにし、近隣組織が担ってきた慣習的な宗教文化の戦後における変容を追っていきたい[10]。

(2) 契約講

契約講は、旧仙台藩を中心に東北地方に広く分布する近世起源の地縁組織である。研究上の嚆矢は1936（昭和11）年に発表された田村浩の論考だが、戦後まもなく民俗学、社会学、社会人類学、人文地理学等、さまざまな分野から成果が提出された[11]。旧仙台藩をフィールドとした研究には、田村馨、千

葉正士、江馬成也、竹内利美、江守五夫、平山和彦、福田アジオ、後藤一蔵、今野裕昭、松岡昌則、大友康博、岡山卓矢等の成果が挙げられる[12]。ただし、これらの研究は、専門分野がバラバラなこともあり——アドホックな事例報告も散見され——相互参照がほとんどなされず、成果の共有化が十分に図られていない。たとえば——近隣組織研究の第一人者であり、宮城県の民俗研究の第一人者でもある——竹内利美は、契約講を藩制村単位の自治的組織と説明しているが[13]、先行研究を検討すると必ずしもそうとは言えないことがわかる。

【表1】旧仙台藩内の契約講の組織構成・機能・取り結ばれる範域[14]

村・部落名	加入者・加入資格者	契約講の機能	取り結ばれる範域	村の特質
給分浜村	15-42歳の男性（戸主または相続者）	祭祀の執行、道普請、山林の管理など	旧村内に3つ	漁村
大原村小網倉部落		獅子踊への参加、年祝、祭祀の執行 葬儀手伝、婚礼手伝、道路普請など	部落全体で1つ	
鳴瀬町大塚部落	戸主	かつては村仕事全般に関与 現在は葬式手伝・家普請・災害時の援助	部落全体で1つ	半農半漁
河北町尾ノ崎	20歳加入50歳退会（戸主あるいは相続者）	村仕事全般	かつては部落に1つ 大正期に2つへ	
中田村	36歳から加入資格、戸主のみ	行政上の仕事一切	旧村全体で1つ	
浅井村	45歳以上の男性（働き盛りが含意されている）	堤・掘の管理、草刈り、道普請 共有田・共有林の管理、葬儀手伝	旧村に2つ	農村
柳津村石貝集落	年齢制限無（家督を継いだ既婚者）	かつては村仕事全般に関与 現在は葬儀手伝、屋根替手伝のみ	かつては集落に1つ 明治末に2分化	
松山町次橋	戸主	かつては村仕事全般に関与 現在は葬儀手伝のみ	大字に1つ	
新沼村上宿区	戸主	現存の六親講は葬儀手伝昭和40年代まで空間的近接性を問わない萱・山ケーヤク有	区に1つ	
志津川町入谷地区	戸主（全戸参加型と旧家参加型と新家参加型の3タイプが存在）	かつては萱拭きと葬式手伝い 現在は会食がメイン	南部では集落に1つ 北部ではいくつかの集落にまたがる	
丸山町田畑部落	戸主	村仕事全般に関与	部落全体で1つ	
北川内村	家督を継ぐ前の男性	かつては社寺の経営、風紀取締、屋根替手伝、冠婚葬祭手伝、共有林の管理など 現在は葬儀手伝のみ	部落全体で1つ	山村
柳沢村	家督を継ぐ前の男性	かつては共有林の管理等村仕事一般	部落全体で1つ	

【表1】のように旧仙台藩内に限定しても、水平的なヨコの結合原理を有する協働・互助組織という共通性は見られるものの、範域において第一社会地区（組・字）と第二社会地区（旧村・大字・部落）の差異が見られ、形態的にも、

若者契約型（年序組織として存在する）、戸主契約型、両者重層型というヴァリエーションが見られる[15]。また、機能上も、共有財産を背景に自治的協働組織として（行政機構の末端の機能を兼ね備えた）村仕事全般に関与するものと、葬儀手伝、屋根普請等の近隣者の私的な生活互助に給付機能が限定されるものとに分かれている。また、いくつかの地域の事例が示すように、契約講は必ずしも空間的近接性によって組織が構成されておらず[16]、同族結合（同族ゲマインシャフト）が優越した村では実質的に契約講が協働・互助組織として機能していないケースもある[17]。つまり、契約講というタームで指示される地縁組織は、地域によって多種多様な性格を示していることが明らかである。

そのため、本研究は、まず根白石村における契約講の範域・形態・機能を特定し、その後、その変容とそれを来した要因の究明を進めていきたい[18]。なお本稿では、契約講の変容を分析的に捉えるために、組織形態は残存しているものの集団機能の内容が変化しているパターンを変質 qualitative changing、集団機能のみならず組織形態が変化しているパターンを変形 transformation、組織・機能共に消失しているパターンを解体 dissolution と区分する。換言すると、近代化ないし社会変動のプロセスで、契約講は、何らかの機能変容を遂げつつ存続していくか（変質）、新たな組織へ再編されるか（変形）、解散するか（解体）、という3パターンに分類することが可能だという仮説的展望に即して記述を進めていく。

本研究は、インテンシヴな関心を下敷きにしながら、行政村としての根白石村に遍在する計38の契約講を網羅的に観察し、これを総合して論述するアプローチを採用する[19]。管見では、行政村というかなり広域のスケールを扱い、38に及ぶ契約講の比較分析を行った事例研究は見当たらず、ここに本研究のアドヴァンテージを主張しうる。また、戦後の変容のダイナミズムを詳細に検討した研究は提出されていない。根白石村の村域には、純農村エリアと町場的エリアがあるが、近代化ないし社会変動の影響は両者において大きく異なっており、これを実証的にトレースしていきたい——民俗学的な（重出立証法的）観点から契約講の起源・本質を探ることは志向しない——。すなわち、本論は、近代化・社会変動に惹起された伝統村落の変貌を契約講に焦点を合わせるやり方で跡づけ、当該村域の生活構造と葬送習俗の共変関

係を踏まえ、近隣ゲマインシャフトの特性と変容のメカニズムを考究することを目的とするものである。

2. 調査フィールドの概要──旧根白石村──

本節では、調査フィールドである宮城県旧宮城郡根白石村の地域特性を概括したい。根白石村は、仙台城下の西北約13kmに位置する総面積105.11km²の中山間村であった[20]。泉ヶ岳（1,172m）の山麓から七北田川沿いに発達した丘陵地に立地し──三方を山に囲まれた盆地的袋村──、肥沃な土壌、恵まれた水利、広大な山林と耕地を背景に十分な米・蔬菜・薪炭を産出する富裕村であった[21]。

【表2】

	田	畑	宅地	山林	総民有地
1905(M38)	558町	146町8反	50町1反	3,603町1反	4,358町
1920(T9)	572町	144町	51町9反	3,905町2反	4,673町
1935(S10)	607町	135町6反	不明	3,679町	4,530町
1952(S27)	995町1反		56町7反	不明（公有林含8,749町）	不明

（旧根白石村の土地利用。『村史』より転載）

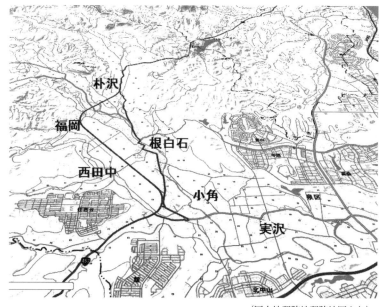

（国土地理院地理院地図より）

第Ⅱ部｜地域社会と宗教

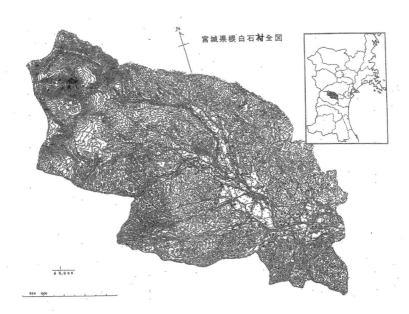

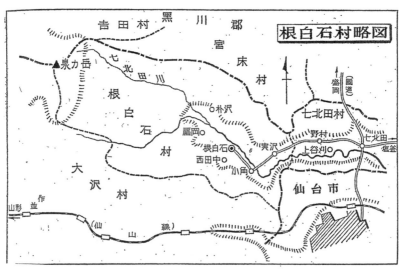

旧根白石村の地図（上は [根白石村史編纂委員会編（平重道監修・編集）1957]、下は [千葉 1951a] より転載）

行政村としての根白石村は、福岡村、朴沢(ほうざわ)村、根白石村、田中村、小角(おがく)村、実沢(さねざわ)村という6つの藩制村（明治4年以降は「区」となる）が合併して1889（明治22）年に誕生している（1889-1897年の村名は泉嶽村）[22]。同村の福岡区・朴沢区は、丘陵地帯の中腹から山麓に位置し、根白石区・西田中区・小角区・実沢区は、山麓から平地に発達している。根白石村の中心——町場的エリア——は根白石区である。行政村としての根白石村の人口の推移は以下の通りである。

【表3】

1921(T10)	1925(T14)	1930(S5)	1935(S10)	1940(S15)	1947(S22)	1950(S25)	1955(S30)
4,897人	5,121人	5,378人	5,798人	5,810人	6,966人	7,045人	7,102人

（旧根白石村の人口。国勢調査より）

　高度経済成長期を迎えるまでの根白石村は、農林業が産業人口の約86％を占める典型的な中山間村であった。当村の農家のほとんどは稲作農家だが、全農家の1/3〜1/2が農閑期に薪炭の生産販売に従事していた。また、農業を主収入としない世帯の多くも米・蔬菜を自給していた。

【表4】

	農業	林業	製造工業	建設工業	商業	運輸通信	サービス	自由業	公務団体	ガス電気	他
人口	2,735	88	76	69	93	51	22	66	81	1	2
％	83.3	2.7	2.3	2.1	2.9	1.6	0.7	1.9	2.4		0.1

（昭和27年における根白石村の産業人口。『村史』より転載）

　当村には、村内外の大地主が見られず、土地所有は比較的平均化されていた。一戸辺りの耕地面積も広く、家畜数も多く、自作農率は歴史的に83％前後と高かった[23]。1924（大正13）年時における当村一戸当たりの生産額は3,398円という数字だが、これは同年における県下の最高額である。なお、戦前まで交易道は一つ（中山道路）のみで、隣接する七北田村に比べて新技術・産業の伝播は遅く、自給自足的経済（アウタルキー）を背景に、近世以来の生活慣習を色濃く残していた。
　1948（昭和23）年、農業協同組合が設立され、経営の合理化が奨励される。東北農村一帯では、農家経営の多角化・個別化が進み、村役場と農協の関係

において人々の関心が後者へ集中することにより「村落共同体」に利害の一致を見ることが困難になる一般的傾向が指摘されている[24]。しかし、当村農家の多くは、大市場に近い利点に支えられ（拡大する仙台市街の食料・燃料の供給地）、昭和30年代まで、農業と薪炭業の兼業によって安定した生活を維持してきた。1955（昭和30）年、根白石村は、隣接する七北田村と合併する（村名は泉村）。

1953（昭和28）年頃から動力耕耘機の所有農家が現れ、昭和30年代に入ると農協（1954年に共済事業に参入）からの借り入れによって多くの世帯が農機具を購入する。農業の機械化が進む中、1963（昭和38）年には宮城県内初の土地改良事業が実施される。農機具の普及は、現金収入の必要性を高めると共に、組合労作の必要性を希薄化させた。各世帯の経済的自立性が高まることとパラレルに協働作業としてのユイ（当地ではヨイッコと称される）は漸次的に縮小・解消され、昭和50年代半ばには完全に姿を消す。他方、1960（昭和35）年前後からプロパンガス、灯油、電気の普及によって薪炭業の斜陽化が急速に進み、1970（昭和45）年には生産調整（減反施策）が始まった。

1973（昭和48）年にバイパスが開通し、袋村だった当地の交通は大きく開かれることになる。自家用車の普及と相まって、当地は、仙台市の通勤圏へと編入される。生産調整とバイパス開通を決定的な契機として専業農家、並びに第一次兼業農家は激減する。各区毎の1970（昭和45）年と1980（昭和55）年の専業・第一種・二種兼業農家数を比較すると以下のようになる。

【表5】

福岡					西田中			
	農家数計	専業	第一種兼業	第二種兼業		農家数計	専業	第一種兼業	第二種兼業
1970	180	4	108	68	1970	86	3	54	29
1980	181	4	24	153	1980	85	2	14	69

朴沢					小角			
	農家数計	専業	第一種兼業	第二種兼業		農家数	専業	第一種兼業	第二種兼業
1970	117	7	91	19	1970	48	18	23	7
1980	114	1	40	73	1980	48	2	22	24

根白石					実沢			
	農家数計	専業	第一種兼業	第二種兼業		農家数計	専業	第一種兼業	第二種兼業
1970	187	8	67	112	1970	144	13	91	40
1980	172	2	24	146	1980	140	6	47	87

（根白石6区の専業・兼業農家数、農業センサスより作成）

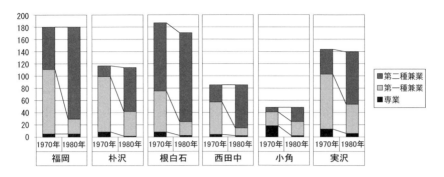

図1　根白石6区の専業・兼業農家数　1970年と1980年の比較

(農業センサスより作成)

　農林業の不振と反比例するように、団地の造成が急速に進められ、当村域は近郊ベッドタウンとして発展を遂げる。1972 (昭和47) 年から実沢と根白石の共有林に泉パークタウン (計画人口38,543人)、1974 (昭和49) 年から西田中の共有林にフローラルヒルズ住吉台 (計画人口9,902人)、1978 (昭和53) 年から実沢の共有林に泉ビレッジ (計画人口8,947人)、また1980 (昭和55) 年から同じく実沢の共有林にいずみ中山ニュータウン (計画人口15,400人) が造成される。1960-2000年の期間の当地の人口の推移は以下の表の通りである。

【表6】

1960年	1965年	1970年	1975年	1980年	1985年	1990年	1995年	2000年
13,652人	19,061人	33,190人	70,087人	98,016人	124,216人	156,356人	182,601人	200,429人

(泉町・泉市・泉区の人口、国勢調査より作成)

　上表を見て明らかなように当該地域は、昭和40年代以降、急激な人口増加を経験している。当地は、泉村から泉町 (1957年) へ、泉町から泉市 (1971年) へ発展を遂げ、1988 (昭和63) 年には合併により仙台市泉区へ編入されている。ただし、この人口増加はかつての共有林 (団地エリア) で生じたことである。地付き農家の居住地域 (村落エリア) の景観には大きな変化は見られない。
　団地エリアのニューカマーは、伝統的な村落エリアの生活慣行からは無縁の存在であり、村落エリアとはほとんど生活協同の場面をもたない (墓購入を契機とした入檀の後にも地付き層との付き合いは依然として稀薄)。なお、村落

エリアに関しては、市街化調整区域に掛からない山林に造成された新宅地ゾーンに人口の増加が見られる。しかし、一部を除いて、その人口動態には大きな変化は見られない。村落エリアの人口の推移は以下の通りである。

【表7】

1966年	1971年	1976年	1981年	1986年	1991年	1996年	2001年
6,440人	6,049人	5,855人	5,798人	5,680人	5,646人	5,639人	6,316人

(村落エリアの人口、住民基本台帳より作成)

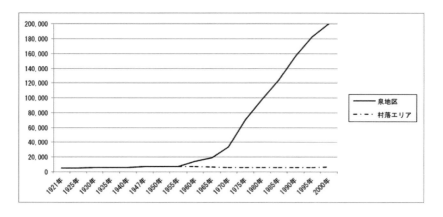

図2　泉地区と村落エリアの人口推移

(国勢調査及び住民基本台帳より作成)

2002(平成14)年の住民基本台帳によると村落エリアの世帯数は、福岡(327世帯)、朴沢(151世帯)、根白石(520世帯)、実沢(625世帯)、小角(96世帯)、西田中(129世帯)である。また、1995(平成7)年の国勢調査によると、根白石6区の産業別人口は以下の通りである。

【表8】

	農業	林業	鉱業	建設業	製造業	電気・ガス	運輸・通信	金融・保険	不動産	サービス	公務	他	総計
福岡	139	1		89	46	3	46	9	3	127	35		683
朴沢	89			72	26	4	19	3	4	88	14		372
根白石	96	4		113	69	15	69	15	4	237	25	1	858
西田中	51			42	23	2	15	2	2	77	9		265
小角	56			41	16	1	20	2		56	2		236
実沢	151		3	80	51	2	48	10	1	100	18		546

(根白石6区の産業別人口、国勢調査より作成)

大局的には当該村域は、農林業を主軸とする人口移動の少ないアウタルキー社会から、モータリゼーションとバイパス開通によって大都市圏（仙台）の通勤エリアに編入され、大規模な団地造成により近郊ベッドタウンへと大きく変貌している。また、泉ヶ岳の観光開発に伴って観光客を対象としたサービス業の発展が見られる。また、2001（平成13）年には根白石の共有林に泉霊園が造成されたため、墓石業者の進出も見受けられる。ただし、これらは村落エリアの生活構造に大きな変化を与えるものではなく、団地エリアと村落エリアの住民には明確な棲み分けがある。

当地で同族はマケとよばれている。当村域に大規模なマケの発達は見られず、村落生活においても同族結合は稀薄で水平的な地縁結合が優越している[25]。我々の共同調査においても根白石村のマケの分布と形態・機能をトレースする作業を行ったが、少なくとも近代以降、マケの間にほとんど給付関係は見受けられず、冠婚葬祭等の儀礼の場面でのみ、本家の権威は顕在化したようである。当地では、血縁分家・非血縁分家共にベッカと呼ばれるが（非血縁分家はワラジヌギとも称される）、年頭礼や結婚式の場面以外では対等な付き合いが期待され、生活協同の機会は稀だったようである（同族神を祀る行事が現存しているマケは2つ）。なお、姻戚を含めたシンルイ組織には、慶事の際の手伝が期待されている。農作業のユイは、マケや契約講ではなく、通常は近隣世帯（トナリ関係）、あるいはシンルイと結ばれていた。大規模なマケや村内外の大地主も見られなかったこともあり、戦後の農地改革を経ても村落構造に大きな変化は見られなかった。

上記の6区（大字）には、それぞれ曹洞宗の寺院と村社が存在する。この他、区社に合祀されたものも含め、さまざまな小祠が存在する。基本的に、根白石村民の葬儀・祭礼は、それぞれの区（藩制村）の社寺で執り行われる（例外的なケースもある）。なお、寺檀関係については、寺院と檀家の居住区が必ずしも完全に対応しているわけではなく、実沢区には1900（明治33）年に建立された真宗寺院（西照寺）もある。ただし、基本的には、上述した6ヶ寺は――檀家のほとんどが藩制村内に集住する――集落密着型の「村寺」の様相を呈している。

【表9】

区	福岡	朴沢	根白石	西田中	小角	実沢
寺院	東泉寺	興禅院	満興時	見松寺	大満寺	林泉寺
区社	鷲倉	朴沢八幡	宇佐八幡	住吉	貴船	熊野

(根白石6区の寺院と区社)

　前述したように団地住民の中には、上掲寺院へ入檀しているケースもあり、現在では、興禅院・満興寺を除いて地付きの檀家は数的にはマイノリティになっている（ただし、総代・世話人に就任している新檀家はごく少数）。しかし、村社の氏子には加入していない（氏子入りは町内会・区民会・親交会への加入を伴う）。新宗教では、創価学会の信者が最も多く、立正佼成会、天理教、大和教団の信者もいる（一時は熱心なPL教信者もいた）。新宗教は、村落エリアより団地エリアに多く信者を擁している。

　当地には、マケ・シンルイ・氏子・檀家以外に、伝統的な社会集団が4種存在した。①町内会、②契約講、③若者契約、④宗教講（参拝講）である。このうち、①町内会と③若者契約について簡単に触れておきたい。町内会は、かつては百姓寄合と呼ばれ、後に部落会・戸主会、現在では町内会・区民会・親交会と称されている。町内会は、旧藩制村の範域に対応する組織である。区の行事（区社の祭礼）、共有林の管理等の村仕事を担当する自治・協働組織であり、行政機構の末端として機能してきた。代表責任者は、かつては肝入（肝煎とも表記される。庄屋・名主と同義）と呼ばれ、その後は部落会長・戸主会長、現在は町内会長・区民会長（区長）・親交会長と称されている。かつての村肝入は、特定の家に世襲され、自治体の長としての性格が強かったが、現在の町内会長は、特定の家からではなく話し合いで選出され、行政にかかわる連絡仕事の担当者という意味合いが強くなっている。

　若者契約とは、百姓寄合（部落会・戸主会）の下位組織として編成された防犯・風俗維持の強化を目的とした自治組織であった。基本的に旧藩制村単位、あるいは藩制村内の複数の組や班の合同という単位で取り結ばれていたが、青年団の結成とパラレルに、ほとんどの若者契約は大正末期までに解散した（例外的に西田中区は1946年解散、福岡区中組は1956年に解散）。若者契約は、15-35歳の男子全員——長男・次男の区別、妻帯の有無に関係なく——が加入する義務があった。これらの伝統的な社会集団の他に農協や林業組合等、

さまざまな官設的集団が多層的に組織されている。根白石村は、こうした諸関係が交錯し、ゆるやかな社会的統一を保つ形で村落結合が維持されてきた。

3. 根白石村における契約講——範域・組織・機能——

根白石村の契約講については、1950年代に千葉正士が調査報告を行っている[26]。筆者は、以前、千葉の論考を参照し、1951（昭和26）年時点の契約講の姿を「原型」と捉え、根白石村の契約講の機能を、①葬式手伝、②屋根替互助、③定例会・親睦会・共同飲食、④災害・病気見舞いの4つに特定する千葉説を踏襲する論考を提出した[27]。また、1.鎮守神祭りの機能がない、2.無尽の機能がない、3.若者組と契約は範囲が異なり、契約講は村仕事に関与しない、4.契約講は入り会いの統制に関与しない、5.家と家とを平等な関係で規定しようとすることが理念とされている、という特質の指摘に関してもこれを踏襲した。

しかし、調査を進める中で、少なくとも大正年間から高度経済成長期にかけての期間、当該地域の契約講のメンバー（講中）の間に実質的に期待された機能とは、①葬式手伝、②屋根替互助の二つであり、災害・病気等の非常時における生活互助、定例会における親睦は副次的なものであったと理解を変えた。他方、千葉が指摘した5つの特質については、筆者は、無尽（頼母子）についてこれを遂行していた契約講が2つあったことを確認しており、また千葉が論文中に触れていた定例会における神事の関わりについては、これを本来的な姿としては指摘できない、という理解を採るに至った[28]。

2006年時点における契約講の概況は【表10】の通りである。なお、2015年現在、筆者は（約10年ぶりに）追調査に取り組んでいるが、依然、網羅的な情報収集・検討が完了していないので、本稿は2006年時点のデータに基づいて議論を進める。

当地の契約講は、行政的な仕事には関与せず、代表責任者は家格にとらわれない輪番制で選出されるフラットな組織原理を有している（当地の契約講の代表責任者には、当番、契約長、講長、鬼面子様、宿前、契約肝入などの呼称があるが、ここでは当番という表記に統一する）。そして、組という第一社会地区の範

【表10】 旧根白石村の範域における契約講の現状、(2006年1月時点。共同調査から作成)

区・区民会／町内会	契約講の有無	町内会加入戸数	契約講加入戸数
福岡			
上野原	有	80。戦前32。	30
杉ノ崎	有	27。戦前31。	23。3班に分かれる。
川崎	有	45。戦前30。	30。5班に分かれる。
城ノ内	有	42	40。3班に分かれる。
藤沢	2つ有	43	それぞれ20ずつ
泉	有	31	25
朴沢			
上高野原	有	15	32（小屋沢と合同）
小屋沢	有	17	↑
小原	無	23	23。互助会へ組織改編
下表	有	23	23
裏	有	14	17（福岡泉から3戸加入）
原	有	16	16。3班に分かれる。
山田	有	28	28
根白石			
上宿	無（平成2年まで）	53	×
上町	無（同上）	24	×
川向	無（同上）	125。戦前7。	×
年川	無（平成13年まで）	37。戦前16。	×
判在家	無（同上）	33。戦前10。	×
上田	無（同上）	13	×
堂所	無（年度未確認）	9	×
花輪	無（平成10年まで）	21	×
中町	無（平成7年まで）	38。戦前56。	「親交会」へ組織改編
下町	無（同上）	90。明治10。	中・下合同で62＋3（川向）
西田中			
萱場上	有	20	12
萱場下	有	20	15
西田中上	有	22	22
西田中下	無（平成13年まで）	26	×
萩坂露払	無（年度未確認）	29	×
小角			
川東上組	有	30	32（上下合同）
下組	有	15–16	↑
川西	有	42。戦前15。	27。4つの班に分かれる。
実沢			
川西	有	40–50	25–26
中	無（年度未確認）		×
去田	3つ有	約50	去田14。立田6。下ノ原？
上ノ原	2つ有	56	飛鳥原16。上ノ原22。

域で取り結ばれ（組内の戸数が増えた場合、あるいは組が広域の場合は班）、家単位の加入が原則であり（戸主契約型）、年序組織ではない。基本的に同村の地付き住民には、契約講に加入する規範があるが強制加入ではない（地付き層の中にも加入してこなかった世帯もある）。分出世帯、ニューカマーも自ら希望し、定例会で講中（講員）の許可が得られれば加入が認められる。戦後以降のニューカマーは加入しないケースが多いが、分出世帯は自らの世帯の葬式を契機に加入を申し出るのが一般的だったようである[29]。

筆者が確認した契約帳に「規約」「申し合わせ」として共通に掲げられているのは、①当該契約講の目的、②定例会の日時、③葬儀手伝、④屋根替手

伝、⑤不幸の際の援助の原則であった[30]。共同調査の結果、同村内の契約講は、機能がほぼ同型であることが確認されている。以下、S.S. 氏の好意で閲覧・複写させて頂いた根白石区本町契約講の規約を記載する。なお、契約帳は、かつては部外者に公開してはならない機密記録であり、加盟する講員であっても特定の期日（定例会）以外は、勝手に閲覧することが暗黙裏に禁止されていた。本町契約講の契約帳は、先行研究や『宮城郡史』、『宮城縣根白石村史』、『泉市誌（上・下）』『仙台市史 特別編6 民俗』等の公刊物に収録されていない一次資料であることを付言しておく。なお、旧字・俗字に関しては、適宜、改めた。

　　　　本町契約講規約
第一条
　本講ハ祖先ノ申シ合セヲ継承スルモノニシテ専ラ信義ヲ重ンジ人道ヲ守リテ隣保相助ケ共ニ生活ノ安定ヲ計ルヲ以テ目的トス
第二条
　本講ノ區域ハ祖先ノ定メタル根白石字本町屋敷ヨリ下町屋敷ニ至ル區間ニシテ之ニ接近スル地域ヲ包括ス
　但シ地方発展ノ結果ニ由リテハ此區域ヲ拡張スル事ヲ得
第三条
　本講ハ本町組契約講ト称ス
第四条
　本講規約ノ活用ヲ円満ナラシムル為講員ヲ甲乙ノ二種ニ區分スルモノトス
一本規約ノ各条項ヲ通シタル趣意ニ依リテ従来継承セル講員及趣意ニ賛同加盟スルモノヲ甲種トス
一本規約中ノ第五条第八条及第九条ノ第一項ヲ除キタル各条項ノ趣意ニ賛同スルモノヲ乙種トス
　但甲種講員ニシテ生活上ノ都合ニ依リ區域外ニ転住スルモノト雖モ其ノ願出ニ由リ本講々員ノ資格ヲ存続スベキ事ヲ定シタル時ハ第二条ノ區域制限ニ因ラザル事アルベシ
　乙種講員ニシテ第二条ニ區域ヲ離ルル時ハ同時ニ講員ノ資格ヲ失ウモノトス
第五条
　　　　甲種講員中ニ於テ家屋ノ建築及屋根葺又ハ葺替等ノ普請ヲ為スモノアルトキハ甲種講員一同之ニ相當ノ手傳ヲ為スモノトス
　但シ手傳ノ方ハ講員ノ申合ニテ之ヲ定ム
第六条
　本講々員中甲乙ヲ問ハズ其家族ニ死亡者アリテ葬儀ヲ執行スル場合ハ講員一同之レニ會葬シ及ビ相當ノ手傳ヲ為スモノトス
　但シ手傳ノ方法ハ講員申合セニテ之レヲ定ム

第七条
　本講々員中疾病其他ノ災害ニ罹リ家業ニ支障ヲ生ジタル時ハ講員一同之ヲ救済援助スルモノトス
第八条
　本講ノ甲種講員ハ申合セ事項ノ励行ヲ計リ當番講員ノ更替披露ノ為メ毎年旧十月一日通常総會ヲ開ク
　尚甲種講員ノ加入及脱退ハ此総會ニ於テ協議決定スルモノトス
　甲乙種講員ヲ通シテ規約ノ励行ヲ計リ且ツ親睦ヲ重ナル目的ヲ以テ毎年旧正月一日甲乙合併ノ通常総會ヲ開ク
第九条
　本講ハ甲乙二種ノ講員ヲ通ズルモノト甲種講員ノミニ関スルモノトノ全般ヲ総理スル世話役ヲ置ク此世話役ハ甲種講員中ノ年長者ヲ以テ之ニ任ズ次年者若干名ハ世話役ノ指揮ニ従ヘ之レヲ補佐スルモノトス其甲乙ヲ通ズル事柄ニ付テハ甲乙相方ヨリ補佐役ヲ挙ゲ甲種講員ノミニ関スル事柄ニ付テハ甲種講員ヨリ補佐役ヲ挙ゲ各其任ニ當ラシムルモノトス
第十条
　本講ノ甲種講員ノミニ関スル事務ノ進捗ヲ計ル為メ従来ノ例ニ因リ甲種講員中巡番ニ當番ノ定メ其事従事セシムルモノトス
　此巡番ヲ定ムルニハ従来ノ巡番ヲ遂テ之ヲ定メ新加入者ハ従来ノ通リ加入順序ニ因リ其巡ヲ定ムルモノトス
　尚従前ノ例ニ依リ講員外ヨリ指定ノ定當番（契約肝入）ヲ選任シ総會ノ通知及講員仲間ノ葬儀ニ関スル事柄ヲ掌ラシム
第十一条
　本講々員ノ甲乙ヲ論セズ其講員ニ該當セル規約ニ背キタル行為ハ勿論社會公共ニ對シ世間ノ信用ヲ欠クガ如キ背徳行為アリト認ムル者アル時ハ通常総會ヲ開キ之レニ戒飭ヲ加セ若シ應セザル時ハ除名スルモノトス
附則
第十二条
　本講規約ヲ追加及更正セントスル時又ハ本講ノ全部若クハ一部ヲ改廃セントスル時ハ該當講員ノ総會ニ於テ之ヲ決スルモノトス其追加及更正ヲ為シタルトキハ之ヲ末尾ニ記スルモノトス
　前項ノ場合ニ於テハ講員ニ四分三以上ノ出席ト出席者ノ三分二以上ノ同意ヲ要スルモノトス
　以上

　本町組契約講　甲乙両種講員共同申合セ事項録
一　本講々員ノ家族七才以上ノ死亡者アル時ハ其葬儀執行ノ日時ヲ定メ本講ノ常當番ヲシテ成ルベク早ク其旨ヲ講員一同ニ通知スルモノトス
二　前項ノ通知ヲ受ケタル講員ハ香典料トシテ金五銭ツヽヲ常當番ニ托贈スルモノトス
三　葬儀執行者タル講員ハ前項ノ香典料ヲ受ケタル時ハ常當番ニ對シ其給料トシテ

金弐圓也ヲ給與ス及担方ノ者ニ対シ一人ニ付金弐拾五銭ツ、給ス尚残余アル時
　　　ハ之ヲ本講ノ積立金ニ提供スルモノトス
　四　本講員ノ具葬儀執行ニ関スル穴掘棺担及葬儀ノ行列ニ供スル所要ノ人夫ハ従来
　　　定メタル通リ（家並順ニ繰リ）順番ヲ以テ手傳スルモノトス
　　　但シ講員中朴澤ノ興禅院福岡東泉寺西田中見松寺小角ノ大満寺實澤林泉寺及西
　　　照寺ニ埋葬スルモノアル時ハ穴掘担方ノ人員ヲ二倍シテ四人トス之レニ對スル
　　　第三ノ支（給）額ニ於テ増額スル分ハ葬儀執行者ノ負担トスル事此以外ノ埋葬
　　　地ナルトキハ本區々境迄見送ルモノトス
　五　葬儀當日ハ執行ノ時刻ニ先ンズ常當番ヲシテ一般講員ニ會葬ヲ促カスベキモ講
　　　員一同ハ之レニ拘ラス時刻ニ遅レサル様ニ出場スルモノトス
　六　本講員ハ死者ニ對スル敬意ヲ表スル為メ特ニ左ノ事項ニ留意シ誠意ヲ以テ會葬
　　　スルモノトス
　　（1）男子ハ成ルベク羽織袴ヲ着用スル事
　　（2）葬儀ノ徒列ヲ乱サザル事
　　（3）葬儀中静粛ニスル事
　七　今後加入者アル時ハ加入金壱円也ヲ措出サシメ之レヲ本講ノ積立金トスル事
　以上ハ従来本講甲種講員ノ實行シ来リタル申合セニ追加更正ヲ加ヘ甲乙両種ノ講員
　之ヲ共同實行スベキ事ヲ申合セタリ

　　　　　　　　　　　　　　　　　　　　　　　　　大正十三年一月
　　　　　　　　　　　　　　　　　　　　　　　現在講員ヲ代表シテ之ヲ識ス
　　　　　　　　　　　　　　　　　　　　　　　　〇〇〇〇〇（←名前は以下も伏字とする）

　以上から、当該契約講は、「信義ヲ重ンジ人道ヲ守リテ隣保相助ケ共ニ生活ノ安定ヲ計ル」目的の組織であることがわかる。ただし「隣保相助」の内容は、建築及び屋根替（五条）、葬儀執行の際の手伝（六条）、病気・災害の救済救助（七条）に特定されることが明らかである。そして、この取り決めを行うのが、総会（八条）である。これらの機能を果たす義務と権利を有する地付き世帯は甲講に加入している。

　ニューカマーあるいは分出世帯の多くは、山林財産を所有していない。また、地付き農家と同規模の家屋に居住していない。加えて、商店主などは農事暦に沿って家業を営んでいるわけではないので、農家と同様に建築・屋根替普請へ労働を提供することは多大な負担となる。建築・屋根替に関わる互助を求めず、また、総会を自宅で開催するだけの規模の家屋と資力・労力を持たない世帯は乙講に加入した。乙講は、比較的居住年数が短い非農家世帯で組織されていた。乙種講中（講員）の義務は、葬式手伝・共済のみである。

契約講に甲乙の二種が存在したのは、非農家世帯が多かった町場的エリアの根白石区の契約講のみである（福岡・朴沢・西田中・小角・実沢の契約講にはこのような組織分化は見られない。なお、契約講の規約が作成されるのは明治中期以降が多いが、本町組の契約講の場合、甲乙への組織の分化を契機として大正13年に規約を作成したことが推察される）。

　契約講の意思決定は、定例の総会で行われた。そこには戸主の参加が要請された。総会における規約の確認・更新、当年度の役割担当者の確認・指名は、「取り決め」あるいは「申し合わせ」と称され、その厳守は講中の大原則であった。かつては羽織・袴の正装での参加の義務があり、遅刻者にはいかなる理由があろうとも（酒一升等の）罰則が加えられた。厳粛な雰囲気の中で「取り決め」「申し合わせ」が交わされた後、振舞（宴会）へと移行した。取り決めの中でも特に当番（宿前・契約長・講長・鬼面子・契約肝入等）の交代は厳格な作法を伴って遂行されるものだった（行われる儀礼内容は契約講によって異なる。「神酒まわし」「当渡し」「申し送り」「謡いあげ」等）。総会における座順は、同村のほとんどが年齢順だった（根白石区の本町組・上組は家格順）。振舞の規模と費用は各契約講によってさまざまだったが、理念的には経費は平等割の負担だった。しかし、「宿八割の損」という言葉があるように当番（宿前）の負担が実質的には大きかった。町場で資産家が多かった根白石区の上組甲種契約講の総会は、総会の本振舞以外にも、子ども衆への餅振舞、若衆への「あと見の宴」、各戸への茶菓の土産等、当番にはさまざまな負担があった（本振舞の経費以外は当番負担だった。酒・飲み物が当番の負担とされる根白石区判在家のようなケースもある）。なお、町場的エリアの根白石区以外の地域では、本振舞以外の宴や引き出物等を用意する奢侈な習俗・風潮は見られなかった。経費については「言わず語らず」という暗黙の了解があり、契約帳が保管される契約箱に前年度分の領収書が納められ、これを参考に翌年の当番は振舞の用意をした。振舞の経費は、前年よりかかったとしても、総会では「前年通り」と報告するのが慣例だった。ただし、これらの作法や規範も戦後は弛緩し、経費は公開で、場所は（根白石区以外では）各区の集会所（公会堂）を利用して開催されることになった。集会所で開催される総会では、仕出し屋に料理を委託することが一般化している。総会の期日は、各区の契約講によってさまざまである（年に2度、当番が交代した契約講もあった）。なお、定例総会への女

性参加は、戦後、全ての区で容認されるようになり、近年は、酒や食事を伴わない総会も見受けられる。一方で娯楽行事を兼ねて旅館で開催することになったケースもある。

【表11】旧根白石村の契約講の組織構成・機能・取り結ばれる範域

村名	加入者・加入資格者	契約講の機能	取り結ばれる範域	村の特質
根白石（行政村）	年齢制限無戸主の参加	葬式手伝・屋根替手伝・非常時の建築普請	組や班に対応	中山間村

　根白石村における契約講の変容を3つのパターンに分類すると、解体した契約講は、根白石区の上宿・上町・川向・年川・判在家・上田・堂所・花輪の全ての組、そして西田中区の西田中下・萩坂露払、実沢区の中であり、変形した契約講は、朴沢区の小原、根白石区の旧本町（中町・下町）である。なお、残りの全ての契約講において変質を観察することができる。では、変容を具体的に検討するために当該地域における葬送習俗の変化をすこし細かく眺めていきたい。

4. 葬送習俗の変化と契約講の変質

　当地において契約講に期待される互助機能のうち、現在まで残存しているのが葬式の際のテツダイ（合力・互助）である。本稿ではそれぞれの契約講を個別に記述するのではなく、共通項のアウトラインを示したい。なお、ここでは、僧侶が執り行う法要を葬儀と呼び、死の告知・湯灌（清拭）・枕経・通夜・念仏・火葬・告別式・行列・埋葬・初七日法要などといった一連の葬送儀礼のシリーズを葬式と呼んで区別する。

　根白石村では、7歳以上の成員が死亡した場合にのみ葬式が執り行われた。不幸があった家では、まず契約の当番に知らせ、当番は講員に通知し、「つなぎ」あるいは「油代」と呼ばれる所定額の香典を集める（香典の額は、契約講毎にさまざまで、2005年時点で500～3,000円の幅があった）。当番の指示によって2名の男性のみのペアが組織され、死者の縁者に死亡時刻、喪主、葬儀の日時を知らせて歩いた。これは「知らせ」と呼ばれた。知らせに歩く間、契約講の残りの男性講中は寺との交渉、「行列（葬列）」に使う道具の用意に取り

かかり、女性は賄(まかな)いの手伝いをする[31]。かつては7日目が一般的であったが、7日→5日→3日へと短縮され、現在では葬儀は、死亡後3日目(ただし友引は避ける。友引の場合は5日目)に執り行われるケースが多い。火葬は、通常、葬儀の前日に行われる。つまり、葬儀は骨葬である。ただし、1957年(昭和32)に火葬場ができるまでは土葬であった[32]。死亡した日から葬儀までの期間、檀那寺の僧侶が夕方に喪家を訪れ、枕経をあげる。それ以外に、喪家では、契約講中と故人の縁者とで「念仏(ネンブツ)」が執り行われる。講中が輪の中に入って「南無阿弥陀仏」の調子をとり、これを全員で唱えながら大きな数珠をまわす。まわす回数は、契約講によって異なる(10回あるいは100回という所もあれば、13回・23回・33回のいずれか、という所もある)。数珠は、普段は各区の寺か集会所に保管されている。念仏は、葬儀当日まで、という所もあるが、葬儀後1-2週間まわす所が多い(3週間まわすこともある)。念仏をまわしに来た人々へは、酒・料理が振る舞われる。その費用は喪家が負担する。料理は、女性講中の労働負担でつくられ、品目は野菜の煮物・蒟蒻・豆腐・油揚げ等の精進料理と決められている。なお現在では、葬儀当日の料理は仕出し屋に頼むのが一般化している。

　行列とは、かつては遺体を墓地まで運搬し、埋葬する儀礼であり、現在は遺骨を墓地に運び入れ、納骨する儀礼である。行列の順番は、地区によって多少異なるが、基本的にはほぼ同型である。ここでは、福岡区東泉寺で配布されているJA仙台葬祭センターが作成したプリントを紹介する。

【表12】行列における持物及び順位(JA仙台葬祭センターが作成しているプリント)

1.	仮門	2名	講中作製
2.	鉦	1名	講中備品
3.	龍頭(前龍)	1〜2名	講中備品
4.	高張	2名	講中作製
5.	幡(各種あり)		講中備品
6.	花籠	1〜2名	講中作製
7.	銘旗	1名	講中作製
8.	墓標	1〜2名	主に販売品(特注)又は塔婆　25の後の時あり
9.	四本幡	4名	主に講中備品
10.	蓮華	4名	葬儀社備品(又は販売品)
11.	生花		講中作製(又は販売品)
12.	供物(菓子・果物)		喪家購入
13.	茶	1名	喪家準備　15の後の時あり
14.	水	1名	喪家準備
15.	団子	1名	喪家作製

16. 一杯飯	1名	喪家作製　20の後の時あり
		＊卍字は記入する所と記入しない所がある。
17. 四華	2名	講中作製（又は販売品）
18. 野卓	1名	講中作製（又は販売品）
19. 燭台	1名	講中作製
20. 木香炉	1名	主に販売品
		＊卍字は記入する所としない所とある。
21. 松明	1名	葬儀社準備（又は講中作製）
22. 写真（遺影）	1名	主に葬儀社作製
23. 野位牌	1名	葬儀社準備主に喪主が持つ
24. 柩（又は遺骨）	4名〜	葬儀社準備
25. 天蓋（衣笠）	1名	講中
26. 高張	2名	講中（白張提灯は販売品）
27. 龍頭（後龍）	1〜2名	講中備品
28. 遺族		（衣被・白頭巾）
29. 親族		（〃）
30. 一般会葬者		なし

　行列は、かつては各家の墓へ、現在は、各家の墓がある旦那寺へ向かう[33]。喪家に竹で作られた仮門が設置され、そこから寺へ出発する。行列は、本家が持つ松明を先頭に、花篭（道標）、龍頭、提灯（高張）、幡、死花（四華）、造花、団子・水・一杯飯・菓子、遺影、位牌、香炉、棺、日傘等で構成される。この後に白い布で顔を覆い、草鞋を履いた近親の女性が続いた（この草鞋は、行列で使用されるとすぐ捨てられた）。

　行列の役は各契約講によって多少異なるが、花篭、龍頭、提灯、幡、死花、棺、日傘を契約講中が担当し、団子・水・一杯飯・菓子、遺影、位牌、香炉を遺族が担当するという分業がある。松明は本家の戸主の役だが、本家戸主の葬式の際は第一別家戸主がもつ。なお、日傘を契約講の当番がもつところが多い。位牌は喪主がもつ。仮門、花篭に入れる道標（色紙）、死花などは講中の労働負担で作られる。かつては松明、香炉、草鞋、棺、棺の担ぎ棒、縄、搭婆等を用意するのも講中の役割だった。龍頭、幡、日傘は、各区の寺や集会所（公会堂）に保管されている。松明、香炉、遺影などは、現在は、農協あるいは葬儀社（（株）清月記）が用意することが一般的である（福岡・朴沢は農協の利用が多く、実沢・根白石・西田中は清月記の利用が多いそうである）[34]。葬祭業者がさまざまな業務を執り行い、造花など購入できる品目が増えるにつれ、講中の労働負担は軽減されていった。葬祭業者の関与は平成以降に強まったそうである。

土葬が行われた時代は、棺の運搬と穴掘りが最も負担の大きい仕事であった。行列における講中の役割は、当番が適宜、指示を出すが、棺の運搬役と穴掘り役だけは家並順の輪番制で定例総会において決められた。行列当日の早朝に穴掘り役は六尺（約2m）の穴を掘り、担ぎ手は行列の一員として墓場まで棺を担いだ。棺は、当地では（腐りにくい）栗材製の座棺と決められており、これもかつては講中が作成した。棺の運搬は大変な重労働であった（運搬中、棺を地面に付けることは禁じられていた）。担ぎ手は、4名（ヨッタリと呼ばれる）あるいは2名のケースがあったようである（担ぎ役と穴掘り役を1セットにしていた講もある）。穴掘りには3-4時間かかるのが普通だった。棺担ぎ、穴掘り共に、大変な重労働であり、この重労働を講中が担当するところに契約講の存在意義があった、と複数のインフォーマントが説明してくれた（大意）。

　上述してきたとおり、現存する根白石6区全ての契約講に変質を観察することができる。変質の大きな契機となったのが、火葬の普及による土葬慣行の途絶である。根白石では、1957（昭和32）年に小角に火葬場が建設されてから漸次的に土葬は減少し、まもなく消滅した[35]。火葬によって棺の中身は遺体ではなく遺骨になった。また、穴掘りの仕事は、カロート墓内部への納骨に代わった。これは、契約講の労働互助機能の極めて中核的な領域が変化したことを意味している。また、労力と交通事情が勘案され、昭和の末頃からマイクロバス利用が始まり、契約講の労力負担は更に軽減されることになった。そして「知らせ」も、早い所では昭和の末から、多くの組では平成以降に電話が利用されるようになった。かつての「知らせ」には、多くの人手が必要であったが——故人の縁者は七北田村や仙台にまたがることもあり、文字通りの人海戦術で告知が行われていた[36]——、電話利用が始まると当番一人で告知することが可能となった。他方、女性が担当する賄いの内容も変化した。賄いは、女性講中総動員で取り組む大仕事であったが、水道、ガス、家電、自家用車が普及し、商店での食品購入・調理が容易になるにつれ、大人数の手助けが必要ではなくなった。また、昭和の末から葬儀当日の料理の仕出し屋への委託が一般化すると、講中の女性全てが動員される機会は完全になくなった。平成以降は、念仏の際の振舞は、契約講の範域ではなく、「近所」あるいは「隣組」と称される近隣者がサポートに来ることが一般的になっている（当地で隣組と称されている範域は、戦中の隣組とは必ずしも一致して

おらず、4・5戸単位の近隣世帯という意味で使用されている)[37]。ただし、賄いは、2・3日間は喪家へ付ききりになるので依然、大きな負担を強いられる仕事である。契約講が解体した根白石区の各組においても近隣者同士の賄いのサポートは継続して行われている。

　実質的な労働負担と並行して象徴的な領域においても変化が見られる。従来、行列への女性と未婚男性の参加はタブーであった。しかし、戦後まもなく全ての区で女性の参列が容認されるようになり、同様に未婚男性の参列も容認された。さらには、棺の担ぎ手役に変化が見られる。棺の中身はかつては遺体であり、これを契約講の担当者が運搬することに重要な意味があった。担ぎ役は、葬式の中で最も負担が大きく、敬遠される役回りであった。これを平等に割り振るのが定例総会における「取り決め」の最も重要な案件であり、この厳守が講中紐帯の象徴でもあった。しかし、火葬により棺の中身は遺骨になり、運搬の労力は大幅に軽減されることになった。そして、遺骨をもちたいという遺族が多くなってきた。当初は違和感を覚える人々が多かったようだが、やがて全ての区で棺（遺骨）の運搬役は遺族へ移行した。

【表13】葬式と契約講の戦前からの変化

	戦前	現在
死に場所	自宅	病院
葬儀の場所	自宅	各集落寺院
知らせ	契約講中の男性2名のペア。歩いて告知。	契約講の当番一人が電話で告知
念仏の参集単位	遺族と契約講中全ての戸の戸主	近隣の契約講中の来られる人
念仏の賄い	契約講中全ての女性	近隣世帯の女性（近所・隣組）
数珠回しの回数	100回あるいは33回	10回あるいは13回
葬儀の日程	死後1週間後	死後3日後
葬法	土葬	火葬
行列の道具の準備	契約講中の男性	葬儀業社
行列の順番の指示	契約講の当番	葬儀業者
行列の参列者	遺族と契約講中の戸主	遺族と契約講各戸の参加できる人
行列の衣服	羽織・草鞋	背広・靴
遺体・遺骨の持主	契約講の担ぎ手	遺族
行列の行程	自宅から集落墓地まで歩いて移動	自宅からバスで集落寺院まで移動
葬儀・告別式の賄	契約講中全ての女性	業者の仕出し
葬式の費用	現金はほとんどかからない。講中の香典。	遺族の負担。講中の香典は少額。
契約講の定例総会	宿前の自宅で開催	集会所・旅館で開催
定例総会の賄い	契約講中の宿前の女性	業者へ委託（あるいは買い出し）
屋根替	契約講中の男性の外仕事と女性の内仕事	屋根替え慣行の消失。改築は業者

5. 契約講の変形・解体とその要因

　以上、葬式におけるテツダイ（合力・互助）の内容とその変化を見てきた。根白石6区に現存する契約講全てに変容を看取することができる。本稿では記述を割愛するが、屋根替互助は、萱から瓦への家屋建替に伴い全ての契約講でその機能がなくなっている（同村では、屋根替に関する契約も各区持ち――入合地――の萱場が利用されており――空間的近接性を伴う――萱場ケーヤクという呼称はあってもその単位は契約講と重複していた）[38]。さまざまな社会経済状況の変化に対応して、契約講の機能も労働面・象徴面双方に変化を遂げている。変化が見られるものの、フレキシブルに社会状況に適応し、契約講という近隣組織は存続してきた。

　なお、解体に至った根白石区の上宿・上町・川向・年川・判在家・上田・花輪、西田中区の西田中下・萩坂露払、実沢区の中という組においても、「念仏（数珠まわし）」「行列」の慣習は残っている。また、前述したように「賄い」のサポートは、依然、近隣者が執り行っている。ただし、念仏と行列は、かつての講中全てが参集するわけではなく、賄いも変質した契約講と同様、契約講の範域ではなく、「近所」あるいは「隣組」と呼称される近隣者がサポートに来ている。契約講という近隣組織の範域が無意味化し、厳粛な「取り決め」「申し合わせ」を伴った定例総会へ参集する意味が消失したことから解体に向かったと分析することができる。ただし、各講によって解体のプッシュ要因は多様である（人間関係の問題が大きかったと語られることが多い）。なお、他区の状況とは対照的に、何故、根白石区の契約講は全て解体しているのか、という問題については、次に触れる変形した朴沢区小原、根白石区旧本町組の事例と対照させるやり方で考察を進めたい。

　では、変形という経路を辿った朴沢区の小原組、根白石区の本町組（中町・下町）の2つの契約講は、どのような要因によって組織再編というコースを辿ったのだろうか。

　朴沢区小原では、契約講は解散し、「互助会」という組織に再編されている。取り結ばれる範域と講員は同じだが、定例会参加における正装着用の原則がなくなり、当番（講長）の代わりに「葬儀委員長」という役が置かれることになった。葬儀委員長は――1年交代の輪番制ではなく――、葬式の手順

をよく知り、時間に余裕がある高齢者が3年任期で務めることになっている。なお、互助会会長は、葬儀委員長だけでなく、寺（興禅院）総代、神社（朴沢八幡）総代という4つの役を兼任することになった。つまり、当地では、互助会会長が、行政・葬式・寺・神社の一切の仕事を取り仕切ることになっている。2年任期の町内会長は、互助会会長のサポートを務める分業体制がある。互助会の定例総会は、契約講当時とは異なり、寺行事である大般若の午後に集会所（公会堂）で開催される。町内会の新年会（総会）も集会所で、さまざまな宗教講の行事（これも精進講として統合されている）もまとめて執り行われる。つまり、さまざまな行事が簡略化され、町内会（氏子）・契約講・檀家・宗教講という組織が一元化されているのである。組織が一元化されると共にさまざまな仕事は互助会会長に集中して兼務されることになっている。萱葺屋根が姿を消し、葬式においても実質的な労働負担がなくなったことから、（厳格な取り決めを伴った）契約講という組織は当地においても存在意義を失いつつあった。しかし、当地では、契約講は解散するのではなく、他の組織との合併（一元化）という方向に変形を遂げた。フレキシブルに一元化・簡略化を遂げた変形のパターンである。なお、朴沢区小原は、戦前から今日まで居住戸が完全に連続している純農集落である。農業の兼業化が進み、サラリーマン世帯が増えることによって生じた生活構造上の変化とその影響を全ての住民が同じように受け、生活条件を共有している。そのため、このようなフレキシブルな組織再編が可能となったと推察される。

　一方、根白石の（中町・下町の範域で組織されていた）本町組契約講は、1982（昭和57）年に「本町組契約共済講」へと組織を改編し、さらに1995（平成7）年には同講も解散し、「本町親交会」が立ち上げられている。つまり、正確に言えば、変形の後、解体を経て、組織が再編成 reorganization されている。この本町契約講の事例は、解体・変形の双方に示唆を与えるものとなる。

　なお、根白石区の本町（中町・下町）のエリアは当村随一の町場である。「六百姓」として知られた旧家であった中町・下町の両S家を中心に、早い時代から開発された集落であった。ただし、戸数が急激に増えたのは、旧根白石村の中心地となった1889（明治22）年以降のことである。

　以下、一連の組織の変遷を詳しく追っていきたい。本町講は、以下に示されるように当村内においてはかなりユニークな性格をもった契約講であっ

た。例外的なパターンではあるが、この事例を参照軸に契約講の変容の要因に迫りたい。

　以下、根白石本町契約講甲乙種双方の申し合わせ事項の変遷、並びに組織再編の目的が記された資料を示す。

本町組契約講甲種講員申合セ事項録

一　本講々員ニシテ居家其他ノ家屋建築及屋根葺々替ヲ為スモノアル時ハ講員一同ヨリ左記手傳及金品ノ寄贈ヲ為スモノトス
　　　　　　　　　記
（一）居家ノ普請ニアリテハ其土築及建方並ニ屋根葺々替共其本人ヨリ依頼サレタル人員ヲ手傳ヘ其萱運搬ハ岳山ヨリ貳駄ツ、手傳スルコト
　　尚此手傳ノ外左記ノ金品ヲ寄贈スルコト
（１）萱五尺丸キ三丸ツ、
　　以前ハ軒付用トシテ元打萱弐丸ツ、定メナリシ処追々萱ノ不足ヲ告クルニ至リ大正七年頃講員協議ノ上本項ノ通リ改メタリ
　　但シ前記ニ寄贈ヲ受クベキ講員ハ其受クベキ年ノ前年ニシテ萱結立ヲ為スベキ季節ヲ失セザル期間ニ於テ其旨講員ニ通知スルモノトス若秋普請ノ為メ之ヲ受クルノ時期ナキモノ及茅葺ニアラサル普請ニシテ之ヲ受クルノ要ナキ者ニ対シテハ其年ノ萱ノ賣買價格ニ準リ代金ニテ寄贈スルモノトス
（２）中縄百尋ツ、
（３）萱屋根葺職人ノ給料一人分ツ、
（二）厩ノ普請ニアリテハ其土築及建方並ニ屋根葺々替共其本人ヨリ依頼サレタル人員ヲ手傳ヘ其萱運搬ハ岳山ヨリ壱駄方荷ツ、手傳スルコト
　　外ニ中縄五拾尋ツ、ヲ寄贈スルコト
　　但厩ヲ所有セサル講員ガ居家以外ノ普請ヲ為ス時ニ当リ其申出アルトキハ壱棟ニ限リ之ヲ厩ト認メ同等ノ手傳及寄贈ヲ為スモノトス
（三）小家（物置）ノ普請ニアリテハ此種建物ノ所有者ニ於テ相互ニ土築建方葺方其本人ヨリ依頼サレタル人員ヲ手傳ヘ其萱運搬ハ岳山ヨリ壱駄ツ、手傳スルコト
（四）前三項ニ亘ル普請ニシテ瓦葺及其他ノ屋根葺材料運搬ヲ講員依頼スル時ハ其運搬スベキ場所ト材料トニ因リ岳山ヨリノ萱運搬ニ對照シテ其駄数ノ数量ト駄数ヲ協定シテ手傳ヲ為スモノトス
　　但シ其普請主ノ都合ニ依リ前各項ニ亘リ運搬ノ手傳ヲ要セサルモノニ對シテハ右ニ相當スル賃金ヲ協定シ代金ニテ寄送スルモノトス
（五）前各項ニ亘リ運搬手傳ヲ為ストキハ普請主ニ於テ一食ツ、ヲ給ス其他金品寄贈ノ時ハ普請主ノ所ニテ一切飲食ヲ致ザルモノトス
一　以上講員ノ普請相助ノ方法ヲ定ムルト雖モ萬一周圍ノ事情ヲ顧ミス濫リニ建替及屋根換ヲ為スガ如キハ相互ノ不経済ナルノミナラス郷土全般ノ不経済ナルヲ以テ火災其他ノ災害ニ罹リ止ムヲ得サル普請ノ他ハ其年数ニ左ノ制限ヲ設ク若

レモ自分勝手ニ此制限年数ニ達セサル普請ヲ為スモノアル時ハ之ニ對スル手傳
　　　ヲ為サザルモノトス
　　　居家ノ年限ヲ参拾ヶ年トス
　　　厩及小家(物置)ノ年限ヲ弐拾ヶ年トス
一　本講ハ元根白石村契約ニ加入シ在ルカ故ニ我々甲種講員ハ其権利義務ヲ継承セ
　　ルモノトス
一　毎年旧十月開催スル通常総會ハ其當日ノ二日前ニ常當番ヲシテ之ヲ講員一同ニ
　　通知シ講員集合ハ午後弐時トス
　　　尚此總會ニ要スル飲食ノ費用其他雑費並ニ常當番ノ手當ハ凡テ講員ノ分担ニシ
　　テ其重ナル費用ハ左ノ献立ニ由ル品代ト常當番ノ手當金トス
　　　常當番ハ此總會ノ席ニ列セシムルモノトス
　　　　献立書
　　　　一　清酒　壱斗
　　　　一　酒ノ肴三品(房丁入)
　　　　一　吸物　壱
　　　　一　猪口　壱
　　　　一　皿(肴)壱
　　　　一　角　　壱
　　　　一　汁　　壱
　　　　一　飯　　壱
　　　　　以上
　　　備考　常當番手当ハ金弐円トス
一　前各項ハ從来ノ本講々員ノ現在實行シツ、アル事項中今日講員ヲ甲乙二種ニ區
　　分スル當リ特ニ甲種講員ニノミ関スル事項ヲ摘録セリ
　　尚参考ニ供スル為メ最近ノ實施事項ヲ左ニ掲ク

明治四十四年旧十月協議及實行事項
一　根白石年川組契約講員〇〇〇〇ガ明治四十三年中居家ノ建替普請ヲ為シタルニ
　　依リ萱運搬ノ手傳並ニ屋根葺職工賃ノ半日分ヲ寄贈スベキ処瓦屋根ナルカ故ニ
　　其事ニ至ラサリシガ其手傳分ヲ代金ニ換算シテ屋根葺職工賃ト共ニ寄贈セラレ
　　タキ旨ヲ本講ヘ申出ニナリタルニ依リ本講ハ之ヲ他組ノ契約講ト相談ノ上其金
　　額ヲ定メ當時ノ本講當番ヲシテ之ヲ取纏メ寄贈セリ

大正八年旧十月協議及實行事項
一　本講々員〇〇〇〇〇ガ大正十年居家家建替致スベキニ其ノ構造ノ瓦葺ナルカ故
　　ニ萱運搬及萱ノ寄贈並ニ屋根葺職工賃寄贈ノ件ノ協定方申出ラレタルニ依リ左
　　ノ通リ協定及實行セリ
一　萱運搬ノ手傳ニ替ルニ岳山ヨリノ萱弐駄分ヲ小角ノ瓦工場ヨリノ瓦運搬ト對照
　　シテ瓦六駄(桟瓦六十枚ヲ壱駄ノ割)ッ、運搬セリ

一　萱寄贈ノ五尺丸キ三丸分ヲ壱丸金六拾銭ノ割ニ換算シテ金壱円八拾銭ツヽトス
　　之ヲ當時ノ當番ニテ取纏メ寄贈セリ
一　尚元ノ村契約ニ加入セル他組契約講ヘハ本人ヨリ手傳ノ儀ヲ申出タル処他組ノ
　　契約講員ヨリハ一名ニ付屋根葺職工賃ノ半分ノ代金六拾五銭ツヽノ寄贈ヲ受ケ
　　タリト言フ
以上本講ノ申合セノ實例ヲ示シタルモノナレバ今後此申合セヲ増補訂正スル時ハ其
事項及實例ヲ其都度白ヘ添記スベキモノ也

昭和九年旧十月改訂事項
昭和九年旧十月ノ総會ニ於テ協議ノ結果本講甲種講員申合事項中訂正スルコト左ノ
如シ
(五) 号第四項ノ全文左ノ通リ改ム
一　毎年 (新) 十一月開催スル通常総會ハ其當日ノ二日前ニ常當番ヲシテ會場及集
　　合時間ヲ講員一同ニ通知スルコト
(1) 會場ハ新茶や山田うどんやおすみ茶や中の茶や順序但一年交代トス
(2) 講員集合時間ハ午後二時トス
　　尚以総會ニ要スル飲食物及其他ノ費用並ニ常當番ノ年手當料ハ凡テ講員ハ平等
　　負擔トス
　　　但
一　常當番ノ年手當ハ既定ノ額ヲ踏襲シテ金弐圓也トス
一　講員ノ平等負擔タル會費ハ當一人ニ付金壱圓也トス
　　場合ニ依リテハ臨時協議ノ上其場限リ増減スルコトヲ得
　　　　備考
　　従来総會ハ講員ノ加盟順番ニ依ル當番講員ガ自宅ヲ其會場ニ供シ且ツ講員ノ○
　　檜費用トナル飲食物ノ買入ト調理トヲ為シ来タリシガ之レガ為メ會場ニ供スル
　　座敷ノ整備ハ勿論飲食物調理等ニ少ナカラザル心支ヘヲ生ジ特ニ貴重ナル勤労
　　時間ヲ空費スルガ如キハ獨リ當番講員ノ一家族ニ止マラス之レヲ隣家ニマテ及
　　ホシ等農村經濟上好マシカラザルヲ以テ茲ニ改メテ會場及飲食ニ關スル一切ノ
　　事ヲ左ノ條件ノ下ニ飲食業者ニ依頼スルコトトセリ
　　一膳部ハ酒飯供用ノコト
　　但料理ハ制限ヲ加ヘサルモ酒ハ壱斗ヲ用ユルコト
　　尚常當番ハ會費ヲ要セズシテ此席ニ列スルコト
　　　　　以上

　ここまでの甲種記録で注目すべきは、早くも1911 (明治44) 年に瓦屋根の家屋普請 (○○○○家) があり、そこで萱葺屋根とは異なる給付方法が議決されていることである。共有山林の萱と異なり、瓦は代金で支払われる。貨幣経済の村内流入の最も早い事例の一つとして捉えられるが、これは契約講の

給付内容にも変化が生じる契機となっている。

　1934（昭和9）年には、「新茶や」「山田うどんや」「おすみ茶や」「中の茶や」という4つの飲食店で総会が開催されることになっている。自宅での総会開催は、「會場ニ供スル座敷ノ整備ハ勿論飲食物調理等ニ少ナカラザル心支ヘヲ生ジ特ニ貴重ナル勤労時間ヲ空費スル」ため、上記の飲食店が利用されることになった、とある。同村において、この時期、このように定例総会が飲食店で開催されたのは当該契約講のみである。他の地域では、依然、宿廻りの当番宅で開催されていた。非農家の割合が高い、町場という地理的要因がこのような選択を促したことを推察することができる。

　1923（大正12）年に講中に火災があり、トタン屋根に立て替えられた。「當時ノ萱下ヶ駄賃及ビ縄代手傳人夫賃ヲ見積リ一戸當リ金五円ツ、捻出シテ金百弐拾五円也ヲ贈典シタリ」とある。同村内の契約講において、（大正年間に）建築普請に現金の見舞金を供与している例も、当該根白石本町契約講のみである。

　隣接する根白石上組契約講の契約帳（1923年）と比較すると、上組講中は、住家30年、厩屋20年の周期で屋根葺の権利を獲得するが、屋根葺に際して、講員は一人当たり住屋は萱2駄、厩屋は萱1駄半、泉ヶ岳の萱場から運搬し、住屋は200尋（約300m）、厩屋は100尋、縄を提供する義務があった。これに加えて茅葺職人一人の賃金を契約講で支払う申し合わせがあった。これと似たような労働負担と茅葺職人への手間賃供与の取り決めがあったことに関しては他区でも確認しているが、建築普請へ金品供与で対応する例は他では見られない（なお、金品供与に関しては、上組には「穴掘當番」に「金弐拾銭」を供与するという規約（第十条）がある）。

　純粋に農林業によって生計を立てていた他の地域では、まとまった現金と共済事業の必要性を感じたのは農機具の購入がきっかけだった、という話を聞き取っている。戦前までは、建築あるいは屋根替には現金よりも労力が必要だった、という話を聞いており、また、同村内の空気として、金で何かを済ます、ということは、あまり好ましい行為とは思われていなかった、という内容を複数のインフォーマントから聞いている（建築材は泉ヶ岳──共有林──から供給された）。しかし、非農家が多い町場的エリアの当該地域では、早い時期から労力ではなく、「金品」による手助けが実施されている。以下、続けて終戦までの申し合わせ事項を追っていく（提示する資料は部分的な抜粋

である）。

昭和十年四月二十三日甲種講員○○○○○火災ニ罹リ居家厩共全焼シ直ニトタン葺家屋ヲ新築シタルニオリ當年ニ各賃金ヲ考慮シ左ノ通リノ見積金ノ計算ス見舞金トシテ金八拾四円也ヲ贈典スルコトヲ申合セタリ但此贈典ハ来ル十一月ノ総會ノトキトスルコトヲ同年六月二十日○○○○○宅ニ於テ協定ス

萱下駄賃	居家	弐駄分（壱駄五十銭）	壱円	壱円五十銭
	厩壱	駄半分		五十銭
縄代	居家	拾把　（壱把七銭ノ割）	十四銭	弐拾壱銭
	厩	壱把		七銭
屋根葺職工	居家	壱人　（壱人壱円ノ割）	壱円	壱円五十銭
	厩	五ト	五十銭	
計金（端数切上ケ）		講員一人當リ三円五十銭ツ、二十四名ハ金八拾四円也		

　一例だけ紹介したが、本町組契約講中には、1935（昭和10）年、1936（昭和11）年、1938（昭和13）年と立て続けに火災が発生している。1935年の火災では、「居家厩共全焼シ直ニトタン葺家屋ヲ新築シタルニオリ當年ニ各賃金ヲ考慮シ左ノ通リノ計算ス見舞金トシテ金八拾四円也ヲ贈典スル」ことが申し合わされている。翌1936年の火災では、「協定ノ通リ講員一人ニ付金参円五十銭ツ、弐拾四名分金八拾四円也ヲ火災見舞金」として渡した、とあり、1938年の火災では、「居家厩共ニ全焼直チニトタン屋根ニ新築セリ依テ葺替年限ニ至ラザルモ甲種講員申合セテ各賃金ヲ見積リ計算シ全九拾円ヲ見舞金トシテ贈與スルコトトセリ」とある。

　上述したとおり、我々の根白石村共同調査において、火災に伴う建築・屋根替見舞として現金が供与されたという例は、この本町契約講を確認しているのみである。町場である本町講には、非農家世帯が少なからずあり、トタン屋根への立て替えも当村内では早い時期から始まっていた。同講では、葬式の香典費以外の費用として、萱刈り手間賃、茅葺き職人への手間賃、縄代などが計上されている。そして、当番（肝入）には給与が支払われている。給与支給は隣接する同じく町場であった上町でも行われているが、他では聴いたことがない。このように契約講の労働提供が、定額の「金品」に換算されて代理提供されているのは、町場的エリアであった根白石区（その中心が本町と上町）の大きな特徴だと考えられる。

> 昭和二十六年十一月七日新加入スル人ハ加入金壱百円トス
>
> 昭和三十年十一月十八日○○○○○宅に於て総会にて従来拾圓の貯金を経済状勢に依り一金五拾圓づつ貯金する事に決議す
>
> 昭和三十三年十一月三十日○○○氏宿前に於て
> 肝入より申入れも有時世にも依り不幸の時に集金する各戸より金十円宛集金する事に申合致しました
> そして集金の内金参百円を肝入様へ差上げて残金を不幸の宅へ差上げ身洗銭とする事右之通り申合ました
>
> 昭和三十七年十一月十一日○○○○氏宅の総会において肝入り○○○氏に対する給料は年間二十円となっていたが社会経済情勢の変化によって極めて少額であるとの意見の多数によってこれを年間の給料を参百円に改めた。
>
> 昭和三十八年十一月二十三日○○○○○宅当前の総会において昭和十五年十一月の総会に於いて決定した事項をして白米二合五勺を集めることとあり、その後、昭和十八年度総会において統制経済のため下町公会堂を利用することになり、その機会にご飯を廃止することとなつていた。
> 其の後講員一同の希望もあり、当前の最初から白米を集めず、その年の当前から当前においてご飯を○すことに全員異議なく決定した。
>
> 昭和四十二年十一月二十六日○○○○○宅当前の当前に（ママ）おいて本契約講の申し合せ事項を遵守したが、時代の変遷に著しいものがあり時宜に則さない不合理の点があるので年々改めつゝあるが、本総会においてつぎの通り全員異議なく決定した。
> 　　　　記
> 　　献立書
> 一、清酒　一斗とあるを、その年の総会において諮り適当の数とし清酒、ビール、その他飲料水とすること。
> 一、酒の肴　三品　吸物　（適当に献立のこと）
> 一、飯　汁　漬物
> 一、廃止するもの
> 　1、猪口　　2、一皿盛肴　　3、角
> 　以上

　現金徴収により互助機能を代行する当該契約講は、時代状況にあわせて合理的に運営されていることが看取される。また、経済統制下、飲食店開催から集会所へ総会が移っているが、やがて、講中宿前の開催に変更されている。

戦後の社会生活の変化に適応し、定例総会の飲食も伝統的な食材・清酒からビールやコップの使用が認められることになっている。物価上昇に伴って積立金の額が上がっていることも確認できる。

なお、同講では、契約講の積立金とは別に頼母子が行われていた。なお、現時点までの調査において、契約講の講中で頼母子事業を確認しているのは、根白石区の本町と上組の二つの事例のみである（本町契約講の頼母子事業の記録は、契約帳とは別の帳簿に記載されている）。

なお、上組契約講は、従来、頼母子を行っていなかったが、1951（昭和26）年に「屋根改造規約」という新しい規約が制定され、頼母子事業をスタートさせた。瓦屋根への建替の共済を目的とする頼母子事業は1973（昭和48）年まで続いた。

本町契約講は、1982（昭和57）年に「本町組契約共済講」に改編されている。これは、瓦屋根への建替が全ての家屋で終了し、頼母子の掛金の借用希望者がいなくなったことが直接的なきっかけとなっている。瓦屋根への建替には、根白石区共有林の三菱地所への売却が関係している。1965（昭和40）年当時、本町組甲講各戸にも40万円ほどの現金が入った。現在の物価で言うと400万円程の価値があったということである。その現金を元手に、契約講からの資金の借り入れと労働互助によって瓦屋根への建替は進んだ。建替がさかんに行われたのは、1967（昭和42）年前後だったようである。

頼母子の掛金は定例会の経費とは別で集めていた。契約からは、建替に際し、大体30-50万円規模の金を貸していた（最大の貸し出し額は50万円）。上述したように、貸し出しの使用用途は、ほとんどが瓦屋根への改築費用であった。1975（昭和50）年頃に全ての講中家屋の建替が完了し、積立金の借り手がなくなったところで存続問題が浮上した。1982（昭和57）年、本町契約講（甲種）は、直接解散に向かうのではなく、組織は残しつつ契約共済講への改編が試みられた。

以下、「本町組契約共済講規約」を示す。

　　　本町組契約共済講規約
（名称）
第1条　本講は、本町組契約共済講と称する。
（目的）

> 第2条　本講は、各講員の親睦、融和、相互扶助の精神に則り、積立金により講員の経済面の相互共助を図ることを目的とする。
> (目的)
> 第3条　本講は、本町契約(甲種)全員の希望者を以つて組織する。
> (世話人及び代表人)
> 第4条　この目的を達成するため世話人を置く。
> 　　　　中組3名　下組3名を総会に於て選出する。
> 　　　1　世話人中より互選で代表者1名を置く。
> 　　　2　世話人の任期は、二ヶ年とし、再任を妨げない。
> (任務)
> 第5条　本講の規約により、代表者及び世話人は、次の任務を行う。
> 　　　1　総会に提案する議案作成。
> 　　　2　共済講の申込、給付、審査をすること。
> 　　　3　共済金額の取りまとめ並びに支払、保管に関すること。
> 　　　4　その他総会に於て委任された事項
> (運営並びに負担金)
> 第6条　本講の運営、負担金は次の項目によるものとする。
> 　　　1　本講の共済負担金は、任意加入口数とする。
> 　　　　（但し、2口までとする）
> 　　　2　本講の1口の払込金額は、2万円とする。
> 　　　3　本講の給付を希望する者は、1名の保証人を附し證書に署名捺印の上申し込むものとする。
> 　　　4　給付は、総会の席上で決定する。なお、その際に代表者に事前に連絡するものとする。
> 　　　5　当該年度に於て給付申し込みのない場合は、積立てるものとする。
> 　　　6　その他細部については、別紙内容により世話人会で決定するものとする。
> 第7条　本講規約は、昭和57年11月23日から実施する。本規約外の細部については、総会及び世話人会にて決定する。
> 　　　　共済講は5ヶ年毎に精算するものとする。

　この契約共済講は、屋根替・葬式普請など、特定の互助目的が決められていない文字通りの共済組織である。年2万円の積立金を集め、無利子でこれを貸し出すことが当該集団の結成目的である。しかし、この契約共済講にも存続問題が浮上する。

　以下、1995(平成7)年11月13日に講中に配布された資料を記す。

> 平成7年11月13日
>
> 各 位 様
>
> 本町契約講代表
> ○○○○
>
> 　　　　本町契約講総会開催について
> 晩秋の候と相成りました、講員の皆様方には、益々御清栄のこととお喜びを申し上げます。
> さて、本年度の本町契約講総会を、下記日時に開催いたしますので御出席方を願います。なお検討課題となっております契約講の【存続問題】を、ぜひ考えて頂き、当日決定をいたしたいと、思いますのでよろしくおねがいします。
> 　　　　　　　　　記
> 1，月　　日　　　平成7年11月23日　午後2時
> 2，場　　所　　　根白石中町集会所
> 3，協議事項
> 　　　　イ、契約講の存続問題について
> 　　　　ロ、契約講の乙種（葬儀）の簡素化について
> 　　　　ハ、その他

　このような形で公に存続問題が論議されることになった背景には、隣接する上組契約講が1990（平成2）年に解散していた、という事情がある。上組では、1984（昭和59）年には解散が議決されていた。上町・上宿・川向（1990年）、本町（1995年）という根白石区中心部の契約講が解散した後、花輪（1998年）、年川・判在家・上田（2001年）などの同区周辺部の契約講も解散している。

　また、1993（平成5）年には泉霊園造成に共有林が懸かり、各世帯に600万円ずつの収入があった。共済金を積み立てる必要性がますます希薄化する状況が生じていた。

　そして、宿廻りの講中自宅で開催されることになっていた定例総会への負担が問題化していた。本町講では、遅刻厳禁、違反者への罰則、風呂に入って正装で出席する原則等、厳格・厳粛な雰囲気が維持されていた。当番（宿前）の女性は、2・3日前から什器を用意し、襖や障子を張り替え、25人の参加者への振舞の準備に忙殺されていた。戦後、自宅開催に戻ってからは、当講では旅館や飲食店で総会を開催する提案がなされることはなかった。実質的に共済機能が消失し、協定の目的が宙づりになっている一方で、親睦のためだけに難儀な総会が宿廻りで開催されていることへの不満が女性講中に

あった。自営・専業農家世帯がほとんどなくなり、サラリーマン世帯が圧倒的になった状況では、25人の参加者をもてなす定例総会の自宅開催は、以前とは違った意味で負担が大きくなっていた。

1995（平成7）年11月23日における総会の多数決の結果、3票差で契約講の解散が決定した。その場で、契約講解散と、代わりとしての「本町親交会」という親睦団体を立ち上げることが決まった。

本町親交会の会則を以下に記す（日付なし）。

```
              本町親交会会則
（名称）
第1条  本会は、本町親交会と称す。
（目的）
第2条  本会は、会員の相互扶助、隣保相助け、精神に則り会員の会員の親睦、融
       和を図ることを目的とする。
（義務）
第3条  本会は、会員中に死亡ありて葬儀を執行する場合は、会葬及びそれ相当の
       手伝いをするものとする。
（組織）
第4条  本会は、この目的の主旨に賛同する者を以て組織する。
（世話人、代表者）
第5条  本会は、目的達成のため、世話人をおく。
       世話人は、4名とし、総会において選出する。
       1, 世話人中より互選で代表者1名を置く。
       2, 世話人の任期は、5年とし、再選を妨げないものとす。
（任務）
第6条  本会の、世話人、代表者は、次の任務をおこなう。
       1, 総会に提案する葬儀関係にかんすること。
       2, そのため総会に於いて委任された事項。
（総会）
第7条  総会は、5年毎に開くものとする。但し、世話人代表が必要と認めた場合
       は、臨時総会を開くことができる。
（経費）
第8条  本会は、その都度会員の拠出金を以て経費にあてる。
```

これまでの契約講規約と決定的に異なるのは、頼母子事業が廃止され、定例会が5年周期で開催されることになったことである。積立金の平等分配には当時の代表が細心の注意を払って尽力し、トラブルや不平不満の声は出な

かった。

続いて2004（平成16）年に親交会会員に配布されたプリントを示す。

　　　　　本町親交会　会員の皆様方へ
初冬の季節と相成りましたが、会員皆様には、益々のご健勝の事と、お慶び申し上げます。
扨て、会員の皆様方より会員の当番のあり方を考えるべきとのお話があり、その事を世話人の方々と相談致しました処、下記のとおり決定しましたのでご了承下さいますと共に今後このように実行して頂きます様お願い申し上げます。
　　　　　　　　　　　　記
　[1] 会員はお知らせを配るだけとし、墓掃除は喪主の近所の方のお手伝いの方々にしてもらうこととする。
　[2] 行列は、基本的に行うこととし、竹のない方は、お寺に連絡して貰えばお寺で竹を用意することと致しました。
　[3] 告別式後の墓参りは、朝6時にお寺に集合して、墓参りをする。
　[4] お知らせの時の会員名簿は、下町の〇〇〇〇宅でお渡しいたします。留守の場合は、代表〇〇〇〇宅でお渡し致します。
　　　　　　　　　　　　　　　　　　　　　　　平成16年12月1日
　　　　　　　　　　　　　　　本町親交会　代　　表　〇〇〇〇
　　　　　　　　　　　　　　　　　　　　世話人　〇〇〇〇
　　　　　　　　　　　　　　　　　　　　　同　　　〇〇　〇
　　　　　　　　　　　　　　　　　　　　　同　　　〇〇〇〇

　繰り返すが、契約講と親交会の最大の相違点は総会の周期である。契約講は1年に一度、地域住民が必ず顔を合わせる機会を提供していたが、親交会の総会は5年に一度である。自宅で総会が開催されていた当時は、講中全てが各戸の生活状況を容易に把握できていた。フェイス・トゥ・フェイスの集会が5年に一度しか開かれなくなったことは、近隣付き合いが疎遠になることに拍車をかけるものとなる。契約講がなくなってから人々の繋がりが希薄になってきた、という話は、同地域のインフォーマントが共通して語っていたことである。

　以上の流れを整理しておきたい。根白石区本町（中町・下町）は、行政村の中心的町場として栄えたときに戸数（非農家世帯）が増えた混住エリアであった（居住歴・職業が異なる住民の混在）。その意味で、地域住民の「向いている方向がバラバラ」であり、「商売やってる人と百姓やってる人とでは考えてる

ことがまるで違う」状況があった。一方で、当地は、家格の上下意識が濃厚に残り、総会の座順も年齢ではなく家格で決められていた。また総会の運営も、形式が重視され、「言わず語らず」という暗黙の了解も解散時まで厳格に保持されていた。これらは、(戦後の)旧根白石村内では特異なケースであり、他の柔軟性に富んだ契約講の運営とはきわめて対照的であった。

　いわば、本町契約講は、利害を共有していない職業の異なる住民が、厳格な取り決めを遵守することで組織の維持が図られていた。例外を認めると講運営に支障が生じるため、規範を厳密に守ることが重視されていた。一方、その運営方針は合理的であった。早い段階から「金品」の供与を認め、同村内の契約講群の中では例外的に頼母子・共済事業に取り組んでいた。その意味で意思決定機関としての定例総会の合議は重視された。当然、同講における規約厳守の規範の強さは、運営に金銭が絡んでいたことも関係しているだろう。

　本町契約講の解散の直接的な契機は、掛け金の用途が宙づりになったことにある。頼母子で掛けてきた積立金は、屋根替・普請の賃金から、瓦屋根建替における無利子の貸与資金に用途を変えたが、全ての家屋の建替が終わった時点で、用途は宙づりになった。貸してほしい、と名乗り出る者が無くなり、繰り越しが続いていた。他区の契約講とは異なり、屋根替・葬式の労働提供から頼母子・共済事業に早い段階で中核的機能は転換していた。葬式互助は、契約講が解散し、親交会が結成された以降も近隣者で遂行されている。しかし、そこには契約講という単位は関係しなくなっている。他区が、葬儀社や農協などの専門的職業機関が参入した後も契約講という組織が存続している事態とは対照的に、共済機能が消失した時、本町組契約講は解体した。親交会は、契約講とは異なり、日常的な労働互助機能を担っていない。しかしながら、近隣者が何らかの形で助け合い、協力し合う合意の象徴として存在しているように見受けられる。

6. 結論

(1) 根白石村の契約講の特質

　以上、根白石村の契約講の特質と機能・組織の変容を追ってきた。当村

域における契約講は、近世末期に行政組織としての町内会（百姓寄合・部落会・戸主会）と分化する形で編成された水平的な結合原理に基づく戸主契約型の生活互助組織であり、マケやシンルイとは異なる地縁原理の家連合であった。取り結ばれる範域は、組（組内の戸数が増えた場合、あるいは組が広域の場合は班）のスケールに対応し、10-30という戸数が本来的な姿であった。

当村域の契約講は――農作業の組合労作、共有林の管理、郷社の祭礼、芸能、道・堰普請、風紀取締り、慶祝手伝、葬式手伝、屋根替手伝、建築普請、非常時における生活保障・共済事業等といった生活連関のうち――実質的に葬式と屋根替の際の合力・互助を担当してきた（非常時における生活保障を理念として掲げた共済組織でもあったが、実際に担当したのは火事の際の建築普請のみであった）。飢饉・凶作の際の生活保証には、村（かつては藩制村としての6村、1889年以降は行政村としての根白石村）とその下位組織である町内会（百姓寄合・區会・部落会・戸主会）が公的チャンネルとして機能した[39]。例外的に共済・頼母子事業を継続的に行った契約講があったが、これは38の契約講のうち、町場的エリアの根白石区上組・本町（中町・下町）組の2つに限られていた。

すなわち根白石村の契約講の特質は、行政的・自治的な村仕事には関与しない生活互助組織である点に認められる。そして、その合力・互助の中でも、重要な意味を有したと目されるのが土葬の際の「穴掘り」「棺担ぎ」扶掖である。もっとも敬遠された二つの役回りを平等に割り振ることが契約講の「取り決め」の最重要案件であり、定例総会は、平等な負担原則――互酬性の規範――を承認・共有させる社会的装置として機能してきた。

⑵　社会変動の影響

本稿は、契約講の変容を変質 qualitative changing・変形 transformation・解体 dissolution の3パターンに区分した。2006年時点において、組織を維持・存続させている契約講（変質パターン）は25、異なる機能を担当する組織へ再編が図られた契約講（変形パターン）は2、解散した契約講（解体パターン）は11であった。大別して純農村エリアの契約講は変質を遂げつつ維持・存続し、町場的エリアのほとんどの契約講は解散していた。

契約講の変容の要因は、列島レベルの社会変動に惹起された村落外的要因と当該村落に生じた村落内的要因に分類できる（両者は入れ子構造にある）。両

者を時系列に列挙すると、戦後の復員・人口流入、1948（昭和23）年における農協・共済組合の設立、1954（昭和29）年にスタートする農協の共済事業と農業の機械化（組合農作の解消）、昭和30年代から本格化する瓦屋根家屋への改築、1957（昭和32）年における火葬場建設と土葬慣行の消滅、それに伴う葬式次第の変化、1960（昭和35）年以降に本格化する燃料革命と薪炭業の不振、ガス・家電・電話の普及、昭和40年代に始まる共有林の売却（臨時収入）と大規模な団地造成、1970（昭和45）年以降の生産調整と専業農家・第一種兼業農家の激減、サラリーマン世帯の急増、高等教育機関への就学増、1973（昭和48）年におけるバイパス開通と自家用車の普及による通勤圏拡大、専門的職業機関の充実と社交圏の拡大、泉ヶ岳観光開発と飲食店の増加、農協の祭壇事業への進出、平成以降の葬儀社の進出とサービス拡充、同村宅地エリアの高齢化と農事暦に即した生活伝統の相対化等が挙げられる。

　これらの諸要因のうち、当村域の社会生活へ大きな影響を与えたのは、生業（専業農家・第一種兼業農家の激減）、サービス（葬儀社等の専門的職業機関の設立）、テクノロジー（ガス・家電・電話・自家用車の普及）、交換材（労働から貨幣へ）、情報（復員者[40]とマスコミ・学校教育の影響による伝統的規範意識の相対化）、生活構造（農事暦の希薄化）に大別して整理することができるが、生業様式の変化と契約講の機能変容がパラレルな関係にあったわけではなく、サービスやテクノロジーの発達が一方向的に契約講を解体させたわけでもない[41]。情報化や生活構造の変化も当村の生活へ大きな影響を与えているが、契約講という組織の存続を左右するほど決定的な影響は与えてはいない。

(3)　契約講の存続要因

　1951（昭和26）年に根白石村の契約講の調査報告を行った千葉正士は、当地における契約講の存続要因を、①葬式に関する専門的職業機関の未成立、②屋根替の専門的職業機関の未成立、③村落における娯楽機会の希少性、④村落内の社会生活と農事暦の密接な関係に求めていた[42]。千葉の議論を論理的に首肯するに吝かではないが、現実的には、①葬祭業者の進出・普及が見られ、②屋根替の慣行は消滅し、③娯楽機会は充実・多様化しており、④専業農家・第一種兼業農家が激減し——第二種農家も高齢化とともに委託農業が一般化し、都市的生活様式の浸透により——伝統的な社会生活のリズムは決

定的に弛緩している状況があるにも関わらず、25/38（65.8％）の契約講は維持・存続していた。

　根白石村では、昭和30年代以降、火葬への移行によって穴掘り・棺担ぎの労働扶掖は解消された。「知らせ」や「行列」の遂行、「賄い」の負担も漸次的に軽減された。いわば契約講は、かつて有した中核的な労働互助機能を喪失したと見なしうる。

　ほとんどの契約講が解体に至ったのは、混住エリア（居住年・職業が異なる住民が混在する町場的エリア）の根白石区であった。本稿でインテンシブな検討を試みた本町組は、目的合理的に「申し合わせ」が改定され、「金品」供与も早い時期から認められていた。「向いている方向がバラバラ」「考えてることがまるで違う」という声が証左するように、当該講は、親密なゲマインシャフトというよりは、協約によって利害を調整するゲゼルシャフト的性格が強くなっていた。契約講の存続も目的合理的な判断から解散へと舵が切られた。

　他方、農村エリアの契約講は、葬儀社をはじめとした専門的職業機関へ機能を移譲しながらもほとんどの地域で組織が維持されていた。さまざまなタブーの弛緩・破棄、定例会・葬式の準備・執行におけるアウトソーシング等、社会経済状況へのフレキシブルな対応が見られる。契約講のつながり（絆）を存続させることに優先的な価値がおかれ、価値合理的な観点から運営・意志決定がなされていた。これらの地域では、講中の負担を軽減させるさまざまな措置が取られ、協働・互助の場面に応じて参集単位が変化していた。定例総会に講中全ての戸主が集う原則は維持されていたが、「行列」や「念仏」では全ての戸主が参加することは期待されていない。「賄い」に関しても、講中女性総動員の労働互助は期待されていなかった。「近所」あるいは「隣組」と呼び習わされる（部分的互酬関係を有する）小規模な近隣世帯に実働単位は縮小していた。これは、契約講を三分から五分した世帯の参加を求めるケースもあれば（近隣組）、固定的な単位ではなく、近隣4-5世帯が任意に参集するケースもあった（トナリ関係）。つまり、労働の負担量が軽減することと連動して、合力・互助の単位が縮小化するメカニズムを指摘することができる。なお、契約講が解体した町場的エリアでも同様に、賄いと念仏のサポートは近所や隣組と称される近隣世帯によって維持されている。契約講と

いう組織は解体しても、葬式の互助慣行は存続しているのである。

(4) 近隣ゲマインシャフトの特性とその変容

　根白石村の契約講は、労働互助を期待された道具的機能集団から象徴的な連帯を確認する表出的機能集団へと変容を遂げている。さまざまな扶掖・負担が軽減・消失した後も、講中は、念仏や行列の場面に「寄り添う」という心理的扶助を果たしている。実質的な労働負担を専門的職業機関（農協・葬儀社）が行うようになった後も、講中は、自らの時間を割いて、時には仕事を調整して、故人の葬式に寄り添うことを続けている。

　我々の調査では、「人のよしみが無くなってくる」ことへの危機感、「人の交わりが薄くなり、人情的なものが変わってくる」ことへの警戒感、「人の苦しみや痛みにも無頓着に」なる風潮への抵抗感、「貧しい時には助け合いの心があった」「なんでもかんでも金で」という考え方は「よくない」という思いが語られる場面が多々あった。労務的互助から心情的互助へと互助機能が移行し、象徴的な紐帯機能を果たしているのが現在の契約講の様態だと把捉できる。換言すれば、契約講は、本来的には葬式における合力・互助を担う労務的機能集団であったが、その目的を喪失し、葬式に関与すること自体を自己目的化した再帰的互助組織へと変容している。

　今日の契約講は、故人の記憶を近隣住民で共有し、共に生きてきた歴史を確認し、地域のつながりの中で暮らしていることを実感させる社会的装置となっている。契約講が解散した町場的エリアでも念仏・行列の慣行は残り、賄いのサポートは存続している。そこでは、契約講（村組）ではなく、より小型の近隣世帯（近隣組・トナリ関係）の範域に互助のユニットが再編され、機能は選別・純化される形で委譲されている。

　本事例から演繹される近隣ゲマインシャフトの特性をまとめておきたい。近世以来の定型的範域に累積された生活連関、とりわけ葬式の際の合力・互助——死をめぐる互酬性の規範——を土台に近隣をユニットとした親密な共同生活（近隣ゲマインシャフト）が維持されてきた。そこでは、超世代的に死をめぐる相互扶助が維持されることで社会的結合が再生産された。家産の系譜に基づいた先祖祭祀を紐帯の原理とする「家」「同族」、村人の共有財産（入合林野・水利権等）と産土社の祭礼を紐帯の原理とする「村」とは異なる紐帯

の原理を確認することができる。人々は、独自の規範性と凝集性を有する生活互助組織を媒介に、ゆりかごから墓場までを伴走する近隣ゲマインシャフトを維持してきた。契約講という組織が解体した地域においても〈死をめぐる互酬性の規範〉という紐帯の原理は維持され、結節される範域を再編させながら互助慣行は維持されている。

テンニースは、ゲマインシャフトからゲゼルシャフトへの移行を近代化の必然的帰結と捉えたが、本事例は、心理的・精神的な結合がゲゼルシャフト化を防いでいることを示唆している。単純な利便性の向上、住民の自律性の拡大、社会的分業の進展だけではゲマインシャフトの消滅にはつながらない。ゲマインシャフトの再生産を自己目的化した人々の営為を本事例は示している。

我が国の宗教社会学は、先祖祭祀と村社祭礼を主たる対象に地域社会の近代化と宗教の関係を検討してきた（本書第6章・第7章を参照のこと）。本事例は、葬式のテツダイ——合力・互助——という慣習的な宗教文化、そこにおける〈死をめぐる互酬性の規範〉が地域社会において、特有の社会結合・紐帯の原理となっていたことを示した。契約講をはじめとした伝統的な葬送組織（葬式組）は、地域社会から徐々に姿を消していくだろう。しかし、人々はさまざまにユニットを再編させながらコミューナルな社会結合（ゲマインシャフト）を求めていくだろう。そこにおいて〈死をめぐる互酬性の規範〉が、新たな社会結合の中にどのように埋め込まれていくのか、超世代的な紐帯の原理（凝集性）の流動化が、人々の価値観や規範性にどのような影響を与えていくのか、宗教社会学の立場から慎重に注視していきたい。

注
1　柳田國男は、「村の作法が最も忠実に守られ」、「改正の機会が少なく、従って土地土地の昔を保存しやすかった」点に葬送習俗の特質を見ている［柳田1983（1929）］。その変化を捉えることは「日本社会の近代化」を照射することにつながるだろう。
2　テンニースが――『ゲマインシャフトとゲゼルシャフト』において――語った「ゲマインシャフト Gemeinschaft」とは、人間の本質そのものに内在し、実在的・自然的な意思である「本質意思 Wesenwille」に基づいた全人格的な結びつきによって形成される共同生活――「相互に取り交わされる援助、救済、給付」から成り立つ「信頼」に満ちた「親密な」「共同生活」――を指し、「結合」「生きた有機体」のアナロジーで指示される概念である。対する「ゲゼルシャフト Gesellschaft」とは、観念的・人為的な意思である「選択意

思 Kürwille」によって構成される作為的・観念的な共同性——協約によって結合するインパーソナルで打算的な「公共生活」「世間 Welt」——を指し、「分離」「機械的な集合体・人工物」のアナロジーで指示される概念である。ゲマインシャフトの典型には、家族、村落、教会が挙げられ、ゲゼルシャフトの典型には、大都市、国家が挙げられている。テンニースは、「言語ゲマインシャフト」「信仰ゲマインシャフト」、「営利ゲゼルシャフト」「学術ゲゼルシャフト」等といった用例を挙げ、人々はゲゼルシャフトにおいて「自己自身の利益」を追求し、「他人の利益」は、それが「自己自身の利益を促進しうるものであるかぎり」肯定される、と論じている［テンニエス1887=1957a, b］。エミール・デュルケムの議論——社会的分業の発達が新たな社会的連帯を創出する［デュルケム1893=1989］——をはじめ、ゲゼルシャフトに道徳的基礎を認めない立場についてはさまざまな議論があるが、本稿は、テンニースの規定を足がかりに議論を進めたい。

3　［富永1990］。「村落ゲマインシャフト」「同族ゲマインシャフト」「家ゲマインシャフト」は、鈴木榮太郎や有賀喜左衞門の議論を富永が批判的に摂取し、アレンジを加えるやり方で定式化したものである。なお富永は、「家ゲマインシャフト」は日本に限らず通文化的に見られるものだと論じ、「家と同族は家族と親族の明確に前近代的な形態である。だからそれが残存しているということは、社会的近代化が進んでいないということであり、それらが解体することが、家族と親族の近代化である」と論じているが［富永1990：442］、筆者はこのような見解には与しない。

4　具体的な村落調査に基づくことなく、先行研究を読み押さえるやり方で——観念的に伝統社会を捉えたことによって——このような誤謬に陥ったと目されるが、これは参照元の農村社会学において「近隣」というユニットが積極的に主題化されてこなかったことが一つの要因となっていると考えられる。例えば、鈴木榮太郎は、自然村（第二社会地区：旧村・部落・大字）の範囲の社会結合（社会関係の重積）をとりわけ重視し、「近隣集団」（第一社会地区：組・字）には自律的な「生活原理」「規範性」を認めず、「自然村の部分的存在」と規定していた［鈴木1968（1940）：127-133, 349-352］。有賀喜左衞門は、村落を「地縁集団」と規定し、これを「家連合の複合したもの」と捉えたが、家連合の分類として「同族と組」という類型を示しつつも「家連合の性格を集中的に表現するものとして同族の概念に特に注意する」立場に立っていた［有賀1971（1956）：142］。また、「地縁関係をなす各々の家は、同族結合の性格を潜在させていることを注意することが必要」だという警句も発している［有賀1971（1943）：108］。なお、鈴木の自然村概念の問題点については［有賀1971（1958）］を参照のこと。

　　筆者は、日本の伝統村落には——家を単位とした——同族と近隣という二つの原理の家連合が存在し、これを——個人を単位とした——シンルイ（親戚）とさまざまな年序組織、およびその他の社会集団・社会関係（檀家・氏子・経済講・参拝講・社交講等）が補完する形で社会結合・文化体系が維持されてきたと理解している。本稿は、このうち近隣に焦点を当てるものである。

5　［有賀1971（1956）］［福武1976（1948）］。なお、既にこの2分法は、［柳田1983（1927-1928）］で展開されている。

6　有賀喜左衞門、中野卓、森岡清美、間宏、柿崎京一等の研究を念頭に置いている。文献については［小笠原2000］を参照のこと。

7　日本の伝統村落における近隣組織に対してもっとも集中的な研究を行ったのは竹内利美である。竹内は、鈴木榮太郎が言う第二社会地区（藩制村・部落・大字）の内部に分立

する「小地域集団」「近隣的関係」を「村組」「近隣組」「トナリ関係」に三分する議論を提出した。村組は、組・字の範域に対応する「ほぼ一〇〜三〇戸程度の規模」の小地域集団、近隣組は、近世の五人組制度が再編された「隣四周の五戸内外を基準」とする（村組より）小規模な定型性のある近隣的関係、トナリ関係は、「家々がそれぞれの家並に即して異なる交渉圏を連鎖的にもつため、全般的には定型的な集団形態を示さない」任意に結成される近隣的関係を指している［竹内1990（1967）：51-55］。竹内は、「日本村落の内部構造の研究では、同族団がその焦点におかれ…これに比して、親族仲間あるいは村組・近隣組の探求は、あまり進んでおらず、ともすれば同族団との対比において、概念的な考察のみが先行した」と述べている［竹内1990（1967）：95］。

鈴木榮太郎の「近隣集団」と竹内の「村組」は取り結ばれる範域が一致している。しかし、鈴木は、近隣集団に独立した生活原理や規範性を認めていなかったのに対して、竹内は、村組に特有の「凝集性」を認めている。後述で明らかになるが、本稿が対象化する根白石村の契約講は、鈴木の「近隣集団」概念より竹内の「村組」概念で捉えた方が妥当である。竹内の議論は、有賀喜左衞門がいう家連合の２つの型――同族と組――のうち、同族へ研究者の関心が集中しがちであったのに対し、組の実態を適切に概念化した点が研究史上、評価されている［鳥越1993（1985）］。近隣組・トナリ関係というタームについては、概念上・実体上の重複や歴史的な推移、他の社会集団・社会関係との関係性についての規定が曖昧だという指摘もあるが［塩野1975］、農村社会学者の細谷昂や松岡昌則は、研究史上における竹内の成果の独創性・重要性を高く評価している［細谷1998］［松岡1991］。

8 ［松岡1991：55］。
9 ケーヤク、ケヤグ、契約、契約組、契約会等、さまざまな呼称があるが、本稿は、テクニカルタームの「契約講」で統一する。
10 宗教社会学では、先祖祭祀（位牌・仏壇・墓）と村社の祭礼（氏子組織）の変容を探ることで近代化と宗教の関係が検討されてきた（本書、第6章・第7章を参照のこと）。契約講は、東北地方に広く見られる近世以来の地縁組織であり、地域毎にその機能も多様だが、多くの契約講に見られる重要な機能の一つに葬式のテツダイ――合力（労働・金品の提供）および互助（相互扶助）――がある。宗教社会学の領域において契約講や葬式組が研究の対象となる機会はほとんどなかったが、慣習的な宗教文化を支える担い手組織の一つとして検討する意義は十分あると考えている。

なお、近代化ないし社会変動と葬送習俗の関係を論じた研究は、近年発表されたものだけでも新谷尚紀、森謙二、関沢まゆみ、鈴木岩弓、村上興匡、山田慎也等の成果がある［新谷1998；2015］［新谷・関沢編2005］［森2014a, b］［関沢2002］［関沢・国立歴史民俗博物館編2015］［鈴木（研究代表）2005］［鈴木2013］［村上2003］［村上・西村編2013］［国立歴史民俗博物館・山田・鈴木編2014］［山田2007；2012］。

各論者の関心や研究方法はそれぞれ異なるが、本稿は〈日本列島における葬送習俗の変容〉に主眼を置く研究ではないため、これらの研究を直接的な批判・検討対象とはしていない。本稿は、特定の地域社会において文化や作法を保存する役割を果たした〈葬式における合力組織の変容〉を対象化する社会学的モノグラフ研究であり、本稿は、先行研究とは、調査フィールドのスケール（旧行政村の範域）、および対象化するユニット（契約講）が異なっている。行政村の範域を網羅的に調査した村組研究（ないし契約講研究）は管見では皆無である。

本稿は、新谷が言う「血縁（家族・親族）・地縁（村落社会）・無縁（僧などの宗教者・

葬祭業者）」という葬儀に関わる3つの担い手のうち［新谷2015：61］、「地縁（村落社会）」を集中的に検討するものである。ただし、契約講は地縁組織だが、地縁という語には慎重な扱いが求められる。有賀喜左衛門は、「同族団体」以外の家の連合を「地縁団体などと称することが多いが、単なる地縁団体ないし地縁関係というものがあるであろうか…同族団体といえども地縁関係を持つ集団である」と論じ、村落を見るときには、「かかる地縁関係の性格を規定するものを知ることが大切」だと述べている［有賀1971（1943）：107–108］。このような地縁の性格（紐帯の原理）に関する問題と共に、地縁組織には、空間的近接性を伴う近隣という意味と、県人会や在米日本人会のような居住の空間的近接性を伴わない同郷組織が含まれることにも注意を払わねばならない。

11　［田村1936］［田村1950］［桜井1988（1962）］。この3本の論文は、総論的に契約講を扱った先駆的な研究として評価されているが、根拠が不明確な主張がいくつか見受けられる。特に歴史的な起源と変遷過程については、推論の域を超えていないように思われる。たとえば、五人組の遺制として契約講を理解する議論については、多様な形態の分布を網羅できる説明だとは思えない。また、契約講の原型が沿岸部に見られる年序組織であり、村落自治機能を持たない農村部の契約講は崩れた形態だとする議論も実証的根拠が稀薄である。東北日本にも契約講を典型とする地縁結合（福武流に言えば「講組結合」［福武1976（1948）］）が優越する村は数多く存在し、その起源や村落構造の変遷については個別の実証研究によって跡づける以外、着実な手立てはないと思われる。なお、契約講の研究史については、髙橋統一等の一連の研究［髙橋・清水・髙尾・松本1978］［髙橋・清水・芳賀・髙尾・松本1981］［髙橋1994］［立柳1998］を参照した。福田アジオによると、契約という語には、本来、「約束」と「協定」の意味があり、西日本の契約親子の慣習などは「約束」、東日本の村落組織としての契約講における契約は「協定」の意味をなしているとされる［福田1998］。なお、本稿でしばしば「伝統的」という語を用いているが、基本的に近世末から昭和30年代まで（高度経済成長以前）存続した姿を伝統的なあり方だと表現している。

12　以下に掲げる参考文献を参照のこと。ただし、全ての事例を図表化したわけではない。加入者・加入資格者、機能、取り結ばれる範囲という3点に関して明確に記述がある調査報告のみを図表化した。［江守・平山・明大法社会学演習学生一同1968］［竹内1991（1966）；1991（1959）］［福田1969］［江馬1972］［前田1975］［後藤1981］［松岡1991］［今野1992］［華園・山崎1993］［大友2006］［岡山2013］。

13　竹内は、宮城県下の契約講のモノグラフ研究を2つ提出しているが、その二事例とも、第二社会地区の範囲で取り結ばれた自治的協働組織であった［竹内1991（1959）；1991（1966）］。そのためか、「宮城県下の契約講会」を藩制村単位の自治的組織（ムラ総会）と説明している箇所が見受けられる［竹内1990（1984）：19］。後述するように契約講には地域毎に大きな多様性があり、このような理解は不正確である。なお、宮城県の契約講の概況は［竹内1974］に記されている。

14　注12の文献から作成。

15　この3類型は、［江馬1958］を参照のこと。なお、この類型論は、同氏による1956年の第29回日本社会学会大会の発表（「契約講の類型について」）が原型となっており、1958年の論考が発表される以前にこの類型を使用した他の論者の論考が発表されている。しかし、このアイデアは江馬成也によって提出されたものである。

16　［福田1969］［岡山2013］等を参照のこと。

17 ［及川1967（1940）］等を参照のこと。
18 なお、伝統的社会集団の変容に関しては、同族集団については詳細なモノグラフが提出されているが、契約講を始めとした近隣集団の変容とその要因の解明については散発的な議論が提出されているに過ぎず、一般化に耐えうる命題は提出されていないように思われる。同族集団（同族ゲマインシャフト）についてのとりわけ重要なモノグラフ研究は［有賀1967（1939）］である。
19 なお、このような調査研究が可能となったのは、本稿が西山茂東洋大学元教授（現、名誉教授）を研究代表とした共同研究の成果によるためである。総合的な共同調査の結果、38に及ぶ契約講のみならず、町内会（区民会・親交会）、同族（マケ）、シンルイ、年序組織、宗教組織（檀家・氏子・参拝講・新宗教）等の併存する社会集団との比較検討が可能となった。筆者らの調査は、西山茂を研究代表者に栗原淑江、平山眞、川又俊則、大谷栄一、小島伸之、寺田喜朗、大西克明、青田匡史、田垣範子、富樫明史、水野典子、瀧澤憲昭のメンバーによる共同研究の形で進められた。寺院、神社、宗教講、新宗教（創価学会と立正佼成会）、葬儀社、石材店等を総合的に扱ったこの共同研究における契約講の担当が筆者であった。以下、随時、他のメンバーの手によるデータも参照しつつ議論を進めていく。これまでの成果は、［西山（研究代表）2003a；2003b；2004；2005；2006］。契約講に関しては、以上の資料集・報告書に所収されている［寺田2004；2005；2006］を参照のこと。また［西山2004］も共同調査の成果である。
20 以下、旧根白石村の概要については、［根白石村史編纂委員会編（平重道監修・編集）1957］を参照した。当地の概要については、［宮城郡史編纂委員会編1928］［泉市史編纂委員会編1986上・下］、また当地の近年の概要、あるいは生活慣行については、［仙台市史編さん委員会編1997；1998］も参照した。
21 ［根白石村史編纂委員会編（平重道監修・編集）1957］に収録された『風土記御用書上』（安永三年）並びに『封内風土記』（『安永風土記』の要約）によれば、1774年時点では、福岡61、朴沢50、根白石77、田中38、小角27、実沢60という戸数であった。『安永風土記』に記された田中、小角、実沢、朴沢の一戸持高は、仙台藩内の農家の平均持高の1.5倍から2倍に相当し、一戸あたりの経営規模の大きい村であることがわかる。1911（明治44）年の調査によると、当村の一戸生産額は463円、1人あたり58円であり、郡平均の370円、45円、県平均の351円、55円を上回り、藩政時代以来の富裕村の伝統が保持されていることが看取される［根白石村史編纂委員会編（平重道監修・編集）1957］。
22 藩政期の6ヶ村は、1871（明治4）年に村から区へ（田中村は西田中区に）名称を変更した。1889（明治22）年、旧6ヶ村合併によって行政村としての泉嶽村が誕生し、1897（明治30）年には、泉嶽村から根白石村へと改称した。その後、市町村合併促進法（昭和28年）を受け、1955（昭和30）年に七北田村と合併する。村名は泉村となった。泉村は、1957（昭和32）年に泉町、1971（昭和46）年には泉市へと成長を遂げ、1988（昭和63）年、仙台市と合併し、かつての根白石村は、現在、仙台市泉区の一部となっている［泉市史編纂委員会編1986上・下］。
23 東北農村に広く見られた農村の分解現象（自作農の転落と小作農の激増）は当村には見受けられなかった。1898（明治31）年から1910（明治43）年にかけては当地も小作農の数が増加しているが（1908年時で小作は17％である。その後も1941年まで16–17％を維持する。1935–36年に一時的に25％まで増加するが、その後、17％に戻る）、依然、全般的な構成は自作農中心に組み立てられている。同村も1902（明治35）年と1905（明治38）年

に凶作があり（1905年の凶作は平年の94％の減収、宮城県全体では87％の減収）、1910（明治43）年には大洪水に見舞われた。しかし、山仕事の収入と共に、村の備荒倉（藩政時代以来、村＝区単位で籾が備蓄されていた）の全面開放（村民への貸し付け）、村有林の払い下げ、村営植林の実施、村の起債による道路改修工事の施工、等の効果的な公共事業の成果により、村経済は比較的早期に復旧した。当村最大の災害があった明治38年においても納税滞納者が15名であったことは、当地の生活の弾力性を物語っているといえる。

24　［竹内編1962］等を参照のこと。
25　『宮城縣根白石村史』には「同族的なまとまりはほとんど発見されない」「地縁的な結合を中心とした」村だという記述がある［根白石村史編纂委員会編（平重道監修・編集）1957：129］。千葉正士も、当村における「本家・分家意識は、実質的なものではなく、形式的観念的な傾向にある」と述べている［千葉1951a：19］。当該地のマケの規模と付き合いについては、［西山（研究代表）2003a, b］［寺田2005；2006］を参照のこと。
26　千葉正士による根白石関係論文は、内容的には重複があるが分割する形で発表されている［千葉1951a, b, c；1953a, b］。［平1957a, b］［華園・山崎1993］も参照した。
27　前掲した［寺田2004］を参照のこと。
28　おそらく千葉が論拠にしたと思われる根白石区上組契約講では、昭和12年に「天照皇太神宮」の掛軸を設置し、礼拝した後、振舞を始める儀礼がはじまっている。ただし、それ以前の時点における契約講の儀礼と特定の神事との関わりを跡づけることはできない。『上組契約講の歴史 上組契約講解散総会』私家版、1990年、5頁、参照。千葉は根白石に関して4本の論考を編んでいるが、最もまとまった記述があるのは［千葉1951a, b］である。
29　かつては、他所からの移住世帯は酒1斗、区内の分出世帯は酒5升、あるいは地域によっては定額の現金を支払うことで加入は認められた。現在は、規約を守るという誓約さえあれば加入費も必要とされていないところが多い。現実的には新規加入を希望する世帯は少ない。
30　当地において契約講がいつ頃から存在したのか、その年代を確定するのは難しい。西田中区の萱場澤（萱場上・下）契約講は1818（文政元）年からの記録が残っており、根白石区の上組（上町）契約講は、1842（天保13）年から記録が始まっている［根白石村史編纂委員会編（平重道監修・編集）1957：135-144］。根白石上組に関しては、解散総会の際に配布された『上組契約講の歴史 上組契約講解散総会』私家版、1990年、をE.W.氏の厚意で複写させて頂いた。福岡泉組契約講の記録は、1863（文久3）年に始まっている［千葉1951b：30］。1924（大正13）年に作成された根白石本町組（中町・下町）の『本町契約講沿革及趣意規約』には、「本講ハ旧藩政時代ノ組織ニシテ既ニ数百年ヲ経過セリ」という記述もあるが、「数百年」が具体的にどのくらいの期間を指すのか不明である。現在、筆者が確認している契約帳は以上である（共同調査のメンバーで他区の契約帳を眼にした者もいる）。［泉市史編纂委員会編1986：645］には、「元禄前後（1680）から相互援助的「契約講」とか信仰的集団としての「講」が生まれたとされるが、当地方に残る契約記録では100年以上も経った文化・文政ころからであった」とあるが、同誌に年代を示す資料は収録されていない。現時点において筆者は、根白石6区の契約講は、文政・天保年間前後に組織され、藩政時代末期に百姓寄合という行政組織と分化して発達したと推測している。仙台藩では、1797（寛政9）年に大一揆が発生し、天保年間（1830-44）には4度の大凶作が発生している。この周辺の情勢が藩内各地の村落に自治的協働組織が形成される契機となっ

たのではないか、と推測している。これと私的な生活互助組織が分化していく経緯等については今後の課題である。

31　近年は、同村でも自宅ではなく病院で臨終を迎えるケースが多いが、病院で息を引き取った故人は、一旦自宅へ運搬され、その後、荼毘に付され、葬儀を迎えるのが一般的である。かつては、死水をとり、屏風を逆さに立て、白布で顔を覆い、枕元に線香を立て、神棚に白紙を貼り、故人の体を拭き清めた後、死装束を着せる一連の行程は遺族の仕事であった。しかし、病院で臨終を迎えた際は、一連の行程が簡略化されるケースもあり、葬儀社の関与が普及した現在では臨終の段階から医療関係者と葬儀社の指示の下で葬式が遂行されるケースも増えてきているという。ただ、その場合も当村域の寺院で葬式を執行すること等の変化はない。当村域の寺院には、仏堂とは別に葬祭会館を別立てで建造しているケースもある。

32　なお、小角区川西では、葬儀の前夜は大夜（逮夜：タイヤ）と呼ばれ、餅を搗く風習がある（餅の個数は決まっていない）。餅は、あの世へ向かう旅への腹持ちのいい弁当とされ、棺に供えられるが、葬儀・告別式へ集まった人々へも振る舞われる。

33　年代を確定できていないが、当村のほとんどの世帯の屋敷墓や集落墓は村寺墓地に移転されている。なお、実沢区去田には故人の年齢の数だけ銭を撒いて行列を出発させる慣習があるが、他の地域では見られない。

34　農協は、1973（昭和48）年に祭壇事業に進出し、1982（昭和57）年には八乙女にみやぎ生協「プリエ葬」が開業していた。1992（平成4）年には、泉中央に泉葬祭会館（清月記）が開業している。なお、すがわら葬儀社（清月記）が泉区長命ヶ丘に開業したのは1985（昭和65）年である。(株)清月記は、従業員数380名を数える仙台最大の葬儀社へ成長している。なお、仙台において葬祭産業が急速に成長したのは平成以降とのことである。

35　鈴木岩弓によると、宮城県の火葬率は、1967（昭和42）年に56.7％だったが、1981（昭和56）年に全国平均に追いつき、以後、全国平均を上回る位置を保持している。また宮城県の43の葬祭業者への調査によると、2業者のみが1954年以前に火葬へ移行していたと回答し、1955-1959年が8、1960-1964年が8、1965-1969年が10、1970-1974年が8、975-1979年が5、それ以降は2という結果が出ている［鈴木2013：260-262］。この調査報告を参照すると根白石の火葬への移行は宮城県内でも早い時期だったということがわかる。なお、山田慎也によると日本全国の火葬率は1925（大正14）年で43.2％、1940年代に5割を超え、1960（昭和35）年63.1％、1970（昭和45）年79.2％、1980（昭和55）年91.1％と推移している［山田2012：293-294］。

36　講中30戸の福岡区川崎では通常「知らせ」には15組のペアが組まれたが、ペアの数は多ければ多いほど好都合であり15組では足りない程だったとされる。

37　福岡区城之内や実沢区去田では、契約講の範囲を3つに分けた単位で賄いの手伝いに当たることが決められており、当地ではこの単位は班と呼ばれている。賄いの単位としての組織が規定されていない地域では近隣4・5戸の世帯が暗黙の了解で手伝に来るのが一般的である。つまり、当村域では、「近隣組」と「トナリ関係」の双方のパターンがある。

38　萱ケーヤク（屋根替え契約）と葬式契約が別に組織される地域もあるが、根白石村では同じ組織である。屋根替は、萱の刈り入れ・運搬・屋根あげ等、大変な重労働であった。

39　病気・災害の救済救助に関して付言しておく。かつては、備荒倉と呼ばれる非常時用の籾の貯蔵倉庫が各区毎に設置されており、非常時はそこから貸し付けが行われた。これは、旧村（町内会・区民会・親交会）の単位で作られていた。また、この備荒倉の制度

は、1917（大正6）年に籾の支給から備荒貯蓄の制度に切り替えられた、と『村史』に記されている［根白石村史編纂委員会編（平重道監修・編集）1957：53］。備荒貯蓄は、契約講でも旧村の単位でもなく、行政村の単位で村長が管理した。契約講の単位でも備荒倉を設けたことがあった、と聞いたことがあるという話を一部の地域で聞いたが、事実かどうか判然としない。一方、備荒倉・備荒貯蓄から借り受けをする際は保証人が必要であったが、シンルイや本家に依頼することが一般的であった。保証人に関する規定はなかったが、契約講の当番（契約長・講長・鬼面子・宿前・契約肝入）に保証人を依頼することは皆無だったということである。つまり、病気・災害などの非常時の際の生活保障・経済的援助は、本家やシンルイ等といった身内、あるいは公的には、各区の行政機関である區会（区民会・町内会・親交会）、または行政村というチャンネルに期待されるのが一般的であった。当然、契約講員が私的に援助したことはあったであろうが、同村の契約講のほとんどは、公には非常時における生活保障・経済的援助を期待される組織ではなかったと考えられる。ただし、火災が発生した際、建築・屋根普請の形で共済活動を行うことは一般的であり、非常時に経済的援助を行った例外的なケースも見受けられる。

40　郷土史家の庄司栄氏の調べによると、当村からの従軍者は1,195人で237人の戦没者が出ている。『村史』『泉市史』には102人という数字が記されているが、これは未帰還者408人を残した1945（昭和20）年のデータがそのまま転載されているとのこと。聞き取りによると、当時20-30代だった当村出身の復員者が壮年に至った時期にさまざまな「旧弊」が改められたとのこと。復員者、また戦後教育を受けて育った世代は、伝統を頑なに守ろうとする意識が薄いという話も聞いた。

41　新谷尚紀は、葬制の担当組織が「血縁から地縁へそして無縁（葬祭業者）へ」移行する流れを指摘し［新谷2015：188］、鈴木岩弓は、「1980年代後半の宮城県は、一方で「土葬から火葬」への葬法の変化が顕著になり、他方で葬儀の担い手が「契約講から葬儀社」に移っていく変動期」だったと概括している［鈴木2012：103］。当村域においても大局的にはこの構図が当てはまるが、土葬から火葬への移行は1957（昭和32）年にスタートし、契約講から葬祭業者への葬制の担い手の移行は──1973（昭和48）年の農協の祭壇事業への進出が嚆矢だが──1992（平成4）年における（株）清月記の泉中央開業によって本格化している。また地縁・契約講から葬祭業者へ担い手が転換したのではなく、葬祭業者と分業しながら契約講が存続している事態が興味深いと考えている。

42　［千葉1951a：32-34］。

参考文献
有賀喜左衛門1967（1939）『有賀喜左衛門著作集Ⅲ　大家族制度と名子制度』未来社。
─────1971（1943）「日本農村の性格について」『有賀喜左衛門著作集Ⅹ　同族と農村』未来社、83-116。
─────1971（1956）「村落共同体と家」『有賀喜左衛門著作集Ⅹ　同族と農村』未来社、117-149。
─────1971（1958）「村落の概念について」『有賀喜左衛門著作集Ⅹ　同族と農村』未来社、155-179。
デュルケム，É. 1893=1989『社会分業論 下』井伊玄太郎訳、講談社学術文庫。
江馬成也1958「契約講について──三陸南部小漁村の場合を通じて──」『文化』22-4、東北

大学文学会、497-516。
——— 1972「山村の変容と若者組織——「鍬柄講契約」の事例を通して——」『村落社会研究』8：71-108。
江守五夫（指導）・平山一彦（助手）・明大法社会学演習学生一同1968「牡鹿半島の一村落における慣習規範と社会構造」『法學會誌』19、明治大学法学会、98-138。
細谷昂1998「家・村理論の展開」『現代と日本農村社会学』東北大学出版会、69-107。
福田アジオ1969「契約講」和歌森太郎編『陸前北部の民俗』吉川弘文館、63-93。
——— 1998「民俗としての「契約」」『仙台市史のしおり 特別編6民俗』10：1-3。
福武直1976（1948）「同族結合と講組結合」『福武直 著作集4巻』東京大学出版会、37-50。
後藤一蔵1981「契約講の変容と村の再編成過程——宮城県松山町次橋の事例——」『社会学評論』32-1：72-88。
華園聰麿・山崎亮1993「都市近郊農村における伝統的信仰の諸相——仙台市泉区福岡地区の事例から——」『日本文化研究所研究報告別巻』30、東北大学文学部日本文化研究施設、17-44。
泉市史編纂委員会編1986『泉市誌（上）（下）』泉市。
国立歴史民俗博物館・山田慎也・鈴木岩弓編2014『変容する死の文化——現代東アジアの葬送と墓制——』東京大学出版会。
今野裕昭1992「契約講の変容過程に関する一考察——宮城県桃生郡鳴瀬町大塚の事例——」塚本哲人編『現代農村における「いえ」と「むら」』未来社、319-466。
前田安紀子1975「契約講と近隣組織——宮城県桃生郡河北町尾ノ崎——」『社会伝承研究IV 近隣組織の構成と展開』社会伝承研究会、35-43。
松岡昌則1991『現代農村の生活互助——生活協同と地域社会関係——』御茶の水書房。
宮城郡史編纂委員会1928『宮城郡史』宮城縣宮城郡教育會。
森謙二2014（1993）a『墓と葬送の社会史』吉川弘文館。
——— 2014b『墓と葬送のゆくえ』吉川弘文館。
村上興匡2003「近代化と葬儀の移り変わり」『宗教研究』76-4：63-64。
村上興匡・西村明編2013『慰霊の系譜——死者を記憶する共同体——』森話社。
西山茂2004「日本における葬制・墓制の宗教社会学的考察」高城功夫（研究代表）『葬制・墓制にみる日本の死生観』科学研究費補助金基盤研究(C)(2) 研究成果報告書、43-52。
西山茂（研究代表）2003a『仏教系新宗教教団における教導システムの比較研究（調査資料集）』科学研究費補助金基盤研究(C)(2)。
——— 2003b『仏教系新宗教教団における教導システムの比較研究<2>（調査資料集）』科学研究費補助金基盤研究。
——— 2004『仏教系新宗教教団における教導システムの比較研究<3>（調査研究報告書）』科学研究費補助金基盤研究(C)(2)。
——— 2005『伝統的宗教習俗と新旧教団宗教の重層関係に関する社会学的研究（調査資料集）』科学研究費補助金基盤研究(C)(2)。
——— 2006『伝統的宗教習俗と新旧教団宗教の重層関係に関する社会学的研究（調査研究報告書）』科学研究費補助金基盤研究(C)(2)。
根白石村史編纂委員会編（平重道監修・編集）1957『宮城縣根白石村史』宮城縣根白石村。
及川宏1967（1940）「同族組織と婚姻及び葬送の儀礼」『同族組織と村落生活』未来社、49-85。
小笠原真2000『日本社会学史への誘い』世界思想社。

大友康博 2006「空間の社会的生産過程——北山山地の一村多集落型村落の事例——」『ヘスティアとクリオ』3：98-116。
岡山卓矢 2013「同族と契約講についての若干の考察」『アジア文化史研究（東北学院大学大学院文学研究科）』13：1-20。
桜井徳太郎 1988（1962）「東北地方の契約講」『桜井徳太郎著作集第一巻 講集団の研究』吉川弘文館、152-175。
関沢まゆみ 2002「葬送儀礼の変化——その意味するもの——」国立歴史民俗博物館編『葬儀と墓の現在』吉川弘文館、201-226。
関沢まゆみ・国立歴史民俗博物館編 2015『盆行事と葬送墓制』吉川弘文館。
仙台市史編さん委員会編 1997『仙台市史 特別編4 市民生活』仙台市。
―――― 1998『仙台市史 特別編6 民俗』仙台市。
新谷尚紀 1998「死と葬送」『講座日本の民俗学6 時間の民俗』雄山閣、257-270。
―――― 2015『葬式は誰がするのか』吉川弘文館。
新谷尚紀・関沢まゆみ編 2005『民俗小事典 死と葬送』吉川弘文館。
塩野雅代 1975「近隣組織の村落研究における位置」『社会伝承研究Ⅳ 近隣組織の構成と展開』社会伝承研究会、2-11。
鈴木岩弓（研究代表）2005『死者と追悼をめぐる意識変化——葬送と墓についての総合的研究——』平成14-16年度科学研究費補助金基盤研究（A）(1) 研究成果報告書
鈴木岩弓 2012「東日本大震災にみる土葬の復活——"あり得べき"死者の姿——」大稔哲也・島薗進編『死者の追悼と岐路 20110年のエジプトと日本』三元社、94-106。
―――― 2013「東北地方の「骨相」習俗」『講座東北の歴史 6巻 生と死』清文堂、249-274。
鈴木榮太郎 1968（1940）『鈴木榮太郎著作集 第一巻 日本農村社会学原理（上）』未来社。
平重道 1957a「宮城縣宮城郡根白石大字福岡區中組の若者組と鹿踊について」根白石村史編纂委員会編（平重道監修・編集）『宮城縣根白石村史』宮城縣根白石村、119-148。
―――― 1957b「講と契約及び區有林の管理」根白石村史編纂委員会編（平重道監修・編集）『宮城縣根白石村史』宮城縣根白石村、130-149。
高橋統一 1994「農村の近代化と文化伝統——岩手和賀の契約講」『村落社会の近代化と文化伝統』岩田書院、115-172。
高橋統一・清水浩昭・高尾公矢・松本誠一 1978「契約講の社会人類学的研究Ⅰ——山形県西置賜郡小国町野々・大石沢の事例——」『社会人類学年報』4：173-205。
高橋統一・清水浩昭・芳賀正明・高尾公矢・松本誠一 1981「契約講の社会人類学的研究Ⅱ——山形県最上郡および西村山郡の事例——」『東洋大学アジア・アフリカ文化研究所研究年報』16：35-103。
竹内利美 1974『日本の民俗4 宮城』第一法規。
―――― 1990（1967）「村落社会と近隣組織」『竹内利美著作集1 村落社会と協同慣行』名著出版、51-96。
―――― 1990（1984）「「ムラ」の自治と協同」『竹内利美著作集1 村落社会と協同慣行』名著出版、1-50。
―――― 1991（1959）「東北村落と年序集団体系——仙台市四郎丸・都市近郊農村の事例——」『竹内利美著作集3 ムラと年齢集団』名著出版、65-106。
―――― 1991（1966）「東北村落と年序集団体系——宮城県牡鹿町小網倉・牡鹿半島漁浦の事例——」『竹内利美著作集3 ムラと年齢集団』名著出版、35-64。

竹内利美編1962『東北農村の社会変動』東京大学出版会。
田村馨1950「東北の講集団 ── 特に「ケイヤク講」について ── 」『民間伝承』14-12：499-502。
田村浩1936「契約及ユイの考察」『五人組制度の實證的研究』厳松社、117-130。
立柳聡1998「契約と同族 ── 東北地方の村落構造を支える原理の検討 ── 」清水浩昭・芳賀正明・松本誠一編『性と年齢の人類学』岩田書院、123-156。
寺田喜朗2004「契約講の原型と変容」西山茂（研究代表）2004『仏教系新宗教教団における教導システムの比較研究<3>（調査研究報告書）』科学研究費補助金基盤研究 (C)(2)、4-14。
─── 2005「契約講に関する調査資料」西山茂（研究代表）2005『伝統的宗教習俗と新旧教団宗教の重層関係に関する社会学的研究（調査資料集）』科学研究費補助金基盤研究 (C)(2)、61-102。
─── 2006「伝統的近隣集団の変容と解体をめぐって ── 旧根白石村の契約講を事例に」西山茂（研究代表）2006『伝統的宗教習俗と新旧教団宗教の重層関係に関する社会学的研究（調査研究報告書）』科学研究費補助金基盤研究 (C)(2)、23-61。
テンニエス1887=1957a『ゲマインシャフトとゲゼルシャフト 上』杉之原寿一訳、岩波書店。
─── 1887=1957b『ゲマインシャフトとゲゼルシャフト 下』杉之原寿一訳、岩波書店。
千葉正士1951a「村落生活における『契約』について ── 宮城縣根白石村の場合 ──（上）」『法律時報』23-6：17-23。
─── 1951b「村落生活における『契約』について ── 宮城縣根白石村の場合 ──（下）」『法律時報』23-7：29-35。
─── 1951c「村落共同生活秩序の構造 ── 宮城縣宮城郡根白石村について ── 」『人文学報』4、東京都立大学人文学会、22-27。
─── 1953a「若者組の一類型 ── 村落構造に関連して ── 」『法社会学』3：50-64。
─── 1953b「村落「契約」の意義と観念」『法社会学』4：154-166。
富永健一1990『日本の近代化と社会変動』講談社学術文庫。
鳥越皓之1993（1985）「くらしの組織」『増補版 家と村の社会学』世界思想社、125-176。
山田慎也2007『現代日本の死と葬儀』東京大学出版会。
─── 2012「近現代の葬送と墓制」勝田至編『日本葬制史』吉川弘文館、247-306。
柳田國男1983（1927-1928）「農村家族制度と慣習」『定本柳田國男集 15巻』筑摩書房、343-369。
─── 1983（1929）「葬送の沿革について」『定本柳田国男集 15巻』筑摩書房、499-520。

第6章
政教分離訴訟の宗教社会学
―― 北海道砂川市有地上神社問題のフィールドから ――

塚田　穂高

はじめに ―― 問題の所在 ――

　2010年1月20日、最高裁は、ある訴訟において違憲判断をくだした。北海道砂川市（すながわし）が市内の空知太神社（そらちぶとじんじゃ）・富平神社（とみひらじんじゃ）に市有地を無償で貸与しているのは、日本国憲法第20条・第89条[1]の定める政教分離に違反するとして、市民2人が市を訴えていたもので、そのうちの空知太神社のケースについて違憲としたのである。いわゆる北海道砂川市有地上神社違憲訴訟（以下、砂川訴訟）である。

　この判決は、1997年4月の愛媛玉串料訴訟の最高裁判決に続く、戦後最高裁における政教分離に関わる2件目の違憲判断となった。そのため、判決後は各紙一面などで大きく報道されるとともに、各地で類似ケースが存在するのではないかということが併せて取り上げられた。また、同件は、憲法学にとっては最高裁の違憲判断として重要ケースとなったために、多くの判例解説などが続いた[2]。さらに、憲法の政教分離をめぐる最高裁違憲判断の最新のケースであることから、高校の政治経済の教科書や用語集などにも載ることとなった[3]。しかしそれでも、判決から数年経った現在の状況を考えてみると、多くの人々にとっては特に重要とも感じられず、忘れられていってしまったような出来事だったのではないだろうか。

　だが事例としての特殊性はあるとしても、北海道の人口減少自治体のなかのムラの一神社をめぐって起こったということ、判決において「氏子集団」という「宗教団体」に便益が提供されているので違憲とされたこと（最高裁でこの第20条1項後段に関して違憲判断が出るのは初）などを考え合わせると、この件は神社神道と地域社会の現況や戦後日本の政教関係をめぐるきわめて宗

教社会学的なテーマを多く含んでいると見ることが可能だろう。しかし、そうした領域からの注目と研究は、十分になされているとは言えない。

　筆者はこれまでこの問題について、最高裁判決後からメディア報道を網羅的に追うとともに、高裁差戻審・最高裁再上告審の傍聴、原告・支援者・地域住民らへのインタビュー、現地でのフィールドワーク・文献収集、全国自治体への公有地上宗教施設に関する質問紙調査、などを行ってきた[4]。

　本稿ではこうした蓄積に基づいて、砂川訴訟問題を、その事例としての特殊性と一般性を視野に入れながら、現代日本社会における神社神道の問題として位置づけて論じることを目指す。すなわち、戦後日本の政教問題の一最新事例・判例とみなされているものを、宗教社会学の立場から論じ直す試みであると言える。

　以下、第1節では、戦後の神社神道・氏子組織と社会変動をめぐる先行研究や統計資料をレビューしながら、神社神道の現状について概観する。第2節では、砂川訴訟問題に焦点化し、フィールドの概要を記述するとともに問題の展開を詳述することで、その事例の位置づけを検討する。第3節では、砂川訴訟問題の特殊性を踏まえつつも、同様に神社を中心とした「宗教施設」が全国の公有地上に多数存在することで、行政上で一種の混乱が引き起こされつつある共通の状況を、筆者が行った全国調査から明らかにしたい。

1. 神社・氏子組織と社会変動をめぐる先行研究

　本節では、神社神道・氏子組織と社会変動をめぐる先行研究をレビューするとともに、諸調査の結果を参照しながらその現況についてのデータを併せて示していきたい。

(1) 神社神道・氏子組織と社会変動

　神社神道は、基本的に村落共同体・地域に基盤をおく宗教である／あったと言ってよい[5]。鈴木榮太郎は、日本の農村には第一社会地区（組・小字）、第二社会地区（村落・村・大字・部落）、第三社会地区（行政村）が重層的に存在していることを論じ、このうち「村の精神」をそなえた第二社会地区を「自然村」としたが[6]、これが昭和戦前期まで幅広く持続していた日本の農村・

村落共同体の典型であり、それがまた神社神道・氏神祭祀の基盤となる社会的単位であったと言ってよいだろう[7]。そうした村落における氏神祭祀は、宮座[8]などの日本特有の信仰組織を育み、地域住民とほぼそのまま合致するような氏子集団・組織（すなわちヨアヒム・ワッハの言うところの「合致的宗教集団」[9]）に支えられながら、保持されてきたのである。

　しかし、近代日本のなかでも戦後の社会変動——第二の近代化・都市化、高度経済成長、産業構造の転換、人口移動など——は、神社神道とその氏子組織に大きなインパクトを与えた。地域の守り神（氏神・産土神）としての神社を支える地域住民である氏子は、氏神に対して、年中行事や祭りなどを通じて関わるのであり、それは人の移動や生活様式の変化などの影響を顕著に受けやすいためである。

　こうした変化は、「都市化と神道」「近代化と神道」といったテーマへの研究関心を呼び起こし、——それが神社神道研究の主流となったか、また政策的な実効性を伴ったかはともかくも——さまざまな議論や、先駆的な調査が蓄積されてきた。例えば森岡清美は、すでに1960年代に山梨県の農村部ならびに東京大都市近郊での神棚保持率や氏子意識・行動に関する実証的な調査を行っている[10]。

　これらの議論や先行する調査結果を踏まえ、戦後の社会変動と神社神道について、豊富なデータとともに包括的な見通しを提示したのが、石井研士の研究である[11]。

　石井は、戦後の社会変動と神社神道について、日本人の氏神に対する意識と行動、神棚祭祀、神社と関わる年中行事の実施、の三点に特に注目しながら議論を進めている。以下、それぞれのトピックについて、実証的なデータを示しながら簡単に紹介したい。

　氏神に対する意識と行動のなかでも、氏神についての認知（「あなたの氏神様（あなたの住んでいる地域の神社）を知っていますか」への「知っている」との回答）は、5年ごと3回の調査で72.6％（1996年）・69.1％（2001年）・65.1％（2006年）と低下してきている[12]。その比率は、居住年数が短く、またマンション・賃貸層となると、さらに著しく低くなる。氏神を「知らない」層と知ってはいるが「お参りしない」層を足した割合は回を追うごとに増加して過半数となっており（2006年）[13]、他方で「年に数回」参拝する層は51.1％・48.0％・

41.9％と減少してきている。とりわけ町村部では、氏神の認知は約8割にのぼるものの、実際に年に数回参拝するという層が確実に減少しているようである。また、「氏神様のお札」の所持率も27.7％・26.1％・18.9％と減少してきている。

次に、神棚祭祀についてである。同規模の4回の世論調査結果によれば、神棚の保持率は、49.0％（1999年）・44.0％（2004年）・42.0％（2008年）・43.1％（2009年）と推移している[14]。とりわけ都市部となると、いずれの調査でも3割弱となる。前述の1960年代の森岡による山梨県農村調査では95％、東京近郊では61％（労働者階級）であったことを踏まえると、その低下状況がわかる。

続いて、年中行事等における神社との関わりについてである。例えば、5年ごと3回の世論調査では、この2〜3年の間に「神社の総代会や氏子崇敬会」の活動に参加したと答えたのは、6.3％（1999年）・3.2％（2004年）・4.6％（2009年）だった[15]。「神社やお寺などの伝統芸能の保存運動」も6〜8％程度であり、一番多い回答は「（神社・お寺・諸宗教団体の行事・活動に）参加したことはない」で、約70〜80％となる。それでは、どのようなときに神社に関わる——とりわけ参拝する——のだろうか。2004年の調査では、「日課として」1.9％・「何気なく・通りかかったとき」14.0％・「初詣」69.5％・「厄除」16.7％・「七五三」24.9％・「お祭りのとき」30.1％・「何か願い事があるとき」12.9％・「お参りはしない」14.7％という結果であり、初詣を筆頭とした年中行事中心の傾向が看取できる[16]。ただし、村落祭祀として中心にあったはずの祭礼の機会における関わりは、3割程度となっているのである。初詣については、神社・寺院の別は問うていないが、世論調査で72.6％（2003年）・72.2％（2008年）、学生に対する宗教意識調査でも52.0％（2012年）・61.4％（2015年）が「行った」と回答していることなどから[17]、「神社と言えば初詣で行くところ」という傾向はきわめて強いと言えるだろう。

石井はこうした諸動向を捉えて、戦後の神社神道の変化とは、大きく言えば都市部の神社と過疎地の神社の格差の増大であり、それは氏神神社の崇敬社化、神社事業の収益化、情報化などを軸として進んでいると論じている。

(2) 神社神道の現況と限界集落化との関連

続いて、神社神道の現況、特に過疎化・人口減少・限界集落化との関連に

ついて概観したい。

　文化庁『宗教年鑑』（平成27年版）の統計によると、「神道系」の信者数は92,168,614人、宗教法人数は84,956である（2014年末時点）[18]。このなかには、教派神道系のもの、神道系新宗教のものも含まれている。信者数の方は、各宗教法人が申告してきたものの総計であるからあまりあてにはならない数字だが、法人数の方は全国に神社は8万社ほどあるとしばしば言われることを考えると、一応は納得のいく数字であろう。そのうち、戦後に発足し、多くの神社を包括する宗教法人神社本庁には、78,886ほどの神社が所属している。また、その「信者」数は、79,770,411人と報告されている。しかし、裏を返せば、宗教法人になっているもの、神社本庁に所属しているものが、日本に存在する「神社」の全てなのでもない。法人格を持たないムラの神社は無数にあるのであり、さらにはどこまでを「神社」「社」に含めるかによって、その裾野は把握しきれないほどの広がりを持つのである。われわれが日頃、「神社」と呼びならわし、目にするものには、それだけの多様なかたちがあることをまずおさえておく必要がある。

　次に、日本の宗教と過疎化・人口減少・限界集落化についての議論である。神社本庁・伝統仏教各宗派・キリスト教、あるいは立正佼成会・金光教・天理教などの新宗教において宗教伝統・宗派ごとの宗勢・教勢調査は行われてきたものの、このテーマについての学術的な研究はまだ緒についたばかりである[19]。

　神社神道にしぼって言えば、神社本庁が「過疎と過密地帯の神社の実態調査」（1968年）、「過疎地域神社実態調査」（1972～1976年）などを行ってきた。他方、信頼できる学術研究で全体的な状況を俯瞰したものとしては、石井研士の「神社神道と限界集落化」論文がほぼ唯一のものと言ってよい[20]。よって本項では、ここで提示されているデータを、本稿の内容に引きつけて紹介していく。

　2014年5月、民間政策組織・日本創成会議は896の「消滅可能性都市」を発表した[21]。これは、2010年の性別年齢別人口を基準に将来人口を推計し、①今後も人口流出が止まらない場合で、②2040年に若年女性が50％以上減少する場合に、当該自治体が「消滅」すると見なすというものである。この数は現在の総市町村数の約半数に及ぶものであり、衝撃を持って受け止められた。

石井論文では、この896自治体に存在する宗教法人の数ならびにそのなかの神社の数を示している。それによれば、消滅可能性自治体にある宗教法人は62,971法人（国内全法人の35.6％）、そのうち神社は31,184法人（国内全神社の41.0％）だという。さらには、そのうち2040年に人口1万人以上であることが予想される自治体の神社は22,411（29.5％）、1万人未満の自治体の神社は8,773（11.5％）としている。すなわち単純に言えば、もしこれらの自治体が推計どおり「消滅」状態に至ってしまうのだとすれば、地域社会・ムラに支えられた（宗教法人となっている）神社の約4割は担い手がいなくなってしまうということである。

　さらに、本稿で主たる対象とする北海道の状況を見てみよう。消滅可能性自治体にある宗教法人は3,285法人（全道法人の72.8％）、そのうち神社は476（道内全神社の78.0％）、さらにそのうち2040年の予想人口が1万人以下の自治体にあるのが294（48.2％・全都道府県中1位）である。都道府県内の全法人中ならびに全神社中の率については、全国的にみても、秋田県（それぞれ100.0％・99.9％）・青森県（95.3％・96.4％）・山形県（74.1％・82.9％）に次いで高率となっており、危機的状況にあると言ってもよいだろう。

　同論文の最後において石井は、そのような限界集落化が進むなかでも「人々は何とか生活ができる間は、神社の世話をやめようとしない。それでも人口の減少と高齢化のためにやむをえず放棄せざるをえなくなって、ぽつんと神社が残される、そうした光景は現れるようになるのではないか」と述べている。そのような状況が全国的に進みつつあるのかどうか。北海道砂川市の一事例を足がかりとしつつ、全国の自治体が直面する状況までを本稿において見ていきたい。

2．北海道砂川市有地上神社違憲訴訟

　本節では、フィールドの概要を示した上で、砂川訴訟問題の経緯と展開を詳しく述べていく。

(1) 北海道砂川市の概要と神社
　北海道砂川市[22]は、おおよそ北海道の中央部、札幌市と旭川市の中間ほ

第 6 章 | 政教分離訴訟の宗教社会学

どに位置する。赤平市・歌志内市・上砂川町・新十津川町・滝川市・奈井江町に隣接し、面積は 78.68 km² である。1890 年奈江村設置、1903 年砂川村に改称、1923 年砂川町、1958 年に砂川市となった。

1887 年に歌志内炭鉱が開坑したことから、同地は交通の要衝となり、鉄道開設などを経て、石炭産業で栄えて

図 1　砂川市の位置

いった。また、並行して農地も開拓されていった。

以下の表に、『国勢調査』の結果を中心に、戦後の 1945 年から 2015 年に至る砂川市の世帯数・人口・空知太ならびに富平地区（後述）の人口、産業構造の比率の推移を示す。

戦後まもなくは、東洋高圧北海道工業所などの開設により、工業人口が増えていった。また、農業も機械化などを経て安定した経済体制が成立してい

表 1　砂川市の世帯数・人口・産業比率の推移

	世帯数 （世帯）	人口 （人）	空知太地区 （人）	富平地区 （人）	第一次産業 （％）	第二次産業 （％）	第三次産業 （％）
1945 年	6856	35030	−	−	−	−	−
1950 年	4769	24604	−	−	29.2	47.0	23.8
1955 年	5906	30057	1104	523	23.8	44.0	32.2
1960 年	7172	31750	897	479	19.4	40.5	40.1
1965 年	7414	30205	962	513	14.8	38.2	47.0
1970 年	7442	27184	984	342	13.6	35.6	50.8
1975 年	7653	26023	2132	234	10.2	36.7	52.8
1980 年	8468	25355	2810	213	8.5	34.5	57.0
1985 年	7989	24829	3407	191	7.9	34.0	58.1
1990 年	8159	23152	*3633	*153	6.8	32.3	60.8
1995 年	8179	21722	−	−	6.2	31.9	61.9
2000 年	8448	21072	−	−	6.3	29.0	64.7
2005 年	8348	20068	−	−	6.3	25.1	68.6
2010 年	8415	19056	−	−	6.0	24.0	69.9
2015 年	**7870	**17702	−	−	−	−	−

［砂川市史編纂委員会編 1991］・砂川市サイトなどから筆者作成
「*」は 1989 年の値　「**」は 2015 年国勢調査の速報値

た。しかし高度経済成長期以降は、農業人口と比率も低下していき、また、企業の再編・合理化等の影響もあって、第二次産業の比率も低下していった。

人口は高度経済成長期の1959年の32,495人をピークに[23]、以降はほぼ年数百人ペースで減少傾向にあり、現在は17,702人となっている（2015年国勢調査速報値）。なお、前述の日本創成会議の推計によれば、砂川市は2040年には人口11,572人、20～30代女性の人口変化率はマイナス50.7％であり、「人口移動が収束しない場合において、2040年に若年女性が50％以上減少し、人口が1万人以上の市区町村（373市区町村）」に含まれている。

次に、北海道の神社の概要について触れておく[24]。

北海道に堂・社が本格的に造営されるのは、和人初の蠣崎政権下（戦国～安土・桃山時代）に始まるとされる。蠣崎氏をはじめとする諸館主や武将たちが、領内安全・生業隆盛を祈願した諸神の勧請を行った。この武士主導の堂・社の造営が、近世に入ると領内の村落形成とともに民衆主導へと移行した。そして、小集落のなかに、たとえば病気平癒を祈る観音堂や、生業の実りを祈念する稲荷社などの現世利益を求めるための堂・社が複数造営されていった。さらに、北海道において重要なのは近代以降の開拓民・入植者とその信仰である。入植者はその先で出身地やあるいは現世利益別に祭神を勧請し、地域の氏神に据えていった。

『北海道神社庁誌』によると、道内には神社本庁包括神社（多くが、法人格を有し、ある程度の規模があり、神職常駐と推測できる）が604社、包括外神社が2,055社あるとされる（1996年時点）[25]。なお、やや古いデータではあるが、砂川市を含む北海道空知支庁27自治体の神社による北海道神社庁空知支部には64社が鎮座している（1985年時点）[26]。

砂川市内の包括神社は、砂川神社（東五条南4丁目）のみである。旧県社（1944年）で、祭神は天照大神・豊受姫命・大国主命である。氏子は市内一円であり、その世帯数は約8,000世帯、崇敬者数は約5,000人とされる（1996年時点）。1891年、三吉神社を祀ったことに始まり、1892年、住民より「大神宮を氏神となさんとする議」が起こり、1893年に大神宮遥拝所として設立された。1901年、奈江神社と称したが、1906年、砂川神社と変更した。1915年村社、1930年郷社となる。1945年宗教法人となり、1953年宗教法人砂川神社の設

立登記をなした[27]。市内には砂川神社にしか神職はおらず、文字通り市内の神事祭礼の中心に位置すると言ってよいだろう。後述するように、空知太神社と富平神社の神事祭礼時にやってくるのも砂川神社の宮司である。

続いて、砂川市内の法人格がない包括外神社は、空知太神社と富平神社を含めて9社ある。すなわち、空知太神社（後述、同市空知太・1892年創設・祭神は天照大神）、袋地神社（北光・1895年頃・金比羅神）、一の沢神社（一の沢・1912年創設・天照大神）、富平神社（富平・1894年・大国主命）、金比羅神社（西四条南2丁目・1907年・金比羅神）、焼山神社（焼山小学校近く・1911年・複数）、宮城の沢神社（宮城の沢・天照大神・1953年）、吉野水天宮（砂川市北一号・1929年）、月見丘金比羅神社（西四条南4丁目・1946年・金比羅神）である[28]。金比羅神が目立つのは、水禍除けのため、あるいはその地域の四国出身者が祀ったためである。また、砂川市内には、単立神社の豊沼神社（宮川町）がある。設立は1893年、祭神は天照皇大神・金比羅大明神・地神である[29]。神職はおらず、砂川神社の宮司が神事を務める。

以上が、砂川市内の神社神道の概要である。

(2) 空知太神社・富平神社と地域社会

では、空知太神社・富平神社と砂川訴訟問題の具体的ケースを見ていく。

空知太神社（空知太312番地）は、市の中心部からははずれた、むしろ隣接する滝川市に近い市北部の国道沿いにある[30]。空知太地域は、砂川市開拓の発祥の地にあたり、鉄道の終点として南空知太駅がある（現存せず）など、開拓初期に栄えたところであった。由緒としては、1892年、地域住民の協力で五穀豊穣を祈願して、現在の空知太小学校（国道の反対側）付近に小祠を創設したことに始まるとされる。岩見沢以北では美唄の空知神社（美唄市西二条南1丁目・旧県社・1891年・天照大御神・大己貴神・少彦名神）とともに空知地方では最も古いと言われる。1897年、地元住民7人が3,120坪の土地について北海道庁に「土地御貸下願」を提出して認められ、350円の寄付を募って神社を創設し、天照大神の分霊を祀った。札幌神社から宮司を迎えて、鎮座祭が行われた。この時、北海道庁長官に出された「神社創設願」は以下の通りである。

抑當空知太ノ儀ハ明治十九年ノ草創ニ掛リ爾後續々移住者來集仕終ニ一部落ヲ成スニ至リ候是レ來意　官廳ノ御保護其厚キニ出テ候儀ハ申迄モ無之候得共僅々十余年間ニシテ如斯速成ヲ見ル又神カ冥助アルニ非ラサレハ為ス能ハサル事ト確信仕候今ヤ有志者ト規圖之茲ニ一神社ヲ創設シ永久保存ノ方法ヲ定メ　天照大御神ヲ奉齋シ空知太神社ト稱シ本地守護神ト仰キ自是毎歳春秋ノ祭祝ヲ執行シ國家平安五穀豐穰ヲ奉祝度志願ニ有之候何卒願趣御調察速カニ御許可被成下度別紙書類相添此段奉頼候也[31]

　当時、奥地開拓の人々は、南空知太駅で下車し、必ずこの神社にお参りして、開拓の成功を祈願したという[32]。地元の空知太青年会が維持・管理にあたった。1903年、南空知太尋常小学校（現在の空知太小学校）が神社に隣接して建てられた。
　戦後になり、1948年頃、小学校校舎の増設・体育館新設のために、住民が国道向かいの現在地となる土地を提供し、そこに移設された。また、1950年9月15日には地神宮（石碑）が建立されている[33]。
　1953年、住民は、固定資産税の負担を解消するためなどもあり、同土地を町（現・市）に寄付することを願い出た。町議会は3月29日、町が集落に対して「空知太神社境内敷地」である土地の無償使用を認める旨を「全員了解」として議決し[34]、所有権を取得した。
　1970年、空知太部落連合会（現・連合町内会）は、市から補助金の交付を受けて、町内会館を新築した。この際、神社＝祠が会館内に納められ、鳥居が国道に面して設置された。また、前述の地神宮の石碑は、鳥居の横に位置することとなった。鳥居の先に、町内会館「空知太会館」と「神社」が一体となった建物がそびえる提訴時に問題視されたかたちの成立である。強調しておくと、このかたちの成立は、あくまで戦後に起きたことである。
　空知太神社には、前述のように宗教法人格はなく、神職は常駐していない。総代および世話役が各10名ほどいて、年1回の総会を中心に運営している[35]。神社側は町内会館の運営委員会に年間6万円の建物使用料を支払っていた。初詣と春祭り、秋祭りの年3回の祭事があり、春秋には砂川神社の神職により、神事が執り行われていた。初詣には、200〜300人の参拝者があっ

写真1　空知太神社外観
（筆者撮影　2012年12月時点）

たという[36]。

　なお、空知太地区は、A町内会228世帯・B町内会232世帯・C町内会146世帯・D団地186世帯・E団地183世帯・F団地250世帯の計6町内会1,225世帯による連合町内会が組織されている[37]。前掲表で確認したとおり、空知太地区は昭和40〜50年代に団地が新設されたことで、新住民の著しい流入があり、地区人口が倍増・三倍増したところである。現在の正確な人口は把握できていないが、人口のピークは超え、市全体の動向と同様に、減少傾向にあるようだ[38]。

　各町内会では、空知太神社の祭りの際に寄付を集めており、それは町内会の議事録で毎年報告されてきた。祭りの際には、町内カラオケ大会が開かれて盛り上がるなど、地域住民の楽しみの場であった。その点では、空知太地域の住民は、空知太神社の氏子だと言えなくはないが、氏子意識、ないしそれが「宗教」だという意識は稀薄だった。地裁判決文には、「現在の総代や世話役に神道の者はおらず，全員宗教としては仏教を信仰している」と記載されており、氏子に対する聴き取り調査でも「（この辺で）神道の（信者の）人は

写真2　富平神社外観
（筆者撮影　2016年3月）

一人もいない。うちは浄土真宗です」との言が聞かれた[39]。一般的な「宗教」認識としては、無理もないものであろう。

　他方、富平神社（富平192番地）は、同様に市の中心部からははずれた市北部、空知川沿いの周囲は野菜畑の中にある。その由緒は、1894年12月、富山県人7戸、新潟県人20余戸の団体移住者が小祠を創設したことに始まる[40]。当時は赤平神社と呼ばれていたようだ。1922年、工費は全額地区の寄附により、現在の社が創設された。創立当初の祠は、同地区内にある良応寺境内の一隅に移し、馬頭観音を祀った。神社の土地は、もともと同町内会の前身が実質的に所有していた。1935年に土地の寄附および所有権移転登記がなされ公有地となり、教員住宅が建設された。のち1975年に同住宅が取り壊され、1976年から町内会の前身に管理が無償委託されていた。2004年に原告らによって住民監査請求がなされた後の2005年、市議会の議決を受けた上で、市は「地縁団体」となった同町内会に同地を譲与した[41]。

　同神社は広場・空き地といったような土地の上に、社殿、鳥居、灯篭、地神宮などがあるというかたちである。富平神社には、富平地区の住民からなる氏子によって構成された氏子集団があり、富平神社を所有し、その維持運

営にあたっている。そしてその世話役として総代と会計係がいる。毎年、初詣と春・秋の例大祭が行われ、春秋には砂川神社の宮司が訪れて、祝詞奏上などの神事を行い、10名前後の町内会住民が参拝に訪れている。なお、日常的に富平神社に参拝に訪れる者はいない。氏子総代および会計係は、町内会の住民から、富平神社維持費を1世帯あたり年1,500円、砂川神社寄付金を200円集め、砂川神社御札セットを希望者に3,000円で頒布している。2001〜2003年の3年間で維持費の支払いをしたのは、各年35・30・30世帯、寄付金は32・27・28世帯、御札セット頒布は11・12・11世帯であった[42]。同町内会は、2005年時点で29世帯86人、2011年時点で28世帯となっている。1965年の513人をピークに、基本的にはほとんど新住民の流入がなく人口減少が続く地区と見てよいだろう。

　以上、空知太神社と富平神社ならびにその地域社会の概要を見てきた。一見、地方にどこにでもある町内の神社であろうか。前者は、神社と町内会館とが完全に一体になっている、というところが特徴と言えるかもしれない。問題は、これらが砂川市の土地、すなわち公有地上に位置していたということ、そしてそれを問題視する人びとが現れたために「社会問題化」していった、という点である。

(3)　砂川訴訟の展開と顛末

　砂川訴訟の原告となったのは、二人の砂川市民・谷内榮（1930–）と高橋政義（1922–2011）である。

　谷内は、元中学校教員でクリスチャン（日本キリスト教会滝川教会所属）[43]。「軍国少年だった」というが、兄は中国で戦死した。終戦後キリスト教に出会い、その後中学の英語教師となった。「明治政府が国家神道を作り、学校教育に持ち込んだことが無謀な戦争につながった」と考えている。神社のお祭りで勤務先の学校が休みになるたびに、異論を唱えた。空知太神社は移り住んできた自宅近くであり、過去に連合町内会を構成する町内会の一つの会長だったときには、神社の祭りのための寄附を同町内会で集めることを中止した。退職後、その空知太神社が市有地に立っており、市が無償提供を続けていることを知った。「政教分離は二度と神社が国と一体になってはならない戒めのためにある」として、90年代後半からの市長への公開質問状提出、

複数回に及ぶ住民監査請求等のアクションを経て、2004年3月の提訴に至った。並行して、自宅からはやや距離のある富平神社についても、その時点では市有地上に立っているということを知り、こちらも住民監査請求と提訴に至った。本件については、「私はクリスチャンの立場から、信教の自由のために訴訟を起こした。互いに信仰は尊重しなければならない。かたくなにならず、尊重し合える存在になって」とする[44]。また、「この裁判は、戦時中に国に従ってしまった日本の信徒、教会がその過ちを二度と犯さないために闘うキリスト者の戦いでもあると思っています。…イエス様がいつも私の前にいてくださる。主の闘いです」ともキリスト教専門紙では述べている[45]。

他方、高橋は戦争で中国に出兵し、戦後は中国帰還者連絡会のメンバーとして活動した（クリスチャンではない）。首相靖国参拝に反対する「滝川平和遺族会」の活動で谷内と知り合った。なお、訴訟時に支援等を行った「砂川政教分離訴訟を支える会」の代表は、谷内の所属教会の牧師である加藤正勝である。

本稿の議論の本筋ではないものの、原告らのこうしたモチベーションの契機ないし所在と、特定アクターのクレイム申立てを機に、関連するアクターを巻き込みながら累積的に「社会問題」が構築されていったということはおさえておく必要があるだろう。

空知太神社の方は2004年3月、富平神社（第二次）の方は2005年6月に提訴された。訴訟の過程の全容に触れることはできないが、一審の札幌地裁判決は2006年で、前者は違憲、後者は合憲と判断された。二審の札幌高裁は2007年で、同じく前者は違憲、後者は合憲とされた。そして、2010年1月20日、最高裁にて同じく前者は違憲、後者は合憲という判断がくだされたのである。後者の富平神社については、すでに訴訟と前後して地縁集団たる同地区町内会に同土地が譲渡されているために違憲状態にはないという判断であるので、詳細については省く。問題は違憲とされた空知太神社のケースである。

空知太神社に関する砂川市の市有地無償提供については、14人の裁判官中9人が違憲の判断を下した（うち1人は、市側の上告棄却を主張）[46]。反対は1人のみであった。4人は、高裁の審理不足・判断材料不足として、判断を示さなかった。

本件の判決のロジックについては、林知更が非常にコンパクトかつ明晰にまとめているので、参照しながら進めよう[47]。林によると、1977年の津地鎮祭訴訟以来の最高裁の政教分離に関する傾向は「20条3項中心主義」と「目的効果基準一元主義」として捉えられるという。前者は、いわば国・地方自治体・行政機関の宗教的活動の禁止である。これと第20条1項・第89条との違いは、「宗教団体」(受け手側、と言えようか) の定義づけが特に必要ないことだろう。第20条3項で問題となるのは、「国及びその機関」が、宗教的活動をしているか否かなのである。では、「国及びその機関」が少しでも「宗教的なもの」に関わるとたちまち違憲になるのだろうか。そうではない。そこで持ち出されるのが、「目的効果基準」である。これは、「当該行為の目的が宗教的意義をもち、その効果が宗教に対する援助、助長、促進又は圧迫、干渉等になるような行為」のみが違憲とされる、というものである (愛媛玉串料訴訟では、これが第89条の判断基準ともなるとされた)。本件の1審・2審も、大筋として第20条3項に関して目的効果基準を適用し、違憲判断を下していたのだ。

　ところが、である。最高裁判決においては、目的評価基準は採用されなかった。判決は、第20条3項ではなく、第89条と第20条1項後段への違反を認定した。前述の通り、最高裁での第20条1項後段違反の認定は初、とのことである。すなわちこれは、町内会とは独立した「氏子集団」の社会的な実在を認め、「宗教団体」「宗教上の組織もしくは団体」と認定した、ということである。では、違反・違憲の際の判断基準とは何か。これが「新基準」などと目されたものであるが、「当該宗教的施設の性格、当該土地が無償で当該施設の敷地としての用に供されるに至った経緯、当該無償提供の態様、これらに対する一般人の評価等、諸般の事情を考慮し、社会通念に照らして総合的に判断すべき」という判決の部分である。判決では、他の箇所でも「一般人の目から見て」「社会通念に照らし」の語が目立つ。こうして、そうした基準から判断するに、市が「氏子集団」という「宗教団体」に特別の便益を提供している状態であるから違憲だとしたのである。こうした基準が適用されたのには、「目的効果基準」が「行為」を念頭に置いているのに対し、本件のような継続的な「状態」を判断するにはなじまなかった、という見方もできるが、判例解釈はここではこれ以上行わない。

写真3　現在の空知太神社
（筆者撮影　2016年3月）

参考までに、唯一の合憲判断を下した堀籠幸男裁判官の意見（要旨）を引いてみる。「神道は日本列島に住む人々が集団生活を営む中で生まれた、生活に密着した信仰。空知太神社は開拓のために渡った人々が心の安らぎのために建立し、生活の一部。創始者が存在し、確固たる教義や教典を持つ排他的な宗教と、抽象的に宗教一般として同列に論ずるのは相当ではない」[48]。典型的とも言える、神道習俗論・神社神道非宗教論である。ただし、違憲判決が「氏子集団」を「宗教団体」としていることを考え併せると、「一般人の目」「社会通念」とはどこにあるのか考えさせられもする意見である。

判決でもう一つ重要なのは、高裁へ差し戻されたことである。すなわち、違憲性の解消には、施設撤去・土地明け渡し以外にも、無償・有償譲渡、有償貸付などの方法があるとしたのだ。むしろ撤去に関しては、「（氏子の）信教の自由に重大な不利益を及ぼすものとなることが自明」としている。

その後、2010年12月に札幌高裁差戻審で合憲、2012年2月に最高裁再上告で棄却となり、裁判としてはこれで終着となった。高裁差戻審で提示された市側が提案した解決の方法とは、端的に言えば、「神社」の範囲を明確化し、その土地を年34,762円で賃貸しする、というものであった。判決確定後、町内会館の中にあった祠は会館の前面に出され、それを納める建物が新設さ

れた（写真3）。また、地神宮の方は、「開拓之碑」と彫り直された。それまでは地神宮の前で毎年祭事・神事をやっていたのだが、「宗教性を無くす」という対応が取られた。「氏子集団」である地域住民にとっては、少なくとも従来通りの祭礼行事はできなくなり、この一連の問題の意味を問いながら萎縮した状況が続いているのが現実である[49]。

　空知太神社の事例は、その施設としての形態はともかくも、単に特殊例として片づけることはできない意味を含み持っている。本節で見てきたように、そこではもはや「氏子」イコール「地域住民（全体）」とは言いがたいのである。空知太地域は1,225世帯の6町内会からなり、昭和40-50年代以降、団地造成により新住民も多く流入してきたところである。その町内会館が、昔からの神社と一体化している。その神社にとって連合町内会全体が氏子地域であったとしても、新住民を中心にみなが氏子意識を持っているわけではない。他方、氏子という明確な意識があり神社祭礼を支えているのは、旧住民を中心とする10数人の総代を核とした限定的な人々である。かつては地域住民＝氏子集団であったものが、地域社会の変動のなかで、氏子集団が特殊集団化しているような状況が見いだせるのである。そのような状況を背景に、この砂川訴訟問題は生起し、そこでは神社祭祀イコール習俗あるいはあたりまえのこと、ではなく、「宗教」と見なされうるような事態が現れていったのである。こうした変化は砂川市だけで起こっているものではないだろう。

3. 公有地上宗教施設の全国分布と自治体の対応

　北海道砂川市の空知太神社と富平神社のケースは、公有地上にあり土地が無償貸与されているということで問題視して提訴する人々がおり、それによって最高裁まで争われたという点においてはレアなケースと言えよう。だが、はたしてそのような公有地上に神社ないし宗教施設があるという事態自体は特殊なことなのだろうか。そうした類似例については、裁判のなかでも原告側は「全国に1,000件以上」、砂川市側も「数千単位にとどまらない」などと述べており、どうやら他にも多数ありそうだという推測はなされている。では、その実態に少しでも迫るにはどうしたらよいだろうか。本節では、

メディア報道の網羅的収集と、全国自治体への質問紙調査の結果を通じてこの問いに迫り、公有地上宗教施設への対応に自治体が苦慮しているさまを明らかにしていく。

⑴　メディア報道からみた公有地上宗教施設の分布

　2010年1月20日の空知太神社についての最高裁違憲判断は、翌日朝刊を中心に全国紙・地方紙の一面を飾ったが、各紙は判決のみを伝えたのではなかった。とりわけ地方紙・地方版を中心に、判決関連に加えて、「わが地方・地元にも類似のケースがこれだけある」という「一斉捜索」が始まったのである。

　公益財団法人国際宗教研究所宗教情報リサーチセンター（RIRC）の「宗教記事データベース」には、全国紙地方版と多くの地方紙の宗教関係記事がかなり網羅的に収蔵されているので、それを利用することでこうした報道の広がりを知ることができる。ここでは、判決前後の約230件の記事をデータとして用いる。

　各記事に記載されているケースを一件一件数え上げ、それらの土地の提供の有償・無償を集計すると、無償提供のケースは国と26道府県で750弱あることが判明した[50]。

　その内訳としては、やはり「神社」が多く見られる。「寺院」は、あまり多く見られず、数えるほどである。キリスト教の「教会」などは、見られなかった。他には、「祠」が多く、「鳥居」「石碑」「地蔵」「観音」「稲荷」などもかなりの数が見られた。もっともこの傾向にも注意が必要である。一つは、訴訟が神社に関わるものであったため、各地の「神社」「社」と呼ばれているものが、優先的にチェックされた可能性がある。もう一つは、「神社」と分類されていても、その基準が一律でなく、なかには「社」「祠」「堂」と区別があいまいな「神仏」が判然としないものもあるだろうことである。人々の生活のなかの「宗教」の存在形態を考えてみるならば、そうした曖昧さも無理がないことである。表向きの件数のみを見て、「かくも国家・行政と神社は癒着していたのか」などと結論づけるのは、やや早計だろう。

　特筆すべきは、北海道の件数が150ヶ所強と目立つことである。これは実際に多いということと、優先して見つけられている、把握が進んでいるとい

うことの両面があろう。道内の砂川市の問題ということもあり、北海道地方では早い段階から「問題視」が進んでいたのである。判決後の2010年3月1日、「政教分離を守る北海道集会実行委員会」が道内179市町村・道・北海道開発局を対象とした質問紙調査を実施し、113市町村から回答を集めた。その結果、52市町村に計244ヶ所の公有地上の宗教施設があること、そのうち195ヶ所が無償提供状態にあることが明らかにされたのである[51]。このような動きもあって、道内の各自治体も積極的に把握を進めていたようで、すでに有償貸与への切り替えの動きも起こっていた。

　他に目立つのは、管理者が不明というもの、また私有地あるいは共有地だったが、自治体に寄付したというものである。砂川市のケースと似ている。自治体の主導で結果として公有地に存在している、と思われるものも散見される。いくつか例を見てみよう。札幌市の真駒内神社は、戦後の区画整理で、市有地に所在となった。秋田県大仙市の稲荷神社も、土地開発の代替地として提供された市有地である。鎌倉市の諏訪神社も、市役所建設のため市有地に移転したものである[52]。神社ではないが、横浜市の事例で興味深いのは、1908年から48年まで、市町村以外は墓地の経営ができなかったため、寺院などが土地を市に寄付した上で無償使用していた墓地が6件あることである。「昔からそこにあった」「合併時に引き継いだもの」などといった頻出するワーディングも含め、「公有地上の無償提供宗教施設」が急速に「社会問題」として発見されていく局面を読み取ることができる。

　また、この種のメディア報道で興味深いのは、有償ならば問題視されないのか、という点である。「年1,440円」「年数万円」で賃貸ししていて、これで有償になったから無償ではない、よって違憲の心配はない、と判断されて記事が書かれているケースがある。はたしてそれは、問題が解決されているのか。とりわけ地域社会の変貌と神社、ないし宗教施設との関係を見ようという本稿の姿勢からすれば、無償か有償かは本質的な問題とは言えないだろう。

　いずれにしても、一つの記事のみではたいした意味を持たないものであっても、全国的な報道をなるべく網羅的に集めることによって、公有地上宗教施設の分布と傾向のまずは大まかな全体像を描くことができる。そしてこれを予備調査的に活用し、本調査の準備へと向かうことができるのである。他

方、この手法では報道されたケースしか把握できないという限界もある。調査され、実態が把握され、報道されなければ、その問題は存在しないことになってしまうことは認識しておく必要がある。

⑵　全国自治体質問紙調査からみた公有地上宗教施設の分布

　前項のような予備調査を下敷きとして、2013年1〜2月に、「公有地上における宗教・民間信仰関連施設の分布に関する全国調査」を行った[53]。国の国有地管理担当部署（財務省）、47都道府県の公有地管理担当部署、国内全市町村1,719の公有地管理担当部署の計1,767件に宛てて質問紙調査を実施し、808件（45.7％）の回答があった。ここではまずその結果を概観する。

　「問1．貴自治体が保有・管理する公有地上に、広い意味での「宗教」「民間信仰」に関わるような施設等はありますか」という問いに対しては、はい49.6％・いいえ27.1％・把握していない18.7％という回答だった。約半数が、公有地上に何らかのかたちで宗教施設がある、という回答である。

　次に、「問2．下に挙げる広い意味での宗教・民間信仰関連施設のうち、貴自治体の公有地上にあるものに○をつけ、その件数を書いてください」は、「神社建物」「寺院建物」「キリスト教会建物」「諸教建物」「神社敷地」「寺院敷地」「キリスト教会敷地」「諸教施設敷地」「お堂」「祠」「墓地」「慰霊・忠魂・顕彰碑」「地蔵像」「観音像」「石仏」「石塔」「鳥居」「灯籠」「その他」の19項目について、公有地上の有無と件数を問うたものである。

　また、「問3．貴自治体の公有地上にある広い意味での宗教・民間信仰関連施設に関して、お答えいただける範囲で、以下の項目についてお答えください」は、公有地上に宗教・民間信仰関連施設がある場合、その「施設の種類・名称」「所在地」「来歴」「管理者等の有無」「土地提供の無償・有償」などを問うたものである[54]。

　表2を見ると、まず、有償・無償を問わず、本調査における公有地上の宗教関連施設は、総計で7,680件となった。ただし、そのうち約半分の3,888件ほどは「墓地」という回答であった。ほとんどは村落共有墓地が自治体名義になっているというパターンであり、それ自体研究対象として興味深いが本稿の議論からははずれるので、省略する。これを除くと、3,792件ほどになる。多い順に、「地蔵像」「慰霊・忠魂・顕彰碑」「神社建物」「祠」「鳥居」「神

表2　公有地上宗教施設の種類別件数とそのうちの土地無償貸与件数

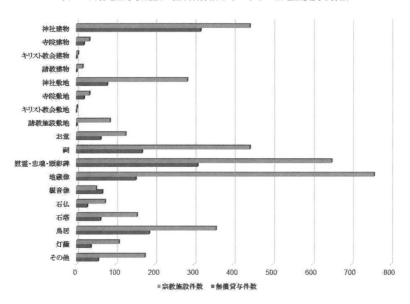

社敷地」となった。「寺院建物」「寺院敷地」や、キリスト教・諸宗教の建物・敷地類は、少なかった。

　そのうち、土地が無償貸与となっているのが、各種別の下方のグラフである。総計は、1,559件であり、多い順に、「神社建物」「慰霊・忠魂・顕彰碑」「鳥居」「祠」「地蔵像」「神社敷地」「お堂」であった。やはり一見して、公有地上の神社建物は件数としても多く、そのうち無償貸与となっている件数も割合もかなり高い、ということが結果から言える[55]。

　その「神社建物」のケースのうちのかなりの数が、地域社会のなかの神社であって、地域住民・氏子が管理しているところに無償提供しているというものである。これはどちらかと言えば、富平神社のタイプに近いと思われる。また、「鳥居」もかなりの件数となったが、これはやはり神社とセットのケースが多い。

　また、「慰霊・忠魂・顕彰碑」の半分ほどが無償提供になっており、管理者は地元遺族会としたものが多数あった。「祠」「地蔵像」「お堂」などは、管理者不明のものが多い。

　このようにみてくると、全体的な傾向とそのなかの「神社」の位置が見え

てくる。前述のとおり回答率は45.7％、公有地上宗教施設があると答えたのは49.6％であった（問1）。また、2010年の砂川訴訟問題を経て現状として実態把握をしている（と認識している）自治体は48.7％であった[56]。砂川訴訟問題のケースの一般性と特殊性について考えるならば、公有地上の神社建物は442件（公有地上宗教施設の全3,792件中の11.7％）、そのうち無償貸与とみなせるものが317件（全無償貸与ケース1,559件中の20.3％、公有地上神社442件中の71.7％）という数字が一つの目安となるだろう。さらなる調査・実態把握を進めるならば、それぞれの件数が倍以上にはなると考えられるということだ。そのなかで、公有地上の神社・寺院・堂などを地域の集会所として使用させているケースは、複数ある。そこにおける祭礼の有無・位置づけや、地域住民の実態などが類似ケースかどうかのポイントとなる。

　いずれにしても、「全国に1,000件以上」「数千単位にとどまらない」と予想していたレベルや、先行研究ないし予備的調査から比べれば、より実態に近づいたかたちでの把捉が進められたと言えよう。

(3)　全国自治体質問紙調査からみた公有地上宗教施設に対する自治体の対応
　　姿勢
　ここではさらに、この全国自治体質問紙調査からみえる自治体の対応姿勢について、触れていく。

　前項においておおよその傾向は明らかになったと言えようが、さらに興味深いのは付随する記述解答類である。

　まず公有地上の宗教施設の有無については「はい49.6％」「いいえ27.1％」「把握していない18.7％」となり、「その他」のなかには「調査中」という回答も目立ったが、それぞれの内実はどうであろうか。

　「全てを把握しているわけではない」「正確な数を把握していません」「今回のアンケート調査を契機に若干調べたが全ては把握できていない」「あることは認識していますが、その数は把握しきれていない」「建物以外の石仏や石塔などについては把握しておりません」「他にもあるかもしれないが、調査する上で担当としても、"宗教上の施設"なのか、の定義が明確でないため、作業が困難であった」といった回答からは、実態把握の困難性が看取できる。「調査中」という回答も同様のものだろう。これは、単純に数が多すぎ

る、あるいは小規模の自治体の場合ではマンパワーが足りないということもあろうが、他方でどこまでが「宗教」施設なのかというカテゴライズをめぐる問題もはらんでおり、自治体担当者の戸惑いが透けて見えてくる。

　関連して、「いいえ」の回答をめぐってである。「民間信仰的なものは、存在すると思われる。道路・公園内の地蔵像、石塔、灯籠などは宗教的意義がなく、政教分離上の問題はないと考えている」「慰霊、忠魂、顕彰碑はありますが宗教・民間信仰関連施設という認識はしておりません」「各施設の存置について弁護士相談を行い、違法性はないとの見解を得ている」「他の最高裁判例（大阪地蔵像違憲請求事件）で合憲のため問題ない」といった記述からは、質問紙項目にあるような施設等は存在するものの、それは「宗教」施設ではなく、ひいては政教分離に違反するものではないという独自のカテゴライズならびに判断がなされていることがわかる。

　この点は、砂川訴訟問題を経た後での調査・確認・把握を行わないという回答とも対応する。「関連施設が無いので、調査作業を行っていない」「本市には該当する事例はないとの認識でいるが詳細な調査は実施していない」「あらためて調査は行なっていない。が、把握していると思っている」「あらためての調査は行っていないが、引継ぎ事項にはなく存在しないと判断している」など。「ない」（と考えている）ので、調査は行わない。そのような処理がなされているのである。

　続いて、「はい」（公有地上宗教施設がある）とした場合の対応の幅である。これについては、「地縁団体を設立して譲渡する」「売却する」「有償貸与に切り替える」「撤去する」など、ケースによったさまざまな対応が取られている。「行政財産であれば占用許可、普通財産であれば貸付許可等の手続を行っており、広い意味での「宗教」であれば、その事案に照らし合わせて判断することになります。勿論、政治、宗教、行政の分離は最重要視します」といった回答もあった。やや強い姿勢が見られたのは名古屋市の例であり、市公園内の神社・慰霊碑・鳥居・祠・寺院・石仏・地蔵堂等に対し、「公園内不法設置物件」として「文書により自主撤去催告を行っている」としている。

　また、有償貸与に切り替えれば問題なし、という方向性もかなり広く共有されていることがわかった。対応済・対応検討中の多くのケースで、「〇〇年より有償貸与契約済み」「有償貸与にすべく交渉中」といったかたちでの

有償貸与への切り替えの方向が取られているのである。とりわけ前述のように、問題の可視化が進んでいる北海道においては、この傾向は顕著である。道内のある市のケースでは、市内の神社敷地3ヶ所を、2012年よりそれぞれ年1円・14円・16円で貸与するとしている。また別の市では、寺院2・宗教法人支部・教会に年38,000〜128,000円で貸与するとしている。このように、有償貸与すれば公の財産は適切に管理されていることになり、国・自治体と「宗教」との関係も適当なものとなる、との認識が広まっているのである。

他方で、自治体によっては対応の困難性が顕著に見られる。とりわけ、対応をとって管理者の明確化や契約化をしようと思っても、うまくいかないケースである。「周辺住民と話し合いをしたが、自らの所有となるものではなく、有償化には応じられないとのこと」「(三重県のある市の表忠碑・慰霊塔は)所有者・管理者が不明なため将来的には市で処分しなければならないと思われる。慰霊塔は小学校敷地にあったが教育行政上不適当として移設」「所有者や因果関係が不明の地蔵像であり、持っていく場所がない」「設置後長い年月が経過しているものが多く、所有者及び管理者が不明であり、その引き取り手が判明しないものが多い。また、管理者が判明しているが、長年の経緯や管理者側の都合などの事情で、現状の変更が困難であるものもある。個々に事情は異なっているため、今後個別に可能なところから対応していかざるを得ないものである」といった回答が続く。ここからは、第一にだれが管理しているのか不明ながら、そうした「宗教」施設のみがあるような風景が浮かぶ。さらにはどうやら地域住民が関わっている施設であることがわかったとしても、管理権限を明確化し、たとえば有償貸与契約を結ぶにはとても至らないような状況が伝わってくるのである。

そうしたなかで、ムラの神社についてはどのような状況にあるだろうか。前項の通り、本調査により回答があった範囲だけでも、公有地上の神社建物442件・無償貸与とみなせるもの317件があった。そのなかでも、公有地上の神社などを地域の集会所として使用させているようなケースは複数見受けられた。「神社に対して使用させているのではなく、地元の町内会に無償使用させている」(北海道のある村)・「実際には区の集会場として使用していたにもかかわらず、神社総代と無償貸与契約していたので、区長と結び直した」(長野県のある市)といった諸回答からは、これまで何の疑問もなくあたり

まえの状態であった歴史的連続性の認識が読みとれる。ムラの／地域の集会場としての神社、あるいは神社の境内に集会場があり、その敷地がよくよく調べてみるとたまたま公有地であることがわかる。そんな状況なのかもしれない。「貴職においても調査済みとは察しますが、戦前は国家神道として神札を祀ることが奨励された時代であります。……これら町内会神社は全て戦前（開拓当時）のもので、当時は地域の守護神として崇められ、開拓の成功と災厄を避けたいとの願いから建立されたもので、当該神社には専属の管理者（宮司等）は無く、あくまでも地域町内会が管理運営しているものです（神社庁への登録等はありません）。このことから、町ではこれら神社用地の使用について、賃借料等は徴収しておりません」（北海道のある町の神社8件について）。唐突に問題化されることへの戸惑いを読み取ることができる。

砂川訴訟問題の空知太神社のように、神社と町内会館が一体であるケースははっきりとは見あたらない。しかし、地域住民ないし氏子集団が活動する神社で、公有地上に無償のまま存在するケースは広範にあるのであり、もしそれを問題視し、訴訟にまで及ぶケースがあれば、そのときは砂川訴訟のケースを参照軸に判断がくだされることになるだろう。

自治体側の対応としては、まずは「政教分離」への対応として、何とか問題がないように（疑いがないように）対応しようという姿勢がうかがえる。それと同時に、地域の「宗教」事情への理解もあり（何となれば同じように地域で生活しているのであるから）、人びとの「宗教」認識を酌んでもいる。そのなかでも何とか対応を模索するものの、そこには財産・所有・管理・契約等をめぐる対応の困難性が顕著に認められる。そうした状況に苦慮する自治体側の姿が、本節での検討を通じて浮き彫りになったと言えよう。

おわりに——変化のなかの神社神道と宗教社会学——

以上、北海道砂川市有地上神社違憲訴訟の問題と公有地上宗教施設についての全国調査を中心に、現代日本社会における神社神道の現況と問題を論じてきた。第1節においては、先行研究のレビューを通じて神社神道をめぐる意識や行動の変化（主には神社神道離れの傾向）や、人口減少や限界集落化問題との関連の渦中にある神社神道の状況を整理した。第2節においては、砂川

訴訟問題を概観し、それが単なる政教問題というよりは、歴史的経緯と戦後の地域社会の人口移動や社会変化のなかで、氏子集団と地域住民とが必ずしも一致しなくなるなかで生起してきた問題であることを解明した。第3節では、全国自治体への質問紙調査の結果から、現状において公有地上に存在する「宗教」施設の分布を示し、その来歴や地域社会における位置などに左右されながら、その対応に苦慮する自治体側の様子を明らかにした。

　「合致的宗教集団」であったはずの氏子集団が、限界集落化が進みつつあるような地域社会において高齢化し、孤立化し、「特殊的宗教集団」化するような状況がやはりある[57]。他方で、「政教問題」化という観点で言うならば、実はクレイム申立てをする側も、高齢化あるいはより特殊化が進んでいるとも言える。その双方が実質的に衰退していく一方で、残された責任所在が不明な「宗教」施設あるいは地域の神社だけが残り、それが公有地上にあるために行政が右往左往する。「ぽつんと神社が残される」ような状況は、ごく近くに迫っているのかもしれない。

　本稿は、最新の重要な政教問題の判例として注目されることの多い砂川訴訟問題と、それに関連する公有地上宗教施設の全国分布の問題を、宗教社会学の文脈から「地域社会と神社」の問題として論じた、いわば「政教分離訴訟(政教問題)の宗教社会学」の試みである。単なる判決文の読解や判例解釈や判断基準の新規性についてではなく、地域社会の変貌と神社神道・氏子組織の問題として位置づけられたことは、宗教社会学の強みを活かすことができたものだと言えよう。

　宗教社会学は、これまで基本的には近代化論を踏まえ、成長・発展するモデルに親和的なかたちでそのデータを蓄積し、理論を構築してきた。そのようななかで、今日の人口減少社会とは未知の領域なのであり、その方法論や理論の射程も鍛え直しを迫られるであろう。他方で神社神道研究は、もちろん注目・関心の波はあろうし、それが神社界の政策的に奏功したかはともかくも、基本的には戦後以来一貫して、社会変動とりわけ人口流出・過疎化や意識・行動の低下問題に向き合わざるをえない状況にあったと言うこともできる。その意味で、変貌する地域社会と神社神道の宗教社会学的研究とは、両者の結節点であり、いっそうの学的錬磨と蓄積が求められる領域・対象なのである。

注

* 本稿は、2014〜2016年度科学研究費補助金（若手研究（B））「公有地上宗教施設問題の宗教社会学的研究――実態把握の展開と宗教認識の分析を中心に――」（課題番号26870578）の助成を受けた研究成果である。

1 日本国憲法における「政教分離規定」を確認しておく。

　第20条1項：信教の自由は、何人に対してもこれを保障する。いかなる宗教団体も、国から特権を受け、又は政治上の権力を行使してはならない。

　　同2項：何人も、宗教上の行為、祝典、儀式又は行事に参加することを強制されない。

　　同3項：国及びその機関は、宗教教育その他いかなる宗教的活動もしてはならない。

　第89条：公金その他の公の財産は、宗教上の組織若しくは団体の使用、便益若しくは維持のため、又は公の支配に属しない慈善、教育若しくは博愛の事業に対し、これを支出し、又はその利用に供してはならない。

2 『判例時報』2070（2010年5月11日）号に「判例特報」が掲載。［野坂2010］［小泉2010］［百地2010］［石田2011］ほか。

3 ［政治・経済教育研究会編2014：28-29］。

4 ［塚田2010；2011；2013；2014；藤本・塚田2012］。

5 ［森岡1968；1970］ほか。森岡は都市化と宗教の問題を論じる際に、「個人に基盤をおく宗教」であるキリスト教、「家に基盤をおく宗教」である仏教、「地域に基盤をおく宗教」である神道と、きわめて明快にその中心的特性を措定している。

6 ［鈴木1940］。また、［鳥越1993］の議論整理を参照。

7 ［原田1961；1972］ほか、また本書序章の「近世日本の宗教構造」「近代日本の宗教構造」の節を参照。それゆえに、集落神社は明治以降の政府による国家統制につながったのであり［森岡1987］、またその自然村を無視した神社合祀の施策は反発や軋轢を呼んだのだと言えよう［櫻井1992］。

8 ［関沢2005］ほかを参照。関沢によれば、「中世以来の古い歴史をもちながら現在もなお近江、大和、山城、和泉など近畿地方の広い範囲の村落社会で根強く伝承されている氏神の祭祀組織」［同：1］と定義されるが、呼称はさまざまであっても、同種の機能を果たす氏神の祭祀組織は日本列島の広域に歴史的に存在してきた。

9 ［Wach 1944：56-57］。

10 ［森岡・花島1968］［森岡1970］。

11 ［石井1998；2010］ほかを参照。

12 神社本庁が実施した調査の結果に基づく［石井2010：14-15］。

13 「知らない」の比率の推移は、27.4％（1996年）・30.9％（2001年）・34.9％（2006年）となっている［同］。

14 1999年に1,345人に、2004年に1,385人に対して実施した世論調査［石井2007］、および2008年に1,339人、2009年に1,362人に対して実施した世論調査の結果に基づく［石井編2011］。

15 國學院大學21世紀COEプログラムによる調査のデータ［石井2010：24］。

16 2004年に1,385人に対して実施した世論調査の結果に基づく［石井2007］。

17 2003年に1,417人、2008年に1,339人に対して実施の世論調査［石井2007；石井編 2011］、ならびに2012年・2015年に大学生4,094人・5,773人に対して実施した学生宗教 意識調査の結果に基づく［井上編2013；2015］。
18 ［文化庁編2016］。
19 ［渡辺2014］［石井2015b］［櫻井・川又編2016］などを参照。また、人口減少社会と宗教、とりわけ仏教界とキリスト教界の現状については、続く第7章の川又論文にて詳しく展開されるので参照されたい。
20 ［石井2015a］。他に、このテーマを個別フィールドから継続的に追っている冬月律の諸論文［冬月2010a, b；2012；2013；2015］も参照されたい。
21 日本創成会議のサイト（http://www.policycouncil.jp/ 2016年4月30日最終アクセス）を参照。
22 以降、砂川市の歴史や基本データについては、［砂川市史編纂委員会編1971；1991］、砂川市サイト（http://www.city.sunagawa.hokkaido.jp/ 2016年4月30日最終アクセス）などを参照。
23 砂川町としての人口のピークは1948年の44,452人だが、1949年に上砂川町が分立して、人口が2万人近く減少した。
24 北海道の神社の歴史については、［小笠原編1951］［北海道神社庁編1971］［高倉1983］［財団法人神道大系編纂会編1983］［北海道神社庁誌編輯委員会編1999］［佐々木2009；2013］などを参照した。
25 ［北海道神社庁誌編輯委員会編1999］。包括外のものの内訳は、北海道神社協会所属が61社、単立神社が69社、未公認神社が1,925社となっている。
26 ［植田1985］。
27 以上、［砂川市史編纂委員会編1971：1175-1179］［植田1985：37-38］［北海道神社庁誌編輯委員会編1999：462-463］。
28 ［砂川市史編纂委員会編1971：1179-1185］［北海道神社庁誌編輯委員会編1999：897-899］。なお、現在は、金比羅神社と宮城の沢神社は廃祀となっている（2016年3月の聴き取り調査による）。
29 ［砂川市史編纂委員会編1971：1181］［北海道神社庁誌編輯委員会編1999：772-773］。
30 以下、［砂川市史編纂委員会編1971：1179-1180］［北海道神社庁誌編輯委員会編1999：897］、ならびに2006年3月3日札幌地裁判決文、『神社新報』2010年2月1日付ほかを参照。
31 ［砂川市郷土研究会編2005：34-37］。
32 ［佐藤2008］。
33 「ちじんぐう」もしくは「ちしんぐう」。「地神（チジン・ヂジン）」信仰は、北海道ではかなり広範に見られる民間信仰である［宮良・森1995：118-121］。
34 砂川町議会1953年3月29日議事録ならびに議案書より確認。
35 現在は、規模を縮小し、総代10名強となっている。
36 『毎日新聞』札幌版2010年1月21日付。
37 ［砂川市2011］。6町内会地域には、36ほどの未加入世帯がある。この砂川市が2011年に行った調査は、市内の88全町内会の会長から回答を得たものである。「町内会で行っている活動・事業について（複数回答可）」では、「盆踊り、各種お祭り、伝統文化の継承」25.0％であり、「その他」「無回答」を除く12個の選択肢のうち9番目となっている。また、「町内会活動で特に重要だと思う活動（複数回答可）」についても、「盆踊り、各種お祭り、

伝統文化の継承」11.4％であり、「その他」を除く12個の選択肢のうち10番目となっている。ここからは、「盆踊り、各種お祭り、伝統文化の継承」を「行っている」のが4分の1、さらに「行っている」うちの少なくとも半分以上は「重要だと思っていない」ことがわかる。「町内会活動を行っていく上で、課題となっていること（複数回答可）」では、一番多いのが「役員のなり手が不足している」67.0％、二番目が「会員が高齢化している」62.5％である［同］。

38　2016年3月の聴き取り調査による。参考までに、6町内会1,225世帯（2011年）に、砂川市の一世帯当たり平均人員数2.0（2016年）をかけあわせると、2,450人という数値が得られる。

39　2012年12月の聴き取り調査による。また、後述する富平地区と比して、空知太地区は世帯数・人口数が多いにもかかわらず、砂川神社の御札の頒布数は比率的に多いとは言えない（2016年3月の聴き取り調査による）。

40　［砂川市史編纂委員会編1971：1181–1182］［北海道神社庁誌編輯委員会編1999：898］。

41　2006年11月30日札幌地裁判決文、『神社新報』2010年2月1日付ほか。

42　2006年11月30日札幌地裁判決文。

43　以降、砂川訴訟の経緯・展開については、［砂川政教分離訴訟記録編纂委員会編2013］［塚田2010；2011］ならびに判決後の諸報道を参照。

44　『産経新聞』東京版2010年1月21日付。

45　『クリスチャン新聞』2010年2月14日付。

46　2010年1月20日最高裁判決文を参照。

47　［林2010］。

48　『朝日新聞』東京版2010年1月21日付。詳細は、2010年1月20日最高裁判決文を参照。

49　2016年3月の聴き取り調査による。

50　2010年4月時点。この750件の種類と分布の詳細については、一覧表を付した［塚田2010］を参照。

51　『キリスト新聞』2010年3月13日付ほか。

52　それぞれ、『日本経済新聞』札幌版2010年2月18日付、『秋田魁新報』2010年1月26日付、『朝日新聞』湘南版2010年3月6日付。

53　2012年度國學院大學特別推進研究助成「現代日本における公有地上宗教施設の実態把握のための基礎的研究」に拠る。

54　この宗教施設の項目立ては、前項のメディア報道による予備的調査から析出された分類を敷衍している。なお、表2の中の「宗教施設件数」は問2回答中の数字を集計したもの、「無償貸与件数」は問3の記述回答のなかから種類別に数え上げているため、「観音像」の件数などで数字が逆転していることを断っておく。

55　ただし、調査方法の性格上、たとえば「お稲荷さん」「八幡宮」などと書いてあっても、それが神社・社というかたちなのか、お堂的なかたちなのか、祠なのか、判断に悩むケースが多々あり、「神社建物」として数えたものが含まれている。同種の問題は、たとえば横浜市のケースなどからもうかがうことができる。同市は、2010年3月8日にプレスリリースを出した。全部で49ヶ所の公有地上宗教施設の土地無償貸与のケースが記載されているが、「神社等（鳥居や祠など神社に類する施設）」41ヶ所・「寺院・墓地」8ヶ所、という2つだけのカテゴリーになっている。すなわち、外形上一見して「寺院」でも「墓地」でもないような「宗教」施設はすべて「神社等」に腑分けされているのである。

56　なお、その他の質問は、砂川訴訟問題に関する以下の3問である。「問4．平成22（2010）年1月に最高裁で違憲判断が下された北海道砂川市有地上神社問題について、自治体として御存知でしたか」——はい57.7％・いいえ34.8％。「問5．北海道砂川市有地上神社問題を受けて、貴自治体において公有地上の宗教・民間信仰関連施設の有無等を調査・確認・把握するような作業をおこなったということがありますか」——以前から把握21.5％・問題を知って把握16.8％・判決後に把握10.4％・依然把握せず31.7％。「問6．北海道砂川市有地上神社問題を受けて、貴自治体の公有地上にある宗教・民間信仰関連施設について、何らかの対応をとったということがありますか」——特にしていない37.5％。問5については、「全てを把握しているわけではない」「宗教上の施設なのかの定義が明確でないため、作業が困難」「本調査を受けて把握を行った」といった回答があった。「調査中」、あるいは「把握していると思っている」「適宜行っている」という回答が目立ち、明確な方法、明確なカテゴライズがないなかで、担当部署の認識とやり方とに委ねられている様子がわかる。

57　［Wach 1944：56-57］。なお、こうした動向は、[石井2010：27] ほかの指摘する「氏神神社の崇敬社化」に通じるものがあるものの、石井のそれがいくぶん都市部の神社における崇敬会組織の発展など主体的対応に軸足をおいて論じられるのに比して、本稿で論じたケースは受動的状況と言えるものである。

参考文献
文化庁編2016『宗教年鑑 平成27年版』文化庁。
藤本龍児・塚田穂高2012「政治と宗教——現代日本の政教問題——」高橋典史・塚田穂高・岡本亮輔編著『宗教と社会のフロンティア——宗教社会学からみる現代日本——』勁草書房、197-218。
冬月律2010a「過疎化と神社——小豆島の事例から——」石井研士編『神道はどこへいくか』ぺりかん社、160-173。
─────2010b「社会構造変動と神社神道——「過疎地域」の小豆島土庄町を事例に」『神道研究集録』24：49-72。
─────2012「過疎地域と神社——高知県高岡支部旧窪川町・旧大野見村を事例に——」『神道研究集録』26：29-54。
─────2013「過疎地域と神社をめぐる実態調査研究史」『國學院大學研究開発推進センター研究紀要』7：159-197。
─────2015「過疎地域の神社神道の現状と課題——高知県の過疎集落神社を事例に——」『國學院雑誌』116-11：55-68。
原田敏明1961『神社——民俗学の立場からみる——』至文堂。
─────1972『宗教と社会』東海大学出版会。
林知更2010「空知太神社事件最高裁違憲判決が意味するもの」『世界』2010年4月号：25-28。
北海道神社庁編1971『北海道神社誌』北海道神社庁。
北海道神社庁誌編輯委員会編1999『北海道神社庁誌』北海道神社庁。
井上順孝編集責任2013『第11回学生宗教意識調査報告』2012年度文部科学省科学研究費補助金（基盤研究B）「宗教文化教育の教材に関する総合研究」・國學院大學日本文化研究所。
─────2015『第12回学生宗教意識調査報告』國學院大學日本文化研究所。

石田明義2011「北海道砂川市・空知太神社政教分離住民訴訟［最高裁大法廷2010.1.20判決］」『法学セミナー』56（1）：30-33。
石井研士1998『戦後の社会変動と神社神道』大明堂。
―――2007『データブック 現代日本人の宗教 増補改訂版』新曜社。
―――2010「神社神道は衰退したのか」石井研士編『神道はどこへいくか』ぺりかん社、11-30。
―――2015a「神社神道と限界集落化」『神道宗教』237：1-24。
―――2015b「宗教法人と地方の人口減少」『宗務時報』120：17-35。
―――編2011『世論調査による日本人の宗教性の調査研究』（平成20年度～22年度科学研究費補助金（基盤研究B）研究成果報告書）。
小泉洋一2010「判例批評 市有地を神社に無償使用させる行為と政教分離［平成22.1.20最高裁大法廷判決］」『民商法雑誌』143（1）：44-71。
宮良高弘・森雅人1995『北の生活文庫 第9巻 まつりと民俗芸能』北海道新聞社。
百地章2010「砂川・空知太神社訴訟最高裁判決の問題点」日本大学法学研究所『日本法學』76（2）：563-590。
森岡清美1968「都市化現象と宗教」『大谷大学宗教教化学研究会紀要』2：31-49。
―――1970「家との関連での社会学的分析」井門富二夫・吉田光邦編『世界の宗教12 日本人の宗教』淡交社、143-159。
―――1987『近代の集落神社と国家統制――明治末期の神社整理――』吉川弘文館。
―――・花島政三郎1968「近郊化による神社信仰の変貌」『國學院大學日本文化研究所紀要』22：71-136。
野坂泰司2010「最新判例批評72 1 市が連合町内会に対し市有地を無償で神社施設の敷地としての利用に供している行為が憲法89条、20条1項後段に違反するとされた事例 2 市が町内会に対し無償で神社施設の敷地としての利用に供していた市有地を同町内会に譲与したことが憲法20条3項、89条に違反しないとされた事例」『判例時報』2090：164-173。
小笠原省三編1951『北海道拓植と神社』海外移住文化研究所。
櫻井治男1992『蘇るムラの神々』大明堂。
櫻井義秀・川又俊則編2016『人口減少社会と寺院――ソーシャル・キャピタルの視座から――』法藏館。
佐々木馨2009「神社祭礼の構造」『北海道の宗教と信仰』山川出版社、177-194。
―――2013『みちのくと北海道の宗教世界』北海道出版企画センター。
佐藤勉2008「佐藤家三代の歩み」砂川市郷土研究会編『郷土研究』41、砂川市教育委員会、3-14。
政治・経済教育研究会編2014『政治・経済用語集』山川出版社。
関沢まゆみ2005『宮座と墓制の歴史民俗』吉川弘文館。
砂川政教分離訴訟記録編纂委員会編2013『「市有地に神社は違憲！」――砂川政教分離訴訟の軌跡――』砂川政教分離訴訟記録編纂委員会。
砂川市2011『協働のまちづくりに係る町内会実態調査 調査結果 報告書』砂川市。
砂川市史編纂委員会編1971『砂川市史』砂川市役所。
―――編1991『私たちの砂川市史（上巻・下巻・DATA 砂川）』砂川市役所。
鈴木榮太郎1940『日本農村社会学原理』時潮社。

高倉新一郎 1983「北海道神社小史」『神道大系月報』33：1–8。
鳥越皓之 1993『家と村の社会学 増補版』世界思想社。
塚田穗高 2010「研究ノート 北海道砂川市有地神社の最高裁違憲判断とその余波――RIRC宗教記事データベース所収記事から見えてくるもの――」『ラーク便り』46：54–64。
―――― 2011「北海道砂川市有地上神社違憲訴訟――政教分離問題の現在とその射程――」渡邊直樹責任編集『宗教と現代がわかる本2011』平凡社、144–147。
―――― 2013『現代日本における公有地上宗教施設の実態把握のための基礎的研究』(平成24年度國學院大學特別推進研究助成金 研究成果報告書)。
―――― 2014「公有地上宗教施設の全国調査を実施して――砂川市有地上神社問題との関連から――」『政教関係を正す会会報』43：15–24。
植田昇 1985『空知の神社誌』岩見沢神社ふるさと文庫。
Wach, J. 1944 *Sociology of Religion*. The University of Chicago Press.
渡辺雅子 2014「新宗教における過疎・高齢化の実態とその対応――金光教と立正佼成会を事例として――」『宗務時報』117：1–26。
財団法人神道大系編纂会編 1983『神道大系 神社編51 北海道』財団法人神道大系編纂会。
(署名なし) 2005「郷土資料室からのつぶやき(2)」砂川市郷土研究会編『郷土研究』38、砂川市教育委員会、34–37。

第7章
人口減少時代の教団生存戦略
―― 三重県の伝統仏教とキリスト教の事例 ――

川又　俊則

1. 問題の所在 ―― 人口増加時代から人口減少時代へ ――

　本稿は、実証的な宗教社会学のテーマの一つである「地域社会と宗教」を考える。この「地域社会と宗教」を教科書的に理解するならば、神社は地域内住民に、寺院は地域内外の檀家に、教会は地域を超えた信者に支えられて存続するという分類になる。これは、近世から近代における宗教集団の布置状況が前提である。このように捉えるならば、本稿は ―― 第6章で既に神社について述べられていることも踏まえると ―― 、地域内外および超地域の人びとが支える仏教寺院とキリスト教会の現況を主に論ずることになる。とくに、「人口減少」という変化に着目して、「社会変動と宗教」を考えたい。

　そもそも戦後日本の実証研究は、「人口増加」「経済成長」を無意識のうちに前提としていた。「地域社会と宗教」の観点からみると、戦後日本はイエ、ムラ、マチの関係性が弱まる過程であり、とりわけ、高度経済成長期には産業化、都市化、核家族化などが社会全体を変え[1]、それらに着目した調査報告は枚挙に暇がない。都市化の例として、藤井正雄は、首都圏などの人口増加に対応して「宗教浮動人口」と名付け、故郷の檀那寺との関係が切れた移入層を取り込む視点を提示した[2]。本書第Ⅰ部各章は新宗教を対象としたが、新宗教教団は都市部および近郊で多くの信者を獲得してきた[3]。本書「研究動向1」で大場あやが詳述したように、近代化にともなう宗教の「世俗化」にも関心が寄せられ、関連する実証研究も進められた。寺田喜朗は、日本固有の先祖祭祀こそが土着文化の中核であり、そこに文化変容と土着化という概念を領域密着型の理論へ昇華させた、地域社会とキリスト教受容に関する研

究史を整理し、とくに森岡清美のそれに注目した[4]。本書他章でも参照されている森岡清美は、周知の通り、近世・近代の真宗教団と「家」制度の研究など含め、日本の宗教社会学に多くの成果を残したが[5]、社会変動にともなう宗教性に関しても、農村・商業地区・住宅地区における核家族と拡大家族の神棚・仏壇保持率の差異などを論じている[6]。

　その森岡は40年前に、次のような指摘をしている[7]。家単位で宗教が決まる日本では、かつては家庭や寺、地域で信仰訓練がなされ継承されていた。しかし、家族のあり方の変化（継承される拡大家族から一代限りの核家族観念の浸透）と世俗化の傾向が寺院経済と絡み合い、寺檀関係が崩れつつあった。仏教教団として個人の自覚的信仰に基礎をおく組織を立てることと、都市化が進んで共同体を失った現代人の心の拠り所となり精神的な生きがいを与えることが責務となる。その後40年の間に、産業構造の変化、経済のグローバル化、少子高齢化など社会状況はさらに大きく変わり、いまや人口減少時代となった。2015年の速報で、国勢調査初の人口減少が示され、39道府県、82.4％の自治体で減少が報告されている[8]。すでに人口推計で今後の長期的減少傾向が確実視されている。2010年以降、国内総生産GDP（Gross Domestic Product）は世界3位に下がり、2位中国との差は拡大している。もはや日本は、「人口減少」「経済縮小」が前提である。人口減少や高齢化は日本だけではなく、欧米先進国なども抱えている問題である[9]。隣国の韓国や中国でも高齢化は進み、この問題に直面する日が近づいている。2010年と比較した2040年時点の出産可能な年齢の女性数をもとに、それが大きく減少する全自治体の約半数の896自治体を名指しする「消滅可能性都市」という過激な言葉は、マスメディアや地方自治体を大いに刺激した[10]。反論書も何冊も刊行されたように、この喫緊の事態へ人びとの関心は大きい[11]。

　長年続いた地元の商店が閉店し、小中学校が毎年のように統合される時代、それらと同じ地域にある寺院や教会が統廃合される可能性もあるだろう。宗教人口に関して、これまで仏教宗派の分布形態の研究などがあり、宗教的人口移動として巡礼や講などをテーマにした研究も見られる[12]。人口減少時代のなかで「地域社会と宗教」を、宗教社会学はどのように考えたらいいのか。

　本稿と同様に、『リーディングス日本の社会学19 宗教』「地域社会と宗教」

の問題関心に連なると位置づけた論集は、既に刊行されている[13]。同書編者の大谷栄一は同書で、「地域社会と宗教」の新しい研究の方向性を示すために、「ソーシャル・キャピタル」という分析概念を用いることを提案する[14]。具体的に、「地域社会のつながりを新たに（あるいは再び）築こうとしている宗教者や宗教団体、宗教施設、宗教系のボランティアやNPO団体の活動」にフォーカスし、考察した。「無縁社会」「インターネット」「ボランティア」など、現在進行形の特色ある対象の活動をまさに活写した論集だったが、もちろん、「ソーシャル・キャピタル」概念だけで地域社会は語り尽くせない。今後も、さまざまな分析枠組みを用いたこの分野の調査研究が蓄積されていくだろう。

　本稿は、その一つとして、次のように議論を進める。まず次節で、仏教とキリスト教の組織の異同を確認し、事例検討の前提となる知識を押さえておく。続いて、宗教集団（以下、教団）が人口や組織、社会変動をどのようにとらえているのか、仏教宗派自身の宗勢調査や、キリスト教派自身の統計、専門紙誌等の資料を概観する。こうして全体状況をおさえ、かつ課題を確認する。そして具体的な現況を、三重県の寺院・教会の事例で考察する[15]。本稿は、寺院・教会が自らの維持をはかるための方策を「生存戦略」と見なすが、それらを寺院や教会がこれまでどのように採用し、今後どのようなことがなされようとしていくのかを描く試みである。

　「団塊の世代」すなわち、昭和20年代前半生まれの世代が、2012年から2015年にかけて「老年人口」（65歳以上）となった。寺院や教会を訪ねると、それより上の80歳代、すなわち、昭和一桁世代の人びとが中心的な役割を果たしているところも多い[16]。そして、地域社会や寺院・教会の様子を見ると、行事や儀礼の継続に精一杯で、その先の対策は十分できていないようなところもある[17]。本稿では人口減少時代の「生存戦略」を考えたい。

2. 仏教とキリスト教の組織の異同

(1) 仏教

　本書序章で日本の宗教事情が示されたが、本節でも仏教とキリスト教の組織の異同を確認したい。

周知の通り、現代日本の仏教は、「葬式仏教」と揶揄されることも多い。仏教史研究で著名な辻善之助は、「近世仏教堕落論」(檀家制度と宗門改による形式化や堕落という否定的な評価)で、後続研究者に大きな影響を与えた[18]。仏教は、中世から近世にかけて次第に葬送儀礼と習合し、農業経営単位として小農家族が形成され、16世紀後半から17世紀にかけて、全国各地に新たな寺院が設立された。江戸幕府は、仏教諸宗派寺院を本末制度のなかで統制するシステムを築き、また、キリスト教徒ではないことを証明する寺請制度を定着させ、庶民統制を進めた。この制度の定着で、ごく普通の庶民がいずれかの寺院の檀那に組織され、固定的関係を結ぶ寺院の僧侶による葬送儀礼が行われた。地域の人びとは檀家として各寺院に所属し、その寺檀関係は寺院経営の基盤となった。葬祭をともなう寺請制度と寺檀関係が、社会・生活の隅々に日本の仏教を定着させたとも換言できる[19]。『肥後藩人畜改帳』など多数の史料を検討した圭室文雄は、当時の寺院が、馬や牛を飼い、田畑を持ち、生活の中心を農業経営に置き、ぎりぎりの生活をしていたと推察する[20]。そして、檀家との結びつきが強まるにつれ、寺院経営は安定していった。このように先祖供養を実修し、葬祭を主に行う菩提寺(回向寺)に対し、檀家を持たず、仏・菩薩の冥助を仰ぎ、災厄を除く加持祈祷を中心に祈祷寺も全国各地にある[21]。この祈祷寺は、江戸時代の統制下のなか、廃寺になるものもあったが、地域住民のみならず、全国各地の信者を集め、興隆する寺院もあった。

明治維新により、寺院の状況は激変した。神仏分離、廃仏毀釈、社寺廃合が進み、また、1871(明治4)年に寺請制度が廃止され、経済的基盤であった保有地も、同年の社寺領上知令で境内地以外の所領を収公され官給米支給へと替わり、さらに1874(明治7)年、逓減禄制導入と続いた[22]。その結果、多くの寺領をもった天台宗・真言宗・臨済宗・浄土宗・時宗などで、大きくマイナスの影響を受けた[23]。檀家制度自体の法的根拠は、明治初期に失われたものの、結果的に、第二次世界大戦以降、現代に至るまで、基本的に寺院と檀家の関係性は継続した。

このように、何度も寺領没収があったが、昭和中期まで寺社領を保持し、あるいは篤信家たちの寄付で経済を維持する寺院もあった。しかし、第二次世界大戦以降、一般的な寺院では僧侶側からの葬儀・法要を通じた法施に対

する檀家側の布施が、寺院経済の根幹を支えていた。

　1951 (昭和26) 年に施行された宗教法人法以降、各寺院はそれぞれ単独の宗教法人として登録され、代表役員が統括する独立した存在である。と同時に、多くは天台宗・真言宗など各宗派（宗門、包括法人）に所属し、各宗派は所属寺院に対し、檀家数や歴史的背景他の観点を個別に査定し、所属宗派への負担金を徴収している。この負担金（宗費）は軽減措置も講じられているものの、檀家数がゼロやそれに近い寺院にとって、とりわけ大きな負担となっている。

　1873 (明治5) 年に、「肉食妻帯蓄髪」に関する太政官布告第133号が出された。明治期までは血縁関係のない弟子が後を継いでいたケースが多かったものの、やがて昭和初期にかけ、宗派を問わず多くの寺院で、現住職の実子や継子等へという住職交替が徐々に広がっていく。

　寺院個々で経済事情は異なる。寺院を包括する法人が所属寺院個々の運営に関与するものではなく、各寺院がそれぞれ独立した宗教法人として維持運営されているからである。寺院に専従の住職がいないため、複数の寺院を一人の住職が担当する兼務という方式は、しばしば見られる。それすらできず無住となり、檀家が寺院を管理するような状態もある。仏教界の実態を紹介する月刊誌『月刊住職』等でも報告され、教団側も対策を講じているが、およそ1〜3割程度の寺院では、ふだん住職がおらず、その比率は増加傾向にあるという[24]。

(2) キリスト教

　同じ外来宗教でも、16世紀にイエズス会が渡来し、禁教政策を経て再び幕末維新以降に定着したカトリック教会や、江戸時代の鎖国後、19世紀半ばに渡来したプロテスタント諸教派などのキリスト教は、6世紀頃すでに渡来し定着した仏教と比べ、日本社会における定着度は遙かに低い。ただしキリスト教は、日本社会に教育や文化、あるいは社会福祉事業など多面的に影響を及ぼしていた。

　まず、ローマ・カトリック教会は、聖ペテロの系譜を継ぐローマ教皇を頂点とする位階制度のもと、全世界の教会に司教・司祭・助祭が配置されている。枢機卿や大司教は司教から選出される。2000年以降、コンクラーヴェ（教

皇選出選挙）は2度あった（265代教皇ベネディクト16世：2005〜2013年、266代教皇フランシスコ1世：2013年〜）。教皇を選出するのは枢機卿たちだが、司祭らは自ら赴任する教会を決めるのではなく、教皇など自らの上位者により命ぜられて赴任する。次に、プロテスタント諸教派における統治体制は大きく3区分できる[25]。監督制、長老制、会衆制である。監督制とは、地域全体に責任を持つ監督を選び、その監督が地域の教会全体を運営するものである。したがって各教会の牧師は、監督によって配置される。先のカトリック教会もこれに該当し、イギリス国教会（聖公会）、ルーテル教会もこれにあたる。教会員が選ぶ長老によって統治されるのが長老制である。この教派では牧師も長老の一人である。選ばれた長老たちが集う全体教会を包括する教会総会において、牧師の任免についても決定される。カルヴァン派、長老派、改革派などがこれに当たる。そして会衆制は、各個教会で自主独立し、牧師の任免権をその各教会員が持つものである。上記以外の多くのプロテスタント諸教派、例えばバプテスト派などではこの制度を採用している。

　ローマ・カトリック教会で聖職者（司祭、修道士、修道女等）は独身制である。したがって、ある司祭の実子が後継者となることは、原理上ありえない。プロテスタント諸教派では牧師も結婚し、聖職者にこどもが生まれるも、会衆制の教会では、全国各地の同派の教会や神学校から新たな牧師が探され、教会員が適任と認める者をある牧師の後継に招聘している。

　幕末維新期以降、欧米から港湾都市へ宣教師が到着した。その後、カトリック教会もプロテスタント諸教派も都市部を中心に伝道してきた[26]。農村地方で定着した事例もあるが[27]、それはむしろ、日本伝道の歴史で一般的とは言えない。キリスト教会は都市部で定着し展開していったのである。

　信者数を影響力の目安と考えるならば、同じ時期に伝道され展開した韓国と比べると、日本ではキリスト教の影響力はそれに遠く及ばない。韓国の宗教現況報告書によれば、2005年現在で、全人口の22％が仏教、18％がプロテスタント、11％がカトリックの信者、すなわち、キリスト教人口は約30％である[28]。ところが、日本ではキリスト教人口はずっと1％に満たない[29]。その理由を、多くの研究者・神学者等は議論し続けてきた。「個人の信仰とイエの宗教」「都市部知識人への伝道にとどまった」「1％思考」「多神教への配慮不足」などと指摘されている[30]。寺院の場合、しばらく疎遠になって

いた個人がやがて、檀家の一員として親の葬儀を寺院で行い、檀家の自覚が芽生え、その後、同寺院に自らも弔われるなどの関係改善もありうる。家族の信仰となっていないキリスト信者の場合、疎遠になった元信者は、キリスト教がマイノリティの日本のような社会では、教会と接点を再度持つ機会もなく、遠ざかったままになる[31]。

　明治期以降、全国にキリスト教系の私立学校が設立され、伝統校として定着している。第二次世界大戦後は、数年間「キリスト教ブーム」が起きた。当時、教会には若者が集い、活気あふれる多様な活動も行われた。とくに教会学校・日曜学校などの取り組みは活況を呈した。だが、徐々に停滞化する。日本基督教団を例に挙げると、1985年から2005年の20年間で、教会学校・日曜学校の出席人数は51,009人から18,471人に激減し、全国で238ヵ所の活動が休止もしくは廃止となり、その時点で、全国約1,700教会のうち、4分の1には教会学校・日曜学校がない状況であった[32]。これらの動向は、後述するキリスト教界の宗教人口とも関連する。

3. 人口減少時代の宗教調査

　宗教統計の代表として、文化庁が毎年刊行している『宗教年鑑』がある。これは、宗教法人・団体側の自己申告による、宗教法人数・団体数・信者数・教師数などが報告されているものである。最新版（2014年末現在）によれば、概数として、法人数は仏教系7.7万、キリスト教系4,600、信者数は8,712万人と195万人、教師数は36.7万人と3.5万人であり、他宗教も含め、このような基本情報が収録されている[33]。

　それ以外の基本情報として仏教各宗派の教学研究所等による、宗派内の寺院・住職等に対して実施した調査がある。キリスト教各教派・宗教専門紙誌による統計資料もある。これら宗派・教派の調査や専門紙誌の調査による基本資料は、一次資料としてたいへん貴重である[34]。ただし、一般の人びとが、宗派・教派の報告書や宗教専門紙誌を目にする機会はほとんどない。宗教関係以外のマスメディアもあまり注目してこなかった[35]。宗教行政の主管庁である文部科学省も宗教調査をしてきたが[36]、研究者による宗派・教派全体を見渡した調査への言及もごく限定的だった[37]。

(1) 仏教各派の調査

仏教各宗派の宗勢調査について、系統ごとに代表例を見ておこう[38]。

①真言系

豊山派でも宗勢調査を行っているが、本項では以下、智山派の調査を取り上げる。

智山派は、1975年から調査を5年ごとに実施し、8回目の調査を行った2010年には報告書も刊行した[39]。寺院・教師・寺庭婦人へは全数調査（回収率はそれぞれ78.7％、63.0％、70.9％）、檀信徒へは、住職が在住する「正住寺院」全てにおいて1名ずつを対象とした（回収率は70.0％）。同派は兼務寺院の割合が全体の約3割を占めており、他派と比べて多いと意識し[40]、同報告書でも詳しく分析されている。

檀家数50戸以下は正住寺院が2割なのに対し、兼務寺院は6割を超えている。年間収入額も明らかに正住寺院と比べ少なく（50万円未満が40.9％、300万円未満までで86.3％。正住寺院は同じ収入の割合は33.8％）、収入の少ない寺院の多くが兼務という形で維持・管理されている。将来について存続希望が58.0％、考えていないは22.2％だが、合併解散を考えるも13.2％ほどあった。

上記以外の特徴として、寺院出身教師（住職等）が8割以上おり、住職の世襲化が定着していることや、全体からするとわずか（4％）だが、尼僧が増加していること、70歳代や80歳代でも住職をつとめている者が多く（全体の15％）、世代交代が円滑でないことなどが指摘されていた。

②浄土系

浄土宗は6回の宗勢調査を実施し[41]、真宗大谷派も教勢調査の報告書を刊行している。それぞれ興味深いが、本項では、以下、浄土真宗本願寺派を取り上げる。

同派は、1959年に第1回宗勢調査を実施し、その後もほぼ5年前後で、調査を継続してきた（表1）。表にあるように、調査対象は、実施回で大きく異なっている[42]。2009年の9回目のものだけ見ると「寺院・住職・坊守・門徒」という4種類の調査票がすべてそろっていたのは5,758票だった。平均年間収入を7区分の選択肢でたずね、年間収入100万円未満は18.2％、1,000万

表1　浄土真宗本願寺派　宗勢基本調査概況

実施年	回	調査対象	回収率(%)
1959	1	全寺院	91.5
1964	2	全寺院	95.0
1970	3	全寺院	97.0
1976	4	全寺院	96.3
1983	5	全寺院から約20%で無作為抽出した寺院の住職と門徒代表2,012名	72.6
1989	6	全寺院から約20%無作為抽出した寺院（2,072ヵ寺）の住職と坊守、門徒数名（10,360名）	64.3
1996	7	全寺院（10,314ヵ寺）、門徒一ヵ寺あたり男女各1名	50.6
2003	8	全寺院から約30%を教区ごとに無作為抽出した寺院（2,965ヵ寺）、門徒一ヵ寺男女各2名、（別途、龍谷大学学生保護者1,750名調査も実施）	49.6
2009	9	全寺院10,280ヵ寺、門徒一ヵ寺あたり代表1名	59.6

出典：第7、8、9回報告書を元に筆者が作成

円以上は17.5％と、寺院収入の格差が示された。600万円以上を高（37.8％）、300万円未満を低（43.2％）、その間を中（19.0％）と3区分し、高＝「専業可能」、中＝「専業が厳しい」、低＝「専業が不可能」と見なした議論は幾つかの論稿で示された[43]。住職の平均年齢は60.3歳だが、70歳以上の割合は24％と約4分の1であった。また、「この寺院出身」という住職が75.6％と4分の3を占めていた。

「現在困っていること」を15の選択肢から複数選ぶ形で挙げたところ、「門徒の高齢化」が過半数、「門徒の減少」が3分の1以上だった。過疎問題を同派は1989年に調査し、その後、同派総合研究所教団総合研究室が過疎地寺院調査を2009〜2011年にかけて実施した後、事例集も刊行した[44]。

最新の第10回調査は2014年に実施され、単純集計による中間報告が2016年1月『宗報』で発表された[45]。最終報告は2016年夏頃を予定している。

③禅系

臨済宗妙心寺派は、1984年以後、10年ごとに宗勢調査を実施しているが[46]、本項では以下、曹洞宗を取り上げる。

曹洞宗は、1955年に教勢調査を実施し、1965年以降は計画的に、10年ごとに全曹洞宗寺院・住職を対象とした実態・意識調査を行っている（表2）。2015年に6回目が実施され、2016年4月に中間報告発表[47]、そして今後、報告書が刊行される予定である。

2005年の調査では、「過疎地」に位置する寺院は全体の24.6％あり、「非過疎

表2　曹洞宗宗勢総合調査概況

実施年	回収数	回収率（％）
1965	13,907	94.1
1975	14,219	97.0
1985	14,007	95.2
1995	13,753	93.3
2005	14,052	96.0

出典：各年度の報告書

地」と比較して法人収入が平均して200万円以上も低かった[48]。また、檀徒数の少ない寺院と101戸以上の寺院に二極化し、格差が拡大したと指摘された[49]。人口減少が進み、高齢の人びとが大半を占め、集落としての基本的な機能を維持できない場所は「限界集落」と呼ばれるが、その言葉を借りれば、教団として維持できない「限界寺院」や「限界教会」の増加が予想される[50]。そして、曹洞宗寺院における過疎の実態を考察した論考も提出された[51]。

現在の住職のうち前住職の実子は60.4％、平均年齢は58.5歳、70歳以上は24％で全体の4分の1を占めていた。

これらの調査は寺院および住職らへの調査であり、それを補完する意味で、檀信徒への調査も実施された[52]。それによれば、今なお檀信徒たちは死者儀礼を重視し、それを仏教教団として着実に実施することこそが望まれているという結果が示された。

④日蓮系

日蓮宗も、1972年に第1回の宗勢調査を実施し、以後、4年ごとに1996年まで7回行われた後は、8年ごととなり、2004年、2012年と実施している。2012年調査の報告書も作成され、さらに平成年間に実施したものをまとめ、「現状と課題」を読み解いた冊子も刊行された[53]。

檀家数30戸未満で住職の後継予定者が不在という寺院が過半数になっていること、住職が兼務している寺院（日蓮宗では「代務寺院」）数は、すべての教区で増え、教区によっては全体の4分の1、11教区の過半数で10％以上の割合を占める実態が確認された。後継予定者については2012年の調査でも、58.1％が「いる」、35.6％が「いない」だったが、前回前々回と比べ、「いない」が上昇した。また、現在の住職が親子継承は51.5％だった。地域コミュニティへの取り組みも尋ねており、「ほとんど取り組んでいない」33.7％、「どちらかといえば取り組んでいる」27.3％となっていた。住職の年代は、60歳代が21.5％と最も多く、70歳代11.3％、80歳代以上7.6％と高齢住職も2割近くいた。

表3　仏教宗派調査項目リスト

報告書で扱われた項目	真言宗智山派	浄土真宗本願寺派	曹洞宗	日蓮宗
寺院	○	○	○	○
住職・教師	○	○	○	○
寺族・坊守・寺庭婦人	○	○	○	○
後継者	○	○	○	○
兼務・兼職	○	○	○	○
布教・教化活動	○	○	○	○
檀信徒・門徒	○	○	○	○
経済・収入	○	○	○	○
宗門・本山	○	○	○	○
年中行事	○	○		
広報・宣伝	○			○
葬儀	○			
墓地・納骨堂		○	○	○
年回法要・法事		○	○	○
施設		○	○	
地域社会			○	○

出典：各報告書から筆者が抽出
※塗りつぶしは全宗派で項目あり

　もともと他宗派に先駆け、1983年から過疎問題に取り組んできた同派では、1989年に『過疎地寺院調査報告ここまで来ている過疎地寺院、あなたは知っていますか？』という冊子を日蓮宗現代宗教研究所が刊行した[54]。その後、1990年には、過疎地域寺院活性化検討委員会を設立し、さまざまな事例を収集してきた。その結実として、2010年に『元気な寺づくり読本〜寺院活性化の事例と手引き』という冊子を刊行し、全寺院に配布し、宗派外でも注目を集めている[55]。

　以上、一部の仏教各派の宗勢調査を概観した。総括的に述べよう。まず、一度限りではなく、現状把握のために一定の間隔で調査継続した貴重な資料であることが確認された。次に、表3で示したように、各報告書では、それぞれ調査対象寺院自体の概況、住職や寺族などの基本事項を確認し、意識・行動を分析し、住職の後継者不足や兼務・兼職、布教・教化活動、檀信徒の増減や経済的不安、宗門の問題なども記述されていた。墓地や葬儀・法要、年中行事や広報・宣伝は多くの報告書に記述され、また、遠方檀信徒・地域社会とのかかわりなどに言及していることも指摘しておきたい。これらを見ると、住職の実子継承が7、8割という宗派もあった。檀家数がある程度いる寺院では継続可能だと思われるが、檀家数がきわめて少ない寺院では後継

者が未定という状況にあり、兼務・無住の形態が全体的に増えていることから、これらの寺院を維持するための戦略が問われてくるだろう。

　報告書等では現状把握という教団調査の目的を優先し、第一読者たる住職らを意識し、ポイントを絞り、単純集計や属性区分の幾つかがクロス集計やグラフでわかりやすく示されていた。個別テーマに関する議論も見られたが、報告書で研究論文のように詳細な分析までは難しい。だからこそ、曹洞宗や日蓮宗、臨済宗妙心寺派などは、テーマを絞った報告書を別にまとめたのだろう[56]。研究者の視点で見直すと、調査設計の的確さや質問項目・選択肢などで若干疑問も生じるものもある。だが教団外の人間では調べにくい寺院経済や住職・寺族たちの行動・意識の実態を調べ、結果を公開している貴重さ自体、もっと注目を集めてしかるべき資料である。個別教団の結果としてだけ見るのではなく、これらを比較検討することも必要だろう。

　その意味で、『宗教年鑑』の比較報告を紹介しておきたい[57]。昭和25年と平成22年を比較し、伝統仏教10宗派ともに僧侶数や信者数は増加していたが、寺院数は、日蓮宗（341ヵ寺増）以外の9宗派で減少していた（もっとも減少したのが高野山真言宗の2,050ヵ寺、次が真宗大谷派の1,302ヵ寺）ことが示された。戦後65年間で寺院自体、すでに減少していたのである。

(2)　キリスト教の統計

　キリスト教界でも、教勢データは定期的に調査公表されている[58]。そのうち、『キリスト教年鑑』と『日本宣教リサーチ調査レポート』を用いて、概要を確認したい[59]。

　『キリスト教年鑑2015』によると、2015年現在、信者数は概数で、カトリック43.7万人、オーソドックス（正教会）1万人、プロテスタント諸教派56.7万人であり、教職者も1.1万人、信徒数と教職者数合算で102.9万人ほどである（全人口比0.81％）（表4）[60]。

　表5は、1948年、1960年以降2010年まで10年ごと、および最新2015年の結果である。カトリックの信者数は2000年が最も多く、2015年も減少傾向である。筆者の調査で考えると、日本人信者の増加ではなく、カトリック信者の外国からの移住による増加、いわゆる社会増だと推察される。プロテスタント諸教派は2010年まで増加傾向だったが、2015年は5年前の10％以上

表4　キリスト教の教勢（1948～2015年）
(人)

年度	1948	1960	1970	1980	1990	2000	2010	2015
信者数	324,298	642,484	801,089	885,083	903,755	1,083,362	1,095,604	1,014,444
カトリック教会	111,209	266,608	337,243	387,204	412,023	464,725	443,672	437,267
オーソドックス	14,063	35,293	9,549	25,199	25,803	25,713	10,380	10,197
プロテスタント諸教派	199,026	340,583	454,297	472,680	546,583	592,924	641,352	566,980
教職者数	6,789	12,671	17,744	18,672	19,009	11,344	12,497	11,374
総数（＝信者数＋教職者数）	331,087	655,155	818,833	903,755	1,003,418	109,706	1,108,101	1,028,818
人口比（％）	0.423	0.707	0.799	0.778	0.814	0.860	0.868	0.807

出典：[キリスト教年鑑2015] を元に筆者が作成
※塗りつぶし部分は区分別の最大値

減少した。

『日本宣教リサーチ調査リポート』[61]で教会数の変遷を見ると、プロテスタント教会は、戦後2,000弱の教会数が、その後1990年頃までの増加傾向が、その後鈍化し、2000年頃の7,800から横ばいから減少傾向で、信者数、礼拝者数も横ばいである。

次に、プロテスタント諸教派で最も所属教会数が多い日本基督教団の統計資料を確認し、伝統的教派の動向を見ておこう（表5）。

同教団は2013年現在、教会1,716、現任教師数[62]（教会担当教師1,818人＋教務や神学等の教師289人）2,054人、現住陪餐会員数（洗礼を受け（または幼児洗礼後信仰告白し）、教会に登録され献金をして所属教会を支えている信徒）86,131人、現任教師数2,054人、日曜礼拝出席一教会平均31.2人、受洗者一教会平均0.6人、教会学校（Christian School）出席一教会平均8.2人である。

教師数は教会数を上回るが、教師全てが教会を担当してはおらず十分な数とは言えない。近年、神学大学や神学校の入学者数が少なく、神父・牧師の人材不足は教派を超えた共通の課題である[63]。

表4でキリスト教信徒が増えていた過去35年間を見ると、日本基督教団では、教会数は1,700前後、現任教師数は2,000人前後で推移してきた（表5）。日曜礼拝出席者数と現住陪餐会員数は1993年がもっとも多く、以後、礼拝出席者は8,000人近く減少、現住陪餐会員数は、16,000人も減少した。受洗者数は1983年に3,000人近くまで増え、一教会あたり2名弱だったが、これ

表5　日本基督教団の教会数・現住陪餐会員数他
（教会数、人）

年度	教会数	現任教師数	現住陪餐会員数	日曜礼拝出席者数	一教会あたり平均（出席者数/教会数）	大人の受洗者数	一教会あたり平均受洗者数（受洗数/教会数）	教会学校出席者数	一教会あたり平均（出席者数/教会数）
1978	1,670	1,987	94,727	49,819	29.8	2,423	1.5	74,229	44.4
1983	1,677	2,002	99,842	57,002	34.0	2,932	1.7	59,124	35.3
1988	1,702	2,114	102,452	60,522	35.6	2,869	1.7	41,387	24.3
1993	1,714	2,187	102,727	61,261	35.7	2,243	1.3	29,436	17.2
1998	1,726	2,170	100,650	59,941	34.7	1,900	1.1	22,000	12.7
2003	1,725	2,189	97,386	59,440	34.5	1,728	1.0	19,932	11.6
2008	1,725	2,178	92,340	57,284	33.2	1,170	0.7	16,797	9.7
2013	1,716	2,054	86,131	53,512	31.2	1,071	0.6	14,102	8.2

出典：[日本基督教団1989, 1999, 2015]を元に筆者が作成　※塗りつぶし部分は区分別の最大値

も2013年には当時の3分の1と大きく減少した。教会学校は1978年以降、急激に減少し、2013年は当時の5分の1以下の規模である。同教団の人的ピークは1970年代後半から1990年代前半までとなる。

1995年の国勢調査と比較した資料を見ると、同年の国勢調査では、30歳未満36％、30歳代12％、40歳代15％、50歳代14％、60歳以上23％に対し、同教団の現住陪餐会員は30歳未満10％、30歳代12％、40歳代16％、50歳代21％、60歳以上41％と、一般社会と比べてかなり高齢化状態にあった[64]。同時期の受洗者数も中高年割合が高い傾向にあった。

教団一教会平均53人の現住陪餐会員が、月定献金・礼拝献金・特別献金などを合算した経常収入の平均690.2万円ならびに、それに含まれる教師謝儀平均342.5万円を支えている。教会員の多数を占める年金生活者も、経済的余裕のある人も含めた単純計算になるが、その690万円（収入平均）を53人（現住陪餐会員数）で除すると、一人13万円である。

日本キリスト改革派教会の教会長老職にある村田充八は、自らの宗教社会学の著書で、同派の実態を報告している[65]。それによると、1988～2007年の現住現住陪餐会員平均献金額（年額）は、21.11万円～34.70万円で推移し、20年間の平均は28.46万円だった。徐々に増加したのではなく、2001年がピークで2007年は28.84万円だった。村田はこれついて、「90年代の後半にもっとも多額の献金を献げた世代が現役の地位を去り、年金生活に入った」からだと考察する[66]。同派は、日本のプロテスタント渡来期からの伝統を持

ち、戦前作られた日本基督教団に合同するも、戦後離脱して結成された教派である。1950年は2,596人だった会員が2007年には9,788人と増加し、教師数も21人から132人と増加した。だが、近年の増加率は鈍化し、先の篤信者世代が、教会の役職者やベテラン信者として、いまなお、教会存続に責任を担っていると考える村田は、同派の課題として、「教会の存続はもはや負担が重すぎる」「若者たちの願いを満たす憧れの場ではなくなっている」と、信仰継承の困難さを述べている。

　キリスト新聞社は『キリスト教年鑑』で、1995年と2015年、年鑑の国内人名覧に登録された教職・信徒を対象にアンケートを実施し、その回答結果の年代区分を比較している[67]。それによれば、教職は、1995年、60歳代および50歳代で過半数だったものが、2015年は80歳代および70歳代で半数近くとなっており、ここでも、教職の高齢化傾向がわかる。

　専任牧師がいない教会は、他教会の牧師に兼務される。日本基督教団は1,700教会中、活動中の教会は1,500余りで、10年後は1,200教会、無牧は200教会が、10年後は500教会になると予想されている[68]。今から30年も前の1984年時点で「無牧師教会問題」が議論されていた[69]。当時1,674教会・伝道所があったが、活動休止中51、主任担当不在192（うち兼務者ありが95、代務者ありが58、無牧が31、未定が8）、つまり、全体の11％が兼務・代務になっていることが示された[70]。牧師不在の理由の約8割は経済的理由だという。都市・非都市との連帯の具体的方策を見出すこと、地域社会との連帯・地域共同体の形成に協会が連帯しうるものを発見し、仕える方向性を具体化することが、展望として述べられた[71]。

　2016年版で「牧会者の給与」を尋ねた『クリスチャン情報ブック』の調査結果も見ておこう[72]。すると、過半数の54.6％が年間350万円以下だった（121万円～250万円が22.5％、251万円～350万円が16.3％、120万円以下が15.8％）。無給の牧会者や専従の牧師がいないという教会は8.4％あったが、専従牧師を招聘できない理由は、39.6％が「牧師給が低い、あるいは支給できない」だった。

　以上、キリスト教全体の概要と、日本基督教団の統計資料を中心に見てきた。宗教指導者・信者ともに高齢化が、日本全体より進んでいること、人口減少傾向も日本全体より早く進んでいることが示された。教会数自体は一定

数を保っているということは、漸減する信者が懸命に教会を維持しているという厳しい実態が見て取れる。先の村田の指摘は一教派だけでなく、日本のキリスト教会の（伝統的教派の）一般的傾向と見なせよう。

　仏教・キリスト教ともに、宗教指導者や檀家・信者の高齢化、檀家数・信者数の減少が課題である。高齢化というのは割合の問題であり、日本社会における長期的な少子化傾向の結果、現在、若年人口割合が老年人口割合を下回っており、より一層大きな人口減少を招いていることと同一の問題である。東京への一極集中とも言える人口動態のなか、寺院・教会配置は適切と言えないことが推察される。

4. 人口減少時代における地域社会と宗教——三重県の事例——

　前節で仏教・キリスト教ともに、全国の現状と各種の統計資料からの課題を確認した。だが数値だけでわからないこともある。課題への仏教とキリスト教の対応の異同も不明である。そこで、続いて質的な事例研究で考察を進め、量的・質的研究を対比させよう。それでは、どのような事例を扱えばいいのだろうか。横断的に、全国各地で目を引いた事例を提示するのも一案だろう。しかし本節では、それとは異なり、筆者自身が11年間（とくにこの5年間は集中的に人口減少をテーマに）調査を継続してきた三重県の仏教・キリスト教の事例で示すことにする[73]。三重県は、人口が減少している39道府県の一つであり、人口（22位）・面積（29位）とも、日本全体のおよそ中位に位置している。三大都市圏の一つ名古屋市の通勤圏にある地域（北勢、後述）は人口が増加し、他の地域では人口減少、過疎化が進む。このように、人口過密な東京都や特殊条件にある地域ではなく、人口減少問題が身近な地域（県）の一つとして取り上げることとする[74]。

(1) 地域概況

　三重県の地理的環境として、伊勢湾を囲む海岸部や島嶼部、英虞湾を経て太平洋に広がる海岸部、内陸部は畿内に隣接した鈴鹿山脈がそびえたち、大台ヶ原がある。東西南北に広がり、「北勢・中勢・伊賀・伊勢志摩（南勢）・東紀州」という5区分がよく用いられる（図）。

また、他の12県と同様、いわゆる「平成の大合併」で「村」がなくなった県でもある。2015年時点、5市4町（10地域）、中勢地域の津市美杉町、松阪市飯高町、松阪市飯南町、大台町、伊勢志摩地域の鳥羽市、大紀町、南伊勢町、東紀州地域の尾鷲市、熊野市、紀北町が、過疎地域自立促進特別措置法に基づいて過疎指定されている。北勢地域（四日市・鈴鹿市含む）の市町は若年人口割合も全国平均程度である。だが、中勢地域（過疎指定地域含む）、伊賀地域（消滅可能性都市名張市含む）、伊勢志摩地域（消滅可能性都市伊勢市・鳥羽市含む）、東紀州地域（過疎指定地域含む）など、過疎および人口減少が課題となっている地域を多数含んでいる[75]。

図　三重県の地域5区分
①〜⑥（仏教）、Ⓐ〜Ⓔ（キリスト教）は本文中で触れた寺院・教会が位置する市町。

（伊勢）神宮や有名観光名所には、日本全国、あるいは海外からの観光客も集まる。街道および宿場町は、近世以降発展してきた。JRや近鉄などの鉄道網も高速道路も整備されるが、一世帯あたり自動車保有台数は都道府県別で14位（1.467台、全国1.069台）であり、モータリゼーション浸透も他と同様である[76]。県内には仏教系1校、神道系1校、キリスト教系4校の宗教系中学校・高等学校がある。幼稚園や保育園、社会福祉法人等も、キリスト教系や仏教系などが各地に存在している。都道府県別外国人住民の割合は、東京・愛知に続く第3位（2.35％）と平均より高い（平成26年で、実数の多い順に、ブラジル人、中国人、韓国または朝鮮人、フィリピン人、ペルー人）[77]。

三重県の宗教法人の分布について、市町村合併前の2003年度に刊行された『宗教法人名簿』を典拠資料とした報告の概要を見ておこう[78]。神社神道系は各地域隈無く存在しており、全県で神社本庁の神社は822社ある。仏教系では東紀州や南勢には曹洞宗系（全県で425ヵ寺）が、中勢の鈴鹿市や津市は真宗

高田派（全県で403ヵ寺）が、北勢では東本願寺派、真宗大谷派が、松阪市は浄土宗系（全県で312ヵ寺）が、南伊勢町は臨済宗系（全県で184ヵ寺）が多く見られる。天台宗系（全県で244ヵ寺）・真言宗系（全県で218ヵ寺）は中勢から伊賀にかけて分布傾向が強い。浄土真宗諸派で寺院数が3番目にあたる真宗高田派のおよそ3分の2が三重県に集中している。寺院数では、真宗高田派とならんで最大規模の宗派は曹洞宗であり、その分布は、真宗高田派が中勢・北勢に多く、曹洞宗は伊勢志摩や東紀州に多い。また、天理教も全県に384社分布している。キリスト教は都市部中心に全県で58教会ある。このような宗教分布にあり、多様な宗教が混在する三重県は、伝統宗教たる仏教やキリスト教を事例として扱うに適していると言えよう。もちろん、本稿で日本全国の実態を証明したと言わないが、仮説探索的な研究として提示したい。

　次節以降、先の統計資料から指摘できる問題、すなわち①宗教指導者の継承（困難さや高齢化）、②檀家・信者側の対応（減少や経済的困難さ）、③地域社会とのかかわり（檀家・信者以外との接点）、という3つの問題の実態を浮き彫りにしたい。

(2)　宗教指導者の継承

　宗教指導者の継承は寺院・教会で重要項目である。世俗的に集団維持であり、教団を率いる宗教的リーダーシップ移行問題でもある。3節の統計で見たように、経済的な困難のある集団においては、後継者難が大きく露呈する。
①仏教
　先述の通り、経済状況が厳しい寺院では、住職の後継者は見つかりにくい。後継者の2例を示す。
　まず、在家出身で、篤い信仰心から、60歳代に僧侶となった例である（①）。県内出身の彼は、高校卒業後、左官職人として独立し、県内各地で仕事をしていた。結婚して引っ越した自宅（過疎指定ではない中勢地域）の隣が真宗高田派寺院だった。以降、寺院と親しい付き合いが続いた。同寺院の前住職が逝去し、後継者不在で、同寺院は専従住職がいない状態となった。檀家役員は相談し、隣家で前住職と親しかった彼に寺院管理を要請した。彼はそれを引き受けた。一般人たる彼は、葬儀や回忌供養を行うことはできず、代務住職は、近隣の同宗派寺院の住職に依頼した。その後3年半経ち、檀家役員か

ら彼へ、得度の要請があった。妻にも後押しされ、得度して当寺院の衆徒（僧侶）となった。左官自体は続け、夏の棚経は代務住職と共に檀家の家を廻り、年忌供養等でも、導師の手伝いである役僧を務めた。住職ではないため導師にはなれなかった。やがて代務住職が亡くなり、その後継者も病気がちであった。彼は衆徒として4年経ち、当寺では葬式が増え、檀家からは「（自分たちを日常知らない他寺の住職に担当されても葬式に）張り合いがない」と言われ、「（住職の研修を）受けてほしい」と頼まれた。今度は妻から反対されたが、住職になる決意を固めた彼は研修を経て、住職になった。左官を辞め、以後、同寺院の住職を4年以上務めている。その間、資質向上のため法話の勉強会に学び、法事や通夜などでは必ず自分なりの説教を心掛けている。葬儀や法事で他寺院に行ったときも良いところを学び、日々、創意工夫をしながら過ごしている。このように、有職の在家出身から住職になるケースもある。

　もう1例は、住職の父の後を、他の職業に就いていた息子が継いだ例である（②）。浄土宗寺院（中勢地域の過疎指定地域）の二男として育った彼は、高校卒業後、大阪の情報系専門学校へ進学した。その後、コンピュータ関連企業へ入社し、やがて、独立して会社経営に成功する。3歳上の兄は宗門系大学を卒業し、近隣の松阪市の寺院の住職となった。住職の父逝去後は、兄が同寺院を兼務し、母が寺院と檀家との日常のつきあいを継続してきた。その母が80歳になったのをきっかけに、当時55歳だった彼は、住職として寺院へ戻ることを決意した。彼にとっては「第二の人生」であり、「Uターン」住職という言い方もできるだろう。幼い頃から朝の勤行を兄と共に聞き、12歳で得度していた。逮夜参りも先代住職の父と一緒に行い、8月の棚経は就職後も続けていた。僧侶資格を得た後、会社を後輩に譲り、住職となって戻ってきた。年中行事・回忌法要・葬儀はもとより、地域の人びとからの相談を契機にNPO法人を立ち上げ、近隣の自然を守る活動も行っている。このように寺院出身で、住職以外の勤めを経験し、老年期前後に住職となるケースもある。彼の場合、棚経などを通じてずっと檀家と接点を持っていたため、住職としてスムーズに認知された。もちろん、先代の実子等が仏教系学校を卒業し、僧侶の資格を得、副住職などとして寺院で奉職することもある。檀家側の受け入れ過程は多様だが、檀家から認められることが、維持存続のためには重要である。そのために個々に努力しながら寺院を継続してい

くのである[79]。

　今の2例のように、親から子への直接の継承ではないケースもある。その際、地域の諸問題をよく知っている先輩たちとともに、若手僧侶は自らの寺院の個別状況を踏まえながら、同時にやや広い範囲での地域社会の問題も一緒に見ていくこととあるだろう。

②キリスト教

　続いてキリスト教の例だが、これも学生時代に養成校で学んで初職に牧師となった人ではなく、他の職業を経た後の牧師を取り上げる。東京で生まれ育ち、若くしてキリスト教と出会った牧師である（Ⓐ）。学生時代に教会へ通っていた彼女は、その後、社会人となり、仕事や家庭生活に追われ、教会から久しく遠のいた。子育てがひと段落し、会社の経理を続け、三浦綾子の小説を再読。原罪について考え、深い感動を得た彼女は三浦氏に手紙を出し、紹介を受けた教会へ通い始めた。その教会の牧師の説教を聞き、聖書を読み進め、やがて洗礼を受ける。その約1年後、通勤途中で地下鉄サリン事件に巻き込まれ、入院中に、「ローマ人への手紙」(8章28節)の聖句「神は、神を愛する者たち、すなわち、ご計画に従って召された者たちと共に働いて、万事を益となるようにして下さることを、わたしたちは知っている」を生きた御言葉として実感した彼女は献身を志す。未信者の夫は賛成ではなかったが、彼女は定年退職後、4年間聖書学校に学び、卒業後、近県の教会から招聘され、週に3日間家を離れる地方伝道を4年間続けた。しかし、夫の介護もあってそこを辞し、懸命な看病を続け、やがて夫は逝去した。その後、東紀州の教会から招聘があり、それを受諾して三重県に単身で赴任する。それから5年間、教会ブログ開設、教会コンサートなどを通じた教会周知活動も行い、信徒及び地域住民との交流を深める。高齢者が中心のその教会では、今後、教会維持が困難にならないよう、その教会にあった支援を提案しつつ、後任牧師への段取りをする。老年期に牧師となった彼女は、その年齢に応じた自らの役割を考え、また、キリスト者としての務めを続けている。着任後、いくつか活動を試みるも思い通りに会員は増えていない。しかし、高齢会員には、人柄のいい高齢牧師は、教会生活にとって安心感という部分で実は大事なのである[80]。

　明確な統計資料はないが、牧師の子が牧師になる割合は15％という指摘

もある[81]。本項では老年期の牧師の例を挙げたが、県内の教会には、神学系大学など養成学校を卒業し、教会へ招聘されて赴任する若い牧師たちもいる。彼らも、自らの個性を活かし、牧会に励んでいる。また、幾つもの教派の教会で、後任牧師が未定のままの異動もある。その場合、近隣（といっても自動車で1時間以上かかることも多い）の教会の専任牧師が兼務する。教会員数が少なく、専従の牧師を確保できる教会ばかりではない。

(2) 檀家・信者の供給

　宗教指導者の後継者確保と同時に、檀家や信者数を一定程度確保することは、寺院・教会が存続する条件でもある。これが檀家・信者の供給である。この人材供給は財務安定と連動する。筆者の調査では、信仰上の理由で他派に転じて当該寺院や教会を離れたケースは多くはなかった。むしろ、地域の人びとが高齢化し死亡すること、もしくは若年層が他地域へ流出し、そのまま定住し故郷に戻ってこない人びとがいる。1960年代に過疎地域を考察した本[82]でも、人びとの社会移動後のタイムラグが議論されていた。流出した人が後にUターンするかどうかは、数十年経たないと判明しない。そう考えると、人口移動の問題は高度経済成長期の後に深刻化する。人口が減れば、必然的に寺院・教会にかかわる人は少なくなるので、その場合の寺院・教会としての対応も問われることになる。もちろん、社会増など人口受け入れの場合の対応も必要である。

①仏教

　東紀州のある地域で、近年の台風に伴う災害の結果、わずかに残っていた住民がそこで生活できなくなり、住民ゼロとなった地区がある。そこにある寺院の管理は元住民が行っている(③)。当然ながら住職は不在のいわゆる無住寺院だった。住民ゼロとなる前から既に、隣接市の臨済宗の寺院の住職が兼務し、年数回の年中行事や法要に来ている。隣接地域の5ヵ寺でも同様の兼務状態がしばらく続いていた。年中行事やそれぞれの家庭の法要以外は、同檀家たちが堂宇を維持管理し続けていた。そして、この災害後も、盆と彼岸の行事のみは続けられた。元住民は、少なくとも自分たちの代は、その寺院と神社と墓地を守り続けると語っている。過疎地域で今後、住民ゼロになるところも出現するだろう。だが、そこに人びとが生活していたのであれ

ば、それまで機能していた神社、寺院、墓地などをどうするのか。地域外に住むこども世代が、地域内に住む親世代から信仰継承する見込みがあればよいが、逆に、自分たちの住む土地へ墓地を移動する人も、永代供養という形で過去と訣別する人もいる。筆者の調査では、平成一桁年くらいまでは、地域内外の人びとと寺院が葬儀や法事を通じて結ばれていたが、もはや、その断絶も珍しくない。寺院を支える人びとがその地域内外にいる。距離が遠くても強い関係を持つ場合もあるが、関係が簡単に切れてしまうこともある。

その一方で、真宗高田派の本山専修寺が所在する津市や、それに北接する鈴鹿市などでは、複数寺院の檀家組織が、現在も熱心に講活動を展開している(④)。毎年数回、講の行事を行うところも、毎月の講や本山参詣などの活動をするところもある[83]。その講のリーダーとなった人びとは、定年退職者など高齢者が中心である。彼らはその年齢まで寺院の活動を親任せにしていたが、幼い頃に寺院の行事に参加していた彼ら・彼女らは、やがて自分たちの世代が担当することを自覚し、寺院内の役割や講の役目を引き継ぎ、伝統を継承したいと述べている。ただし、筆者の調査で、その次の世代は遠方他所で生活し、後継候補者を見出し、数十年後の運営までは見通せていない。しかし、現在は間違いなく、幼い頃からの寺院への親しみもあり、行事を続け、伝統を守ろうと講組織が機能している。それらが、現在、幾つも存在しているのも事実である。

②キリスト教

1940年代後半、ある宣教師が東紀州で伝道をした。その後、1955年頃、数名の信者が現れた。これが日本バプテスト連盟のある教会の成り立ちである(Ⓑ)。1960年代に入り、会堂を建設、無牧の時代を何度か経ながら、信者たちが協力し合って礼拝を守っていた。2013年に前任牧師が東北へ転ずると、再び、専従者不在となった。そこで、近隣の和歌山県の教会の牧師へ兼務を依頼した。過去に応援説教に何度か来た牧師だった。年金を受給する年齢の彼は、信者の少ない別の過疎地の教会から着任要請に応じ、40年牧会を続けた和歌山市の教会から転任した。同教会では少しずつ教勢が回復し、無牧だった同町内の別の教会も兼務した。そして、三重県内のこの教会からの要請にも応えた。同派でも現役牧師は教会数に比して多くない[84]。応援礼拝のときの穏やかな性格と明解な説教の姿に信者は深く信頼を寄せた。この教会

へ月3回の夜の礼拝（19時半から。同教会では朝の礼拝から夜の礼拝へと変更した）と教会役員との打ち合わせに来る。毎月1回は他の礼拝として、他教会牧師やDVD説教を牧師が計画し、教会役員が分担して対応している。牧師も信者の一人という立場の同派でも、牧師不在は理想ではない。だが、長く信仰を守っている同教会の信者たちは、教会運営を分担しながら対応してきた。そして、兼務2年間で教会員の礼拝参加増につなげた。戻ってきた信者や新たに礼拝に来る人も現れた。地域全体では人口減少が続くものの、教会は、将来的な近隣教会との合併も視野に入れつつ、現状を維持している。信仰継承による世代交代はもとより、常に新たな受洗者を目指すキリスト教会でも過疎地域では年数人の受洗があれば多い方である（表5のとおり日本基督教団の全国平均は1人未満）。教会維持は厳しくても、毎週日曜礼拝や水曜夜の祈祷会に代表されるように、信者と教会・牧師が、日常的に濃密な関係を持ち続けている。これに対し、葬儀や法事程度で檀家とつながるだけの寺院・住職では、生前の人間関係をこのような形で構築してはいない。

　この教会とは異なり、教会員が300人以上いる四日市市内のプロテスタントのキリスト教会では、日曜礼拝を午前2回行っている（ⓒ）。首都圏の教会などで会堂の大きさに比して信者数が多い場合、礼拝を複数回実施しているところもある。この長老派教会では、複数牧師が礼拝を担当し、教会員の長老たちも教会運営に全面的に参画している。他の信者も、教会内で多様な役割を果たす。同教会にはキリスト主義幼稚園もあり、教会学校も活発で、日曜の礼拝には、育児室もいっぱいに埋まり、まさに老若男女が会堂に集っていた。

　四日市市、鈴鹿市、津市などのカトリック教会のミサには、日系ブラジル人やペルー人、フィリピン人などの定住外国人が、老若男女、日本人信者とともに参加している。三重県以外でも同様の対応がなされているが、教会内の配布資料や掲示にはローマ字も記され、英語・スペイン語・ポルトガル語・タガログ語などが礼拝説明文などに記されている。月に数回、日本語以外のミサをしている教会もあり、外国人への対応が整えられており、少々遠方であっても、信者たちは教会に通ってきている。毎週の礼拝参加という宗教行動を通じて、教会近隣の信者と遠方から通う信者がつながっているのである。

(3) 地域社会とのかかわり

　寺院でも教会でもそれぞれ、死の対応や人々の悩みの解決など、宗教指導者（住職や牧師など）は、檀家や信者に丁寧に接している。かつても現在も、教団として、存立する地域社会へどのように向き合っているかに独自性が見られる。

①仏教

　檀家の菩提寺として機能している多くの寺院は、葬儀や死後儀礼でほとんどの檀家と接点を持つ。だが、近年、自宅ではなく、会館やホールでの葬儀が全国的に広がり[85]、さらには僧侶などが関与しない「直葬」やごく少数の家族だけで行う「家族葬」などが、すでに首都圏はもとより、全国に浸透している。葬儀が寺院から切り離されている。住職として自覚を持ち檀家や地域社会と、独自の取り組みを長い間続け、檀家・非檀家を問わず、対応している2寺院の事例を見ておこう。

　伊賀地域にある浄土宗寺院の前住職は、大学卒業後すぐ祖父の後を継いで住職となった（⑤）。1961年に地域から要請され、以後、50年以上にも亘って、小学生対象に本堂で日曜学校を続けてきた。彼は10年ほど前に小学校教諭の息子へ住職を交替し、同時にこども会の指導者の役割も譲った。同会は「仏教精神に基づき青少年の情操教化に活躍」したとして正力松太郎賞も受賞している。すでに300人ほどの日曜学校卒業生を出した。同寺院は農村地域に立地し、前住職は小・中学校の教員（最終的には校長を勤めた）を続けながらの住職だった。所属宗派の布教師として全国に出かけ、本山での役職も務めるなど、寺院外での活動も極めて多忙に過ごしていた。しかし、住職夫人や檀家総代らの協力を得ながら、年中行事も毎月のように行い、寺院運営を続けてきた。寺院の掃除は、全檀家で年末と盆前の年2回している。青壮年を対象に授戒会（仏門に帰依することを誓う法会。戒名が授与される）は1974年、1988年、2011年に実施、中高年を対象に五重相伝（浄土宗の教えを伝える法会。誉号と法名が授与される）は、1964年、1981年、2006年に実施し、檀家はほとんど参加し、既に戒名が与えられている。この寺院では、吉水流御詠歌が盛んで、檀家数だけの講員がいる。年代別・性別に組を作り、女性5組、男性2組を住職夫人と妻と彼がそれぞれ指導している。2015年12月には、60

周年大会を本堂で行った。また、全国大会にも参加している。「平成の大合併」以前に同じ町に属していた3宗派11ヵ寺で仏教会を作っており、年2回会報を発行し、5月には合同の花祭りを行い、厳冬期に托鉢をしている。近年は12月～2月に行った。

　次に、伊勢志摩地域の浄土宗寺院である。50歳代半ばで高校教員を退職し、病気療養の父の後を受け、住職に就任した(⑥)。大病を患う先輩の要請で、五重相伝をするために、布教師を目指し3年間研修した[86]。20、30歳代のなかに混じって研修をやり遂げ、住職就任3年後、先輩は間に合わなかったが、浄土宗の近隣の住職に協力を得て実施した五重相伝に、100名近くの檀家が参加し、戒名を受けた。続いて会計を整備し、寺院会計や護持会会計を年に一度の檀信徒総会で公開した。会館葬の浸透に対し、本堂葬儀を勧め、数十軒以上の葬儀を本堂で遂行した。寺役(総代・世話人)は、地区ごとに分けて持ち回りで、護持会費集金・寺報配布・行事を手伝っている。　近所の人からの相談を契機に、経済的に困る外国人やひとり親のこどもたちの日本語支援・学習支援学習指導をするNPO法人を設立した。低額有償ボランティアの教師を集め、境内の「一会舘」週2日英語塾(講師は檀家)による教室使用料、3年前から寺院前の土地で黒にんにく栽培(3,000円サポーターに100人加入。住職や檀家有志等で栽培)、物品販売や寄付なども含め、運営維持のための費用をさまざまな手法で集めている。これらに関わる人びとは、葬儀を通じて住職と接点を持った人たちである。お勤め後の説教で、故人を思いつつ、修行で学んだ禅師の言葉などを引き、自らの思いを伝えている。葬儀・法事など仏教寺院にとって必要不可欠な行事が人々を集め、そして、新たな取り組みに直接結びついている事例と見なせよう。彼は布教師就任以来、毎週水曜朝、近くの共同墓地内納骨堂前での辻説法をし、2016年4月末時点で228回となった。檀家も応援し、聴衆ゼロは一度もない。このように、檀家の信頼を集めている寺院は、葬儀・法事などを中心としながらも、それ以外の機会に、多くの檀家・非檀家が集う場として地域社会に対応していた。

　その他、座禅会を継続する曹洞宗寺院、落語会他の催しを行う真宗高田派寺院、刻字の会を行う日蓮宗寺院、地域行事に場所を提供する高野山真言宗寺院、他派寺院と一緒に棚経を行う天台真盛宗寺院など、各地域でそれぞれ檀家以外の人びとに対応した多様な試みをしていた。一般の人が一人で進め

にくい新規の試みも、信頼を集める住職や寺院が基盤となることで、進めやすくなるという意義は大きい。
②キリスト教
　教育や社会福祉で地域社会と関係を持ってきたキリスト教会の様子を見よう。
　まず、中勢地域で保育園を創設した教会である。1952年に、キリスト教会が保育園を創設し、宗教法人のもとに運営した（Ⅾ）。その牧師は、1947年に着任し、農村伝道を志し、農民福音学校を開校し、幼児教育に尽力した[87]。農村がどのように豊かになるかという視点から、その農民福音学校では、「政治思想史」「イエス伝」「あすの農業のあり方」などの課目を示し、それに集った農村の青年たちは、やがて教会へ結びついていった。そして、教会はたいへん活況を呈した時期もあった。そして、1950年には隣村に、新たな教会を建てるに至った。2つの教会は、それぞれ幼児教育の施設を持ち、日曜学校や子供会などを含め、地域貢献を果したと評価された。だが、しばらくすると、高度経済成長期の中で、青年層がその村から都市部へ出ていった。そして、1961年に保育園は町に移管され公立保育園となった[88]。その後、同町では人口が減少し、同教会でも信者数は減少の一途を辿った。だが、牧師は畑作りに精を出しつつ、教会関係者向けと信者以外の地域向けのガリ版刷りの新聞を隔月で発行し続けた。77歳で1989年引退したとき、教団紙に自らの「農村伝道」の歩みを示した[89]。
　次に、伊勢志摩地域で社会福祉施設等との関係見ておこう[90]。プロテスタントの福音派に属するある婦人会で、1970年代、キリスト教主義の老人ホーム建設を望む声が出てきた。ホーム見学など学びを進め、建設調査委員会も発足した。ある信者夫妻からの家と土地の提供あり、三重県と関連町村とで協議された。伊勢志摩地域に社会福祉法人が1990年7月に設立され、特別養護老人ホームが完成した（Ｅ）。教会関係者から設立当初より毎年寄付が集っている。婦人会は、毎月、清掃や芝刈り、傾聴などのボランティアを行い、献金も継続している。職員は現地の人びとに加え、大阪から移住する信者もいた。同地近隣（施設から車で数分の距離）に教会が建設され、地域伝道の働きも始まった。その後、実績を踏まえ、隣町に在宅介護複合施設、特別養護老人ホーム、居宅介護支援事業所が開設された。地域に開かれた施設と

して、定款にキリスト教的表現はない。だが、同施設内の集会所は日曜礼拝にも利用され、それら教会には専属牧師がおり、日曜礼拝・夕拝や朝の集い（讃美歌・聖書・主の祈り・体操）を担当している。施設の朝の集い等は、近隣にある他教派の教会の牧師が担当することもある。施設では希望する入居者と前年度に逝去した入居者の遺族が参加する召天者記念集会も実施し、ターミナルケアにも取り組んでいる。地域住民を招くクリスマスの集い、ひな祭り、夏祭り、敬老会等の行事も実施している。月2回、シルバースクールを実施し、地域老人会の方々も参加している。同法人の役員・評議員等の多くは信者だが、職員の信者は8分の1であった。職員朝礼では聖書が読まれ、月1度の全体職員会は牧師による10分程の講話もある。施設利用者で、朝食の後、9時30分から朝の集いに参加する人もいる。信者の職員や近隣教会の牧師などが交替で担当している。入居者の信者は7分の1であった。元牧師や元牧師夫人もいたが、2011年の調査時点には皆逝去されていた。他に、入居後信仰を持ち、洗礼を受けた入居者は4人いる。教会で行われる日曜礼拝には、施設関係者家族、近隣住民が出席している。老人福祉施設をキリスト教関係者が支え、やがて、地域住民との深いつながりができ、数十年経ち、教会が地域に定着してくるという展開過程を見てきた。社会福祉法人として地元に定着し、そこで働く人がいて、地域住民のなかでも教会へ通う人びとがいる。法人母体の教派グレース宣教会は、2015年7月に50周年記念式典を開催した。

5. 人口減少時代における教団の生存戦略

　3節の統計資料で見出された①宗教指導者の継承（困難さや高齢化）、②檀家・信者側の対応（減少や経済的困難さ）、③地域社会とのかかわり（檀家・信者以外との接点）という課題について、4節で具体的事例を通じて見てきた。その上で、仏教・キリスト教に共通の課題と異なる課題に分けて考察し、その上で、「生存戦略」を検討しよう。

(1)　共通の課題
　人口減少のため教団の維持運営が成り立たなくなることもありうる。それ

は仏教・キリスト教（他の宗教）を問わず共通であり、宗教指導者にも檀家・信者にもかかわる課題である。

　宗教指導者の立場は、専従可能か兼職・兼務が必要かで大いに異なる。一つの寺院・教会での宗教活動にすべての時間を割ける場合もあれば、他職業で勤務し家族の生計を立てる必要に迫られるケースもある。複数の寺院・教会を兼務する場合、時間的配分の苦労も推察される。一法人として独立した寺院や教会である以上、個々で対応すべきであり、経済的課題は実質的に檀家数や信者数と直接関係する。また、「超高齢化」が宗教指導者にも、檀家・信者にも見られることは見過ごせない。一般企業や公務員のような定年制が無い宗教指導者は、自らの進退は本人判断に委ねられる。住職が介護施設で長期間生活して、そのまま亡くなって後継者問題が起こるケースもありうる。檀家・信者側でも「超高齢化」のため、寺院・教会に行けない人は現にいる。病床に伏せる場合も、認知症等の進行で外出が困難となる場合もある。住職・牧師らが家庭訪問等で対応しているが、結果的に、寺院・教会の檀家・信者の多数が、行事・礼拝に集えなければ、人口減少と同様の状況となる。

　上記は信仰を持ち、寺院や教会に行く意志があっても行けない状況である。そうではなく、「加齢により宗教的になるとは言えない」事態が、いくつかのデータで示されている[91]。老年期に入った「団塊の世代」が「宗教的ではない」とするならば、今後どうなるかが憂慮されよう。もちろん他方、「老年期」にキリスト教と出会い信仰を持った例（Ⓔ）もある。檀家総代や講の役割を与えられたことを契機に、自らの宗旨を改めて確認し、信仰を深く持った例（④）もある。このように高齢者たちの信仰の窓口として、寺院や教会が対応している場合もある[92]。

　宗教系学校で信仰の訓練がなされているとは言い難い[93]。三世代同居率の減少もあり、家庭内での信仰継承や信仰訓練は困難だろう。そうなると、寺院や教会での訓練が現実的であり、（⑤・Ⓒ）のような場面で信仰継承の可能性が見出されよう。

　専従の宗教指導者がいた寺院・教会で、後継者不在のため兼務にせざるを得ない場合、その組織運営成功のカギは檀家・信者等の意識の高さである（③・Ⓑ）。そう考えると、次世代のリーダーをどのように養成してくかが課

題となる。筆者は、結果的に檀家のなかから住職となった人（Ⓛ）、信者のなかから牧師となった人（Ⓐ）が、それぞれ宗教指導者として数年かけ養成機関で学んだ例を示した。たまたま、望ましい人的資源があったという説明もできるかもしれないが、それらの人びとが通っていた寺院・教会、そして、そこに所属していた人たちの普段の強い信仰心がそうさせたとも言えるだろう。

(2) 異なる課題

　仏教とキリスト教の差異は多々あるが、本稿の議論に直接かかわる3点を指摘したい。1点目は定着度の大小、2点目は多数派か少数派かという点、3点目は外国人信者の存在である。

　まず、定着度を考えると、キリスト教会は仏教寺院と比べ合併が選択しやすい。江戸時代あるいはそれ以前に設立された寺院は他へ移動することなど考えにくいだろう。寺院の周辺は、かつて人が住んでいても、必ずしも現在と同様だとは言えない。とくに第二次世界大戦後の三大都市圏への人口集中は、数世代を経て現在を形成している。数百年の歴史ある寺院の周辺に、必ずしも適正規模の人口が存在するとは限らない。「不活動宗教法人」という言葉も目や耳にする。近年、新聞でもテレビでも、過疎地域の寺院が注目され[94]、檀家がおらず、倒壊した寺院の例すら紹介されている[95]。菩提寺からは檀家へ、相変わらず経済的負担が期待されている。だが、それに応えられる篤信的檀家は、すべての寺院の周りにいるわけではない。むしろ寺院から檀家が心理的に遠ざかっているところもあるだろう。従来の檀家制度から会員制の護持会組織へと移行する寺院もあるが、現時点でそれは大きな傾向とは言えない。

　日本で宗教的にマイノリティなキリスト教は、常に新規開拓の伝道活動を中心に、生存戦略をとってきた。しかし、信者が急増しないなかで、教会維持にかかわる費用を、信者のみならず、むしろ牧師自らが積極的に、自らの収入の多くを教会に寄付し続けた。その結果、かつて牧師退任後、「無一文」となる場合もありえた。老後保障としての年金制度[96]や専用老人ホームの提供は、すでに1960年代に論じられ、設立されていた。このように、キリスト教は仏教の立場と全く異なり、宗教指導者に対する制度的保障体制自体

も課題がある(仏教の宗教指導者すべてに制度的保障があるということではない)。

また、四日市(7,690人、人口比2.46%)、津市(7,264人、同2.55%)、鈴鹿市(6,962人、同3.46%)のように[97]、外国人住民が一定程度いる市町には、カトリック教会のみならず、在日キリスト教会やイスラームを信奉する人びとの通うマスジドなども建設されている。寺院に外国人観光客はいても、外国人檀家に筆者は、ほとんど出会っていない。しかし、キリスト教会、とくにカトリック教会には、ミサに多くの定住外国人がいる。今後もキリスト教会において、外国人信者の存在意義が高まるだろう。

(3) 教団の生存戦略

本稿では、生存戦略を教団維持の方途として見ている。教団には、人材供給と財務安定の2点が重要であり、それぞれ考えよう。

日本全体が人口減少していくなかで、寺院・教会すべてが現況維持することは困難であり、むしろ、全体として適正な人口規模を想定した維持を検討すべきだろう[98]。キリスト教界で、例えばカトリック教会は、しばしば組織変更を実施して、適切な対応を試みている。プロテスタント諸教派においても、1990年代には、合併や巡回教区方式(伝道者、人件費、会堂なしという問題克服のため、3,4教会を一人の牧師が牧会)が提案され、若干、試みられている[99]。寺院や教会単独で一人の住職・牧師を迎えることが困難な場合、近隣や近い関係にある住職・牧師へ兼務を依頼するケースがある。そのときに、③④ⒷⒸのように檀家・信者自身も、維持運営で尽力する必要があろう。仏教宗派は、先に見たように、宗勢調査による報告やそれに基づく考察が発表されてきた。だが、信者数や寺院数を指標とするならば、組織的対応によって課題が解決されてきたとは言い難い。逆に、首都圏などの人口増加に対して、都市開教という形で個別ではなく組織的に対応している宗派もある[100]。

寺院・教会は宗派全体に組織的にではなく、個別にそれぞれが生存戦略をとってきていたのは4節で見たとおりである。もちろん、それぞれ宗教法人として独立している以上それは当然だろう。だが、「人口移動」が極めてしやすい現在、個々の信者にとって所属する寺院・教会は「動かない」ものだろうか。そして、そもそも宗教自体が、人口減少時代の現在、人びとに求められているのかという根本的なことも、ここで考えるべきだろう。

かつて、質的社会調査の必読書だった『口述の生活史』の有名なエピソードに「移動」意識が記されている[101]。高度経済成長期の瀬戸内工業地域において、岡山県水島地区呼松に住んでいた内海松代さん（仮）の発言である。公害のため転居したい青年や壮年とは異なり、松代さんは「弘法さまが移転なさらないのに、どうして私らが呼松を離れて他所へ移れますものか」と学生調査員に語ったのだ[102]。弘法大師を信仰する老人たちは、地域の小さな大師堂に月例の大師講で集い、松代さんはその熱心な信者の一人だった。かつて地域住民にとって自らの住む場所は、信仰する場所でもあった。

 神社や寺院、教会や新宗教施設は、本当に「引っ越せない」のか。もちろん、否である。既に述べたように、江戸期も明治期も、そして昭和から平成にかけても寺院は減り、教会はすでに合併している。「引っ越せない」ことはない。松代さんのような熱心な信仰者は、それをどのような思いで見ているのだろうか。

 これまでの議論を簡単にまとめよう。

 宗教指導者を確保すべき経済的基盤が必要であるが、人口減少が進むなか、今あるすべての寺院・教会は、このまま存在できないかもしれない。現状維持が続かない、その「臨界点」[103]がいつ来るのかは、宗教ごと・地域ごとに異なる。現在ある一寺院一教会ですべて同様の対応はできない。だが、いずれにしても、檀家・信者の信仰的自覚の確保は、「生存戦略」の重要な鍵を握る。その寺院・教会を支える檀家・信者の信仰継承こそが、まさに「生存戦略」となるのだろう。そして、日本社会全体で若年層がますます減っていくなかで、養成機関からすぐに宗教指導者となる若者以外にも、社会人経験を経た中高年など多世代（①②Ⓐ）が活躍できることは、個々の寺院・教会を超えた現実的な「生存戦略」となる。

 檀家・信者以外の一般の人びととも結びつき、地域社会で認められる寺院・教会は継続できるだろう。地域のこどもたちとの関係を持ち続けた（⑤）や、逆説的には保育園を手放し停滞を余儀なくされた（Ⓓ）、NPO法人を立ち上げた（⑥）、社会福祉法人を通じて地域とつながった（Ⓔ）などを想起すればよい。これらは地域社会における「宗教ネットワーク」と言えるような試みである。（⑥）は年中行事で檀家や信徒とつながり、また、地域住民からのさまざまな要請に応え、住職以外の多種多様な檀家の人びとが何重にも関

係を深めている。また、定着度が小さい寺院と比べキリスト教は地域社会に浸透しにくいと思われるが、(Ⓔ) は、基本理念はキリスト教精神でも、社会福祉法人として、一般の人びとに受け入れられ、定着した例もある。

　教会や寺院は人口増加時代にも幼稚園や保育所を併設し、一定の社会貢献を果した。今も一部でそれは続き、放課後児童クラブなどの運営も見られる。超高齢社会の現代、老人福祉分野でもキリスト教なり仏教なりの理念に基づいた法人が過疎地域で定着する意義はある。多文化・多世代共生社会を目指す日本において、海外から来た信者を受け入れることも、寺院・教会として果すべき役割である。

　以上、まとめると次のとおりである。寺院・教会に共通する生存戦略は、経済的基盤（専従、兼務対応）を確保し、檀家・信者の自覚に基づいた集団として維持継承すること、そして多世代が宗教指導者として活躍する体制だと考えられる。さらに、地域社会とのかかわりとして、幼稚園・放課後児童クラブなどこどもへの教育・福祉的対応や、高齢者への福祉的対応、定住外国人などへの対応から、多世代・多文化共生の基盤となることで、維持継続していくことは可能だろう。

おわりに

　森岡の先の予見は現実となった。仏教教団は実態調査で厳しい現状は確認しているが、「聖職者の儀式中心から一般信徒参加へ、制度的家の宗教から個人の自覚による宗教へ、葬式法要中心から信仰実践へ」という対応はしきれていない[104]。キリスト教会は、わずかな戦後ブーム期以降は一定以上の信者を獲得できず、教会を支え続けてきた篤信者が永遠ということはない。

　だが、個々で地域の人びととともに熱心な信仰活動を続ける宗教指導者も、自らの信仰・教会を守ろうとしている自覚的な檀家・信者もいる。宗教が必要とされ、それらの人びととの取り組みが広がっていくかもしれない。櫻井義秀は、北海道での真宗大谷派の調査を踏まえ、「都市寺院と地方寺院の連携」「地域単位で包括的な宗教行政と法務の提供を行う体制」「葬儀・法要に加えて仏教本来の社会教化・社会支援が僧侶の役割であるという認識を強化」という提案をしている[105]。筆者の先のまとめもそれに類似するが、それ

は同じく寺院の現況を見てきた研究者として当然の結論かもしれない。さらに、過疎の農山村の現況に対して「人口1％」を回復させる戦略も提案されている[106]。過疎地の寺院・教会においても、檀家・信者を1％回復する方向で、長いスパンで生存戦略を考える試みがあってもいいだろう。そもそも人口減少をどのように受け入れるのかは、いまを生きる人間全ての問題であるのだから。

注
1　［大谷2012：24］。
2　［藤井1974］。
3　現時点で仏教・キリスト教ほどの資料を得ていない筆者は、新宗教については今後の課題として、本章では以下、優れた先行研究を紹介する。新宗教における高齢化、人口減少問題を扱った先行研究に［渡辺2014］［バーカー2014］がある。［石井1989］は、立正佼成会や天理教も教勢調査を実施してきたと紹介している。
4　［寺田2011］。
5　［森岡1978（1962）］および［森岡2005］ほか多数。
6　［森岡1975］。
7　［森岡1975：75-91, 203-205］。
8　平成27年国勢調査人口速報集計結果全国・都道府県・市町村別人口及び世帯数結果の概要（http://www.stat.go.jp/data/kokusei/2015/kekka.htm 2016年4月30日最終アクセス）。
9　［フリードリック2016］は、北海道における自らの寺院のフィールドワークの考察を示すとともに、アメリカでの人類学者たちの人口減少の研究を紹介しており、参考になる。その他［Reader 2011］［Rowe 2011］を参照。
10　［増田2014］。
11　［山下2014］［小田切2014］［藤山2015］。
12　［新田目2013］。
13　［大谷・藤本2012］。
14　［大谷2012：22-23］。
15　本章の基礎は［川又2014a；2014b；2014c］にあるが、1年半で9度行われた本書研究会で本書執筆者たちとの議論を通じ、多くの有意義な助言をいただき、新たな論文として完成した。もちろん、文責は筆者にある。
16　［川又2014b］。
17　［川又2013］。
18　［朴澤2000］。
19　［岩田2010：277］。
20　［圭室1987：52-61］。
21　［朴澤2015］。
22　［孝本2000］。

23 ［柏原1990:42-44］。
24 『月刊住職』158号（2012年正月）他。
25 ［森岡2005］他。
26 近代日本でのキリスト教の展開過程を確認するには［森岡1970］が、いまなおわかりやすい。歴史的概説書を最小限で並べるならば［海老沢・大内1971］［大濱1979］［五野井1990］［中村2000］などを参照。
27 プロテスタント諸教派の事例は［森岡2005］［西山1975］［磯岡1999］など。カトリック教会の集団改宗は［安斎1984］［泉1972］など。
28 발간등록번호（韓国の宗教現況2012）による。同書の翻訳を冬月律氏にしていただいた。記して謝したい。また、現在では、韓国系キリスト教会が日本で一定の割合を占めている。専門紙誌の統計を読み解いた分析では、1000名以上の大規模教会も多く、全国に教会があることが示されている［申・中西2011］。
29 ［文化庁編2016］（2014年末現在のデータ）では、日本のキリスト教人口は1.0％（約195万人）であった。その統計でも30年以上、1％前後で推移してきた。
30 ［森岡2005］［古屋2004］［櫻井2004］［加藤1998］など。
31 ［岩村・森岡1995］は、日本基督教団大森めぐみ教会における65年間の教会教育の成果を問うべく質問紙調査を実施し、1,507名の受洗者に対し378名の疎遠会員（25％）を出したことを明らかにした。また、教会を離れて数十年後に戻ってきたという例も皆無ではない（後述註87など）。
32 ［越川2007］。
33 ［文化庁編2016］。［高橋・塚田・岡本2012］［石井2015］［井上2016］など宗教学や宗教社会学のテキストで必ずと言っていいほど紹介されている基本資料である。ただし、その数値は実勢と離れており、実態は平均して5分の1程度という解説もある［井上2016：167］。
34 平成28年3月刊行『人口減少社会と寺院』には、浄土宗、浄土真宗本願寺派、曹洞宗、日蓮宗などの宗派自身の調査結果に対する、丁寧な考察が収録されている［櫻井・川又2016］。後述の宗勢調査のまとめで一部参照した。
35 僧侶かつ経済誌記者の鵜飼孝徳は、宗派調査も附して［鵜飼2015］を発表した。
36 ［石井2014］［文化庁文化部宗務課2015］。
37 ［石井1989］はその時点までの宗勢調査を鳥瞰した論考である。［森岡1975］は、1960～64年の東京における人口動態とキリスト教の会員の増減に関係があると教団統計を用いて論証した。脚註33で示したテキストであっても教団自身の調査には言及されていないことにも、研究者たちの注目の低さが示されている。
38 本節で扱った資料は、各宗派で刊行している伝統教団機関誌、報告書、［櫻井・川又2016］で論じられた宗派関係者の論考、各種先行論文、曹洞宗宗勢総合調査や同檀信徒調査の検討のなかで参照した資料等が含まれる。
39 ［真言宗智山派宗務庁2014］。以下の数値はこの報告書による。
40 ［徳野2005］。
41 浄土宗は、兼務の問題として、既に20年以上前から別途調査をしている。1995年に行った調査は1997年にまとめて提言し、その10年後には、寺院問題検討委員会を設置して「兼務住職寺院」を集中的に調査し、実態把握も踏まえ、「兼務住職認証の手続き」「不活動寺院の実態調査」「合併・解散を望む寺院」などの提言も行った［寺院問題検討委員会2008］。

寺院問題検討委員会は、さらに過疎に絞った実態調査を、2012年に「過疎地域における寺院へのアンケート調査」として実施し、「宗（門）への要望」「遠方移動檀家への工夫」など具体的な記述を中間報告書にまとめた［寺院問題検討委員会2014］。
42　［第9回宗勢基本調査実施センター 2011:5］。以下の数値は同報告書に基づく。
43　［窪田2012］［那須2016］。
44　［浄土真宗本願寺派総合研究所2013］。
45　［第10回宗勢基本調査実施センター 2016］。
46　［臨済宗妙心寺派総務部2015］。同派寺院全体の3分の1を占める兼務状態対策を考えるため、調査報告書を刊行し代表役員が選定されていない「無住寺院」ではなく、専任の住職がいない「被兼務寺院」に、2014（平成26）年5月時点で調査し、住職93.8％、責任役員92.3％の回収率だった［臨済宗妙心寺派総務部2015：1］。倒壊の危機にある寺院が52ヵ寺、荒廃している寺院が65ヵ寺などあり、檀家数10戸未満などでは、住職の後継者を住職も代表役員も望まず、むしろ、合併や解散を希望する場合すらあるという実態が示され［臨済宗妙心寺派総務部2015：5, 11］。
47　［曹洞宗宗務庁2016］。
48　［曹洞宗宗務庁2008］。
49　［相澤2010］。
50　「限界寺院」「限界教会」は櫻井義秀の造語である［櫻井2013］。
51　［相澤2016］。
52　［曹洞宗宗勢総合調査委員会2014］。
53　［日蓮宗現代宗教研究所宗勢調査プロジェクトチーム2014］。［日蓮宗2013］。以下の数値は同報告書に基づく。
54　［日蓮宗現代宗教研究所1989］。
55　［過疎地域寺院活性化検討委員会2010］。
56　［曹洞宗宗勢調査委員会1984］［日蓮宗現代宗教研究所1989］［臨済宗妙心寺派総務部2015］。
57　『月刊住職』159号（2012年2月号）、14–27。
58　一般に目にすることができるものに、『キリスト教年鑑』（キリスト新聞社）、『クリスチャン情報ブック』（クリスチャン新聞）、『日本宣教リサーチ調査レポート』（東京基督教大学国際宣教センター）、『カトリック教会現勢』（カトリック中央協議会）、『日本基督教団年鑑』（日本基督教団出版局）、『教団新報』（日本基督教団）などがある。
59　『キリスト教年鑑』は年度の詳細な統計と、それ以前の代表的統計が掲載されているので、表5はそれを用いた。「東京基督教大学日本宣教リサーチ（http://www.tci.ac.jp/institution/fcc/jmr 2016年4月30日最終アクセス）は、教会インフォメーションサービスの機能を受け継ぎ、2014年4月より発足した。本章ではその最新の報告（2013年度の教勢。JMR調査レポート（JMR_report2014.pdf）［日本宣教リサーチ2014］）および、補足の意味で、その前に刊行された冊子［柴田2012］を参照した。
60　［キリスト教年鑑編集委員会2015］。
61　［柴田2012］。
62　担当教師と教務や神学等の教師以外は、隠退教師668人、無任所教師593人、休職5人である［日本基督教団事務局2014］。以下の数値はこの年度のものである。教師すべてを合算すると3,373人となる。無任所教師とは、結婚して無任所になっている教職や、さま

ざまな事情で牧会の現場から離れている人たちである。約100名はふさわしい任地があれば着任可能だという推測もある［戒能2006：10］。だが、複数の牧師が担当する教会もあることを考えれば、決して牧師数は教会数と比して多くはない。

63　カトリック教会もプロテスタント諸教派でも神学生減少が報告されている。例えば、東京神学大学では学部1年生が数名で、その後編入生を合わせ、卒業時にようやく30名前後になるという［戒能2006：17］。

64　『教団新報』4412号（1998年7月）。

65　［村田2010：97–169］。

66　［村田2010：145–151］。

67　『キリスト新聞』3386号（2016年2月）。

68　『教団新報』4412号（1998年7月）。

69　無牧師教会問題は日本基督教団の伝道委員会でも討論され、『教団新報』4065号（1984年11月）に記されている。経済的理由以外のものとして、人間関係のまずさという理由も挙げられている。

70　『教団新報』4065号（1984年11月）。また『教団新報』4176号（1989年3月）でも、1989年現在の資料を基に、兼牧約100教会、代務約60教会なので、全1,650教会の約10％に専従者がいないことが記されている。ここでも財政的理由であること、大変さが信徒や兼務の牧師だけに負わされることは指摘されている。

71　『教団新報』4065号（1984年11月）。

72　『クリスチャン新聞』2366号（2016年1月）。

73　［川又2013］他。本章の事例は、独立行政法人日本学術振興会（JSPS）科学研究費補助金（研究課題番号23520092、24520062）の助成を受けた研究及び東洋大学東洋学研究所プロジェクトの研究（平成25〜27年度）に依拠するものがある。記して感謝する。

74　『月刊住職』195〜198号（2015年2〜5月）に連載された筆者の事例も含む。

75　最新の国勢調査（2015年）の速報でも（2016年2月10日、三重県発表 http://www.pref.mie.lg.jp/DATABOX/60323003738-01.htm 2016年4月30日最終アクセス）、朝日町・川越町・四日市市などの北勢地方で人口増、南伊勢町・紀北町・熊野市で人口減という、南北の差が著しかった。

76　一般社団法人自動車検査登録情報協会「自家用乗用車の世帯当たり普及台数（毎年3月末現在）」(https://www.airia.or.jp/publish/file/r5c6pv0000003pun-att/r5c6pv0000003pv2.pdf 2016年4月30日最終アクセス）

77　外国人住民国籍別人口調査（三重県）(http://www.pref.mie.lg.jp/TOPICS/2016020403.htm 2016年4月30日最終アクセス）

78　［三重県生活文化資料研究会2007］。

79　三重県曹洞宗青年会（三曹青）など、若手僧侶を地域の先輩たちが育てる仕組みもある。三曹青は、すでに創立50周年を経て、地元檀家にも定着している（三重県曹洞宗青年会 http://sansousei.com/ 2016年4月30日最終アクセス）。上下20歳近く年齢差がある幅広い世代が共に活動し、自坊では知ることができない他地域ことがわかり、規約で同会を卒業した老師たちが助言や協賛し、青年僧侶を支えるなど、この青年会の活動を通じて多くを得たという。20歳代から45歳までの青年僧侶が任意で参加する会である。2015年3月現在、有志63名が参加し、『見聞楽』という年4回の法要、一泊二日の夏期坐禅会「緑蔭禅の集い」、和太鼓集団「鼓司（くす）」、そして伝道車布教（一台の車に布教師と運転者で

布教活動をする実践、年10回程度）などを行っている。災害ボランティア（阪神淡路大震災や東日本大震災など）、雲水カフェ（県内各地で実施している坐禅と法話・茶話会）などもしている。

80　高齢牧師の存在の意義は［川又2010］で論じた。
81　［戒能2006：17］。ある教区での試算に過ぎず、普遍化できるものではないが、ある程度の目安として引用した。
82　［米山1969］。
83　［川又2016］では、鈴鹿市の七里講、同市念仏大講、津市増信講、同市通夜講が活動している様子を示した。
84　後継者がいないため、「辞められない」高齢牧師がおり、引退した牧師が何らかのサポートをしている。
85　［新谷2015］。
86　浄土宗でこの「授戒会」「五重相伝」はもっとも重要ともされている。住職側も檀家側も大きく負担がかかり、一般的な寺院で毎年できるというものではない。
87　『教団新報』4190号（1989年9月）。
88　『信徒の友』501号（1989年7月）。
89　前掲87。
90　以下の数値は2011年の調査時点のことである。
91　［石井2007］［Takahashi2014］など。
92　高齢者の対応について、キリスト教側ではすでに30年以上前から議論されてきた。
93　［川又2009］。
94　過疎と寺院を考えるときに失念すべきでないのは、NHKによる「寺が消える」という特集番組である（1988（昭和63）年放送）。島根県石見地方にある浄土真宗本願寺派の聞光寺、明善寺などが取り上げられた。［鵜飼2015］でも報告されている。1980年代後半、一部の社会学者が「限界集落」を口に出した頃、「廃寺」問題は、既にマスメディアに取り上げられていたのである。近年も、朝日新聞で「『今は寺の曲がり角』過疎・高齢化の波ここにも」という記事が掲載された（2015年10月11日）。
95　読売新聞2016年2月16日「減る檀家増える『空き寺』」。石井が解説している。
96　日本基督教団では、隠退教師の謝恩金制度を保持し、1964年からは教団年金制度を発足させ、教団内組織として「年金局」（1977（昭和）55年業務開始）も設置し、教団独自の年金制度を運営してきた。大きな教派であっても、年金制度を備えていないところもある。
97　三重県外国人住民国籍別人口調査（平成26年12月31日現在）の結果（http://www.pref.mie.lg.jp/TOPICS/2016020403.htm 2016年4月30日最終アクセス）。
98　「孤立から連帯へ」が単なる号令ならば、衰退しかない。［大宮2008］は、キリスト教界の状況を示した。
99　日本基督教団では1990年時点で「共同牧会」の例が紹介されている（『信徒の友』528号（1990年10月）。北海教区苫小牧地区では「8教会が、互いを尊重しながら一つの教会であるように、互いを知り、支え合う」という目標のもと、約9,300㎡の範囲にある8教会を、6人の牧師が牧会を担当している。一時期、日高の3教会で無牧の時期もあったが、地区の牧師・信徒全員で支え、後に、着任に至った。京都では3人の牧師が5つの分散した地域を牧会している。1992年にも、「伝道圏」の紹介がある（『信徒の友』544号（1992年2

月))。
100 『月刊住職』206号（2016年1月）。
101 ［中野2000（1977）］。
102 ［中野2000（1977）：222］。
103 ［小田切2014：41］。
104 ［森岡1975：151］。
105 ［櫻井2016：91］。
106 ［藤山2015］。

参考文献

相澤秀生2010「過疎地域における曹洞宗寺院」『曹洞宗総合研究センター学術大会紀要』11：403–410。
─── 2016「過疎地域における供養と菩提寺──曹洞宗──」櫻井義秀・川又俊則編『人口減少社会と寺院──ソーシャル・キャピタルの視座から──』法藏館、181–214。
安斎伸1984『南島におけるキリスト教の受容』第一書房。
新田目夏実2013「宗教と国内人口移動・人口分布──日本の事例──」早瀬保子・小島宏編『世界の宗教と人口』原書房、87–121。
バーカー、E. 2011=2014「新宗教における高齢化の問題」（高橋原訳）『現代宗教2014』国際宗教研究所、158–197。
文化庁編2016『宗教年鑑 平成27年版』文化庁。
文化庁文化部宗務課2015『宗教関係統計に関する資料集』文化庁文化部総務課。
第9回宗勢基本調査実施センター2011『第9回宗勢基本調査報告書』浄土真宗本願寺派宗務企画室。
第10回宗勢基本調査実施センター2016「第10回宗勢基本調査中間報告（単純集計）」『宗報』581：33–85。
海老沢有道・大内三郎1971『日本キリスト教史』日本基督教団出版局。
フリードリック、D. 2016「抵抗と断念──地方寺院はなぜ存続をめざすのか──」（稲本琢仙訳）櫻井義秀・川又俊則編『人口減少社会と寺院』法藏館、289–310。
藤井正雄1974『現代人の信仰構造──宗教浮動人口の行動と思想──』評論社。
藤山浩2015『田園回帰1％戦略──地元に人と仕事を取り戻す──』農文協。
古屋安雄2004『日本のキリスト教』教文館。
五野井隆史1990『日本キリスト教史』吉川弘文館。
朴澤直秀2000「近世」日本仏教研究会編『日本仏教の研究法 歴史と展望』法藏館、47–60。
─── 2015「寺檀制度と葬祭仏教」島薗進・高埜利彦・林淳・若尾政希編『シリーズ日本人と宗教 近世から近代へ3 生と死』春秋社、25–51。
井上順孝編2016『宗教社会学を学ぶ人のために』世界思想社。
石井研士1989「教団の行う宗教調査の展開と現状」文化庁編『宗教年鑑（昭和63年版）』、72–100。
─── 2007『データブック現代日本人の宗教（増補改訂版）』新曜社。
─── 2014「戦後の宗教行政が実施した調査について」『宗務時報』117：45–64。
─── 2015『プレステップ宗教学（第2版）』弘文堂。

磯岡哲也 1999『宗教的信念体系の伝播と変容』学文社。
岩村信二・森岡清美 1995『教会教育による教会形成――大森めぐみ教会の場合――』新教出版社。
岩田重則 2010「『葬式仏教』の形成」末木文美士編『新アジア仏教史13 日本Ⅲ 民衆仏教の定着』佼成出版社、275–326。
泉琉二 1972「山林におけるキリスト教の受容（一）――和歌山県日高郡龍神村下柳瀬地区におけるカトリック教会の設立――」『待兼山論叢哲学篇』5：101–123。
寺院問題検討委員会 2008「兼務住職寺院の問題に関する提言――兼務住職寺院の実態調査集計――」『宗報』526：77–110。
─── 2014「過疎地域に所在する寺院の問題に関する中間報告書――過疎地域における寺院へのアンケート調査集計――」『宗報』597：113–144。
浄土真宗本願寺派 2010「第9回宗勢基本調査報告書」『宗報』521：1–90。
浄土真宗本願寺派総合研究所編 2013『寺院活動事例集ひろがるお寺――寺院の活性化に向けて――』浄土真宗本願寺派総合研究所。
戒能信生 2006「今日における伝道者育成の課題――日本基督教団の場合――」弓山達也責任編集『現代における宗教者の育成』大正大学出版会、9–19。
柏原祐泉 1990『日本仏教史 近代』吉川弘文館。
過疎地域寺院活性化検討委員会編 2010『元気な寺づくり読本――寺院活性化の事例と手引き――』日蓮宗宗務院伝道部。
加藤智見 1998「近代キリスト教と仏教―― キリスト教はなぜ日本に定着しきれないのか ――」日本仏教研究会編『仏教と出会った日本』法藏館、165–180。
川又俊則 2009「〈いのち〉と〈宗教〉の教育実践の考察――三重県内学校を中心に――」『宗教学論集』28：89–119。
─── 2010「老年期の信仰と生活――元牧師の類型と抱える諸問題を中心に――」『東洋学研究』47：193–211。
─── 2013「葬儀と年中行事の「継続」――三重県の過疎地域における事例を中心に――」『宗教学論集』32：139–159。
─── 編2014a『過疎地域における宗教ネットワークと老年期宗教指導者に関する宗教社会学的研究』科学研究費補助金研究報告書。
─── 2014b「宗教指導者たちの後継者問題――昭和一ケタ世代から団塊世代へ――」『現代宗教2014』国際宗教研究所、115–138。
─── 2014c「人口減少時代の宗教――高齢宗教者と信者の実態を中心に――」『宗務時報』118：1–18。
─── 2016「門徒が維持してきた宗教講――真宗高田派七里講――」櫻井義秀・川又俊則編 2016『人口減少社会と寺院――ソーシャル・キャピタルの視座から――』法藏館、259–287。
キリスト教年鑑編集委員会編 2015『キリスト教年鑑2015年版』キリスト新聞社。
越川弘英 2007「子どもと共に守る礼拝の現状」『礼拝と音楽』134：10–15。
窪田和美 2012「真宗寺院における寺院規模と門徒の護持意識――第9回宗勢基本調査の分析を通して――」『龍谷大学論集』479：142–171。
孝本貢 2000「近現代」日本仏教研究会編『日本仏教の研究法 歴史と展望』法藏館、62–70。
増田寛也編 2014『地方消滅――東京一極集中が招く人口急減――』中公新書。

三重県生活文化資料研究会 2007『三重県の墓制／三重県の社寺・教会』(『三重県史』民俗資料集 2)。
森岡清美 1970『日本の近代社会とキリスト教』評論社。
―――― 1975『現代社会の民衆と宗教』評論社。
―――― 1978 (1962)『真宗教団と「家」制度 (増補版)』創文社。
―――― 2005『明治キリスト教会形成の社会史』東京大学出版会。
村田充八 2010『宗教の発見――日本社会のエートスとキリスト教――』晃洋書房。
中野卓編著 2000 (1977)『口述の生活史――或る女の愛と呪いの日本近代――』御茶の水書房。
中村敏 2000『日本における福音派の歴史――もう一つの日本キリスト教史――』いのちのことば社。
那須公昭 2016「信頼は醸成されるか――浄土真宗本願寺派――」櫻井義秀・川又俊則編『人口減少社会と寺院――ソーシャル・キャピタルの視座から――』法藏館、95-117。
西山茂 1975「日本村落における基督教の定着と変容――千葉県下総福田聖公会の事例――」『社会学評論』26 (1)：53-73。
日蓮宗 2013『宗勢調査報告書』日蓮宗。
日蓮宗現代宗教研究所 1989『過疎地寺院調査報告ここまで来ている過疎地寺院、あなたは知っていますか？』日蓮宗現代宗教研究所。
日蓮宗現代宗教研究所宗勢調査プロジェクトチーム 2014『人口減少時代の宗門――宗勢調査にみる日蓮宗の現状と課題――』日蓮宗宗務院。
日本基督教団事務局編 2014『日本基督教団年鑑 2015 年版』日本基督教団出版局。
日本宣教リサーチ 2014『JRM 調査レポート (概要編)』東京基督教大学 http://www.tci.ac.jp/wp-content/uploads/2015/10/JMR_report2014.pdf 2015 年 9 月 26 日最終アクセス)。
小田切徳美 2014『農山村は消滅しない』岩波新書。
大濱徹也 1979『明治キリスト教会史の研究』吉川弘文館。
大宮溥 2008「ひとつの教会として生きる――「孤立」から「連帯」への道へ――」『信徒の友』735：14-17。
大谷栄一 2012「総論 宗教は地域社会をつくることができるのか？」大谷栄一・藤本頼生編『地域社会をつくる宗教』明石書店、19-42。
大谷栄一・藤本頼生編 2012『地域社会をつくる宗教』明石書店。
臨済宗妙心寺派総務部 2015『平成 26 年度被兼務寺院報告書』臨済宗妙心寺派宗務本所。
櫻井圀郎 2004『「異教としてのキリスト教」からの脱却』リバイバル新聞社。
櫻井義秀 2013「限界寺院からソーシャル・キャピタルの寺院へ」『社会と調査』10：97-101。
櫻井義秀 2016「過疎と寺院――真宗大谷派――」櫻井義秀・川又俊則編『人口減少社会と寺院――ソーシャル・キャピタルの視座から――』法藏館、69-91。
櫻井義秀・川又俊則編 2016『人口減少社会と寺院――ソーシャル・キャピタルの視座から――』法藏館。
柴田初男 2012『データブック宣教の革新を求めて――データから見る日本の教会の現状と課題――』日本基督教大学国際宣教センターブックレット No.8。
申光澈・中西尋子 2011「韓国キリスト教の日本宣教」李元範・櫻井義秀編『越境する日韓宗教文化――韓国の日系新宗教 日本の韓流キリスト教――』北海道大学出版会、239-280。
真言宗智山派宗務庁 2014『真言宗智山派の現状と課題――平成 22 年度実施真言宗智山派総

合調査分析研究報告書――』真言宗智山派宗務庁。
新谷尚紀 2015『葬式は誰がするのか――葬儀の変遷史――』吉川弘文館。
曹洞宗宗務庁 2008『2005（平成17）年曹洞宗宗勢総合調査報告書』曹洞宗宗務庁。
曹洞宗宗務庁 2016「平成27年度曹洞宗宗勢総合調査結果速報」『曹洞宗報4月号別冊付録』967：1-45。
曹洞宗宗勢調査委員会 1984『宗教集団明日への課題――曹洞宗宗勢実態調査報告書――』曹洞宗宗務庁。
曹洞宗宗勢総合調査委員会 2014『2012年（平成24）曹洞宗檀信徒意識調査報告書』曹洞宗宗務庁。
Takahashi Masami 2014「高齢化と宗教の老年学的および心理学的な考察」『現代宗教2014』国際宗教研究所、69-90。
高橋典史・塚田穂高・岡本亮輔編著 2012『宗教と社会のフロンティア――宗教社会学からみる現代日本――』勁草書房。
圭室文雄 1987『日本仏教史 近世』吉川弘文館。
寺田喜朗 2011「我国における「地域社会と宗教」研究の成果と課題――村落社会におけるキリスト教受容研究を中心に――」『東洋学研究』48：223-236。
徳野崇行 2005「仏教諸宗派における兼務・無住寺院の推移――天台宗、真言宗智山派、豊山派、浄土宗、臨済宗、黄檗宗、日蓮宗を事例として――」『宗教学論集』24：75-94。
鵜飼秀徳 2015『寺院消滅――失われる「地方」と「宗教」――』日経BP社。
山下祐介 2014『地方消滅の罠――「増田レポート」と人口減少社会の正体――』ちくま新書。
米山俊直 1969『過疎社会』NHKブックス。
渡辺雅子 2014「新宗教における過疎・高齢化の実態とその対応」『宗務時報』117：1-26。
Reader, Ian 2011 Buddhism in Crisis? Institutional Decline in Modern Japan, *Buddhist Studies Review,* 28(2), 233–263.
Rowe, Mark Michael 2011 *Bonds of the Dead:Tenples, Burial and the Transformation of Contemporary Japanese Buddhism,* Chicago : University of Chicago Press.
발간등록번호 (韓国の宗教現況 2012)

研究動向 2
戦没者慰霊研究

小林　惇道

はじめに

　「国のために戦った」戦没者が大量に生み出されたのは、近代における国民国家の誕生以降のことであった。彼らに対する社会的対応の一つとしての慰霊・追悼・顕彰[1]は、近代世界における国家、社会、宗教の関係をめぐる重要なテーマである。本稿は、戦没者慰霊と国民国家論、集合的記憶論との関係について論じ、学問分野別にその研究動向の整理を試みるものである[2]。
　戦没者慰霊研究は、国民国家とナショナリズムに関する議論と密接な関係にある。近代の国民国家とナショナリズムの関係について論じたベネディクト・アンダーソンは、『想像の共同体』において、国民国家の成立には、世俗語で書かれ印刷された新聞や小説の大量生産および流通、すなわち出版資本主義が大きな役割を果たしたとする。同じ言語を話して「特定の連帯」を有し、同じ歴史を共有した国民の誕生と、「想像の共同体」たる国民国家の成立はパラレルな関係にある、というのである。特に国民国家は、他の共同体とは異なり、想像の中でのみ実在的なものであり、近代の産物であるとする。こうしたナショナリズム論を展開したアンダーソンは、近代文化としてのナショナリズムの典型として「無名戦士の墓と碑」を指摘した[3]。「無名戦士の墓と碑」は、近代戦争で戦死した者に対しての記念施設としての性格を有している。伝統的な共同社会では、宗教的な世界観が死や来世についての解釈を提供してきたとされるが、近代国民国家では、記念施設を媒介とする戦没者の慰霊や追悼が、その役割を担っているというのである[4]。
　記念施設を考える際の理論的枠組みとしては、集合的記憶論があげられる。モーリス・アルヴァックスは、「人を想い出すのは、自分を一つないし多くの集団の観点に身を置き、そして一つないし多くの集合的思考の流れの

中に自分を置き直してみるという条件」のなかに集合的記憶があらわれるとする[5]。つまり集合的記憶は、ある社会集団が伝承し、保存、想起する記憶であり、すぐれて社会的な現象である。集合的記憶をもつ社会集団は、記念施設や記念碑の建立、戦没者の慰霊など「記憶の場」を通して、過去を想起あるいは解釈し、後世に継承していこうとする。その上で、「空間的枠の中で展開しないような集合的記憶は存在しない」「もし過去が実際にわれわれを取り囲む物的環境によって保持されていなければ、過去を取り戻せるということは理解されないであろう」とするように[6]、記憶は空間的、物質的に保持されるものである。すなわち社会集団の一つである国民国家の成立において、集合的記憶を共有させる装置ないし施設の存在が、重要な役割を果たしたことが示唆されるのである。

1. 歴史学

慰霊・追悼・顕彰研究のなかでも歴史学においては膨大な研究があり、網羅的に紹介することはできないが、ここでは主に近現代日本の靖国神社との関連をめぐるものを中心に整理する。

戦前、戦中期において、靖国神社は国民的な慰霊施設として重要な役割を担ってきた。靖国神社は、1862（文久2）年、幕末における勤皇の国事殉難者を祀るために京都霊山で行われた招魂祭を起源の一つとし、1869（明治2）年に東京招魂社として今の九段の地に創設された。1879（明治12）年には別格官幣社の社格が与えられ、靖国神社と改称、1887（明治20）年以降、管轄は内務省を離れ、他の別格官幣社とは異なり、陸・海軍省によるものとなった[7]。

靖国神社は、近代日本において大量に生み出された「英霊」を祀る神社である。その英霊という語は、「日露戦争を境に、より個性のうすい抽象的な英霊というよびかたが一般化」したとされ[8]、靖国神社での招魂祭によって、個人の霊としての「人霊」から国家祭祀の対象としての「神霊」になるとされる[9]。英霊は、「没個性的な英霊」[10]として、一人一人としての個性がなくなった存在として扱われる。こうした没個性的で一体化されたものとして語られる英霊を祀る靖国神社は、先述したアンダーソンが近代文化としてのナショナリズムの典型として指摘した「無名戦士の墓と碑」のように、戦前、戦中

は国家的慰霊施設として国民統合の文化装置として大きな役割を果たした。

　戦後になると、靖国神社は民間の一宗教法人として再出発することとなった[11]。こうした経緯によって、靖国神社は、政治的、宗教的に多くの論争の場となり、社会的には特に3つの時期と問題に注目が集まった。それは、1960年代後半から70年代にかけての靖国神社を国家護持化する法案における論争[12]、80年代にかけての中曽根康弘首相による公式参拝をめぐる論争やＡ級戦犯合祀の問題[13]、2000年代の小泉純一郎首相による公式参拝や国立追悼施設建設をめぐる論争[14]の時期である。

　靖国神社の持つ政治性、宗教性ゆえに、そうした観点からの研究や書籍が多く出されてきた一方で、靖国神社の歴史を実証的に明らかにしようとした諸研究も提出されてきた。その先駆的なものとしては、小林健三・照沼好文による『招魂社成立史の研究』がある。同書は、靖国神社の性格とその展開過程を、その前身である東京招魂社や地方の招魂社の歴史から追ったものである[15]。

　また、『国家神道』で知られる村上重良は『慰霊と招魂』において、靖国神社・護国神社の性格を「天皇への忠誠と死を、すべての国民のあらゆる行為の最終的な目標として設定する排外的な集団原理であった」とした[16]。そして、「靖国神社、護国神社を近代天皇制国家の全構造のなかで位置づけ、靖国の思想の本質と役割を究明する仕事は、まだようやく緒についた段階にあるといわねばならない」として[17]、宗教史の立場から客観的実証的に研究することを試みた。

　一方、こうした村上の描いた靖国神社論に対しては、「史料を踏まえた実証的記述のようでいて、実際には自らのある単純化された結論を導くための憶測を随所に鏤めている」との批判がなされた[18]。國學院大學研究開発推進センターの「慰霊と追悼研究会」による研究はこうした問題意識のもと、「真の意味で「客観的実証的」に考察していくという地道な営み」を求めて、多様な分野の研究者による共同研究と相互交流が試みられた[19]。また、近年では赤澤史朗『戦没者合祀と靖国神社』のように、靖国神社の合祀基準の対立と変遷を明らかにした実証研究の展開が見られる[20]。

　戦没者慰霊研究は靖国神社を中心に進められてきたが、並行して、籠谷次郎が「靖国問題に論及される戦没者の慰霊・顕彰が、単に靖国神社一社にの

みかかるものでないことはいうまでもない。ここでの祭神である戦没者との関係からみるならばかつて各道府県または師団管区を一範囲とした指定護国神社と各市町村を単位とする忠魂碑・忠霊塔との重層関係が存在するからである」と指摘するように[21]、靖国神社につらなる国家的な慰霊システムとしての忠魂碑[22]も注目されてきた。

籠谷は、忠魂碑や忠霊塔の調査を大阪府や奈良県で実施し、その歴史的な建立の状況を明らかにした。また、羽賀祥二のように災害犠牲者の碑をも射程に含めて、戦没者の記念碑の調査を行った研究もある[23]。特に忠魂碑は、箕面忠魂碑訴訟、長崎忠魂碑訴訟などの裁判を通して社会的な関心を集め、政教分離の観点から問題が提起され、大きな議論が巻き起こった[24]。

靖国神社や忠魂碑の実証的研究は歴史学の成果によるものが大きいが、その後は陸軍墓地などへの対象の拡大もみられる。原田敬一は、近代社会を支えた三つの柱が、工場・学校・軍隊であるとし、そのうち特に軍隊の意義は大きいとした上で、陸軍墓地の歴史的経過と実態を明らかにした[25]。また、近年では小田康徳・横山篤夫・堀田暁生・西川寿勝が、大阪の真田山陸軍墓地の実態の詳細な検討を行っている[26]。また、白川哲夫は、仏教界による追弔など多様な戦没者慰霊の様子を明らかにし、それらが靖国神社、護国神社とどのような関連性にあるのかに着目して、戦没者慰霊の全体像を浮かびあがらせようと試みている[27]。

2. 民俗学

民俗学の領域では、御霊信仰や、地域での英霊祭祀、家・村レベルでの戦没者祭祀といった、慰霊を民俗的な死の問題と関連づけてとらえようとしてきたと言える。

柳田国男の祖霊信仰論においては、祖霊として子孫によって祀られることのできない戦没者は、本来民俗学では御霊として人びとに災いをもたらす存在として把握されることになる[28]。田中丸勝彦は、こうした問題意識のもと、英霊は御霊や無縁に連なるものなのかについて、九州北部の護国神社や村、家の祭祀という多くのフィールドを通して明らかにしようとした[29]。

また、岩田重則は、これまでの民俗学的研究が「家がどのようにして戦死

者祭祀を行ってきたのかという視点は欠如しており、また、ムラのレベルでの戦死者祭祀への視点も弱いものである」として、戦没者の家、ムラレベルでの祭祀を追うことで、戦死が「ムラにとっては日常的になっていた」姿を描き出した[30]。岩田は、戦没者の祭祀は一般的な死者の祭祀とは異なり、一人の死者に対して、複数の祭祀施設を存在させ、神仏混在、つまり家の祭祀は仏教式、靖国神社は神道式というように宗教的にも多重な祭祀が行われている様子を指摘し、「戦死者多重祭祀論」と呼んだ。一方こうした状況の中で、一般的に異常死のため御霊とされ災いをもたらす存在であるとされる戦没者が、実際には通常死と違わないかたちで地域社会や家において供養されてきた様子を明らかにした。

3. 宗教学

慰霊とは、そもそも個人の死と深く関わった人類に普遍の文化的営みにも連なるものであり、その点でその研究は宗教学でも大きな検討課題となってきた。池上良正によれば、慰霊は「日本の民俗・民衆的な宗教文化の基底に、太く根強い流れとして今日まで存続してきた」ものである[31]。しかしながら、慰霊は、一旦、社会的な文脈に置かれたとき、それは政治性を帯びるものとなる。我々が観察し得るのは、政治性から遠い慰霊の内的な面ではなく、社会的な文脈に置かれたものなのである。

慰霊研究では、靖国神社・護国神社・忠魂碑・英霊祭祀といった国家的な関与という政治性の論点が否応なく注目されてきた。こうした「抽象度の高い集団的な祭神」である英霊に対し、英霊のもつ個人性に注目するような研究は[32]、靖国神社の持つ政治性を逆照射するものとなるだろう。

また、西村明は、『戦後日本と戦争死者慰霊』において、従来の研究が戦闘員のみを対象としたことや、靖国神社などの政治的問題に偏りがちであったこと、顕彰や追悼の対立の構図では慰霊の多様な様子を図ることができないとの問題意識のもと、「戦争死者慰霊」の多様なかたちを、中世からの系譜的流れの分析や、長崎県の原爆慰霊を事例に「シズメ」と「フルイ」という概念を提示しながら検討した[33]。ここでの「シズメ」とは、「暴力性そのものや暴力を被った結果死亡した者が現世にたいして残していたであろう想いなどを

沈静化」させることを指し、「フルイ」とは「逆に喚起することで新たなアクションを起こす契機とするような事態」を指す[34]。同書は、「シズメ」と「フルイ」が「容易に反転するもの」とし、その関係性の中から慰霊の多様な姿を描きだした。また宗教学的には、宗教教団によって行われる慰霊ではなく、行政や民間、また一個人により行われる慰霊に注目することで、非宗教教団による慰霊の様子を明らかにしようと試みたところに意義がある。さらに、西村は慰霊を単なる死者の霊魂を「鎮める」といった生者の側だけの問題としてではなく、これまで光のあたらなかった生者と死者との交わりの中に見いだした。

4. 社会学

　近年の慰霊研究は多くの視点から行われている。例えば、軍人の死者の扱いや軍都の慰霊空間を検討したもの[35]、戦没者の遺骨収集や慰霊巡拝、遺骨帰還を検討したもの[36]、地域や新聞報道での戦死者の扱われ方を検討したもの[37]、などがある。社会学の分野では、粟津賢太が忠魂碑や忠霊塔について集合的記憶論といった社会学理論と関係づけてその役割を明らかにしようとした[38]。
　こうした研究がある中で、近年では特に、靖国神社のような国家的枠組みにおける慰霊についての研究に対して、地域社会での慰霊祭祀の実証研究が充分されてこなかったとの問題意識を持つ研究が増えており、注目される。
　戦没者慰霊の豊富な事例について丹念な実証研究を行ってきた今井昭彦は、師である森岡清美とともに調査を行い、「国事殉難戦没者、とくに反政府軍戦死者の慰霊実態」についての成果を報告している。これは、「遺族の心情を中心にした議論やタテマエ論が多い割に、慰霊実態を把握しての問題提起はないにひとしい。例えば、忠魂碑がいつ頃から建てられ始め、いつ頃日本国中どこにでも見られるようになり、戦後どのように処置され、その処置にどんな推移が見られたか。この点についての展望一つない現状である」という問題意識のもと、実態調査を行ったものである[39]。また今井は、前述の籠谷の研究を引き継ぎながら、「ムラやマチの靖国」といわれる忠魂碑の地域レベルでの実態調査を行っている[40]。今井の主著『近代日本の戦死者祭祀』

では、対外戦争で戦死した兵士や官軍という、国家による慰霊を対象としてきた従来の研究に対して、国家により祀られない内戦によって戦死した者や反政府軍兵士の慰霊実態に注目した[41]。そして地域によって祀られてきた様子を、記念碑や顕彰碑、墓標といった多くの碑の金石文を資料の中心として、聞き取り調査、面接調査を行い、実証的に明らかにしている[42]。

地域の状況の地道な掘り起こしという点では、孝本貢の貢献が注目される。「「戦後」の慰霊は戦意高揚を大目標とする戦前の忠魂碑との連続線上では捉えられないとしているが、こうした着眼は、慰霊を戦後社会のなかで文脈化して捉えようとする試みであると言え、歴史学や民俗学の先行研究に対して、社会学的視点を導入しようとしたものである」と西村が指摘しているように[43]、孝本は戦没者慰霊を社会学の立場から再考しようとした。

孝本は、「戦後地域社会における戦争死者慰霊祭祀」において、地域社会を建立主体とする慰霊碑の実証的な調査を行っている。ここでは、戦没者の慰霊碑は把握しきれないくらいに多種多様であり、複雑でもあるとして、それぞれについて緻密な研究が積み重ねられる必要があるとする。そして、関係者が高齢になり、資料の収集・聞き取り、解明が急がれているとの問題意識のもと、地域社会での戦争死者のための慰霊碑の建立実態と慰霊実態を検討した[44]。

2013年に出版された村上興匡・西村明編『慰霊の系譜』は、全国的に戦後地域社会における慰霊祭祀のあり方の研究が少ないといった孝本による問題関心からスタートしたものである[45]。同書では、地域共同体により担われてきた慰霊の場面に着目し、多様な慰霊の様子を明らかにした[46]。また同書は、戦争死者のみにとどまらず広くは異常死といえる地震や航空機事故、噴火などによる死者に対する慰霊をも射程に含めて慰霊の問題を重層的に描き出し接合させていこうとするものである。すなわち、戦没者慰霊を戦争死者のみではなく、広く異常死者をも射程に入れて戦没者慰霊を再考する試みとなっている。また同書は、地域共同体による慰霊を対外戦争による大量の死者を生み出した近代のみならず、近代以前の慰霊の諸相と関連させ慰霊の歴史的展開を明らかにしようとしている。

このように、これまでの歴史学を中心とする研究に加え、民俗学、宗教学、社会学などの研究者によって、慰霊実態の掘り起こし、特に地域での慰霊の

様子が徐々に明らかになっている。

おわりに

　大量の戦没者を産み出した近代の戦争が、それ以前の戦争とどう違うのか。『戦争論』で知られるカール・フォン・クラウゼヴィッツによれば、フランス革命によって国王がいなくなるという事態は、国民が国家の担い手として、自らの自由を確保するために戦争に直接的、積極的に参加するという変化をもたらした。つまり、戦争が国王による事業から、国民による事業になったとする。そして、戦争が王家の財政に左右されず、国家財政の枠にまで拡大することにより、原理的には戦争は敵の完全な破壊にいたるまで遂行されることとなる。つまりは、国民国家が成立したことが、敵の完全な破壊、すなわち戦争の絶対化の条件を整えることなった。こうして近代の戦争は万人のためのものとなったが、その背景としては産業社会の発展も寄与していた。大量の近代兵器が生み出され、人間の力量よりも工業生産物としての武器の性能と量が勝敗を左右することとなると、個々の兵士は無名化、平準化され消耗品として扱われるようになる。そして国民が大量に動員されて無差別の標的となり、多くの戦没者を出すこととなったのである[47]。

　つまり、近代の戦争はそれ以前の戦争とは、根本的に異なったものである。近代という時代、その中で成立した国民国家によって大量に生み出された戦没者が、慰霊・追悼・顕彰といったかたちでどのように国家や社会、地域から扱われてきたのか。それを考察することは、日本のケースも含めた近代や国民国家の原理に接近する上で、興味ある視座を与えてくれるものと言えよう。

注
1　「慰霊」は、一般的には「死者の霊魂をなぐさめること」とされる。『民俗小事典　死と葬送』では、「死者の霊魂を慰め安息させようとする儀礼」とした上で、「戦争や事故などで異常な死に方をした死者の霊魂は、死後もこの世に思いを残して落ち着きどころがなくさまよっているであろうとの考えにもとづく。慰霊に関連する観念や儀礼は、人類普遍の超歴史的なものと考えられるが、具体的なこの語の使用は日本の歴史の上では比較的新しい。古代の漢籍にもなく、『定本柳田国男集』の索引にもみられない語で、幕末維新期

の国事殉難者に対する招魂慰霊の儀礼や観念の普及とともに明示されてきた語といえる」とする［新谷・関沢編2005：278–281］。小松和彦も、「慰霊」という語が広く流通するようになったのは戦後のことで、戦前の辞書にはない用語であるとする［小松2002］。一方、「追悼」は、一般的には「死者をしのんで、いたみ悲しむこと」とされ、『民俗小事典 死と葬送』では、「死者をいたみ悲しむという感情とその行為をさす」とされる［新谷・関沢編2005：278］。

「慰霊」と「追悼」の語の用法について、矢野敬一は、二つの語の区別はえてして曖昧であるとしながら、「慰霊」は聖職者が関与して何らかの宗教的儀礼を伴って死者の霊に対応する場合を指し、「追悼」は聖職者が関与せずに死者を想起して悼む場合を指すとしている［矢野2006］。新谷尚紀は、「慰霊」は異常死に対して用いられる語であり、戦争の犠牲者に対してはその霊魂の安息と冥福が祈られる場合を言い、「追悼」は通常死と異常死の両方に対して用いられ、死者はあくまで追想しながらその死が哀悼される死者を指すとする［新谷2009］。このように、慰霊・追悼の語の意味については、論者によってかなりのちがいが認められる。

また、「顕彰」の語もしばしば「慰霊」「追悼」と並び使用される。「顕彰」とは、一般的には「物事がはっきりとあらわれること。また、功績を世間に明らかにし表彰すること」である。慰霊・追悼研究では、主に靖国神社等に祀られている「英霊」に対して用いられる。矢野は、「顕彰」の語は近代において盛んに用いられ、近代の人神祭祀に本来の宗教的行為とはかけ離れた世俗的な性格を見いだし、死者を記念し、何らかの形で後世に伝えようとする性格を帯びた行為であり、「慰霊」「追悼」と同等に重みを持つものとしている。そして、宗教的な儀礼を伴うものを「慰霊」、世俗的な性格を色濃く帯びたものを「顕彰」として両極とし、その中間に宗教色、世俗性ともに希薄な「追悼」が位置するという捉え方も提示している［矢野2006］。

その他に、仏教的な用語として、「追弔」と「供養」がある。「追弔」とは、『広説佛教語大辞典』では死者をとむらうこととあり［中村2001］、［白川2015］によると仏教界における戦没者に対する儀式・行事を表現する言葉である。戦前期、仏教界では戦没者に対して「追弔（追吊）」の語がもっとも多く用いられた。「供養」とは、『佛教大事典』によると、「供給資養」の意味で、仏・法・僧の三宝や死者の霊などに対して供物を供給してこれを資養する行為である［古田・金岡・鎌田・藤井監修1988］。［池上2003］によると、大乗仏教では供養が廻向の思想と結びついて理論化されることによって、自業自得果の業報思想を乗り越える画期的な展開を可能にし、死者への供養のみならず、虫供養や針供養といったさまざまな文化領域にまで拡張したとされる。

なお、「慰霊」「追悼」「顕彰」の各語の意味内容については、［藤田2008：4-7］を参照した。

2 　以下で言及する研究者が所属する学問分野・領域については厳密な分類が難しい場合があり、また、複数分野・領域を横断した共同研究等も見られるため、本稿の分類はあくまで便宜的なものである。また、戦没者慰霊研究の研究史の整理は［藤田2008］［粟津2015］により、慰霊碑研究の整理は［本康2006］によりなされているが、本稿は主に実証的宗教社会学に引き寄せて整理を行った。

3 　［アンダーソン1983=1997：32］。
4 　［島薗・葛西・福嶋・藤原編2006：70］。
5 　［アルヴァックス1950=1989：19］。
6 　［アルヴァックス1950=1989：182］。

7　［村上1974］。
8　［村上1974：152］。
9　［大江1984：137］。
10　［村上1974：152］。
11　終戦直後の靖国神社には、GHQによる占領政策のもと、神社の機構やそこでの祭祀の変革をめぐりさまざまな動きが存在していた［小林・照沼1968：124-186］。
12　この時期とその問題を論じたものとして、［小林・照沼1968］［村上1974］［黒田1982］などが挙げられる。
13　この時期とその問題を論じたものとして、［大江1984］などが挙げられる。
14　この時期とその問題を論じたものとして、［菅原編2003］［国際宗教研究所編2004］［赤澤2005］［高橋2005］などが挙げられる。
15　［小林・照沼1968］。
16　［村上1974］。
17　［村上1974：ⅱ－ⅲ］。
18　［國學院大学研究開発推進センター編2008：ⅰ－ⅵ］。
19　［同前：ⅰ－ⅵ］。こうした問題意識は、［阪本2007］においても共通している。こうした共同研究の成果は、［國學院大學研究開発推進センター編2008；2010；2013］に収められている。
20　［赤澤2015］。
21　［籠谷1974：51］。
22　［大原1983］によると、碑の名称は、時代や場所によって多様である。例えば、「招魂碑」「征清紀念碑」「日清戦役従軍記念碑」「日露戦役記念碑」「彰功紀念碑」「忠勇紀念碑」、「○○記（紀）念碑」「忠勇義烈頌功碑」「赤心報国碑」「表忠碑」「旌忠碑」「彰忠碑」「頌忠碑」「顕忠碑」「昭忠碑」「殉公碑」「報国碑」「忠霊碑」「英霊碑」「哀霊碑」「慰霊碑」「忠魂塔」「英霊塔」などがある。なお、本書第6章の塚田論文によれば、現在も公有地上には数多くの忠魂碑類が存在している状況が把握でき、その建立時の社会状況に起因する「公共性」を看取することができる。
23　［羽賀1998a；1999］。なお、羽賀による業績では、戦没者に限られるものではないが、19世紀に各地で巻き起こった歴史的遺蹟の発掘や保存、記念碑の建立の動きを丹念に追った研究も注目される［羽賀1998b］。
24　この問題を扱ったものは、憲法学の分野を中心として見られる。例えば、［森1983］［上田1984］［籠谷1984］［高乗1987］［初宿1990］である。
25　［原田1998；2001］。
26　［小田・横山・堀田・西川編著2006］。
27　［白川2015］。
28　［田中丸2002：2-5］。
29　［田中丸2002］。
30　［岩田2003；2005］。
31　［池上2003：15］。
32　［池上2008］。
33　［西村2006］。なお、「戦死者」は軍人・軍属など戦闘により亡くなったものを指すとし、「戦没者（戦歿者）」との表現も戦闘員に対し用いられる。一方、空襲・沖縄戦・原爆等に

より亡くなった非戦闘員は「戦災死者（戦災死没者）」であるとする。西村はこれら「戦死者」「戦災死者」を含め、戦争により亡くなった死者全般を指すものとして「戦争死者」との概念を提示して用いている。

34　［西村2006：27］。
35　［本康2002］。
36　［中山2008］［北村2009］［西村2009］［粟津2010］［浜井2014］。
37　［矢野2006］。
38　［粟津2004；2006］。
39　［森岡・今井1982：3］。
40　［今井1987］。忠魂碑の研究では、国立歴史民俗博物館が全国規模で忠魂碑、忠霊塔などの戦没者記念碑の実態調査を行い、2003年の「非文献資料の基礎的研究」報告書によって、1万基以上の戦没者記念碑のデータが初めて明らかになった［国立歴史民俗博物館編2003］。また、粟津賢太は、明治期から終戦時までに建立された戦没者のための記念碑や慰霊碑の建立の動機や経緯を通時的に詳細に検討し、時代ごとに性格に変化がみられることを明らかにした［粟津2013］。
41　反政府側として戊辰戦争によって多くの戦没者を出した会津での慰霊や記憶の様子は、［田中2010］［今井2013］に詳しい。
42　［今井2005］。
43　［西村2011：173］。
44　［孝本2009］。
45　『慰霊の系譜』は、科学研究費基盤研究（B）「戦争の記憶の創出と変容——戦後地域社会における戦争死者慰霊祭祀の変遷と現状——」（2006〜2008年度）（代表者：孝本貢（逝去後は清水克行））の報告書としての性格を持つ。孝本科研は、科学研究費基盤研究（A）「死者と追悼をめぐる意識変化——葬送と墓についての統合的研究——」（2002〜2004年度）（代表者：鈴木岩弓）の墓制と戦没者慰霊という二大テーマのうち、戦没者慰霊研究を引き継いだ性格を有している。鈴木科研では、戦後、沖縄・摩文仁の丘を中心に46都道府県（沖縄県を除く）によって建立された慰霊塔の悉皆調査が行われた［鈴木（研究代表）2005］。
46　［村上・西村編2013］。
47　［西谷2015：121-145］。

参考文献

赤澤史朗2005『靖国神社——せめぎあう〈戦没者追悼〉のゆくえ——』岩波書店。
────2015『戦没者合祀と靖国神社』吉川弘文館。
アンダーソン，B. 1983=1997『増補 想像の共同体——ナショナリズムの起源と流行——』（白石さや・白石隆訳）NTT出版。
粟津賢太2004「戦没者慰霊と集合的記憶——忠魂・忠霊をめぐる言説と忠魂公葬問題を中心に——」『日本史研究』501：176-206。
────2006「集合的記憶のポリティクス——沖縄における太平洋戦争後の戦没者記念施設を中心に——」『国立歴史民俗博物館研究紀要』126：87-117。
────2010「媒介される行為としての記憶——沖縄における遺骨収集の現代的展開——」

『宗教と社会』16：3-31。
――― 2013「地域における戦没者碑の成立と展開」村上興匡・西村明編『慰霊の系譜――死者を記憶する共同体――』森和社、159-188。
――― 2015「〈研究動向〉慰霊・追悼研究の現在」『思想』1096：8-26。
藤田大誠 2008「日本における慰霊・追悼・顕彰研究の現状と課題」國學院大學研究開発推進センター編『慰霊と顕彰の間――近現代日本の戦死者観をめぐって――』錦正社、3-34。
古田紹欽・金岡秀友・鎌田茂雄・藤井正雄監修 1988『佛教大事典』小学館。
羽賀祥二 1998a「日清戦争紀念碑考――愛知県を例として――」『名古屋大学文学部研究論集（史学）』44：205-231。
――― 1998b『史蹟論――19世紀日本の地域社会と歴史意識――』名古屋大学出版会。
――― 1999「一八九一年濃尾震災と死者追悼――供養塔・記念碑・記念堂の建立をめぐって――」『名古屋大学文学部研究論集（史学）』45：253-284。
浜井和史 2014『海外戦没者の戦後史――遺骨帰還と慰霊――』吉川弘文館。
アルヴァックス，M. 1950=1989『集合的記憶』（小関藤一郎訳）行路社。
原田敬一 1998「「万骨枯る」空間の形成――陸軍墓地の制度と実態を中心に――」『文学部論集』82：19-37。
――― 2001『国民軍の神話――兵士になるということ――』吉川弘文館。
池上良正 2003『死者の救済史――供養と憑依の宗教学――』角川書店。
――― 2008「靖國信仰の個人性」國學院大學研究開発推進センター編『慰霊と顕彰の間――近現代日本の戦死者観をめぐって――』錦正社、184-216。
今井昭彦 1987「群馬県下における戦没者慰霊施設の展開」『常民文化』10：25-53。
――― 2005『近代日本と戦死者祭祀』東洋書林。
――― 2013『反政府軍戦没者の慰霊』御茶の水書房。
岩田重則 2003『戦死者霊魂のゆくえ――戦争と民俗――』吉川弘文館。
――― 2005「戦死者多重祭祀論」『現代思想』33（9）：138-147。
籠谷次郎 1974「市町村の忠魂碑・忠霊塔について――靖国問題によせて――」『歴史評論』292：49-71。
――― 1984「戦没者碑と「忠魂碑」――ある忠魂碑訴訟によせて――」『歴史評論』406：27-55。
北村毅 2009『死者たちの戦後誌――沖縄戦跡をめぐる人びとの記憶――』御茶の水書房。
小林健三・照沼好文 1968『招魂社成立史の研究』錦正社。
國學院大學研究開発推進センター編 2008『慰霊と顕彰の間――近現代日本の戦死者観をめぐって――』錦正社。
――― 2010『霊魂・慰霊・顕彰――死者の記憶装置――』錦正社。
――― 2013『招魂と慰霊の系譜――「靖國」の思想を問う――』錦正社。
国立歴史民俗博物館編 2003『近現代の戦争に関する記念碑「非文献資料の基礎的研究」報告書』国立歴史民俗博物館。
国際宗教研究所編 2004『新しい追悼施設は必要か』ぺりかん社。
小松和彦 2002『神なき時代の民俗学』せりか書房
孝本貢 2009「戦後地域社会における戦争死者慰霊祭祀」『明治大学人文科学研究所紀要』64：87-97。

黒田俊雄1982「鎮魂の系譜――国家と宗教をめぐる点描――」『歴史學研究』1：3-15。
森岡清美・今井昭彦1982「国事殉難戦没者、とくに反政府軍戦死者の慰霊実態」『成城文藝』102：1-37。
森省三1983「信教の自由と箕面忠魂碑違憲訴訟」『関西大学法学論集』33（3-5）：821-846。
本康宏史2002『軍都の慰霊空間――国民統合と戦死者たち――』吉川弘文館。
―――2006「慰霊碑研究の現状と課題」『東アジア近代史』9：70-87。
村上興匡・西村明編2013『慰霊の系譜――死者を記憶する共同体――』森話社。
村上重良1974『慰霊と招魂――靖国の思想――』岩波新書。
中村元2001『広説佛教語大辞典』東京書籍。
中山郁2008「戦没者慰霊巡拝覚書き――千葉県・栃木県護国神社主催、「戦没者慰霊巡拝」の事例から――」『國學院大學研究開発推進センター研究紀要』2：171-215。
西村明2006『戦後日本と戦争死者慰霊――シズメとフルイのダイナミズム――』有志舎。
―――2009「遺骨収集・戦地訪問と戦死者遺族――死者と生者の時－空間的隔たりに注目して――」『昭和のくらし研究』6：39-52。
―――2011「戦死者慰霊研究における孝本貢の業績と残された課題」『宗教研究』84（4）：172-174。
西谷修2015『夜の鼓動にふれる――戦争論講義――』ちくま学芸文庫。
小田康徳・横山篤夫・堀田暁生・西川寿勝編著2006『陸軍墓地がかたる日本の戦争』ミネルヴァ書房。
大江志乃夫1984『靖国神社』岩波新書。
大原康男1983「忠魂碑の研究――その成立の経緯と社会的機能をめぐって――」『國學院大學日本文化研究所紀要』51：188-245。
阪本是丸2007「「国家神道体制」と靖国神社――慰霊と招魂の思想的系譜・序説――」『神社本廳教學研究所紀要』12：1-21。
島薗進・葛西賢太・福嶋信吉・藤原聖子編2006『宗教学キーワード』有斐閣。
新谷尚紀2009『お葬式――死と慰霊の日本史――』吉川弘文館。
新谷尚紀・関沢まゆみ編2005『民俗小事典 死と葬送』吉川弘文館。
白川哲夫2015『「戦没者慰霊」と近代日本――殉難者と護国神社の成立史――』勉誠出版。
初宿正典1990「長崎市忠魂碑訴訟について」『自治研究』66（11）：74-80。
菅原伸郎編2003『戦争と追悼――靖国神社への提言――』八朔社。
鈴木岩弓（研究代表）2005『死者と追悼をめぐる意識変化――葬送と墓についての統合的研究――』(科学研究費基盤研究（A）2002〜2004年度 研究成果報告書)。
高乘正臣1987「信教の自由と政教分離原則――箕面市忠魂碑・慰霊祭訴訟控訴審判決に関連して――」『嘉悦女子短期大学研究論集』30（2）：17-40。
高橋哲哉2005『靖国問題』ちくま新書。
田中丸勝彦2002『さまよえる英霊たち――国のみたま、家のほとけ――』柏書房。
田中悟2010『会津という神話――〈二つの戦後〉をめぐる〈死者の政治学〉――』ミネルヴァ書房。
上田勝美1984「箕面忠魂碑訴訟と信教の自由――移設訴訟と慰霊祭訴訟をめぐって――」『日本法政学会法政論叢』20：19-26。
矢野敬一2006『慰霊・追悼・顕彰の近代』吉川弘文館。

第Ⅲ部

国家と宗教

第8章
穂積陳重の先祖祭祀論
――「国体イデオロギー」言説の知識社会学――

問芝　志保

はじめに

　先祖祭祀は、長らく日本人の生活と密接に関わってきたにもかかわらず（むしろ、そうであるがゆえに）、一言では捉えがたい対象である。それは日本の先祖祭祀が、祖霊信仰や御霊信仰、儒教的な孝の倫理、仏教的な追善回向など、さまざまな観念や宗教思想とそれに基づく実践の複雑かつ重層的な複合体となっているためである。これまで多くの知識人が「先祖祭祀とは何か／どうあるべきか」を論じてきた。そしてそうした言説もまた、先祖祭祀のあり方に影響を及ぼしてきたのかもしれない。先祖祭祀の観念は、さまざまな主体によって歴史的社会的に作りあげられてきたと言える。

　このような知識社会学的視座[1]から見たとき、国家観の中核に関わるものとして先祖祭祀がクローズアップされた明治中後期は、一つの画期であったといえよう。明治政府や当時の知識人らは、日本国民の先祖は皇室の神話的先祖（皇祖）と連続しており、その皇室の先祖を含めた先祖祭祀こそが日本の精神的基盤を成すという先祖観を提示した。本稿ではこのように、天皇と国民（臣民）を先祖祭祀の論理で結び付ける言説を〈皇祖＝国民的先祖〉観と呼ぶ。〈皇祖＝国民的先祖〉観は国学や水戸学などに前史を持つが、明治30年代前後に本格的に整えられ、国民道徳・修養教育のなかでさかんに教導され、「国体イデオロギー」的言説のなかへ組み込まれていった。

　〈皇祖＝国民的先祖〉観はどのように生み出されたのだろうか。本稿は、その「代表的な提唱者」とされる穂積陳重[2]（1855-1926、安政2-大正15）に焦点をあて、彼がどのような背景、動機、意図で〈皇祖＝国民的先

祖〉観を論じたのかを明らかにすることを目的とする[3]。

　なお、先祖／祖先／祖霊、祭祀／崇拝／供養といったタームの定義や使用に関してはさまざまな議論がある。本稿は森岡清美の定義に従い、宗教社会学の学説史に関わる箇所では「先祖祭祀」を（第1節）、資料用語は原文のまま「祖先祭祀」を用いることにする（第2節以降）[4]。

1. 先行研究と問題の所在

　以下では、先行研究におけるこの問題の位置付けを確認する。生活組織である家・同族の解明を目的としていた社会学の先祖祭祀研究のなかで、それとは無関係に近代において国家が「上から」作ったとされる〈皇祖＝国民的先祖〉観の問題はどのように扱われてきたのだろうか。そのプロセスを概観した上で、残されている課題を明らかにしたい[5]。

(1) 先祖祭祀研究における「国家と先祖」

　日本における先祖祭祀研究の端緒は、柳田國男の『先祖の話』(1946年)である。同書で柳田が示したのは、霊肉分離、祖霊、血食の思想、家永続などのアイディアであった。柳田によれば、日本人は死のケガレを恐れる一方で霊魂は祀る。先祖の霊魂は、自分の血を分けた者から祀られることでしだいに無個性化して祖霊という集合霊にまとまり、家の守護者（祖霊神）となる。生者は家の永続を願って盆や正月の機会に祖霊と交歓するという[6]。

　柳田が先祖を家の直接の創始者以降に限定し、かつ子孫との血縁関係を重視したのに対し、異論を唱えたのが有賀喜左衛門であった。同族団を生活組織とみる有賀は、モノグラフ研究に基づき、「家の先祖」と「出自の先祖」という「二重の先祖」の存在を見出した。「家の先祖」とは「個々の家の創始者以降の代々の人々」を指す。一方「出自の先祖」とは、実際の血縁・系譜関係を問わずに、たとえば本家が自家の権威づけのために中世の豪族を祀ったり、末家や別家が本家の祖先を祀ったりする慣行に表れている観念であり、本末家集団における集団結合および主従関係を維持し強化するものと論じられた[7]。

　有賀以降の社会学的な先祖祭祀研究は当初、大規模農家や商家同族団のよ

うな超世代的継承を要請する家・同族を日本固有の社会結合の典型と捉え、その結合の集合的シンボルとして家父長的系譜的先祖を位置づけた。しかし1960年代後半以降、研究はいくつかの方向へと分岐していく。そこで最も重要な研究潮流となったのが先祖祭祀の歴史的変化の問題である。なかでも、有賀のいう「出自の先祖」の近代的展開、近代的あらわれとして注目された先祖観こそ、〈皇祖＝国民的先祖〉観であった。

　その問題に先駆的に言及した竹田聴洲は、先祖祭祀を「時代的な特殊性と超時代的な普遍性」とによって捉える視座を示し、仏教受容、氏寺建立、檀家制度、そして近代「家制国家」といった時代ごとの諸要素と先祖祭祀との融合を描き出した。「家制国家観」については、「歴史的社会の中で自発的に成立し伝承されてきた民俗的基本心型を、国家権力によってその極大限にまで拡張したもの」で、「一種の親子成り」だと論じた[8]。

　桜井徳太郎は、竹田らの歴史的研究と、地域性を捉えた社会人類学的研究とをともに踏まえ、日本人のいだく複雑多様な先祖観は時勢の動向に強く影響された歴史的所産であるとみて、日本人の先祖観の歴史的階層構造を理解するための指標を仮説的に提示した。桜井によれば、日本人の先祖観とは、直接見知った父祖である「直接経験的具象的祖先」と、間接的にのみ知りうる何代も前の先祖（祖霊や祖先神）を指す「間接経験的観念的祖先」とを基層とする。そうした先祖がより抽象化・観念化した段階になり、「イデオロギー的抽象的祖先」観が出現したという。これは経験や系譜の領域を超え、皇族や貴族などを宗祖と位置づける先祖観である。日本においては、先祖が観念化の度合いを深めていく長い歴史のなかで、上述の「三要素が経となり緯となって、相互にからみ合いながら縫い合わされ、複雑な多元的重層的構成がとられているとみる以外ない」と桜井は述べた[9]。

　桜井の議論を継承・発展させたのが森岡清美『家の変貌と先祖の祭』（1984年）である。森岡は、桜井の「イデオロギー的抽象的祖先」は「伝承的擬制的祖先観」と「イデオロギー的祖先観」とに二分されるべきと論じた。前者は有賀のいう「出自の先祖」に該当し、自家の出自を源平藤橘のような中央名族の系譜に結びつける「下から積み上げた祖先」である。後者は、近代の家族国家観の基礎となった「国家権力の側で上から下へとおろしてきた祖先観」「天降り的祖先観」であるという。後述するように、森岡は「イデオロ

ギー的祖先観」の内容を、穂積陳重らの言説に基づいて具体的に明らかにしたうえで、明治末期以降に公教育や通俗道徳を通して「イデオロギー的祖先観」が喧伝された背景には、日露戦争後のさまざまな社会変動に端を発する共同体の崩壊への危惧があったと論じた[10]。

また、「イデオロギー的祖先観」の一部が戦後にも存続しているという指摘もある[11]。孝本貢によれば、「イデオロギー的祖先観」は「道徳的、情緒的な敬愛、報恩を強調することによって、天皇と臣民の関係を強化するためのイデオロギー」であり、「明治末期以降、個人主義の台頭のなかで、精神的結合関係に加えて「血族観念」を挿入することにより、天皇への忠を補強するためのイデオロギー的操作の試み」であった。明治末期以降官民一体で強力に教化されたため、その後の先祖観を大きく規定するものとなったという。今日においても、「孝・恩の道徳規範として立ちはだかる先祖」として先祖観の重要な一側面を成していると孝本は論じた[12]。

以上みてきたように、日本の宗教社会学はもともと、生活組織である伝統的社会集団の統合に機能するシンボルとしての先祖を重要なテーマの一つと位置づけ、家・同族団理論に基づき、観念や祭祀実践に関するインテンシヴな調査によってその解明を進めてきた。しかしそのなかで、生活組織とは離れ、明治政府の教導により知識・情報として広く国民に感化された先祖観の存在が見いだされたのであった。〈皇祖＝国民的先祖〉観の問題は、まさに近代日本国家によって「創られた伝統」[13]として、位置づけられてきたと言えよう[14]。

(2) 「イデオロギー的祖先観」研究の問題点

前項では先祖祭祀研究をめぐる全体状況をみてきたが、以下では上述の「イデオロギー的祖先観」がどのように論じられてきたのかを詳細に検討していきたい。

「イデオロギー的祖先観」の理解は主に、国定修身教科書の記載内容や、穂積八束（以下、八束）、井上哲次郎、亘理章三郎など代表的な国民道徳論者による著述を列挙してその論理構造を総体的に把握するという方法で進められてきた。なかでも多くの先行研究が取り上げてきた人物に穂積陳重（以下、陳重）がいる。陳重は、先祖観を説くことで国民思想形成・再編を主導した

イデオローグの一人、あるいは、明治民法によって天皇を中心とした国家像の確立に尽力した一人として位置づけられてきた。特に頻繁に引用されるのが、陳重の著書『祖先祭祀ト日本法律』(1917年、大正6)である。同書は当時の知識層に幅広く読まれ大きな社会的影響力を有した書であり[15]、「イデオロギー的祖先観」を最も体系的・論理的に説明し、国民道徳論への導入を決定づけたものとして評価されている。あるいは、日本の近代化過程の重大局面である明治民法立案を主導した人物の先祖観を反映した書としても位置づけられてきた。

そうした見方をとる代表的な研究として、前述した森岡清美『家の変貌と先祖の祭』が挙げられる。同書「イデオロギー的祖先観の登場」の項では、天皇の詔勅や、第二期国定修身教科書の記載、八束による「祖先教」論、井上哲次郎らによる国民道徳論、そして陳重の『祖先祭祀ト日本法律』の引用によって、「イデオロギー的祖先観」の内容が示されている。森岡は、陳重の論が八束らに先んじており影響力を持ったことを述べ、さらにその特徴を解説しながら、「卓抜な着想」で、「欧米の学界を相手としたものだけに論理的に構成され」、「弟八束よりも遥かに説得的に祖先教の構造と機能を明らかにした」論と評価している。ただし森岡は、その陳重の着想の背景には踏み込まず「体験に根ざす観察であろうか」と推測するにとどまっている。そして、明治末期以降に公教育や通俗道徳を通してこれらの「イデオロギー的祖先観」が喧伝された社会的背景として、大正天皇へのカリスマ継承の問題や、日露戦争後の産業化・都市化の進展による伝統的共同体の崩壊への危惧、それに伴う国民思想再編強化の必要性があったことを指摘している[16]。つまり森岡は、国民道徳論が明治末期から大正期に興隆した理由を説明している。

しかしながら、陳重の著書『祖先祭祀ト日本法律』は、もともと日露戦争以前の1899(明治32)年に"Ancestor-Worship and Japanese Law"と題して行われた海外講演の講演録を、1901(明治34)年に英語および独語により欧米の学界向けに出版した書であった。したがって、刊行の目的や時期に関し、国民道徳論と同書との間には看過しえない差異がある。国民道徳論と、それに先んじて影響力を有した陳重の論とを同一視している点には検討の余地があるのではないだろうか。本稿は、陳重の論の段階的展開にも留意しながら、この論点を具体的に検討していきたい。

もう一つの課題として、陳重をめぐる評価の問題がある。森岡をはじめこれまでの先祖祭祀研究は、陳重を国民道徳論の「イデオローグ」と捉えてきた。この評価ははたして正しいのだろうか。たとえば法思想史研究の領域では、陳重の法思想はむしろリベラル、個人主義的として広く知られているのである。

　具体的にみていきたい。法思想史の研究成果をみると、陳重が終生貫いた法思想である「法律進化論」は「リベラルな民主主義とコスモポリタニズム」[17]を主軸としており、「世界史の帝国主義段階において、国家権力による資本主義の育成を開始した後進国のブルジョア法思想の見事な展開」[18]であったと評価されている。人物としても、元来「全くイデオローグではなく、冷静でししとして研究につとめる型」[19]であったという。このようにリベラルで啓蒙的な法思想家と言われる陳重が、先祖祭祀を軸とした国体論を展開したという事実は、不可解な「ギャップ」だと捉えられてきた。陳重研究の第一人者である福島正夫が、このギャップを陳重の「二つの顔」と呼んだことはよく知られている。福島は、「祖先祭祀と家制の信念」の顔については「いかなる形成と展開の過程があったのか明らかにしえない」と述べ、「二つの顔」が「どのようにして共存しえたか、はたして矛盾はそこになかったか、問題は複雑である」と結び、評価を避けている[20]。これらの「二つの顔」のどちらを陳重の本質と捉えるかをめぐり、法思想史や法社会学などの分野では論争も行われてきた[21]。

　ところが先祖祭祀研究では、この「二つの顔」問題をほとんど関心の外においてきた。『祖先祭祀ト日本法律』の記述のみを取り上げて、「イデオロギー的祖先観」の代表的言説とみたり、明治民法起草者・陳重個人の先祖観とみたりするのが通例だったのである[22]。そもそも「イデオロギー的祖先観」論は、その言い回しが端的に示すように、国家権力による支配としての「国体イデオロギー」的祖先観を論じるものであった。そのため、陳重の法思想がどうであれ、イデオローグという位置づけを問いなおす必要はなかったのであろう。しかし、この「二つの顔」問題とはまさに、陳重の論が時期によりどのように変化したか、また陳重が立場によりどのように論を使い分けたかという重要な課題を反映している。そもそも、「二つの顔」論の前提、すなわち先祖祭祀の重要性を語ること＝「保守主義」と短絡する見方、あるいは

先祖祭祀を軽視するリベラリストと先祖祭祀を重視するイデオローグとを対極におく見方自体、はたして正当なのだろうか。本稿はこの問いを二つ目の論点としたい。

(3) 本稿の視点

　本稿は、先祖をめぐる知がどのような社会的要因のもとで形成されたのかという知識社会学的視座に立ち、〈皇祖＝国民的先祖〉観がどのように形成されたかについて具体的に明らかにすることを目指す。本稿が手がかりとするのは、陳重が明治30年代の海外講演で〈皇祖＝国民的先祖〉観を論じた意図・時期・場所の問題である。さらにはリベラルな法思想家とされる陳重が「保守的な主張」を論じたという「ギャップ」、すなわち「二つの顔」問題である。

　具体的に本稿では、①明治中後期の国家戦略、②そこでの陳重の社会的立場や職務、そして③その陳重が先祖祭祀を論じた目的に着目する。特に、陳重が明治民法を作成するなかで先祖祭祀の問題に直接向き合った局面や、海外講演で明治民法を説明する責を負った局面、帝国拡大に伴い先祖祭祀論の修正を迫られた局面に注目していきたい。

　このように、陳重が何を論じたのかだけでなく、いつどこで何のためにそれを論じたのかという問題や、陳重における論の変容・展開の問題を先行研究はほとんど扱ってこなかった。しかしそこにこそ、近代化を目指す日本の国家的課題への対処として、明治民法制定との関わりで〈皇祖＝国民的先祖〉観が正当化、制度化、そして内在化されていくことの同時代的意義が見いだされるのではないだろうか。

　以下で用いる資料は、陳重による著作および講演録のうち、先祖祭祀に関するものとする。なお、以下では陳重の語用法にしたがい、「祖先祭祀」の語を用いることとする。また、自伝や日記を遺さなかった彼の生涯を追うにあたり、一次資料を多く含むものとして、陳重の実孫・穂積重行による2冊の伝記的著作[23]、法典論争や民法典編纂に関する「穂積陳重文書」[24]をまとめた福島正夫による『穂積陳重立法関係文書の研究』[25]などを参照する。

2. 民法典論争以前における祖先祭祀論——明治20年代——

(1) 陳重の略歴

　穂積陳重は1855(安政2)年、宇和島伊達藩家臣の家に次男として誕生した。祖父と父はともに本居派の国学の教師でもあった。陳重は藩校「明倫館」に入学後、1870(明治3)年、藩の貢進生として上京し、大学南校・開成学校で学んだ。1876(明治9)年には法学科上位3名のうちの1名としてロンドン大学ミドル・テンプル(中央法院)へ留学し、社会進化論に基づく啓蒙的法理論を学んだ。その2年後に陳重は試験で学科中最高位という好成績によりスカラシップを受けており、さらに後にはバリスター(法廷弁護士)試験にも合格して、イギリス刑法裁判所の委託を受けて弁護士として働き始めた。1880(明治13)年、比較法理を学ぶことを望んだ陳重はベルリン大学に聴講生として入学した。

　留学の間、彼は法学のみならず当時最先端の人類学や社会学にも深い関心を抱き、特にローマ法研究者ヘンリー・メインの『古代法』に影響を受けた。その影響で同時期に「法律進化論」の構想を始め、生涯の事業にしようと考えるようになったという[26]。「法律学は社会学の一派である」との考えは、陳重の法思想の根本であり終生変わらなかった[27]。

穂積陳重
(1904年、49歳)

　政変、そして憲法制定および国会開設へ動いた1881(明治14)年、陳重は帰国し、東京帝国大学の講師に着任して法理論やイギリス法学を教え始めた。なお同年、渋沢栄一の長女である歌子と見合い結婚をしている。翌年には27歳にして同大学教授および法学部長に就任、1888(明治21)年には日本初の法学博士号を取得した。1890(明治23)年、陳重は貴族院議員となり、後述する民法典論争では延期派に与した。1892(明治25)年、研究生活に専念することを望み議員を辞職したものの、翌年には法典調査会主査委員に勅選され、そのまま約5年

間にわたり明治民法編纂に全精力を投じた。そして1899 (明治32) 年にはローマ、1904 (明治37) 年にはセントルイスで、日本の祖先祭祀と民法の関係を論じた講演を行っている。東京帝大法科大学長、帝国学士院長、枢密院顧問官・議長など数々の役職を歴任した人物であった (詳細は章末年表を参照)。

(2) 「法律進化論」における祖先祭祀の位置づけ

陳重が本格的に祖先祭祀を論じるのは、民法典論争を経て以降のことであった。それ以前における彼の法理論のなかで祖先祭祀はどのように理解されていたのか、以下で確認していきたい。

陳重は、自身の法理論である「法律進化論」構想を、1887 (明治20) 年前後にほぼ固めたとされる[28]。「法律進化論」とは、社会が「個人本位」(個人主義)に向かって「進歩」しつつあるという社会進化論の立場による「人類の社会生活に於て法律が発生し発達し変化する現象即ち法律進化の有様の観察研究」である[29]。彼によれば、法律家は「古今東西の法律の事実を蒐集彙類し、其事実に貫通すべき普通現象を見出すを以て其本務と」するべきで、したがって法律学の研究の方法は他の自然科学の研究法と同じであるべきだという[30]。家父長制血縁組織における身分法が社会集団の拡大と発展に伴って契約法に移行するとしたメインの理論にならい、陳重も、各時代・地域の法現象を進化史のなかに配置して法律進化の一般法則を明らかにしようとしたのであった。

このように社会進化論の描く進化史上では、日本の諸制度 (相続、婚姻、離婚、養子といった家族法関連事項、また憲法、刑法、政治体制、教育など大小あらゆる社会制度) のほとんどが西洋諸国より一、二段階遅れている段階、あるいは最終段階への移行過程に位置づけられ、進化が待たれることになる。諸制度が発展段階のどのあたりに相当するかを把握し、その段階に対応して法律も進化させることを主意とする「法律進化論」は、進化の方向性を示すという意味で啓蒙的性格を持つといえよう。

こうした法律理解のもとで、陳重は祖先祭祀をどう位置づけたか。たとえば1881 (明治14) 年の論文「婚姻法論綱」では、進化主義による婚姻制度の展開を論じ、日本の結婚制度の改善を主張している。また畜妾制度にも言及し、妾とは、宗教上は祖先の祀りを維持する目的で相続者を得るためのものであ

313

るが、現行法の前近代的性格の一因となっており、ゆくゆくは廃止すべきだと述べている。また、1888（明治21）年の論文「相続法三変」では、相続制は、社会の進化に従い、祭祀相続→身分相続→財産相続、との進化を遂げるという。祖先祭祀を含む「宗教」が統制する古代社会では、祖先の祭祀を継続させるため祭主権の相続が行われるが、社会がそうした「宗教督制」から「兵事督制」、そして「殖産時代」へ、また国家が人民を把握する単位が氏族から一家、個人へと進化するのに合わせ、相続も変容するのだという。日本でも父祖の財産を継ぐという概念が普及してきており、身分相続から財産相続への変遷期にあるのだとする[31]。

以上の議論は、古代ローマの家族制度を研究したフュステル・ド・クーランジュにほぼそのまま依拠したものといえる[32]。陳重初期の法理論は社会進化論に則っており、社会の進化とともに社会制度における「祖先祭祀の継続」という目的は徐々に後退していくと考えられていたことが理解されるであろう。

3. 民法典論争、明治民法と祖先祭祀

民法典論争とは、日本近代において初めて本格的に、家と祖先をめぐる観念と慣習が議論された機会であった[33]。そのなかで陳重も法律や慣習との関わりで祖先祭祀とは何かという問題を考究することとなる。しかし、ここでは明治民法編纂の主査委員であった陳重の立場性に十分留意する必要があろう。つまり彼の論は、彼自身の信念というより、対立する両派の調整結果を語ったものと理解することが妥当なのである。以下ではこの点についてみていきたい。

(1) 民法典論争と祖先祭祀

民法典論争のいきさつは次のとおりである[34]。不平等条約改正を最重要課題の一つと位置づけていた明治政府は、民法典の制定を急務としてフランス人法学者のギュスターヴ・エミール・ボアソナードらに民法草案の作成を依頼、1890（明治23）年の公布を目指していた（明治23年法律第28号、第98号）。ところが一部の法学者や議員がこの草案を強く批判し、施行延期を主張した

（延期派）。

　延期派による主張はおおむね以下の四点に整理できる。第一に、条約改正を急ぐあまり、帝国議会開設前に編纂が完了しており審議が全く不足していること。第二に、最新のドイツ民法草案が全く検討されていないこと。第三に、個人主義に立脚しており、日本固有の家族制度を中心とする伝統・習慣を破壊するものであること。第四に、天皇が軽んじられていることである。家族観や国家観に関わる第三と第四の論点に最も影響を与えたのが、1891（明治24）年に出された穂積八束の論文「民法出テ、忠孝亡フ」である[35]。八束の論文が契機となり、法典論争は、学界内の対立、あるいは条約改正をめぐる議会内の政治的対立を超えて、家族観や国家観をめぐる大論争へと拡大することとなった。なお、陳重も延期派に与し、法理学上の問題を指摘するとともに、ジェレミー・ベンサムの言を引用して「苟くも自国の法律を編纂するに他国人の手を借るハ即ち自国の恥を顕すもの」[36]と述べ、英仏独に偏らない最も公平な識見を有する日本人の学者が起草すべきであると論じていた。

　一方、断行派議員らは、条約改正が国家の最優先課題であることを強調し、近代法治国家としてまずは民法公布を急ぐべきと主張した。民法典の内容は後から議論し修正を加えていくこともできるのだから、まずは公布を、と彼らは主張した。また、フランス法的自然法思想と市民法理論という立場から、八束らの家族観に対して、すでに家制度は形骸化・崩壊しつつある封建時代の遺制であるとか、家督相続制に固執しては産業・財政的発展が遅れるなどといった論調も強まった。

　約3年に及び国内を二分させて紛糾した民法典論争は、1892（明治25）年に施行延期法案が可決され、延期派の勝利という帰結をみた。

(2)　明治民法編纂における陳重の役割

　民法典論争は延期派が勝利した。しかしそれは、延期派の主張が全面的に通ったことを意味するのではなかった。断行派が多数を占めた政府が、延期・断行両派の主張を折り合わせるような民法典の早急な編纂を求めたためである。1893（明治26）年、伊藤博文が総裁となり法典調査会が設置された。

　起草主査委員として、延期派の陳重と富井政章、断行派の梅謙次郎とい

う3名が選出され、分担起草、合議定案によって編纂が進められることが決定された[37]。ただしここで留意すべきは、陳重は必ずしも延期派の論客として選出されたわけではなかったという点である。陳重に与えられた第一の役割とは、延期派と断行派との調整役を務めることであった。陳重は、調査会の構成と運営、そして実際の民法起草の根本方針を立案し、事実上の首座であった[38]。延期派と断行派双方の主張を折り合わせるのは「水ト火ト調合シテ一ツノ物体ヲ造ルト云フコトデアルカラ中々六カシイ」[39]ことであった。しかし、陳重は「博学達識にして錯雑せる学説を統制し、紛糾せる見解を調和する技倆に長じ」、良い調停役となったという[40]。さらに、法理学的、すなわち実定法の前段階の法哲学的立場から意見を述べること、加えて、ドイツ留学の経験を活かし最新のドイツ民法草案を参照することもまた陳重の任務であった。

　つまり陳重は、国家的課題として民法制定を急ぐ政府にそのバランス感覚と知識とを買われ、対立する意見の調整役という重責を担わされたのである。したがって、この時期に彼が述べたことは、個人的主張やいずれかの学派の主張に立脚したものではなく、あらゆる主張のバランスに配慮した上で成立した言説であったとみるべきであろう。

(3)　明治民法の基本方針

　前述のように、民法典論争とは、西洋と対等な地位の確立を目指した近代立法というスローガンのもとで、西洋とは異なった日本の諸制度、とりわけ民法の根本問題である家制度をいかに扱うべきかをめぐる論戦であった。そこで法典編纂に入る前に、西園寺公望と陳重ら3名の委員は総意で次のように「法典調査ノ方針」を設け、民法親族編の構成を定めるための指針とした。

> 　親族間ノ私法的権利関係ハ…将来能ク社会ノ進歩ニ伴随スルヲ得セシメサル可ラス。殊ニ我邦ノ家族的諸関係ハ方今変遷時代ニ在ルヲ以テ、一方ニ於テハ旧慣ヲ重ンシテ之ニ依ルノ必要アリト雖モ、亦一方ニ於テハ将来ノ進歩ニ適応スルヲ得ヘキ規定ヲ為サヽル可ラス。[41]

　つまり陳重らは、いずれ家制度は衰退し個人主義化することを前提とする

が、家をめぐる意見の対立に配慮した結果、日本は家父長制から個人主義への「変遷時代」にあるとみた。そして、民法における家制度的条項の撤廃は時期尚早との結論で合意したのである。決して保守的思考によるものではなく、現状を直視しつつ将来の法改正を前提した変遷論、時期尚早論であったことに留意したい。本稿2節2項で述べた陳重の家族制度進化論とも合致するものである[42]。

そこで明治民法とは、戸主権、家督相続、男子優先の家父長制を保持しつつ、将来の個人主義化にも適応した条項を併存させるという、過渡期にふさわしい民法典として制定された。たとえば相続法では、一方では祖先祭祀・戸主権・家名および家産の維持という目的で、系譜・祭具・墳墓が「家督相続の特権」として規定されつつ、他方では「遺産相続」として個人財産の相続も認められた[43]。

約5年に及ぶ作業を経て、明治民法の財産法前三編は1896（明治29）年に、親族法後二編は2年後の1898（明治31）年に公布され、共に1898（明治31）年に施行された。全1,146条に及ぶ大法典であった。日本の民法施行はドイツより2年、スイスより9年も先駆けており、非西洋国における初の民法制定であった。

国内における明治民法への評価はさまざまであった。時代に順応した近代的家族制度として好意的に評価する者もいれば、妥協の産物、中途半端と批判する者もいた。また、個人主義に偏重し、家制という秩序、忠孝の倫理、国体習俗の破壊に拍車をかけるとして批判する者もいた[44]。特に八束は「編纂ト称スルモ実ハ外国法ノ継受タリ…今幼稚ナル明治ノ法学ヲ以テ社会経済ノ組織ヲ確定セントス。此日新ノ国運ヲ如何セン」と激しく批判した。このように、明治民法が結果的には延期派と断行派の双方から批判され、または中途半端と評価されたという事実は、まさに明治民法が国内の意見のバランスの上に成立したことを示していよう。

一方で、個人主義社会への「進化」を理論的基盤とする陳重のような立場からすれば、個人主義化に抵抗を示す延期派の勝利、家父長制に基づく民法典の施行、そして施行後も続く批判の声は、日本が「進化」途上の段階にあることの何よりの証左だったであろう。それにもかかわらず明治民法は、対外的には、近代民法として西洋諸国と対等な地位の確立を可能にする、いわ

ば文明化の象徴としての評価を得なければならなかった。そうしたなかで、発展を遂げつつある日本の内情を明治民法の解説を通して西洋諸国にアピールするという国家的大役を担ったのが、以下でみていくように陳重だったのである。

4. 海外講演における祖先祭祀の説明——明治30年代——

明治30年代において陳重は二度にわたり、明治民法を国際会議の場で解説する機会を得ている。その講演録は、日本の祖先祭祀の説明として日本側が発信した当時数少ない欧文の書物であった。以下では、二つの講演で祖先祭祀がいかに説明されたかをみながら、それが担わされた国家的な意味を明らかにしたい。そして、同時代における他の祖先祭祀論と比較し、西洋との対峙のもとで考えられた陳重の祖先祭祀論がどのように位置づけられるかを明らかにしたい。

(1) "Ancestor-Worship and Japanese Law"
　民法施行翌年の1899(明治32)年、ローマで開催された第12回国際東洋学者会議(万国東洋学会、International Congress of Orientalists)にて、陳重は"Ancestor-Worship and Japanese Law"と題する学術講演を行った。この講演は単なる法典の解説にとどまるものではなかった。日清戦争に勝利し、不平等条約改正の途にあった日本にとって、ドイツにも先立ち民法典編纂を実現した近代国家であることを対外的にアピールする機会という、すぐれて重要な国家的意義を持っていたのである[45]。
　講演冒頭で陳重は、すでにほとんどの文明的技術を確立している日本において、死者たる祖先への礼拝が「まだ」行われ、法や慣習のなかにも「まだ」強く影響している、と表現している (In Japan...where, in short, almost every art of civilization has taken firm root, the worshipping of deceased ancestors *still* obtains, and *still* exercises a powerful influence over the laws and customs of the people. イタリックは引用者)[46]。電話[47]という利器で親族を集め、洋服を着て、電燈に照らされながら、祖先祭祀の儀式を行うという光景は、西洋人の目には奇異 strange、不調和 incongruous に映るだろうと。この「過去」と現在の不思議な混合こそ、日本における最

第8章｜穂積陳重の先祖祭祀論

も顕著な事象の一つであり（The curious blending of Past and Present is one of the most striking phenomena of Japan.）、講演ではこの問題を内面より観察して議論したいと述べている[48]。

　それでは、実際に明治民法と祖先祭祀はどのように論じられたのか。まず陳重は人類史における祖先祭祀について解説する。その主張は以下の三点に整理できる。第一に、祖先祭祀の起源は祖先の霊魂への孝敬愛慕であり、霊魂恐怖説・鎮慰説は誤りである。第二に、クーランジュ『古代都市』等を参照する限り、世界の各種族は全てその発達の初期段階において祖先祭祀を実施していた。第三に、原始社会においては祖先祭祀こそ社会統合の手段であった。この第三点目について、陳重によれば、現時の人類はある一定の目的のために共同団体を組織するようになっているが、そもそも全人類の社会集団の原初形態は血族団体であった。原始社会では、「同血族観念 the sentiment of consanguinity」が「相互結合の唯一の紐帯 the only bond of union」である。社会が拡大すればそれが次第に弛緩してしまうが、共同祖先に対する祭祀・儀式を通して、絶えず「同祖同系の記憶を新たにする」、すなわち、「共同祖先の祭祀なる強き求心力に由りて同血族の各員を中心点に引付」けることで（…the necessity became greater to weld together the various units of kindred lineage by means of the worship of a common progenitor, …）、整然な社会となっていくのだという[49]。

　このように社会一般における祖先祭祀の普遍性と機能性が説明された上で、日本の祖先祭祀が解説される。陳重によれば、祖先祭祀は日本においては有史以来固有の原始的宗教であり、中国文明にも、仏教にも、西洋文明にも脅かされず、現在も行われているのだという。そして、日本では三種の祖先祭祀が行われているという。第一は「皇室の始祖に対する全国民の祭祀」で、伊勢神宮、宮中賢所、各家の神棚で行われる。第二は「土地の守護神（氏祖）に対する地方人民の祭祀」である。第三は「各家族の其家の祖先に対する祭祀」である。これら全ての祭祀は日本国民の日常生活の一部を成しているという。日本の祖先祭祀が「皇祖―氏祖―家祖」という構造を成していることからみて、家と国家は祖先祭祀を媒介して接続されている。さらに古代から現在に至るまで、日本国民の社会生活にとって祖先祭祀が根強い慣習となっているからこそ、戸籍や相続、婚姻などの諸制度が家族制度と祖先祭祀

319

とに基づいている、というのが同講演の主旨である[50]。

総会議事録によれば、陳重の講演は「熱烈に賞賛された」[51]。1901（明治34）年には同講演内容が英語版と独語版で、1917（大正6）年には邦訳版で出版された。

以上みてきたように、明治民法の近代性をアピールするという困難な目的のために陳重がとった方策とは、人類全般にとっての祖先祭祀の普遍性と有意性を解説することであった。陳重が懸念したのは、宗教進化論的観点から祖先祭祀や家族制度を「遅れたもの」として文明と対置し、ときに奇異・特殊な慣習とさえ捉えかねない西洋近代的学知であった。そこで陳重は人類学の語彙を用い、原初的形態とは「遅れたもの」ではなく普遍的なものだと論じ、祖先祭祀の社会統合機能を強調した。さらに日本の祖先祭祀を体系的に補整しながら解説した。こうして陳重は、祖先祭祀が「近代」民法典のなかに矛盾なく存在しうること、そしてそれが社会統合のために有意義であることを説明して、西洋諸国の理解を得ようとしたのである。

(2) "The New Japanese Civil Code"

陳重にとって二度目の海外講演となる"The New Japanese Civil Code: As Material for the Study of Comparative Jurisprudence"は、1904（明治37）年セントルイス万国博覧会における万国学術会議 Congress of Arts and Science において行われた。この会議には、あらゆる学問分野から304名、うち日本からは北里柴三郎（病理学）、箕作佳吉（海洋学）、岡倉天心（近代絵画）、陳重（比較法学）の4名が登壇した[52]。なお、マックス・ウェーバーやエルンスト・トレルチが参加したことも知られている。

法制史分科会のなかで行われた陳重の講演は、「昔と今」および「東と西」の要素が結び付いた明治民法を、比較法学の素材として検討するという趣旨であった。ただしここでの陳重は、日本法は単に東西の中間に位置するのではなく、西洋法に近づきつつあることを強調している。彼によれば、日本の法律と制度の基礎は、1600年以上の間、祖先崇拝の慣習と封建制、そして中国の道徳哲学にあった。しかし維新後、条約改正という目標のもとで民法典論争を経て施行をみた明治民法は、日本社会の発展も考慮し、西洋文明社会のあらゆる国の法律における規則や主義のうち好適と思われるものは何でも

自由に採用して作成されたという[53]。

　特に強調されるのは、明治維新以降の日本は、家単位の社会から個人単位の社会への移行期にあるという点である（Japanese society is now passing from the stage of family-unit to the stage of individual-unit.）。陳重によれば、法的観点からは家は今やコーポレーション（法人）ではなくなり、家成員は家長と同等に職業や財産を持ったり、ビジネス上の取引を行ったりすることができる（The family has now ceased to be a corporation in the eye of law, and the dependent members of the family or the housemembers can hold office or property or transact business equally with its head.）[54]。それでもやはり、家は社会生活における重要な位置を占めているため、単なる個々人の関係とは異なった家族関係としての多くの規定が定められているのである。したがって、民法の前半である第一編「総則」、第二編「物権」、第三編「債権」の三編は、西洋の法律学における最先端の原理に基づいており、それは女性や外国人の権利の確立と向上に明らかであるという。しかし後半の、第四編「親族」と第五編「相続」は、祖先祭祀を核とする国民性、宗教、歴史、伝統、慣習に大きく依拠する部分が多いため、西洋への同化はさほど進んでいない。だが、その後半でさえ、日本社会が現在、家単位から個人単位の段階に移行しているのに合わせ、財産相続や身分登記の導入によって移行が起こりつつあると彼はいう[55]。

　日露戦争のさなかに開催されたセントルイス万博での同講演では、ペリー来航以来の数十年における日本の「西洋化」が繰り返し強調された。その背景に、きわめて重大な国家的課題があったことに留意しなければならない。日本は日露戦争勝利のために、国家予算の約9倍、日清戦費の約7倍という莫大な戦費を要していたが[56]、敗北が見込まれた日本の外債には当初全く買い手が現れず、財政は深刻な危機的状況にあった。また、当時黄禍論が席捲していた欧米諸国が、日露戦争を「東洋対西洋の戦争」と捉えて日本を共同敵視するおそれさえあった。そこで日本政府は万博を舞台として、日米間における長年の友好関係を強調しつつ、展示物や渡米した日本人を通じて日本の近代化を強くアピールした。それによってアメリカ国内での偏見を取り除き、対日友好世論を形成して好意的中立を獲得し、さらに在米ユダヤ系資本家などからの外債獲得による戦争資金調達を目指したのである[57]。陳重はまさに国家的責務を背負っていたといっても過言ではなく、日本が「東洋」か

ら脱し「西洋」へと接近していると述べたその内容は単なる自身の思想信条の表明では決してありえなかった。

(3) 国内での祖先祭祀をめぐる議論と陳重

ここまでみてきた陳重の論を、同時期の国内における他の祖先祭祀論と比較することで、その特質を浮き彫りにしつつ、国民道徳論との接点を探りたい。

まず穂積八束[58]（1861–1912、安政7–明治45）の議論をみよう。八束の「祖先教」論は、民法典論争当初から一貫して、キリスト教的「個人本位」社会と祖先教的「家制」社会との対立構図を描いていた。民族が混合している欧州各国の国体は「腕力」や「偶然の事変」や「民衆の共諾」だが、日本の国体の中核にあるのは、万世一系の天皇と祖先教であると論じるものであった[59]。さらに、『国民教育愛国心』（1897、明治30年）では、国民が「国教」である「祖先教」という「精神的信向（ママ）」によって主権者を神聖侵すべからずとして畏怖し敬愛する「政教一致」は、「社会進化の最恵の要件」[60]だと述べられ、他国に対する日本の優位が主張されている。

続いて井上哲次郎[61]（1856–1944、安政3–昭和19）をみてみると、『勅語衍義』（1891、明治24年）の段階ですでに日本古来の祖先崇敬の習慣のなかに忠孝があると述べられている[62]。それが、内村鑑三不敬事件（1891、明治24年）を経てキリスト教と日本の「国家的思想」とが相反すると論じた「教育と宗教の衝突」論争以降になると、いっそう祖先祭祀が重視されていく。『増訂勅語衍義』（1899、明治32年）では、「我日本ノ国家ハ古来家族制ヲ成シ、国ハ家ヲ拡充セルモノニシテ、家ハ国ヲ縮少セルモノナリ」、「我邦ノ如ク祖先教ヲ基礎トシテ成立スル国家ニアリテハ、忠孝ハ実ニ深遠ナル指趣ヲ有ス」と、「忠孝一本」の基礎として「家族制」と「祖先教」を位置づけるものへと発展している[63]。

この明治20年代後半から30年前後とは、日本国内で「宗教」や「治教」、「道徳」などの概念が見直されていく時期にあたる。明治初期の段階では、それらを含む「教」という概念があり、それらの領域区分はあまり明確ではなかった[64]。それが、内村事件などを通して「宗教」と「治教」を同領域として論じる不都合が認識されて以降、両者の分離、差異化が模索されていった。八束らがいう「祖先教」、「国教」、「政教一致」の「教」は「治教」を意味すると

考えられるのであり、こうした模索期を経て、祖先祭祀は国民道徳論のなかに位置づけられていく。また、「祭」とともに「治教」を「宗教」から分離することの制度的具体化が、1900（明治33）年の内務省社寺局廃止、神社局・宗教局の設置であった。言説と制度の両面で以上のような図式が定着していく流れのなかで、陳重は祖先祭祀を単なる古代社会以来の遺制としての「宗教」ではなく、社会統合という重要な機能を持つ通文化的慣習へと位置づけを変化させたといえよう。

ただし八束や井上の祖先祭祀論と、陳重の論とには、キリスト教への言及の仕方に差異がみられる。八束や井上の論は、キリスト教との対立姿勢、日本の優位性を強調しており、その結果キリスト教徒や社会主義者からの批判を免れえないものであった[65]。それに対し、陳重による二つの海外講演ではキリスト教批判は行われなかった。すでにみたように、陳重の講演は単なる明治民法解説や自身の学説紹介を目的としたものではなかったのであり、特に1904（明治37）年セントルイスでの講演は、日露戦争に際しての外交戦略（対日友好世論形成と外債獲得）という性格を色濃く持っていた。西洋から見た日本の文明化や西欧諸国との友好関係をアピールすべき場において、陳重は祖先祭祀を、進化論人類学という西洋の学問を用いながらも、進化の過程で消滅へ向かう宗教というネガティブなものではなく、通文化的習俗かつ日本における不変の国民的習俗と位置づけることによって西洋人の理解を促そうとしたのである。

5. 「優れた日本文化」としての祖先祭祀——明治末〜大正期——

以下では、陳重の代表作とされる『祖先祭祀ト日本法律』を検討し、明治末〜大正期における日本国内外の社会の変化のなかで、陳重が祖先祭祀論をどのように変化させたのかを明らかにする。

改めて『祖先祭祀ト日本法律』刊行をめぐる時系列を整理しておきたい。1899（明治32）年ローマ万国東洋学会での講演をもととする① *Ancestor-Worship and Japanese Law* 初版は、1901（明治34）年に英語とドイツ語で刊行された。そして11年後の1912（大正元）年、その②増訂第二版が刊行された。②には書き下ろしの序文を含め内容が大幅に加筆されており、ページ数が約

2.5倍にまで増量している[66]。翌年、②に微修正を施した③増訂第三版が刊行された。その③の邦訳として1917（大正6）年に刊行されたのが、④『祖先祭祀ト日本法律』であった。

明治 32	1899	万国東洋学会（パリ）で講演 "The Ancestor Worship and Japanese Law"
明治 34	1901	① *Ancestor-Worship and Japanese Law* 初版刊行（独語訳も同年刊行）
明治 37	1904	万国学術大会（セントルイス）で講演 "The New Japanese Civil Code"
大正 1	1912	② *Ancestor-Worship and Japanese Law* 増訂第二版刊行
		愛媛教育協会総会で講演「祭祀と国体」
大正 2	1913	③ *Ancestor-Worship and Japanese Law* 増訂第三版刊行
大正 6	1917	④『祖先祭祀ト日本法律』刊行（③の邦訳）
大正 8	1919	進講「祭祀と政治法律との関係」

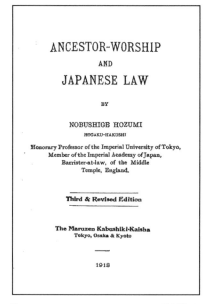

③ *Ancestor-Worship and Japanese Law* 増訂第三版（1913）

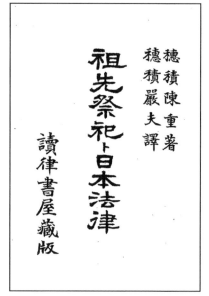

④『祖先祭祀ト日本法律』（1917）

　先行研究の多くは、④『祖先祭祀ト日本法律』のみに依拠して陳重の言説を捉えてきた。それに対し本稿では、①初版と③増訂第三版（およびその翻訳④『祖先祭祀ト日本法律』）とを照らし合わせ、何が加筆されたのかを明らかにすることで、この十数年間における陳重の祖先祭祀論の変容を捉えていく。

　③の序文によれば、増訂の背景とその内容は以下の三点である。

　（Ⅰ）初版を読んだキリスト教宣教師から、本書がキリスト教を排斥するも

のとして厳しく批判を受けたが、それは全くの誤解であると示す必要がある。
　（Ⅱ）初版に対し識者から数々の貴重な助言を得たため、その内容を熟慮のうえ増訂版に盛り込む必要がある。特に、初版の段階では遅疑を抱いていた「原人間に於て祖先祭祀が普遍的の現象なり」との見解について、オランダの人種学者ゼーバルド・ルドルフ・シュタインメッツより教示を受け確信を得るに至った。
　（Ⅲ）ローマでの講演以降10余年の間に、日露戦争や皇室令発布などの重大事件があり、それに適した追記を施す必要がある。
　以下ではこの三点について順に、③④の内容をみていきたい。またその補足として、「祭祀と国体」（1912、大正元年、講演録）、「祭祀と政治法律との関係」（1919、大正8年、進講録）、「祭祀と法律」（遺稿、大正末期執筆と考えられる）も使用する。

(1)　キリスト教宣教師への反論——「道徳」としての祖先祭祀——
　増訂版に新設された序文はほぼキリスト教宣教師への反論に割かれている。陳重が言うには、*Ancestor-Worship and Japanese Law* の初版の内容はキリスト教宣教師からの厳しい批判を受けた。その批判点は、陳重自身が祖先祭祀者である立場からキリスト教を排撃していることと、天照大御神を皇祖とするなど歴史学を無視していることにあった。それに対し陳重は、講演の目的は祖先祭祀と日本法律との間の密接な関係を法学・社会学的研究として述べることであり、いくつかの記述が誤解を生んだようだが、キリスト教批判の意図は無かったと述べる。宗教上・神学上の議論は本書の範囲外であるとしながらも、ラフカディオ・ハーン『日本』、芳賀矢一『国民性十論』、高楠順次郎『国民道徳の根底』などを引用しながら、次のような反論を展開した。
　陳重によれば、そもそも祖先祭祀の性質とは、霊魂恐怖という迷信的動機ではなく、父母に対する敬愛という自然的感情に起因するものである。また、煩瑣な教義や戒律があるわけではないので、他の信仰や制度に対して寛容である。したがって、仏教渡来のときもそうであったように、キリスト教宣教においても、祖先祭祀は何ら障害とはならないのである。のちに禁教措置が取られたのは、布教という名目での政治的意図が疑われたためであったに過ぎない[67]。よって、ハーンが忠告するように、キリスト教改宗者に位牌の破

棄を強いるのは誤りであるという。また陳重は以下のようにキリスト教の教義を論じ、祖先祭祀と両立することを論じている。

> 余は彼等宣教師又は新に基督教に帰依せる信徒と、祖先祭祀者たる我国民との間に、紛争の続出するを衷心より悲む者なり。何となれば、余は祖先祭祀は決して基督教と両立すべからざるものに非ずと確信する者なればなり。祖先祭祀は、決して第一天戒に違背するものに非ず。何となれば、祖先の霊は霊魂不滅の信念の所産に外ならずして、決して之を以て『嫉妬深き天帝』(jealous God) が崇拝を禁戒せる諸神祇（gods）として見るべからざるを以てなり。…敬愛の衷情を或る無害なる儀式に拠りて表示するは、是れ即ち『爾の父母を敬へ』と訓へたる第五天戒の実践として観るを得べきものにして、元来愛の宗教たる基督教と何等撞着するあるを認めざるなり。

さらに続く部分では、西洋で功臣の像が崇敬されるのと、日本で神社に祀られるのとは同じことであり、祖先祭祀の「祖先」は神祇ではなく、また「祭祀」は崇拝ではなく敬愛の実践なのであって、したがって祖先祭祀は遠祖に対する「敬愛の衷情」「道徳的慣習」だと論じた[68]。

ここにおいて陳重は初めて、「宗教」という領域と、「道徳」「敬愛」「精神」「基礎なるもの」である領域とを分けて考え、祖先祭祀は後者に位置づけられるという見方をはっきりと示したのである。すでにみたように、明治20年代後半以来、「宗教」と「道徳」を分離しようとする議論が行われてきた。それがさらに、この増訂版が執筆された大正元年ごろには、内務省神社局が提唱した神社非宗教論的「敬神崇祖」理念のもとで[69]、「祖先崇拝」を道徳の問題とする国民道徳論が本格的に展開されるようになっており[70]、そうした教導に対しキリスト教からの反発も起こっていた。祖先祭祀とキリスト教との両立を陳重が力説した背景にはこうした状況があったと考えられる。

(2) 祖先祭祀の起源と機能について ——「敬愛」としての祖先祭祀、その普遍性——

本稿4節1項に記載のとおり、社会全般における祖先祭祀の普遍性と機能

性は初版から説明されていたことだが、増訂版ではさらに詳細が追記されている。まず陳重は、当時の西洋人類学において恐怖・鎮慰説と愛慕説とに二分されていた霊魂起源論争を詳細に紹介したうえで、自身はエドワード・タイラーの *Primitive Culture*（原著1871年）における愛慕説を支持すると述べる。陳重によれば、「文化低級の民族」においては老人・病人を殺害遺棄する習俗があるため、原人はその父母を愛さないとか、その「野蛮的行為」に対する迷信的理由から霊魂を恐怖していると解されやすい。しかし、「孝慈の念」が無ければ人類はとうに滅亡していただろう。西洋人は祖先祭祀を脱してすでに久しく、霊魂との馴染みが少ないために恐怖を覚えてしまうのである、という[71]。

以上の論は、遺稿となった「祭祀と法律」（大正末頃執筆と考えられる）においてさらに詳しく論じられた。いわく、もともと人類は一般に精霊の観念を持つが、「魂魄宿体」から「魂魄離脱」へと展開するにあたり、生者の死者に対する敬愛追慕という感情が祭祀として表出されるのが祖先祭祀の起源である。タイラーによれば、母系社会では凝集力の中心であるトーテムが成員の保護者として崇拝されており、子孫が存命の親に保護を乞うように、死後においても霊魂を崇敬して祖先を祭る孝心が先立ち、同時に愛護を祈祷するのであり、それは母系から発達した父系社会でも同様である。つまり祖先祭祀は「利己的動機」ではなく「主他的情緒」による。また、人類がどんどん祖先を遡って祀るようになったというメインの説は誤りで、もとは近祖への敬愛的祭祀のみだったのが、祖先の伝説が子孫へ継承されることで、結果的に祭祀対象が遠祖へと及んでいるのだという[72]。

そして、以下のように祖先祭祀の社会的機能を論じる。

> 親族感を永遠に維持して愛情の吸引力を遠親に及ぼし、以て血族団体の発達の基礎となつたものは、実に祖先の祭祀であつたのである。…世代を累ね歳月を経過したる後に至るまで、其遠裔間に同血統たる親族感を明確に印象して、いはゆる同類意識を失ふこと莫からしめようとするには、定時に其血統の源泉たる共同祖先を祭つて、その同血族たるの念を新たにし、之に依つて同類感の集中点を明らかにし、以て血族団体の基礎を鞏固ならしめなければならぬ。…祖祭は独り血流の源泉を明か

にし、同種族の記念を新たにするが為めに原始的社会の発達の原因となりたるのみならず、祖霊は其団体を保護するものであるとの信念に依つて、倍々其団体の凝集力を鞏固にし、祖祭は其団体の維持の原因となるに至つたのである。[73]

　祖霊が血統団体を保護するとの信念により、祖先祭祀は団体の凝集力を強固にすると述べられている。このように祖先祭祀が社会的機能を持つという説明は、日本の国体の有する優位性の理解を促そうとするものといえる。陳重の祖先祭祀論は、民族誌や霊魂起源説、トーテミズム論といった人類学の学説を都合よく取り入れることによって、祖先祭祀を中心とした国民道徳論を補強する役割を果たしえたといえよう。

　以上の(1)と(2)はともに、祖先祭祀が道徳であることを強調した議論である。時期的にみても、これらの論が国民道徳論と響き合うものであったことは明らかである。

(3)　国家情勢について——家族国家観の体系化と拡張——

　①増補皇室典範（1907、明治40年）、皇室祭祀令（1908、明治41年）など、一連の皇室令

　増訂版における加筆の大部分は天皇・皇室関連の説明である。特に宮中祭祀や各種の式典に関し、明治40年代に整備された皇室令などに基づいて詳細な説明が施されている。その説明からは、皇室の祭式が全て皇祖の神殿で行われ、皇室の重要事が必ず皇祖皇宗の神霊に奉告されていることが理解される。それこそ、「皇位は之を皇祖皇宗に承け給ひ、統治の大権は聖躬御一身の固有権として之を保有し給ふに非ずして、実に祖宗の遺緒を紹述し給ふもの」[74]であることを示しているという。

　また、陳重によれば、日本における国家統治の大権は皇祖皇宗の神権の継承にあるという点では「神権政体」であり、日本国民という一大家族の首長にあるという点では「家父権政体」であり、天皇は近代立憲制度に基づく憲法に準拠して大権を行使しているという点では「立憲政体」である。こうした特異な政体は、日本の地理環境と、強固な祖先祭祀の習俗に起因する。したがって、たとえば帝国憲法も、祖先祭祀に由縁する日本古来の国体と、欧

米同様の立憲制度に基づく権利と自由とを調和させたものとなっているのだという[75]。

本書の目的は、法律に反映された日本の祖先祭祀を対外的に説明することにある。そのなかで皇室関連の記述が厚みを持つことで、「皇祖―氏祖―家祖」構造論がより説得的に示されていると言える。

②帝国領土拡大（樺太（1905、明治38年）、朝鮮（1910、明治43年）など）

帝国日本が拡大し異民族を抱えるようになった当時、国体論における矛盾の解決が模索されていた。陳重はその課題にどのように応じたのか。

皇室に関する説明（上述①記載）に続く増訂部分で、陳重はまず「抑も我等日本全国民は一大家族を形成するものにして、皇室は実に其宗室たり、臣民は総べて其分家たる関係に在るものなり」と、家族国家観を端的に述べる。その上で、もちろん国民のなかには皇室の分派でない者がいるが、被征服者や帰化者とは皇室から姓氏を賜った者であり、「謂はゞ大和民族なる台木に接木せられて其一枝となれるもの」だと論じるのである。つまり、家族国家が実際の血縁のみならず擬制的・観念的血縁によっても成立するとすれば、国体は異民族を包摂しうることになる。陳重の議論は大正期以降、吉田熊次や亘理常三郎らによる「養子」としての異民族論、「開かれた血族団体」論といった、国体論の再編成を準備するものであったと言えよう[76]。

そして陳重は、家族国家である日本と、「支那に於ける最近の出来事」、すなわち「満州朝廷の倒滅するに当りて」（辛亥革命）「支那人民が悲惨なる満州朝廷の末路に対して執りたる冷淡なる態度」を対比させる。陳重は、中国では天子が国民と違う種族であるため、帝室の祖先祭祀と国民の祭祀対象とが異なり、帝室と国民の関係は日本のように崇敬心服の関係ではなく征服屈従の関係となってしまう。それに対し日本帝国は、本書で説明しているように、一大国家であるという。

　　皇室の祭祀と国民祭祀との合一、並に皇室の祖先祭祀が各氏族各家族の祖先祭祀と重畳して其上にあり之を包括する事実は、能く近時世界列国より驚異を以て注目せらるゝ日本国民の皇室に対する尊皇心と帝国に対する愛国心とを説明するものなり。[77]

なお、地元の愛媛教育協会総会での講演「祭祀と国体」(1912、大正元年)において陳重は、血統上の祖先のみならず「精神上の祖先」の祭祀を勧めている。我々は偉人・功臣・忠臣・義士等、先賢の考えの一部分を相続しているのであるから、彼らを崇敬・祭祀し智徳を磨けば、日本は万国に卓越する国になるであろうという[78]。

③日露戦争開戦(1904、明治37年)と終結(1905、明治38年)

日本海海戦に勝利した連合艦隊に対し、明治天皇が「朕は爾等の忠烈に依り、祖宗の神霊に対ふるを得るを悦ぶ」との勅語を発したこと、また日露戦争終結後には、明治天皇、および東郷平八郎と連合艦隊がただちに伊勢神宮に参拝したことが紹介されている。これらは皇祖に対する全国民の祭祀の表れと位置づけられている[79]。

陳重の著述のうち、本項②③に該当する箇所のみを表面的に読んでしまえば、祖先祭祀や愛国心に基づく国体を日本の不変の精神性とし、他国に対する優位を説く陳重は、保守主義者、扇動的イデオローグとみえるかもしれない。本稿1節2項で述べたように先行研究の多くはそうであった。しかし、個人主義社会への「進化」を既定とする彼の法理論は、未完の遺稿となった『法律進化論』(「祭祀と法律」を所収)まで終生一貫して変わることはなく、祖先祭祀もそのなかに矛盾なく位置づけられていた。本項②③にみられる、いわゆる「国体イデオロギー」的言説が彼の論に加わるのは大正期に入って以降のことであり、それも講演や進講での口述に限られている。したがって、この時期の「国体イデオロギー」的祖先祭祀論は、陳重の本質あるいは転向などとしてみるべきではなく、日露戦争前後における国内外の状況の激変という時勢を強く反映したもの、さらにいえば場に応じた多分のリップサービスを含んだものとみるべきであろう。

6. 結論

本稿では、〈皇祖＝国民的先祖〉観の形成過程の一端を理解する目的で、穂積陳重が、近代国民国家の成立期における近代法整備や国民道徳論形成、国際情勢など政治・社会的文脈のなかにおいて、いかに祖先祭祀を言説化したかをみてきた。

あらためて、陳重における祖先祭祀論の特質を以下の三点にまとめておきたい。第一に、すでに江戸後期から芽生えていた、尊王論、神国・皇国思想、忠孝、国家有機体論に基づく国体論などを思想的土壌としつつ、当時の西洋人類学の知見である祖先崇拝の進化史的理解や社会統合機能という別種の知を取り込んだ点。第二に、「皇祖―氏祖―家祖」という構造的把握により祖先祭祀と天皇国家の論理を結びつけ、当時の西洋諸国の知識人さえも受容しうるよう体系化した点。第三に、祖先祭祀を日本的社会構造と基層的心性と直結させ、規範論ではなく、機能論や構造論、日本文化論といった体裁をとることによって、国内外のさまざまな立場の人々を納得させようとした点である。この祖先観は特に大正期以降に量産され[80]、戦後の日本民俗学・日本文化論における祖先祭祀言説の下地ともなった[81]。

　本稿では、以上のような論が語られた社会的な背景と陳重の立場とに着目した。明治20年代の陳重は、祖先祭祀を社会進化論のなかに位置づけ、古代社会の「宗教」の一つと捉えていた。これはもともとの陳重の考えといえよう。しかし民法典編纂を経て、全ての国民の理解を得る目的と、日本が近代国家であることを宣布するうえで、祖先祭祀を文明国に資する慣習として正当化するという職務を陳重は負うことになった。特に海外講演においては、家父長制や祖先祭祀を「古い」「宗教」的なものと捉えられることは好ましくないため、陳重はその普遍性、道徳性を述べた。近代的学問や西洋的概念を用い、国家外交政策や政治思想のもとでレトリックを組み上げ、祖先祭祀が通文化的習俗であることを強調したのであった。そして明治末期以降になると、祖先祭祀を「宗教」から切り離し、「道徳」という位置づけを明確にした上、他国に対しての優位となる日本的精神と述べたのであった。

　したがって、陳重が論じた祖先祭祀論は、支配のための政治思想的「国体イデオロギー」的言説として始まったのでも、まして単なる彼自身の思想の表明でもなかった。時代社会状況や彼自身が置かれた立場に適合するよう使い分けられたものだったのである。明治中期の日本国内には、保守的・封建的国家観を強く主張する人々もいれば、それを否定し西洋化を推進する人々もいた。一方で、西洋諸国と対等に外交や通商を行うために、近代的制度の確立は急務であった。そうした状況のなかで、帝大教授であり、立法者でもあり、ときに国家を代表し外交の最前線にも立った陳重は、国内で対立する

意見のバランスをとらねばならず、かつ西洋諸国にも対峙させられることになった。そこで彼は日本の家制度や祖先祭祀を積極的に捉え直し、家の精神性と祖先祭祀慣行に支えられた国家のあり方を保持するという解決策を考え出した。こうした陳重の祖先祭祀論は、もっぱら彼自身のイデオロギーやその変節(「保守主義」「二面性」)によって生み出されたものではなく、時代社会的状況の産物としての側面を有するのである。西洋的学問によって自己形成を図り、西洋的まなざしを内面化し、日本の文明化、啓蒙的近代化を内発的に推し進めた明治期アカデミシャンが、祖先祭祀を全人類に共通する普遍的文化の一つとして位置づけ体系立てる言説を生み出したところにこそ、〈皇祖＝国民的先祖〉観形成の同時代的意義をみるべきであろう。

　文明、国家、宗教／道徳といった西洋近代的概念と日本社会の現状との相剋に直面し、西洋近代的思考と結合させながら日本発のアイディアを生み出していく。陳重の経験はこうした近代日本の葛藤のなかに位置づけられるのである。

注

1　知識社会学はマックス・シェーラーやカール・マンハイムなどによって開始された学問領域である。本稿はピーター・バーガーとトーマス・ルックマンによる、社会における常識的な〈知識〉がいかに構成されるかを対象とした議論を主に念頭に置いている［バーガー・ルックマン 1966=2003］。
2　陳重の生涯は本稿2節1項および稿末の年表、さらに詳しくは［穂積1988；1989］を参照。
3　本稿は、拙稿［問芝2014］を下敷きとし、全面的に改稿したものである。
4　［森岡1984：138-143］。管見によれば、社会学では「先祖祭祀」の使用が定着しつつある。たとえば主要な事典の項目をみると、『新社会学辞典』(有斐閣、1993年)、『社会学事典』(丸善、2010年)、『現代社会学事典』(弘文堂、2012年)は「先祖祭祀」を採用し、『社会学事典』(弘文堂、1994年)のみが「祖先崇拝」を採用している。なお、民俗学的立場からの議論も深められている。ヨルン・ボクホベンによれば、明治以降1950年代ごろまでの学界では「祖先崇拝」が多く使用されたものの、現在ではその使用頻度は下がり、「先祖祭祀」や「祖先祭祀」が定着している。というのも「祖先崇拝」は、西洋と異質の文化である ancestor worship の訳語として明治以降に導入された民族学・人類学の学術用語であった。そのため民俗学者たちは「祖先崇拝」を、「人々の真の生活意識から逸脱し」た「家族国家原理に立つ独特の理論体系」として明治政府の「権力者によって操作された人々の先祖観」とみなしたのである。さらに「崇拝」の語は信仰心の厚さや心酔といった意味が強すぎる。そこで、日本人の先祖に対する一般的態度を指す場合には「先祖祭祀」あるいは「祖先祭祀」が使用されるようになったのだという［ボクホベン2005：41-49］。また福田アジ

第8章 | 穂積陳重の先祖祭祀論

穂積陳重関連年表

和暦	西暦	政治・社会の動き	陳重年齢	陳重の活動
安政2	1855		0	宇和島伊達藩家臣の次男として生誕、幼名鈴木邑次郎
明治3	1870		15	貢進生として上京
明治9	1876		21	ロンドン大学ミドル・テンプル（中央法院）入学
明治12	1879		24	法学院卒業、バリスター試験合格
明治13	1880		25	ベルリン大学に聴講生として入学
明治14	1881	明治14年の政変、国会開設の詔勅	26	6月、帰国、7月、東京帝国大学法学部講師着任 8月、西園寺公成の仲介で渋沢歌子と見合い、11月、結納 「婚姻法論綱」
明治15	1882		27	東京帝国大学法学部教授および学部長就任
明治19	1886		31	東京帝国大学初代教頭就任
明治20	1887	旧民法審議開始	32	
明治21	1888	大隈外相、新通商条約案を各国公使に通告	33	日本初の法学博士となる 「相続法三変」
明治22	1889	大日本帝国憲法発布 民法典施行延期決議、民法典論争開始（～明治25）大隈外相による条約改正交渉開始	34	
明治23	1890	教育勅語発布 旧民法・商法公布	35	貴族院議員、戸籍法委員となり第一回帝国議会に勅選される 初の著書『法典論』
明治24	1891	内村鑑三不敬事件、久米邦武筆禍事件 ◇井上哲次郎『勅語衍義』 ◇八束「民法出テテ忠孝亡フ」、「家制及国体」	36	戸籍法審議開始
明治25	1892	5月、民法商法施行延期法案可決	37	議員辞職、研究生活に戻り、再び教頭に就任
明治26	1893	（※民法商法施行予定だったが明治31年に延期となる） 法典調査会設置 ◇井上哲次郎『教育ト宗教ノ衝突』	38	法典調査会主査委員として民法典編纂に従事（～明治29） 法科教頭から東京帝国大学法科大学長就任、法理学講座担当
明治27	1894	日清戦争開戦（～明治28） 日英通商条約改正交渉（～明治44）	39	
明治29	1896	民法草案全編を議会に提出 4月、民法第一・二・三編（財産編）公布	41	民法草案議会上程にともない政府委員に任命される 講義「祭祀ト法律」
明治30	1897	◇八束『国民教育愛国心』 ◇大西祝「祖先教は能く世教の基礎たるべきか」	42	
明治31	1898	6月、民法第四・五編（親族編）公布 7月、民法全編施行	43	民法公布の功労により6月勲二等重光章受章8月改めて法典調査会起草委員を命じられる
明治32	1899	7月、日英通商航海条約 ◇井上哲次郎『増訂勅語衍義』	44	講演「祖先教と法律」、「法律と宗教の関係」 10月、ローマ「第十二回国際東洋学者会議」（万国東洋学会）で講演 "The Ancestor Worship and Japanese Law"
明治33	1900	内務省社寺局廃止、神社局・宗教局設置 ◇木下尚江「「忠君愛国」の疑問」	45	
明治34	1901		46	① Ancestor-Worship and Japanese Law 初版刊行（独語訳も同年刊行）
明治35	1902	◇八束『祖先教論』	47	『相続法原理講義』
明治36	1903	国定教科書制度確立	48	

333

明治37	1904	2月、日露戦争開戦（～明治38） 第一期国定教科書使用開始 ◇L.ハーン『日本』	49	10〜11月、セントルイス万博での万国学術大会で講演 "The New Japanese Civil Code"
明治38	1905	ポーツマス条約、樺太を領有	50	
明治39	1906	◇北一輝『国体論及び純正社会主義』	51	『法律進化論』執筆開始
明治40	1907	皇室典範増補 ◇芳賀矢一『国民性十論』	52	
明治41	1908	皇室祭祀令発布 戊申詔書発布	53	
明治42	1909	伊藤博文暗殺	54	
明治43	1910	韓国併合条約、朝鮮半島領有 第二期国定教科書使用開始 12月、国民道徳論に関する講習会（井上、八束、吉田熊次）	55	
明治44	1911	辛亥革命 ◇高楠順次郎『国民道徳の根柢』	56	
大正1	1912		57	3月、大学教授を辞任、著述に専心② *Ancestor-Worship and Japanese Law* 増訂第二版刊行 講演「祭祀と国体」
大正2	1913		58	③ *Ancestor-Worship and Japanese Law* 増訂第三版刊行
大正3	1914	第一次世界大戦開戦（～大正7）	59	
大正5	1916		61	枢密院顧問官就任
大正6	1917		62	④『祖先祭祀ト日本法律』（③の邦訳） 帝国学士院長就任
大正8	1919	パリ講和条約	64	進講「祭祀と政治法律との関係」
大正14	1925		70	枢密院議長就任
昭和元	1926		71	4月8日、東京牛込の自宅にて狭心症により逝去（のちに『法律進化論』は未完の遺稿として刊行される）

オは、近世の儒学者や国学者の一部がすでに「祖先」の語を使用していたことを指摘しつつも、やはり民俗語彙は「先祖」であるとし、世界各地における ancestor を指す場合には「祖先」を、その日本における具体的表現を指す場合には「先祖」を用いることを提案している［福田2004：6-9］。ボクホベンや福田の指摘は、人類普遍の習俗としての ancestor worship 理論を展開した陳重をはじめ、穂積八束や井上哲次郎など同時代の知識人が専ら「祖先」という語を使用したという事実とも合致するといえよう。

5　日本における先祖祭祀の問題は、家・同族など社会構造との関連、霊魂観や他界観など諸観念との関連、国内の地域偏差および隣接諸文化圏との比較、またそれらの長期的・短期的な変動といったさまざまな視角から研究されてきたが、本稿は主に宗教社会学が担ってきた社会構造に関わる先祖祭祀研究の系譜に限定して論じている。

6　［柳田1946］。

7　［有賀1958］。

8　［竹田1957：118-211］。

9　桜井によるこの議論の初出は［桜井1967］。この時点では、「イデオロギー的祖先観」に該当する祖先観を「普遍的抽象的祖先観」と称している。そして［桜井1977］においてその詳細が論じられた。この議論の位置付けについては［谷口2007：160］を参照。

10　［森岡1984：107-131］。桜井も「イデオロギー的抽象的祖先観」を「伝承的祖先観」と「超系譜的作為的祖先観」とに分けていたが、森岡はそれらの差異をより強調した。森岡

は後者を「イデオロギー的祖先観」と呼び、それが「共同体の動揺・崩壊」に直面した国家権力が国民思想再編成のために鼓吹されたというイデオロギー性と、その脆弱な表層性とを指摘したのである。

11　孝本のほか、［スミス 1974=1981・1983］［藤井 1974］［井上 2003］などがある。
12　［孝本 2001：15–25］。
13　［ホブズボウム・レンジャー編 1983=1992］。
14　なお、家族国家観を補強した先祖観の問題が、政治思想史の分野で早くから注目されていたことは特記しておきたい。丸山学派は、イエが支配体制の基盤であるために、親や祖先への崇敬（孝）と皇室への崇敬（忠）とが不可分となる忠孝一本論が成立することを明らかにしてきた。たとえば石田雄は、家族国家観について、私的敬虔と公的忠誠との連続性からなる儒教的な「底辺における家族主義」と、国民統合を目的とする近代国家的な「上からの有機体論」とは、どちらか一方のみではなく、本来矛盾するものでありながら癒着させられたものだと論じた［石田 1954］。石田の問題意識と柳田民俗学とを相互補完的に用いて家族国家論を理解したのが、神島二郎であった。丸山学派の政治思想史研究者で柳田にも師事した神島の『近代日本の精神構造』では、家族国家観とは、忠孝一本論と民本説という二つのイデオロギーが神裔論に統合され、それが民族同祖論へと転化したものだという。近代日本の天皇制国家の支配イデオロギーの中心として家族国家観があることと、家（神島のいう「一系型家族」）とムラが日本の基層であることとが連関しているのである［神島 1961］。石田が日本の基層として儒教的精神を重視したのに対し、神島は柳田民俗学の祖霊概念を継受したといえる。このほかにも、［川島 1957］［藤田 1966］などの重要な成果がある。以上のような神島らの研究成果が描き出した、近代日本の家族国家観の特質とは以下のようなものである。戦前期民法における家制度とは、全臣民を家単位で把握し、家長に権限と責務を持たせ、家の永続を前提とする制度である。やがてこの家の観念は、近代天皇制国家の精神的基盤となる家族国家観へと拡大された。家族国家観とは、国家を一大家族に、天皇を家長に、臣民を子になぞらえることで、父母への敬愛の心情を国家への忠に結びつけたものである。さらに、皇室を臣民の宗家に見立て、皇室の神話的先祖を全臣民の祖として崇敬する先祖祭祀の論理こそが、国家の系譜的連続性を強化しえたという。前述の桜井や森岡の「イデオロギー的祖先観」論は、神島らの議論を参照している。また、人類学的立場から「イデオロギー的祖先観」を論じたものとしては［伊藤 1982］がある。

　　民衆思想史の分野では、安丸良夫らが、近世以来発展を遂げてきた尊王論や国体論、そして在来のさまざまな民衆文化が、国家の目的に合わせ修正・編成替えを施されたうえで近代天皇制国家における統合原理の中心的要素に取り込まれたと論じてきた［安丸 1992］。そうして、天皇を中心とする国家秩序によって社会を統合しながら近代化・文明化を目指す、すなわち「文明国の国民にして天皇の臣民」［牧原 1994］を作りあげることが目指されたのだという。

15　陳重の著述のほとんどは学術論文、学術書である。なお陳重の論が柳田國男の先祖祭祀研究に影響したという重要な指摘もなされている。法社会学者の森謙二は、陳重と柳田國男に親交があったという事実を提示している。その上で、陳重の祖先祭祀論の特徴の一つである氏祖祭祀と、柳田民俗学の中核とされている氏神祭祀との枠組みの共通性とを指摘し、柳田の祖霊信仰論は、イエ・氏神・国家の祭祀を一元化させた「穂積の理論枠組に民俗学的な知識を通じて肉付けし、再構築されたもの」であったと結論づけている

[森 1992]。先祖祭祀研究を担ってきた民俗学と国民道徳論との関連は、今後追試されねばならない課題である。また陳重は「日本における先祖祭祀研究の先駆者」など、人類学の一端を担った人物として紹介されることもある [上杉 2001]。

16 [森岡 1984：121-124]。
17 [碧海 1979：407]。
18 [利谷 1972：192]。
19 [福島 1979：1063]。
20 [福島 1979：1119]。
21 法学の分野における陳重の研究は、明治民法における相続法や親族法などの思想的背景を明らかにする目的で、1960年代後半以降に本格化した。陳重のリベラルな面を強調した法思想分野の研究として、上に挙げた [碧海 1979][利谷 1972] に加え、法思想史における陳重研究の第一人者で進化論的法理学の全体像を整理した [松尾 1967]、陳重の実係であり日本法学における西欧法学受容過程を明らかにした穂積重行がいる。一方、祖父と父が国学者であったことを根拠に陳重の保守主義的な面を強調した研究としては、[長尾 1981][古賀 1985][白羽 1995] などがある。今日では、福島正夫による「二つの顔」論 [福島 1979] がおおむね定着をみている。なお、陳重に関する最新のまとまった研究書である [堅田 2010：140] は、陳重の『法律進化論』はついに歴史法学を脱せず、発展段階論的法理論には到達しなかったと論じている。しかしいずれにせよ、陳重の存命中、右派思想家から激しく糾弾されたという事実を踏まえれば、同時代的認識としてはリベラルな人物という理解がふさわしいように思われる。伊藤博文と師弟関係にあったなど政治家的一面が指摘されることもあるが、陳重は本来「学問唯一主義」であり、たびたび要請を受けて不本意ながら政界に関わったのであって、政治的関心は薄かったとの見方のほうが有力であろう [学士会編 1926]。
22 たとえば竹田聴洲は、『祖先祭祀ト日本法律』を「明治民法（の立案者）の祖先祭祀観をうかがうにはまさに格好の素材」だとして内容を解説し、さらに穂積家の系譜や祖先祭祭文を紹介して、「明治民法はこうした思想の持ち主を中心としてつくられた原案が結果的にはほぼそのまま法律として実施された」ものと論じている [竹田 1976：208-214]。伊藤幹治は、祖孫一体論に基づいた家族国家観を展開した点で陳重を「明治政府のイデオローグたち」の一人と位置づけている [伊藤 1982：30-32]。川村邦光は、陳重の記述の一部を抜き出し、「神霊祭祀にもとづく」「気宇壮大な国家論」を立論し「民俗文化を収奪」した「明治のイデオローグ」[川村 1990：178-180] と位置づけている。こうした見方は [森岡 1984][孝本 2001][矢野 2006] においてもほぼ固定化しているように思われる。
23 [穂積 1988；1989]。
24 穂積家から学界に提供された資料で、陳重所蔵の書物や、陳重による未発表の遺稿、立法関係のノート、講義用ノートなど数千点にのぼる。その9割は東京大学に所蔵されており、1980年代に福島正夫らによって整理され、翻刻出版やリスト化がなされた。残りの1割は筑波大学に所蔵されており、一部が翻刻出版されている。
25 [福島編 1989]。
26 [福島 1979：1066]。写真は [小川 1900]。
27 [穂積 1987：170]。
28 [石部 2002：126]。
29 [穂積 1926：3]。なお本稿では、資料の引用に際し、旧字体を新字体に改め、かなづか

いは原文ママ、傍点等の符合は省略して記載する。
30 ［穂積1889：87］。
31 ［穂積1888：12-17］。
32 ［クーランジュ1864=1950：149-170］。
33 なお、民法典論争の前史として、戸籍論争がある。中央集権国家確立のため、明治政府はまず重要政策として地租改正と戸籍制度に着手した。従前の宗門人別改のように身分別ではなく、身分や家格とは無関係の「戸」を通じて全国民を直接把握管理する明治4年戸籍法、いわゆる壬申戸籍が制定された。この戸籍法には制度運用上の不備が多く、1882（明治15）年に改正案が提出された。ところが元老院の審議において、二つの立法思想が対立を見ることとなる。身分証書の導入を主張するフランス法学派は、戸籍を東洋の固有物、封建時代の遺物だと批判した。これに対し、イエ単位で人を把握する戸籍の重要性を主張する派がやや優勢であった。1886（明治19）年にようやく、登記事項の充実と戸主の届出義務を明文化した法令が可決された。しかし民法典論争の際に附属法として提出された戸籍法をめぐって、再度戸籍論争が起こったのである。旧民法では、戸籍が身分の登記には不完全であるとし、戸ではなく個人単位で人を把握する「身分証書」を優越させることを定めた。旧民法に反対する延期派は当然のごとくこの新たな戸籍制度案に反対し、不完全な民法に付属する戸籍法法案には賛成できないとし、否決された［井戸田1993：4-13］。
34 民法典論争の経緯と陳重の果たした役割に関しては、［穂積1916］［星野1943］［井戸田1993］を参照。なお、民法典論争および編纂事業の解釈について、学閥間の争いや、政争としての意味を強調する立場もある（たとえば［中村1956］など）。
35 1891（明治24）年、八束は、民法案を批判する論文として「国家的民法」「耶蘇教以前ノ欧州家制」「民法出テテ忠孝亡フ」、翌年に「家制及国体」等を発表した。これらの論文は、当時の西洋における法制史および人類学の研究を援用しながら日本の国体に応じた民法制定の必要性を論じたものである。
36 『読売新聞』1889（明治22）年11月21日付。
37 ［福島編1956：16］。
38 ［福島1988：161］。
39 ［星野1943：545］。
40 ［仁保1936：53］。
41 ［福島編1956：115］。
42 ［福島1979：1075］。
43 ［村上1982］。
44 ［有地1977：121-126］。
45 ［穂積1989：479］。なお、陳重がまさにこのローマに向かう洋上において、日英通商航海条約が締結され、治外法権の撤廃と関税自主権の部分的回復が達成された。
46 ［Hozumi 1901：1］。
47 1889（明治32）年末の日本における電話加入申込者数は13,235名であった［中山1900：378］。日本の近代化を示すための描写であろう。
48 ［Hozumi 1901：2］。
49 ［Hozumi 1901：4-9］。日本語対訳は［穂積1913=1917：41-43］。
50 ［Hozumi 1901：12-33］。

51 "Il est vivement applaudi."（総会報告、*Proceedings of XII International Congress of Orientalists*（1899, p.CCXVL））。もちろん、講演の真の評価がどの程度のものであったかは、検討を要すべき課題である。ただし、陳重は第9部「極東部会」（日本・中国・朝鮮）議長団の一人で、当初はこの部会で報告予定だったが、一般に興味ある問題として「連合総会報告」に変更されたこと、講演内容が翌年に英語・独語で出版されたこと、4年後には万国学術会議での講義依頼を受けたことなどから、この講演が陳重の名を国際的な法学界に周知させたことは疑いないだろう。
52 ［楠元2003］。
53 ［Hozumi 2012 (1912)：4–9］。
54 ［Hozumi 2012 (1912)：11］。
55 ［Hozumi 2012 (1912)：26］。
56 ［二村2006］。
57 ［楠元2003］。
58 1860（安政7）年、宇和島藩家臣の穂積重樹の三男として生誕。1869（明治2）年より平田鉄胤門下の国学者である山内憲之に学ぶ。1873（明治6）年に上京、共立学校、外国語学校、大学予備門を経て、1879（明治12）年、東京大学文学部政治学科入学。1884（明治17）年より、文部省留学生としてドイツへ留学し、国法学を学ぶ。憲法発布直前の1889（明治22）年に帰国、東京帝国法科大学教授に就任して憲法学や国法学、行政学の講座を担当。1891（明治24）年、「民法出テ、忠孝亡フ」を発表し民法典論争延期派に与する。1897（明治30）年、『国民教育愛国心』を発表。東京帝国大学法科大学長、貴族院議員、法典調査会査定委員などを歴任しつつ、1909（明治42）年、文部省の教科書調査委員会に対し修身教科書への意見を提出、さらに学校教育講習会で「国民道徳の要旨」を講演、第二期国定修身教科書編纂を務めるなど、国民道徳論における主導的役割をも果たした。1912（明治45）年、52歳で病死。なお詳細は［上杉編1913］［長尾編2001］を参照。
59 ［穂積1892］。八束が説いた「祖先教」は、［穂積1891；1897；1902］などを参照。
60 ［穂積1892：77, 93］。
61 筑前太宰府、医師船越俊達の三男として生誕。1868（明治元）年、博多にて英語を学ぶ。1875（明治8）年、東京開成学校入学、1877（明治10）年、東京帝国大学入学、哲学および政治学を専攻。1882（明治15）年、東京帝国大学助教授、1884（明治17）年、ドイツに留学、1890（明治23）年帰国、東京帝国大学文学部哲学科教授。1891（明治24）年、内村鑑三不敬事件を批判、『勅語衍義』刊行。1897（明治30）年、パリ万国東洋学会に列席。1898（明治31）年、東京帝大文科大学学長。1910（明治43）年、八束・吉田熊次とともに国民道徳論の講習会を開催。東洋大学教授、初代貴族院帝国学士院会員議員、大東文化学院総長などを歴任。1944（昭和19）年、90歳で死去。
62 ［井上1891：49］。
63 ［井上1899：107–109］。前川理子は、井上哲次郎・穂積八束・吉田熊次の国民道徳論には宗教的性格が弱く、形而下的・合理的であったことを論じている。井上らは国体や忠孝道徳を、記紀神話や現人神天皇観ではなく、家族制度に代表される、民族的・歴史的に自然形成された日本人の情操や慣習から引き出している［前川2015：65］。本稿が明らかにするように、陳重の論もこの点で井上らと共通する。
64 ［島薗2002：328–331］。
65 たとえば大西祝は「祖先教は能く世教の基礎たるべきか」［大西1897］で祖先教に疑義を

呈し、木下尚江は八束の国体論を「野蛮曚昧時代の紀念」[木下 1996（1900）：264] と批判、河上肇も祖先崇拝は最も未開・幼稚な「野蛮人の迷信無智」[河上 1911：194] と批判した。

66 増訂部分について、本稿で扱った箇所は以下のとおりである。(1)キリスト教関連の加筆箇所は以下の２カ所。「原序」における宣教師への反論。「第三編第二章憲法」における、祖先祭祀の性質の説明。祖先祭祀は西洋文明やキリスト教の流入を何ら阻害しないこと。(2)①皇室関連の主な加筆箇所は以下のとおり。「第二編第二章皇室御祖先の祭祀」における、皇室の諸祭典（13の大祭、8の小祭）の詳細、およびそれらが全て皇祖の祭祀であり、国民の祝日になっていること。また、伊勢神宮に対し皇室の崇敬が篤いこと、また一般の崇敬も篤く１万人以上の初詣客があること。「第三編第二章憲法」における、帝国憲法発布の勅語、同御告文、皇室典範前文、同増補の御告文、五箇条の御誓文の詳細と解説、および日本が「神権的、家父権的、立憲政体」であること。「第三編第三章皇室」（新設された章）における、皇室内の諸儀式（降誕・命名・成年・結婚・降嫁・立太子・践祚・即位・摂政等の各礼）の詳細、およびそれらが皇祖皇宗の神霊に対し行われること。皇位および統治の大権は祖宗の継承によること。②国家観関連の加筆箇所は以下のとおり。「第三編第二章憲法」における、政体論。日本の政体が神権的家父権的立憲政体であること。「第三編第三章皇室」における、家族国家観の拡張。③日露戦争関連の加筆箇所は以下のとおり。「第三編第一章政治」における、明治天皇および統合対象以下の神宮参拝の紹介。同「第二章憲法」における、連合艦隊に対する勅語の紹介。(3)祖先祭祀の起源と機能に関連する加筆箇所は以下のとおり。「第一編第一章祖先祭祀の起源」における、学説紹介。同「第二章社会生活の起源としての祖先祭祀」における、原始的社会集団に関する詳細説明。なお、この他、「第三編第五章家」「第六章婚姻」「第七章離婚」「第八章養子」「第九章養子離縁」「第十章相続」へ追記があり、既述の内容に関する例示や補足が施されている。

67 [穂積 1913=1917：100-102]。
68 [穂積 1913=1917：1-11]。なお、第一・第五天戒とはそれぞれ、モーゼの十戒の「あなたには、わたしをおいてほかに神があってはならない」「あなたの父母を敬え」のこと。
69 [阪本 2007：367-368]。
70 [矢野 2006：31]。
71 [穂積 1913=1917：28-38]。
72 [穂積 執筆年不明]。陳重の『法律進化論』の「第一部法原論」中「原質論」中「信仰規範編」の一部をなす予定だった未発表原稿。
73 [穂積 執筆年不明：65-68]。
74 [穂積 1913=1917：105]。
75 [穂積 1913=1917：98-104]。
76 [小熊 1995：145-151]。
77 [穂積 1913=1917：111-114]。
78 [穂積 1928（1912）：137-138]。地元松山中学校で開催された愛媛教育協会総会で講演した内容の記録である。
79 [穂積 1913=1917：87, 96]。
80 [板垣 1919][大森 1921][津田 1922] など。
81 民俗学の祖霊信仰論が国民道徳論の影響下にあったという指摘は多くなされている[森岡 1984][矢野 2006][林 2006]。特に森謙二は、陳重と柳田との親交のみならず、陳重の祖先祭祀論の特徴の一つである氏祖祭祀と、柳田民俗学の中核とされている氏神祭祀と

の連続性を指摘している［森1992］。

参考文献
碧海純一 1979「経験主義の法思想」野田良之・碧海純一編『近代日本法思想史』有斐閣、387-427。
有地亨 1977『近代日本の家族観 明治篇』弘文堂。
有賀喜左衛門 1959 (1958)「日本における先祖の観念――家の系譜と家の本末の系譜と――」喜多野清一・岡田謙編『家――その構造分析――』創文社、3-23。
バーガー, P. L.・ルックマン, Th. 1966=2003『現実の社会的構成――知識社会学論考――』(山口節郎訳) 新曜社。
ボクホベン, Y. 2005『葬儀と仏壇――先祖祭祀の民俗学的研究――』岩田書院。
クーランジュ, F. 1864=1950『古代都市――ギリシア - ローマに於ける宗教・法律・制度の研究――』(田邊貞之助訳) 白水社。
藤井正雄 1974『現代人の信仰構造――宗教浮動人口の行動と思想――』評論社。
藤田省三 1966『天皇制国家の支配原理』未来社。
フジタニ, T. 1994『天皇のページェント――近代日本の歴史民族誌から――』(米山リサ訳) 日本放送出版協会。
福田アジオ 2004『寺・墓・先祖の民俗学』大河書房。
福島正夫 1979「兄弟穂積博士と家族制度――明治民法の制定と関連して――」『法学協会雑誌』96 (9)：1061-1120。
―――― 1988『日本資本主義の発達と私法』東京大学出版会。
福島正夫編 1956『明治民法の制定と穂積文書』有斐閣。
―――― 編 1989『穂積陳重立法関係文書の研究』信山社出版。
学士会編 1926『故穂積男爵追悼録』学士会。
林淳 2006「国民道徳論と『先祖の話』」国際宗教研究所編『現代宗教2006』東京堂出版、141-154。
ホブズボウム, E.・レンジャー, T. 編 1983=1992『創られた伝統』(前川啓治・梶原景昭訳) 紀伊國屋書店。
星野通 1943『明治民法編纂史研究』ダイヤモンド社。
穂積陳重 1932 (1888)「相続法三変」穂積重遠編『穂積陳重遺文集 第二冊』岩波書店、9-17。
―――― 1932 (1889)「法律学の革命」穂積重遠編『穂積陳重遺文集 第二冊』岩波書店、83-89。
―――― 1932 (1896)「祭祀ト法律」穂積重遠編『穂積陳重遺文集 第二冊』岩波書店、301-328。
―――― 1928 (1912)「祭祀と国体」『法律進化論叢第二冊 祭祀及礼と法律』穂積奨学財団出版、101-138。
―――― 1913=1917『祖先祭祀ト日本法律』(穂積巌夫訳) 有斐閣。
―――― 1916『法窓夜話』有斐閣。
―――― 1929 (1919)「祭祀と政治法律との関係」『穂積陳重八束進講録』岩波書店、63-83。
―――― 1928 (執筆年不明)「祭祀と法律」『法律進化論叢第二冊 祭祀及礼と法律』穂積奨学財団出版、11-100。
HOZUMI, N. 1901 *Ancestor-Worship and Japanese Law*, Maruzen.

HOZUMI, N. 2012 (1912) *Lectures on the New Japanese Civil Code: As Material for the Study of Comparative Jurisprudence*, General Books LLC, Memphis.
穂積重遠 1926『著者としての穂積陳重』私家版。
穂積重行 1987「比較法学と穂積陳重 ── その出発点をめぐって ── 」『比較法学』21（1）：159-178。
─── 1988『明治一法学者の出発 ── 穂積陳重をめぐって ── 』岩波書店。
─── 1989『穂積歌子日記1890-1906 ── 明治一法学者の周辺 ── 』みすず書房。
穂積八束 1914（1891）「民法出テ、忠孝亡フ」上杉慎吉編『穂積八束博士論文集』有斐閣、246-251。
─── 1914（1892）「家制及国体」上杉慎吉編『穂積八束博士論文集』有斐閣、274-286。
─── 1897『国民教育愛国心』有斐閣。
─── 1902「祖先教論」『神社協会雑誌』1：1-5。
井戸田博史 1993『家族の法と歴史 ── 氏・戸籍・祖先祭祀 ── 』世界思想社。
井上治代 2003『墓と家族の変容』岩波書店。
井上哲次郎 1891『勅語衍義』巻下、敬業社・哲眼社。
─── 1899『増訂勅語衍義』巻下、文盛堂・文魁堂。
石田雄 1954『明治政治思想史研究』未來社。
石部雅亮 2002「穂積陳重と比較法学」滝沢正編『比較法学の課題と展望』信山社出版、107-135。
板垣退助 1919『神と人道』忠誠堂。
伊藤幹治 1982『家族国家観の人類学』ミネルヴァ書房。
神島二郎 1961『近代日本の精神構造』岩波書店。
堅田剛 2010『独逸法学の受容過程 ── 加藤弘之・穂積陳重・牧野英一 ── 』御茶の水書房。
河上肇 1964（1911）「日本独特の国家主義」『河上肇著作集8』筑摩書房、185-210。
川村邦光 1990『幻視する近代空間 ── 迷信・病気・座敷牢、あるいは歴史の記憶 ── 』青弓社。
川島武宜 1957『イデオロギーとしての家族制度』岩波書店。
木下尚江 1996（1900）「「忠君愛国」の疑問」『木下尚江全集13』教文館、261-264。
古賀勝次郎 1985「比較社会思想史研究（三） ── 穂積陳重と法律進化論 ── 」『早稲田社会科学研究』30：1-31。
孝本貢 2001『現代日本における先祖祭祀』御茶の水書房。
楠元町子 2003「セントルイス万国博覧会と日露戦争 ── 異文化交流の視点から ── 」『異文化コミュニケーション研究』6：135-150。
前川理子 2015『近代日本の宗教論と国家 ── 宗教学の思想と国民教育の交錯 ── 』東京大学出版会。
牧原憲夫 1994「文明開化論」『岩波講座日本通史16 近代1』岩波書店、251-290。
松尾敬一 1967「穂積陳重の法理学」『神戸法学雑誌』17（3）：1-44。
森謙二 1992「穂積陳重と柳田國男 ── イデオロギーとしての祖先祭祀 ── 」黒木三郎先生古希記念論文集刊行委員会編『現代法社会学の諸問題 上』民事法研究会、86-109。
森岡清美 1984『家の変貌と先祖の祭』日本基督教団出版局。
村上一博 1982「穂積陳重博士の相続制度論 ── 相続進化論と明治民法における「家」── 」『同志社法学』34（4）：656-679。

長尾龍一1981『日本法思想史研究』創文社。
───編2001『穂積八束集』信山社出版。
中村菊男1956『近代日本の法的形成──条約改正と法典編纂──』有信堂。
中山龍次1900「明治三十二年の電話世界」『電氣學會雜誌』20：361–382。
仁保龜松1936「日本民法法典編纂の法理観」関西大学編『関西大学創立五十年記念論文集』関西大学、31–63。
二村宮國2006「ジェイコブ・H・シフと日露戦争」『帝京国際文化』19：1–23。
小川一真1904『東京帝国大学』小川写真製版所。
小熊英二1995『単一民族神話の起源──〈日本人〉の自画像の系譜──』新曜社。
大森金五郎1921『歴史上より観たる日本国民性』苔北文庫。
大西祝1904（1897）「祖先教は能く世教の基礎たるべきか（穂積八束氏の論を読む）」『大西祝全集 第6巻思潮評論』警醒社書店、559–569。
阪本是丸2007『近世・近代神道論考』弘文堂。
桜井徳太郎1987（1967）「日本人の祖先観」『祭りと信仰──民俗学への招待──』講談社、184–196。
───1977『霊魂観の系譜──歴史民俗学の視点──』筑摩書房。
島薗進2002「国家神道と近代日本の宗教構造」『宗教研究』75（2）：319–344。
白羽祐三1995『民法起草者穂積陳重論』中央大学出版部。
スミス，R.J. 1974=1981・1983『現代日本の祖先崇拝──文化人類学からのアプローチ──（上・下）』(前山隆訳)、御茶の水書房。
竹田聴洲1957『祖先崇拝──民俗と歴史──』平楽寺書店。
───1976『日本人の「家」と宗教』評論社。
谷口貢2007「先祖観の展開」佐々木宏幹編『民俗学の地平──櫻井徳太郎の世界──』岩田書院、151–170。
問芝志保2014「祖先祭祀の「文明化」──穂積陳重を事例として──」『宗教研究』88（1）：25–46。
利谷信義1972「日本法社会学の歴史的背景」川島武宜編『法社会学講座2 法社会学の現状』岩波書店、185–217。
津田敬武1922『日本民族思想の研究』大鐙閣。
上杉新吉編1913『穂積八束博士論文集』有斐閣。
上杉妙子2001『位牌分け──長野県佐久地方における祖先祭祀の変動──』第一書房。
柳田國男1946『先祖の話』筑摩書房。
矢野敬一2006『慰霊・追悼・顕彰の近代』吉川弘文館。
安丸良夫1992『近代天皇像の形成』岩波書店。

第9章
昭和戦前期日本の「宗教弾圧」再考
――特別高等警察の目的と論理――

小島　伸之

はじめに

　日本国憲法第19条、20条及び21条が保障する思想・良心、信教、結社・表現等の自由や第89条の解釈が論じられる際、我が国の「戦前の経験に対する反省」に関する言及がなされることが少なくない。2010年1月20日の砂川政教分離訴訟最高裁大法廷判決[1]において、藤田宙靖裁判官は補足意見の中で「憲法89条が、過去の我が国における国家神道下で他宗教が弾圧された現実の体験に鑑み、個々人の信教の自由の保障を全うするため政教分離を制度的に（制度として）保障したとされる趣旨及び経緯を考えるとき」と述べるのはその典型的一例である[2]。本書序章で示されているように、特に法的行政的側面における近代戦前期における宗教構造から戦後的宗教構造への変化の前提には、戦前における近代日本の国家と宗教の関係性に対して総体的な否定的評価を与える歴史観が存在している。そして特別高等警察（特高警察）は、その総体的な否定的評価の根拠となる象徴的組織として、すなわち「国家神道下で他宗教を弾圧した」国家組織の筆頭として、しばしば挙げられる存在である。例えば、特高警察研究の大著『特高警察体制史』を著した荻野富士夫は、「大本教やキリスト教などに対する宗教弾圧や自由主義・民主主義思想に対する弾圧もよく知られている」と述べているが[3]、このような認識は今日広範に定着していると考えられる。
　しかし、特高警察が多くの社会運動・宗教運動を取り締まったことは歴史的事実であるとしても、なぜ社会運動・宗教運動を特高警察が弾圧したのかについて、その論理を内在的かつ実証的に検討した研究はそれほど蓄積され

ていないのもまた事実である。本章の目的は、第一に、特高警察の宗教運動・社会運動に対する取り締まりの目的は何だったのか、という点をあらためて問い直すことにある。いわば特高警察という組織や治安維持法という立法の、目的レベルにおける正当性の再検証である。

本章では特高警察の活動の「目的レベル」の正当性について考えるために、戦前期に出版された、主として警察関係者を読者層と想定していたと考えられる特高警察・思想警察に関する概説書・解説書（いわゆる諸「特高教本」[4]）を事例に特高警察が守ろうとしたものは何であったのかについて考察を加える。

その上で、特高警察の宗教取り締まりがどのような論理に基づいて行われたのか、そしてその論理がどのように変遷し、「過度な逸脱」とも評しうる取り締まりの拡大・活発化につながっていったのかについて検討を加える。この点について考察する際の事例とするのは、いわゆる「二大不敬事件」として知られる、1935（昭和10）年12月の皇道大本弾圧事件と1936（昭和11）年9月のひとのみち教団弾圧事件である。

はたして、特高警察は何を守るために、そしてどのような論理に基づいて宗教運動を弾圧したのであろうか。

1. 先行研究の整理

(1) 特高警察は何を守ろうとしていたのか

特高警察は何を守ることを目的としていたのかについて、特高警察（や治安維持法）に関する先行研究はどのような指摘をしてきているのかを確認しておこう。

結論を先取りして言うならば、先行研究の多くは、特高警察が何を取り締まったのか、それがどのように拡大・変遷していったのかについては詳細に跡付けているものの、何を守るためにそれらの運動・思想を取り締まったのかという点について、意外にも、具体的で端的な説明をしてきていないのである。特高警察の強権性・弾圧性・統制性と、その権力拡大過程を指摘することを強調するあまりか、特高警察が守ろうとしたものは何であるかについては抽象的一般的説明に留まっており、必ずしも具体的・端的には明確にさ

れてこなかったと言っていいだろう。そうした研究の例として、ここでは、特高警察研究として荻野富士夫と大日方純夫のものを、治安維持法研究として奥平康弘のものを取り上げてみたい。

例えば歴史学者の荻野は、「戦前のすべての時期を通じて、量的にも質的にも社会運動の抑圧に最も直接的で重大な役割を果たしたのは特高警察である。しかも特高警察は、1930年代後半には国民生活や思想の抑圧と監視に乗り出した結果、思想統制のための権力の末端機構として、治安の確保に不可欠な役割を担っていくことになる。すなわち、まず社会運動に携わる一人一人と対峙し、ついで国民一人一人の生活と思想を監視していくのが特高警察の日常的任務となった」と述べている[5]。また、戦前の警察の最大の特質を「治安維持・社会秩序維持機能の強力さ」にあったと述べ、「1875年3月公布の「行政警察規則」は1945年まで存続するが、その「行政警察ノ趣意タル人民ノ兇害ヲ予防シ安寧ヲ保全スルニアル」という条文は、後者の「安寧ヲ保全スル」に圧倒的比重が置かれて運用されてきたのである。そのことは「警察」という組織・機能上の普遍的な特質であり、いうまでもなく戦後においても貫かれている。換言すれば、この本質的機能は反国家的・反政府的な運動や思想を常に抑圧と監視の対象とすることにほかならない。それは戦前においては主に「特高警察」において担われ」たとしている[6]。荻野の研究を踏まえ、近代日本警察の展開を地域史とからめながら通史的にまとめた歴史学者の大日方は、発足当初の特高警察が、無政府主義者、共産主義者、社会主義者、土地復権を唱える者など「国家の存在を否認する者」を監視したと述べている[7]。また、大日方は、1930年代半ばに特高警察は転機を迎え「国家国体の衛護」と「社会の安寧秩序保持」という「国家・社会秩序の破壊一般」へとその任務が「無限定な概念の拡大」をしたと指摘している[8]。

憲法学者の奥平は「明治国家の作りあげた治安体制の特質を、ひとことでいうとすれば、反体制活動――と政府が考えるところのもの――を行政警察的な手段によって、即物的に鎮圧することをもって眼目とした、と表現しえよう」[9]とした上で、そうした「即物的な行政処分にたよる治安体制」[10]の限界・不十分さの自覚が刑事法としての治安維持法の誕生につながった、と述べている[11]。また、奥平は「昭和初期の日本では、治安維持法といえば1920年代後半から30年代前半にかけて「草木もなびく」絶大な効果があった。こ

345

れを使って支配層は、労働者を主要な担い手とする反体制運動＝社会主義・共産主義運動を薙ぎ倒した。十五年戦争期に入るころには、この種の薙ぎ倒し作業はほぼ完了していた。支配層はこんどは、この法律にもとづいて、別な意味で反体制的で、国策遂行上邪魔になる市民的・民衆的なあれやこれやのうごきを「弾圧」することになる。このプロセスは要するに、治安維持法の怪しげな拡大適用の途にほかならない」[12]と述べている。

　以上紹介した、三者の説明に共通しているのは、特高警察が「反国家」「反政府」「反体制」運動を厳しく取り締まったということと、昭和10年代に、特高警察の取り締まりが拡大するという画期があったということの二点である。

　まず前者——特高警察が「反国家」「反政府」「反体制」運動を取り締った——についてあらためて考えてみるなら、先行研究の指摘は要するに「国家や政府」を守るために警察は運動や思想を弾圧したという概要説明にとどまっているのではないかという疑問が生じる。定義にもよるとはいえ、そもそも「国家」や「政府」、ないし「体制」といっても、その意味するところは抽象的で一義的ではない。「国家」と「政府」が必ずしも同質・並列的なものとは限らず、場合によっては両者のそれぞれを守ることが、相互に矛盾することもありうるのである。

　もっとも、これらの先行研究がこの点について具体的に踏み込んだ検討をしなかったのは、特高警察が守ろうとしたものはあまりに自明のことであると考えたからなのかもしれない。例えば、特高警察は、「天皇制国家」を守ろうとしていたのだ、というような理解である。しかし、いうまでもなく「天皇制国家」がいかなる国家体制であるのかについては、論者によって定義が異なり、一義的に明確でない。戦前の国家体制だけを考えても、議会開設前の「有司専制」時代もあれば、議会制を前提としつつ天皇が統治権を総攬する大日本帝国憲法時代もある。また大日本帝国憲法下においても、政党・議会から距離をとった超然内閣の時代、「憲政の常道」としての政党内閣の時代、戦時体制下の総動員体制の時代などさまざまな様相を示している。また、明治維新前のすべての国家体制も、天皇を日本国・国民統合の象徴とした戦後体制も定義次第では「天皇制国家」に含みうる。したがって、特高警察活動の目的を評価するためには、特高警察が何を守ろうとしていたものにつ

いて、やはりより踏み込んだ具体的検討が必要になると考えられる。

　さらに、先行研究が「治安維持や社会秩序維持の機能」の強さを否定的なニュアンスのみで捉える傾向があることにも、あらためて考えれば疑念の余地が存することに気付く。まず、国家がその体制の維持を意図すること、そしてそのための機構を有すること自体は、政治体制の如何にかかわらず古今東西あらゆる国家がそうした機構を有していたといっても過言ではないほどの、普遍的・一般的なことがらである。むろん、治安維持や社会秩序維持機能が過度に行き過ぎた場合に、国民の私的生活領域の自由が不当に侵害される危険があることは自明である。しかし、考えてみれば、治安維持や社会秩序維持とは、(その定義にもよるが)、権力者(層)・特権階級を守ることのみを意味せず、社会(国民・市民)一般を守ることと密接に関連している。「信教の自由の制限」や「宗教弾圧」に関する先行研究の多くは、暗黙のうちに「国家―宗教(教団)」という二者関係構造を前提にする傾向があるが[13]、――例えばオウム真理教事件の例のように――「国家―宗教(教団)―社会」の三者関係構造を前提として、特定の宗教(教団)の存在・行為に対して国家(政府)と社会の利害が一致する場合も少なからずありうると考えられ、そうした可能性も踏まえて問題を捉えなおす必要性がある[14]。

　続いて先行研究が指摘する後者の点――昭和10年代前後の特高警察による取り締まりの拡大――についてであるが、この点については先行研究が詳細に明らかにしてきた点であり、基本的に異論の余地はない[15]。この取り締まり拡大の理由について先行研究の多くは、共産党を摘発し主敵のいなくなった特高警察がその存在意義の維持のために新たなる弾圧対象を模索したと解している[16]。関連して、先行研究は同時に、日本社会や治安体制の「ファシズム化(ファッショ化)」や「総動員体制」が、特高警察取り締まりの拡大の背景にあることも指摘している。日本社会の「ファシズム化」等に関する記述を先行研究から引いてみるならば、「1937年7月の日中戦争全面化の事態は、特高警察の活動領域を大きく広げた。……社会運動の抑圧取り締まりは一段と厳しく、広汎になったし、「社会それ自体の監視」も1935年頃から一部で始められていた。また、警察の役割は監視にとどまらず一般国民の物質的・精神的動員にもおよぼそうとした」[17]、「1937(昭和12)年の日中全面戦争以後の戦時体制下において、警察が担う社会的機能はいよいよもって肥大

化していった。…警察力は戦時動員のための強制力としてフル稼働することとなったのである」[18]、「1935年以降の治安維持法体制は、ひとくちでいえば、その「ファシズム化」ということで特色づけられよう」[19]、となる。

「ファシズム化（ファッショ化）」「総動員体制」を抑圧的統制的な体制への移行であると前提し、それが特高警察の活動に影響を与えたとするこの指摘については、正当なものと考えられる。しかし、ここで問われるべきは、「ファシズム化（ファッショ化）」「総動員体制」と従来の国家体制との関係である。すなわち、特高警察活動の拡大の意味を考察するためには、「ファシズム化（ファッショ化）」「総動員体制」とはどのような体制がどのような体制に変化したことを指すのか、またその変化が特高警察による取り締まりの拡大とどのように関連しているのか、という点についての具体的な検討が必要となるはずである。しかし、先行研究においては、従来の体制──特高警察が「ファシズム化」以前の時期に守ろうとしたもの──がどのような体制であったのかについての十全な説明に欠けている。そのため、この点についての説明も必然的に欠けることとなる。

(2)　特高警察の宗教取り締まりの論理

　次に、特高警察がどのような論理に基づいて宗教取り締まりを行ったのかについて、先行研究がどのようにアプローチしてきたのかを整理したい。特高警察の宗教取り締まりに関してはかなりの数の研究が蓄積されてきているが、すでに述べたように、それらのほとんどが意識的または無意識に前述のような「国家（政府）vs 宗教（教団）」という二項対立の視点に立った上で、〈「国体」すなわち国家神道観・天皇観・神宮観をめぐる権力と民衆の相克〉によって、宗教弾圧が行われたと解する理解、いわば〈異端取り締まり説〉を採っている。こうした視点においては、本章が特高警察の取り締まりの論理を検討するために取り上げる二つの事例である皇道大本取り締まりも、ひとのみち教団取り締まりも、共に「国体」のイデオロギーをめぐる教団と国家権力の相克がもたらした弾圧事件として位置づけられることになる。そうした見解の代表として、現在まで多くの批判にさらされつつも、まだ大きな影響力を有している宗教史学者の村上重良の主張を取り上げてみよう。

　村上によれば、「神の子孫であり現人神である万世一系の天皇が統治する

万邦無比の大日本帝国の絶対化」という「国体」の教義を有する近代日本の国家権力は、「強烈な宗教的性格」を備えており、そのため「国体の教義に背反したり、あるいは背反するおそれがある」とみなした宗教を「国家の名において、容赦なく弾圧」したという[20]。村上の視角は、教団と政府権力の間における「国体」をめぐる相克として両事件をともに位置づけるものである。皇道大本と扶桑教ひとのみち教団の取り締まりについても、皇道大本は「開教期以来の民衆救済の教義が持つ、近代天皇制国家の国体の教義との異質性」ゆえに、ひとのみち教団は「アマテラスオオミカミを太陽とし、教育勅語に卑俗な解釈を加えた等」の理由で「憎悪を込めた攻撃」＝弾圧が行われたとする[21]。

異端取り締まり説が学説にとどまらず大きな影響力を有している例として、津地鎮祭訴訟名古屋高裁判決を見ておきたい。

> 昭和20年（1945年）の敗戦に至るまでの約80年間、神社は国教的地位を保持し、旧憲法の信教の自由に関する規定は空文化された。その間に制定された治安維持法、宗教団体法、警察犯処罰令等の下で、大本教、ひとのみち教団（現在のPL教団）、創価教育学会、法華宗、日本キリスト教団、ホーリネス教派などは、安寧秩序を紊し、臣民たるの義務に背き、国家神道の体制に反するということできびしい取り締まり、禁圧を受け、各宗教は神社を中心とする国体観念に従属せしめられた[22]。

同裁判の最高裁判決において多数意見は以上のような見解をとらなかったが、そこでも5人の裁判官による反対意見では「神社神道は事実上国教的地位を保持した。その間に、大本教、ひとのみち教団、創価教育学会、日本基督教団などは、厳しい取り締まり・禁圧を受け、各宗教は国家神道を中心とする国体観念と矛盾しない限度でその地位を認められたにすぎなかった」として名古屋高裁判決同様、皇道大本・ひとのみち教団両取り締まりを含め、特高警察による宗教取り締まりの理由について異端取り締まり説で包括的に説明する見解が維持されている[23]。

一方、特高警察による宗教弾圧を扱った先行研究のなかには、皇道大本・ひとのみち両事件における取り締まりの異質性に着目するものも存在する[24]。

それらにおいて着目される両事件の異質性とは、「国体」に対する異端性の質の相違——H（ヘテロジーニアス）異端的かO（オーソドキシィ）異端的か[25]——である[26]。つまり、両事件の性格の差異について言及した研究は、両教団の「異端性」の相対的質の相違について指摘した上で異端性のより強いH異端のみならずO異端の教団も弾圧を受けた点に取り締まりの拡大をみる。したがって基本的には異端取り締まり説の枠組みを崩さずに、その枠内における両事件の差異を説明していることになる。

なお、特高警察を正面から扱ったものではないが、戦前における宗教弾圧に関し、異端取り締まり説と異なる説明をしているものも散見される。例えば葦津珍彦は「戦前の諸宗教が、国家神道の不断の重圧下にあった」というのは「誤認」であるとし[27]、合理科学主義を第一義とする政府が、「歴史伝統の根のない「宗教的予言」とか「宗教による吉凶禍福の祈り」「病気治療」」等を「科学思想を妨げる邪教迷信として」、警察犯処罰令によって禁圧したことが、戦前の新宗教に対する取り締まりの性格であるとする[28]。こうした取り締まりを「戦後になっては「国家神道」の宗教圧迫と称してゐるが、それは思想の論理がちがふのであって、「科学合理主義による神秘的新宗教圧迫」なのである」[29]と主張する。同じように安丸良夫も、明治期を中心とした民衆宗教の弾圧の背景として、近代天皇制国家の〈科学的・合理的・啓蒙的〉性格を挙げている[30]。ただし、葦津は主として明治から大正期にかけての事例を挙げながら論じており、昭和10年代の特高警察による宗教取り締まりについては直接論じていない。また、安丸は昭和期の皇道大本取り締まりについては異端取り締まり説で説明している[31]。

以上の先行研究の整理を前提に、まず特高警察の目的、すなわち特高警察が守ろうとしていたものとその変遷について「特高教本」を事例に検討し、続いて特高警察の宗教取り締まりの論理とその多様性、および変遷について、「二大不敬事件」を主たる事例に考察を進めていきたい。

2. 特高警察の目的

(1) 特高警察が取り締まらなかったもの

　最初に、特高警察が何を守ろうとしていたのかについて検討する前提として、特高警察が取り締まらなかったものについて確認しておこう。

　まず、基本的に特高警察は、時の政府・政権、特定の政党を守ることを目的としていなかった。高等警察から社会運動取り締まりを専担する組織として特高警察が分離設立されたのは、1911（明治44）年における警視庁の機構改革をはじめとする。特高警察の設立は無政府主義・社会主義運動家による天皇に対するテロ未遂事件（大逆事件）を契機としたものであった。大逆事件は、当時世界的に頻発していた無政府主義者、社会主義者、共和主義者によるテロが、我が国にも波及したものと目され[32]、そうしたテロ活動を管轄する特別の組織が求められたのである。

　ところで、特高警察の母体となった高等警察は、選挙運動の不正行為の取り締まり、すなわち「政治警察」をその任務の一つとしていた。しかし、「政権の交代ごとに警保局長から警察部長まで更迭が繰返され、警察の政党化の弊害」[33]を生んだと言われるように、警察幹部が所謂スポイルズシステムによって与党の意向のもとで任命された。そのため、選挙運動の不正行為の取り締まりの名のもとで高等警察が野党の選挙運動に干渉するという状況が生じていた。このような背景を前提に、高等警察から分離設立された特高警察は、時の政権の利害に基づいて活動することを厳に戒められていた。例えば、戦前出版された「特高教本」の一つである城南陰士『特高教科書』には、「特高警察は、社会運動の取り締まりを掌る警察である。正確に言ふならば、社会主義運動に依つて生ずる警察上の障害を除去する為に行はゝ行政作用であつて、従来の所謂政治警察の為にする高等警察とは厳格に区別さるべきである」と述べている[34]。この点については特高警察を全面的に否定する論者である荻野も、特高警察が高等警察の「二の舞を踏むことを自戒し、政党政派から超絶して「国家の警察官」「陛下の警察官」という姿勢を貫き続け」[35]、「府県の特高・外事課長は知事や警察部長の容喙を認めない内務省警保局の「指定課長」であったし、保安課長の人事も政権交代に左右される事は少なかった」[36]と指摘し、特高警察が時の政府を守る活動をしていなかったことを認めている。

351

先行研究の言うように、特高警察が「反政府」運動を取り締まったことはその通りであるが、その際、時の政府・政権を守るための取り締まり活動を、特高警察は――戦時下の逸脱を除いて[37]、それ以前には――基本的に行っていないという歴史的事実を踏まえて限定的に解されなければならない。

続いて、特高警察は社会運動・思想のすべてを取り締まることを目的としていたのではない、という事実も確認しておきたい。先に述べたように、特高警察は社会運動の取り締まりを目的として設立された部局であるが、特高警察は社会運動一般の必然性・有用性を認めた上で、一部の社会運動の非合法活動のみを取り締まりの対象としていた。この点について、「特高教本」の記述を引くことで確認してみよう。

まず、先にあげた1932 (昭和7) 年発行の城南『特高教科書』は以下のように述べている。

> 特高警察の目的は、社会運動の取締である。しかし、此の社会運動の取締は、社会運動其のものを阻止し、抑圧することを意味するものではない。社会運動は、何れの社会にも必然に伴ふものであつて、之を阻止し抑制することは不可能であると共に、却つて社会の進歩発達を阻害する場合がある。したがつて社会運動の取締と言つても社会運動それ自体を阻止し抑制するのではなく、其の社会運動に依つて生ずる社会悪を除去する為に行はるべきものである。後に述べるが如く現在の特高警察が共産主義運動の取締に最も重きを置いてゐるのは、共産主義の運動が最も多く国家の存立を危くし、社会の秩序を破壊する危険があるからである。故に、社会運動夫れ自体が常に特高警察の目的物なるが如く考へることは誤りである。[38]

同じ年に発行された木下栄一（内務省警保局）『特高法令の新研究』にも、同様の記述がみられる。

> 現在的意味に於ける社会運動とは資本主義経済組織の欠陥に職由して生起する諸問題を解決せんが為の自救的運動である。……社会主義運動、共産主義運動、フアツシズム運動、国家社会主義運動、農本主義運動

等々合法非合法の諸運動を指称するのである。…特高警察の使命が非合法の社会運動を否定排除し之が剿滅を期するにあるは言ふまでもない。合法運動と雖も其の個々の場合にあつては…安寧秩序の保持上之が取締を要する場合も少くないが、全体としては之を弾圧すべき筋合のものではない。³⁹

社会運動は社会の発展に必要なものであると前提した上で、社会運動を合法活動と非合法活動に二分し、特高警察は非合法運動だけを取り締まるというスタンスは、支那事変（日中戦争）勃発後に出版された「特高教本」においても、大東亜戦争（太平洋戦争）末期に出版された「特高教本」においても維持されている。

1938（昭和13）年に発行された、田中省吾（千葉県警察部長）「特高警察」は次のように述べている。

社会問題、従つて社会運動の発生するといふことは、一面に於て社会の成員たる人々が生々とした自覚に活き、進んで理想を実現せんとする気力あることを示すものであつて、其の本質に於ては必ずしも悲しむべき現象ではなく、寧ろ其の社会に進歩向上の可能性あるを示すものであると言はねばならぬ。…固より社会運動の本質は前に述べた如くであるから、国家は徒らに干渉し、弾圧し、絶滅すべきものではない。けれども社会の改発は現実に即して、現代人を教養しつゝ、合法的手段に依り、秩序統制ある進化の途を踏んで遂行されねばならぬ。……あまりに現実離れした夢幻的な空想を逐ふ運動や、燥急過激な非合法運動は、社会の安寧秩序を乱し且社会の健全なる進歩を妨げ、却つて社会自体を破滅せしめ、所謂角を矯めんとして牛を殺す結果となるものである⁴⁰

1939（昭和14）年発行の奈良県警察部『脈打つ特高』も、同様に「社会運動そのものが直ちに罪悪だと言ふ事は出来ません。それどころが政府すら衆庶の康寧の為に現に諸種の社会施設を構じその進歩向上と万民福祉の途を構じつゝあるではありませんか。それでは何故に社会運動を取締らねばならぬのでありませうか　第一の眼目は　国体の本義に立脚して絶対に容認できない

第Ⅲ部｜国家と宗教

もの（共産主義）　第二には　非合法手段を用び、或は矯激なる改革を企図する等運動それ自体が社会の秩序を著しく攪乱するもの」[41]としている。また、1944（昭和19）年発行の島村一『高等警察概要』にも、「社会運動と言つてもその範囲は極めて広汎であつてその全部が特高警察の対象（客体）となる訳ではない　特高警察はその運動によつて生ずる社会悪を除去する為に行はるべきものである」[42]とある。

　以上、特高警察が、時の政府・政権を守ることを目的としていなかったことと、社会運動のすべてを取り締まりの対象とはしていなかったこと、の二点を確認した。

⑵　特高警察が守ろうとした体制

　以上を踏まえつつ、特高警察が何を守ることを目的としていたのかについて検討を進めたい。出版された多くの「特高教本」の構成は、特高警察の取り締まり対象である社会運動についての解説——総論としての社会運動論に加えて、各種社会運動の理論や組織などについての具体的な紹介——が主となっている。この、取り締まり対象である各社会運動についての解説の記述のなかに、なぜそれらの各社会運動が取り締まりの対象となるのかについて言及されており、それを通じて特高警察が何を守ろうとしていたのかを知ることができる。

　城南『特高教科書』(昭和19)は、共産主義運動の危険性について、「共産主義が特に危険なるものとされ、特高警察上重要視される所以は、その方法論の反国家性、反社会性にある。特に其のプロレタリア革命論は、共産党運動の実践的論拠を為し、現在の法律乃至制度を徹底的に否認した非合法運動となる」[43]と述べている。プロレタリア革命論が「現在の法律乃至制度を徹底的に否認」することについては、さらに「此のプロレタリア革命は非常に危険なる思想であつて、国家権力の破壊は総ての国家組織乃至国家機関の破壊を意味することになるのである。議会、裁判所、警察、軍隊、夫等は何れもプロレタリア革命に依つて破壊されんとするものであり、…旧権力を破壊して新権力即ちプロレタリアートに依つて把握された支配、所謂プロレタリア独裁に依つて共産主義社会の実現に近づくと言ふのが彼等の主張である」[44]と敷衍している。

このように城南は、プロレタリア革命が現在の議会・裁判所・警察・軍隊を破壊することを意味し、それはすなわちプロレタリア独裁につながると指摘した上で、現実にプロレタリア革命が成功したソ連の現状を以下のように述べている。

　　現に革命後既に十一年を経たるロシアの如き最近に至つて「支配」の形は益々強力となつて現はれ、帝政に代ふるに横暴なる独裁政治が現はれた以外に何等異なる所はないのである。而も、独裁政治の下に於ては、法律制度の確立なく、国民は何等の権利と自由を認められず全く一部少数者の専制に依つて左右され生存の安定すら保障され得ないのである。独裁政治の下に国民の得る所のものは、不安と恐慌以外の何ものでもないのであることを知らねばならない[45]。

　従来の議会や裁判所が破壊されたソ連のプロレタリア独裁政治においては「国民は何等の権利と自由を認められず」「生存の安定すら保障され得ない」という認識は、ソビエト連邦が崩壊しその内実も周知されるようになった21世紀現在のわれわれから見れば、客観的にも相当の正確さを有する認識である[46]。ここで確認したいのは、少なくとも主観的には、またこの時点においては、特高警察は共産主義運動が議会・裁判所・警察などを破壊し、国民の自由・権利・生命を脅かす独裁体制を目指すがゆえに取り締まりの対象としていたという点である。
　また、特高警察が私有財産制を守ろうとしていたことについては、治安維持法第1条（改正治安維持法第10条）の文言からも明らかであるが、城南はなぜ私有財産制を守る必要があるのかという点について、以下のように述べている。

　　国家が法制に依つて所有権を保證する所のものは、独り各人の経済生活を保證する為のみならず、又社会の発達進歩を助長せんが為である。所有権の保證、即ち財産の私有を認むることは社会の経済的発展に最も重要なる事項であり、人類生活の進歩向上の上に欠くべからざる要件なのである[47]。

私有財産制＝個人の所有権の保障は、社会の経済的発展・人類生活の進歩向上に必要不可欠である、という認識が、ここに示されている。
　以上のような、私有財産制の破壊と独裁＝議会制の否定を目指すがゆえに共産主義運動を取り締まる必要があるという城南の見解は、彼特有のものではなく、基本的にほとんどの「特高教本」に共有されている。
　そして、まさに独裁を目指し、議会制・資本主義経済・個人の自由を否定するという同一の理由によって、共産主義運動同様、国家社会主義（ファシズム）運動も取り締まりの対象とされた。この点について、尾形半（内務省警保局）『特高警察読本』（昭和19）は、「ファシズムはボルシエヴイズムと共に世界大戦から生まれた双生児である。だから両者共独裁主義を以つて起り、両者とも労働者団体を体軀とし、両者ともマルクス主義に育まれた人物に率ひられてゐたのである」[48]と共産主義運動とファシズム運動の同根性を指摘し、ファシズムの理論を以下のように説明している。

> 第二　独裁主義である。之は議会主義に対する語であつて、共産主義と相通ずる点である。デモクラシーに立脚する議会主義が、近来国民大衆に好感を持たれないのは世界の大勢である。

> 第六　フアシズムは反資本主義である。之はムツソリーニのみの主張に現れたのではなく、特に後に述べる独逸及我国の国粋的社会主義団体の宣言に明示されたものである。アダム・スミスに確立された資本主義経済学は理論に於ても実際に於ても全く行き詰つて了つた。自由競争程社会を幸福ならしめるものはないとしたスミスの所論は、今に於ては全く見当違ひのものとなつて来た。そこで個人の自由を国家の為に制限し、経済組織を国家の為に統制（統制経済）しなければならない、とフアスシストは云ふのである[49]。

　上記の諸「特高教本」は、共産主義運動やファシズム運動を解説する記述のなかに、それらが独裁を目指し、自由主義・議会制・資本主義を否定するが故に取り締まり対象となるとする。これらは、特高警察が国民の自由・権

利・生命を保障する議会・裁判所＝民主制・法治国家体制を守ることを目的としていたという事実を、直接的にではないにしても、明らかに示している。

　1937（昭和12）年に出版された青木貞雄（福岡県特別高等警察課長）『特高教程』は、大日本帝国憲法体制＝特高警察が守ろうとしていた「体制」がどのような「体制」であったのかについて、より直接的具体的に語っている。

> 現代社会思想乃至社会思想発生の根本原因を求むるならば、何人と雖も自由主義思想及個人主義思想に之を帰することに異論なからうと思ふのである。…この「人間にかへれ！」「自由を与へよ！」の叫びは、とりもなほさず個人に至上価値を認める個人主義であり、個人主義なるが故に他人の拘束を排除する自由主義なのである。近代の燦然たる文明は実に此の個人主義の上に建設せられた。即ち宗教上に於けるプロテスタント主義、政治上に於ける議会政治、経済上に於ける資本主義制度を初めとして、凡百の制度文化彼此皆然らざるはない。…換言すれば現代社会はブルジョア個人主義自由主義社会であるとすれば、之等社会思想はプロレタリヤ個人主義自由主義社会を実現せんとするものである[50]。

> 立憲政治は一七八九年仏蘭西の人権宣言に「権利の保障なく権力の分立なき邦は、憲法を有せざるものなり。」と謂へるが如く、少くも諸外国に於ては個人主義自由主義を根本指導原理とするものである。而してこの政治的自由を確保するため、権力の分立を期し、立法府に対しては人民の利益を代表する民選議員を以て之に当らしむる議会制度を採用するものである。即ち今日の立憲政治の誕生は、個人の利益を擁護し、個人の自由を確保する所に其の基調を置いたものであつて、国家全体の利益発達は之を第二義的に考へられたものであることは容易に察知できるものである。
> 　此の制度は明治維新後、西洋文化の流入につれて我国に於ても採用せられ、遂に明治二十二年に帝国憲法の制定せらるゝに至つたものである[51]。

　ここで極めて重要なのは、個人主義・自由主義を制度的に担保するために

議会制・私有財産制が存在している、という認識である。専制を制限する議会制が自由を担保するというモンテスキュー的認識と同時に、財産権が自由を保障するというジョン・ロック的認識——すなわち近代啓蒙思想がはっきりと示されている。青木によれば、大日本帝国憲法体制とは、個人主義・自由主義を根本指導原理とし、それを担保するために立憲君主制・議会制・資本主義制度を採用した、西洋近代的（ブルジョア個人主義自由主義）な体制なのである。こうした「体制」認識は、1939（昭和14）年出版の奈良県警察部『脈打つ特高』においても同様に述べられている。

> 我国は明治維新以来、西欧文化の摂取に努め、徳川三百年の余弊を一掃し併せて物質文明の発達を計つて参りましたが、それは同時に個人主義（思想）自由主義資本主義（経済的）民主々義（政治的）を採用する結果となりました。
> 個人主義は人間各個人に絶対の価値を認め国家は個人の幸福を実現する為に、便宜組織されたと見る思想であります。
> 自由主義は個人主義思想に立脚し、各個人は自己の好む所に従つて自由に放任せらるべきであり、国家と雖も之を束縛する事が出来ぬと考へる思想であります。
> 民主々義は【民衆による民衆の為の政治】をモットーとしその方法は民選による議会によつて一切を決定せんとする思想であります。
> 資本主義は個人主義、自由主義の原理に立つて経済を運用せんとする主義であります。
> 斯様にして民主々義、資本主義の制度が物質文明の飛躍的発展を促し僅かに七十余年の間に今日の強靭な国力を築き上げるに至つた事は判然認めざるを得ません[52]。

なお、『特高教程』や『脈打つ特高』においては、これらの記述は社会運動発生の原因に関する解説のなかで述べられているものである。それらの解説は個人主義・自由主義が少なからぬ弊害をも生み出したことも同時に指摘する。例えば『脈打つ特高』はその弊害として、「国民一般に物資偏重の信念が生じ其の為に国家よりも又人格よりも『金』を重しとするが如き傾向を現

出した事」、「社会に貧富の懸隔が生じ労働者、資本家と言ふ様な階級的分裂が生じた事」、「農村を犠牲として都市が繁栄した為両者の対立が生じた事」、「大企業と中、小企業の対立が生じた事」、「財貨の生産及び経費が私人の自由である為貴重なる国家的資源が浪費せられる事」を挙げている[53]。これら個人主義・自由主義が少なからぬ弊害を生み出したという認識が、準戦時下・戦時下という時局と結びついた時、国家体制の変容を帰結することになり、それが特高警察の取り締まりにも決定的な影響を及ぼしていく。

　以上検討してきたように、「特高教本」によれば特高警察は、昭和10年前後までは、個人主義・自由主義を理念とし、それを制度的に担保する議会制と私有財産制を基礎とするモダン（近代主義的）な「体制」「国家」を守ることを目的としていたことになる。

　このような体制は大日本帝国憲法によって規定されたものである。大日本帝国憲法第4条は万世一系の天皇による統治権の総攬を大前提としていた。したがって、特高警察が守ろうとしていた「体制」には、議会制と私有財産制に万世一系の天皇による統治権の総覧（狭義の「国体」＝君主制）が加わる。特高警察は、君主制＋議会制＋私有財産制を基礎的内容とする「体制」「国家」を守ることを目的とし、それらの内容を否定する社会運動を取り締まったのである。

　ここで、一つの疑問が生ずるかもしれない。特高警察は「国体の変革」と「私有財産制の否認」を目的とした社会運動は取り締まりの対象としたが、いわゆる「政体」＝議会制の変革を目的とした社会運動については取り締まりの対象としなかったのではないか、という疑問である。治安維持法制定過程（第50回議会、1925（大正14）年）において、法案第1条の「国体若ハ政体ヲ変革シ又ハ私有財産制度ヲ否認」云々という条文から、「若ハ政体」が削除されたという立法史上の事実が存在するからである[54]。

　しかしこれは、特高警察の活動について考える際、治安維持法を過度に中心視することに基づく誤解である。社会運動の取り締まり法規としては、結社罪の処罰を規定した治安維持法以外にも、刑法・治安警察法・警察犯処罰令・暴力行為等処罰に関する件・出版法・新聞紙法など、複数の法規が存在する。先に引いた木下『特高法令の新研究』（昭和19）は、特高警察が「政体の変更」＝議会制度の廃止を目的とした運動を取り締まり対象としていたこと

について、以下のように述べている。

> 国体変革と朝憲紊乱　両法条の比較に当つて、先づ第一に考察すべきは国体の変革と朝憲紊乱との関係である。刑法が朝憲紊乱の適例として、引用した政府の転覆は統治権の破壊であるから当然国体の変革となる。……朝憲紊乱は云ふまでもなく、単に国体の変革のみを意味するものでなく、政体の変更等も当然これに包含せられ、其の他立憲政体の要素たる議会制度の廃止、兵役制度の破壊等総て法に依つて定められた国家組織の大綱を紊乱せしめる事は総べて朝憲紊乱に該る。[55]

「両法条」とは、治安維持法第1条と刑法第78条のことである。ここでは、暴動実行・予備罪の処罰を規定した刑法第78条（内乱罪）にある「朝憲紊乱」には、立憲政体の要素の紊乱＝議会制度の廃止が含まれていると解されている。同様の解釈は、日本警察社編『思想警察通論』（昭和13年）にも見られる。同書は「反理想的思想・行動で人生目的を破壊する思想行動——であるかを見出さんとする当面の具体的標準」として、「イ　国体を破壊せんとする一切の思想・行動は先づ第一に絶対に拒まれる」、「ロ　国家存立の根本組織大綱を不法に変革せんとする行為——朝憲紊乱行為——も亦拒まれる」[56]とし、「国体」以外の「国家存立の根本組織」を変革しようとする「朝憲紊乱行為」が取り締まり対象であることを示している。すなわち、議会制の廃止を意図する運動についても、運動のどの段階で取り締まるかという法規定上の差異はあれども、「国体」や私有財産制を変革・否認する運動同様、取り締まり対象としていたことがわかる。

　さて、これまで、特高警察は、近代主義的な、すなわち個人主義・自由主義を制度的に担保する議会制と私有財産制を基礎とする立憲君主制の「体制」「国家」を守ることを目的とし、それらを否定するポストモダン的な共産主義やファシズム（全体主義）に代表される社会運動の取り締まり活動を行ってきたことを確認してきたわけであるが、なぜこのような特高警察の活動が、はじめにおよび第一節で紹介した先行研究において「自由主義・民主主義思想を弾圧した」と評されるのかについて考えておきたい。その原因は、主として二つあると思われる。

一つは、言葉・概念の用いられ方という形式的な側面に起因する。つまり、「自由主義」「民主主義」は多義的に使用されうるということある。共産主義運動などにおいては、しばしば「真の自由主義」・「真の民主主義」とはすなわち共産主義・社会主義・無政府主義である等の語用法が用いられる。例えば、共産主義国家の国名に「民主主義」が冠されることは珍しくない。「ブルジョア個人主義・自由主義」に対する「プロレタリア個人主義・自由主義」などもこうした用語法の一つであろう。こうした語用法を前提とすれば、（「ブルジョア」的）自由主義・民主主義を守ろうとした特高警察の活動が（「プロレタリア」的）「自由主義」・「民主主義」を弾圧したと評しうることになる[57]。

　もう一つは、先行研究を整理した際に述べておいた、昭和10年代中頃以降顕著になっていく特高警察の取り締まり活動の拡大という実質的な側面に起因するものである。この時期以降の特高警察の取り締まり活動が、字義通り自由主義・民主主義的な国民活動をも弾圧するようなものに変質した可能性があるという問題と関わっている。これは当該時期の「ファシズム化（ファッショ化）」や「総動員体制」がそれ以前の「体制」からどのように変化したのかという問題に直結する論点である。

(3) 昭和戦前期における変化

　近代主義的な議会制と私有財産制（資本主義）を制限・否定するポストモダン的全体主義運動は、特高警察の"敵"であり、弾圧すべき取り締まり対象であった。これまで紹介してきた「特高教本」の認識を前提にする限り、特高警察は、少なくとも主観的には、また1935（昭和10）年前後の時期までは、反議会制・反私有財産制を掲げる社会運動から、西洋近代的個人主義・自由主義理念とそれを制度的に担保する議会制＋私有財産制（資本主義）を基礎とする立憲君主制の「体制」「国家」を守る任に当たっていた。

　しかし、この従来の"守るべきものと取り締まられるものの関係性"に、昭和10年代において変化が生じる。「体制」が前提としていた個人主義・自由主義が少なからぬ弊害を生み出したという認識が、準戦時下・戦時下という時局と結びついて、「体制」の変容を帰結した。準戦時下・戦時下における合理性効率性が求められ、近代主義的な「体制」が徐々にポストモダン的な反資本主義・反民主主義に転じていったのである。

1938 (昭和13) 年に成立した国家総動員法は、総力戦体制の基本法であり、戦時法として広汎な統制経済と委任立法を規定した、反資本主義的・反民主主義的内容の立法であった。また、新体制運動の盛り上がりのなか、1940 (昭和15) 年には大政翼賛会が結成され、形式的には「一国一党体制」が確立する。こうして全体主義は、近代主義的な「体制」を守るための取り締まり対象から、ポストモダン的な「体制」それ自体へと移行したのである。

　「体制」が自由主義から全体主義へ移行したことについて、「特高教本」とは異なるが、「総動員体制」の解説書の一つである岩田新 (拓殖大学・民法)『大東亜建設の理念と構造』(昭和17年) は以下の様に述べる。「明治立法の特色はその平和維持の法であり個人の利益増進の法であり、私権の自由拡充の法であつたのである」、「然るに、満州事変以来新時代に目醒めてきたわが国の法律学は徐々に従来の無限軌道に乗つた自由主義的法律解釈から離脱して、その解釈の基調をなしてゐた個人主義の素地も次第に共同体主義の架橋を渡つて全体主義の生地に移つていつた。そして支那事変勃発と共にこの傾向は急速度に強化され、ナチス流の全体主義の思想に刺激せられて、茲にわが国固有の皇道精神を体現する意味においての全体主義が澎湃として法律の全野にみなぎるに至つたのである」と[58]。岩田は、自由主義・個人主義から全体主義への変化について「英米思想から皇道精神への百八十度の旋回をなしたのである。世界観がかはつたのである」と表現している[59]。

　岩田も同書において、皇道精神的な日本の「全体主義」は、ナチス流のそれとは異なることを繰り返し強調しているし、それは客観的にも妥当な認識である。しかし、この時期に、国家体制のドラスティックな変容が生じたという指摘は、岩田の主観的観測にとどまるものではないだろう。例えば戦後において法哲学者の長尾龍一は、治安維持法が議会制・政党政治・資本主義を保護しようとしていたのに対して、国家総動員法が「議会制、市場制資本主義を断罪し、ソ連経済、ナチ経済、少なくともルーズヴェルトのニュー・ディール政策などを模範とする統制経済論」を背景にしていたことを指摘している[60]。

　このように、昭和10年代において、従来の西洋近代的個人主義・自由主義理念とそれを制度的に担保する議会制＋私有財産制 (資本主義) を基礎とする立憲君主制という「体制」が、「百八十度の旋回をなし」、統制経済を旨と

して議会制・資本主義を制限する皇国流の「全体主義」の「体制」へと変化した。

こうした「百八十度の旋回」は、特高警察の取り締まりのあり方に必然的に決定的影響を及ぼす。取り締まり・警戒の対象であった反議会制・反資本主義が守るべき「体制」の要素に、守るべき「体制」の要素であった自由主義・資本主義・個人主義が、統制されるべき対象となったのであるから、その影響の大きさは甚大であろう。

「体制」の変質が特高警察に与えた影響は、「特高教本」においても看取することができる。例えば、青木『特高教程』(昭和12年) の第一章「特高警察の意義」には、特高警察の特質として、「一　特高警察は現下非常時に於て警察各般の事務中最も重要なる警察である」、「二　特高警察は反動警察ではない」、「三　特高警察は予防警察を第一義とする」、「四　特高警察は単なる政治警察ではない」の四点が挙げられている[61]。しかし、1939 (昭和14) 年に出版された同書の改訂増補版では、掲げられている特高警察の特質の二番目として新たに、「特高警察の最高目的は皇道の宣布にある」という項目が挿入されている。

　　二　特高警察の最高目的は皇道の宣布にある。
　　　我が国家乃至国民の一切の活動は、究極に於て肇国の御精神に帰一すべきは今更言ふまでもない。…特高警察取締の標準も自らこゝに定まる訳であつて、其の取締を通じて、肇国の精神を宣布することが、其の最高目的であらねばならない。[62]

青木改訂増補版『特高教程』の前年、1937 (昭和12) 年に出版された佐藤彰三『現下に於ける特高概観と随感随想』においては、「国家総動員と特高警察」という項目が設けられてはいるものの、その内容は「此の現下の問題を一言にして申しますならば、特高警察官は特に深く現下の時局を認識し、そして此の国家総動員の精神を我々の関係する職務の上に生かして行くと云ふ事が唯一の目標であり、此の目標に熱誠を以つて邁進しなければならないだらうと云ふ事であります」[63] というものであり、国内の一致団結を強調する一般論的な論調にとどまっている。この例から見る限り、「特高教本」におけ

る「皇道イデオロギー」の強調は、まさに国家総動員法が成立した1938 (昭和13) 年頃に現出しているが、その後昭和10年代中期以降に出版された「特高教本」において、しばしばさらに強調されるようになってゆく。

その最も典型的な例が、1941 (昭和16) 年に出版された、村瀬武比古 (政治学者・明治大学)『特高警察大義』である。

> 皇道なるものは現に私達日本国民の魂として躍動してゐるのであるが、その明白なるイデオロギイ把握に至つては、未だ統一の相を呈してゐないのである。……皇道イデオロギイの決定をなし、其の統一を求めんとするには何としても是等四個の構成要素を念頭に置かなければならない。即ち天照皇大神、神武天皇、一体を成し給ふ歴代天皇、国民意思等々である。[64]

> 日本国家の建設は先づ以て『まつろはぬもの』を『まつろはす』ことにはじまるので、…皇道は天地の理法を体現することに於て存在するのであるから、其の普遍化は全世界に延びて行かねばならぬ。[65]

「天照皇大神、神武天皇、一体を成し給ふ歴代天皇、国民意思」などを「皇道イデオロギー」の構成要素として、これらに「まつろはぬものをまつろはす」ことを主張しており、ここでの特高警察の任務はまさに「皇道イデオロギー」に基づいた「統制」である。村瀬は同書で、ヒットラーのユダヤ人弾圧について、「独逸の警察機関は天晴れ其の重責を完うしたのだ」[66]と称賛し、「独逸の『秘密国家警察に関する法律』…と見えてゐるが、之れは我が国の特高警察概念にも共通する所多分であると思ふ」[67]と、特高警察とゲシュタポをほぼ同一視する。

村瀬は私学の政治学者であり特高警察関係者ではないことから、同書はこれまで引用してきた「特高教本」とはやや性格を異にするものである。したがって、村瀬のような見解が特高警察内でどの程度共有されていたのかについては慎重に判断するべきであろう。しかし、同書には「著者が皇道イデオロギイの統一を図り、日本精神真個の意味を提唱し、以て特高警察の大義を高揚したことは治安の重責を果たすべき人々に必ずや多分に資するものあるを信じて止まない」[68]という貴族院議員の岡喜七郎の序文と共に、高橋守雄

の以下の序文が寄せられている。

> 私は日本の神話といふものが偉大なる力を持つてをることを如実に痛感してゐる。……其の昔二柱の神は国土を産み給うた、即ち国が肇つたのである……之より発生せる家族的民族国家は天皇と臣民との親子的関係に於いて組織されてゆくので、日本民族が天孫民族より出で給ふ皇室を中心として崇め奉り、能く統一の業を進めて来たことは寔に八紘一宇の精神を体するものと謂つてよい。…勿論天皇に対する日本国民の忠は理論を以て律するべきものに非ずして道義を以て律すべきものである。また国家社会も道義を以て秩序づけられるものであつて、法制のみに依るべきものではない。……今日皇国日本が益々発展しつゝあるのは只管日本国民の皇室に体する全き信頼に依るので、此の信頼にして破れんか、日本国家は滅亡するのだ。…………
> 此の故に前掲の思想――国体観念に背反する思想は極力取締らねばならない[69]。

岡と高橋は二人とも元警視総監である。このことからも、特高警察に「皇道イデオロギー」強調の影響が、ある程度以上は浸透していたであろうことは推測できる。

1944（昭和19）年という戦争末期に出版された「特高教本」である島村一『高等警察概要』では、「警察の根本理念」を、「征戦遂行途上に生ずる凡有障害の予防排除に努め以て、肇国の御理想御達成！　八紘為宇の御顕現！　皇国の隆昌に寄与するにあり」とし[70]、「皇国警察の信条」として、「日本臣民の踏まなければならない道は大日本帝国が万世一系の天皇陛下を大君と仰ぎ、父君と敬ひ、万民その御前に平伏すといふ神ながらの国体から発してゐるごとく警察官の踏むべき道も源を探れば同じ国体から出てゐる事実を知る」とした上で、「大日本帝国の警察官は一人残らず一天万乗の天皇陛下に帰一し奉らねばならぬ（帰一の心願）」として[71]、以下のように述べる。

> 帰一の心願に付ては、
> 一、建武の忠臣北畠親房卿のその著、神皇正統記の冒頭に於て、大日本

365

は神の国なり、と喝破された、然り此我一億の否、過去、現在、未来極りなく一貫せる国民の不易の信念であり信仰である
即ち
古事記、日本書紀等によれば、

大八洲国は国常立尊を初めとする神代七代の終りに成りませし、伊弉諾、伊弉冉の二神によって修理固成せられ而して此の天の下を御治め遊ばし給ふ神、天照大神を生み給ふたのである

比類なき崇高にして尊厳なる国体は此処に肇つたのである　申すも畏きことながら上御皇室に於かせられては朝夕皇祖天照大神様を齋き祭られ、天照大神様の大御心を御心とせられ給ふ、即ち常に皇祖と御一体とならせ給ひ我国を　大御宝を御しろしめし給ふのである

故に之を「祭政一致」とは謂ふのである、此の事は天孫降臨の御神勅、神鏡奉斎（同床共殿）の御神勅、天津神籬及び天津磐鏡の御神勅等によつて明である[72]

島村は同書で、上記のような国体神話を「大事実」であると述べる。その学問的科学的真偽について、「即ち幽遠なる我国体を欧米流の分析的科学的立場に於て判断すべきではないのである」[73]とする。

3. 特高警察の宗教取り締まりの論理

以上、特高警察が少なくとも昭和10年前後までの時期においては、個人主義・自由主義を制度的に担保する議会制と私有財産制を基礎とする立憲君主制の体制・国家を守ることを目的とし、それらを否定する共産主義やファシズムに代表される全体主義的社会運動の取り締まり活動を行ってきたこと、昭和10年代に入って個人主義・自由主義が少なからぬ弊害を生み出したという認識が準戦時下・戦時下という時局と結びついて、準戦時下・戦時下における合理性効率性が追及され、体制・国家そのものが反資本主義・反自由主義・反民主主義的なものに転じていったことを確認した。

これらの事実は、特高警察による宗教取り締まりと、そしてその拡大過程とどのような関わりを有するであろうか。

(1) 皇道大本取り締まりの論理

　特高警察が宗教団体を取り締まった初のケースは、1935（昭和10）年のいわゆる皇道大本弾圧事件である。内務省警保局による特高警察の報告をまとめた資料『特高月報』によれば、皇道大本事件関連の報告の初出は、皇道大本そのものに関してではなく、出口王仁三郎が統監となって組織した昭和神聖会に関するものであった。同報告「昭和神聖会の結成と其の後の動静」は、『特高月報昭和9年8月分』「国家主義運動の状況」のなかにあり、昭和神聖会が1934（昭和9）年7月22日九段軍人会館にて結成されたことを報告した上で「今後の動向注目の要あり」としている[74]。

　昭和神聖会は「統管」に出口王仁三郎、「副統管」に黒龍会の内田良平、顧問格として頭山満を擁し、陸軍を中心とする右派革新勢力との濃い関係性が結成当時より指摘されていた。右派革新勢力とは、天皇を中心とした国家社会主義の謂いである。

　昭和神聖会と皇道大本の密接な関係は報告においても前提とされ、例えば『特高月報昭和10年5月分』には、「昭和神聖会に於ては客年7月総本部の結成以来、皇道大本関係の諸組織を根基として急速なる発展をとげ」と言う記述を見ることができる[75]。その後『特高月報昭和9年10月分』『特高月報昭和9年12月分』と続いた昭和神聖会に関する報告をみてみよう。

> 結成以降に於ける重なる対外運動を一瞥するに、本年7月「祭政一致の大道」「皇道経済我観」のパンフレットを、同9月には「華府条約を即時撤廃せよ」「軍縮問題と米国の対日策戦」同10月には「皇道維新と経済」等時局問題に連関するパンフレットにより強硬意見を吐露し皇軍の主張を支持…。本会は概ね軍部の主張を支援し、統監の一元的統制の下に行動しつつある[76]

> 「聖師様（出口王仁三郎を指称す）は国内改造断行の直訴を為し以て皇道経済を確立すべし」と説き、又は「議会主義は駄目だ、独裁政治に限る。殊に日本は君主専制の神国だ」云々…の言説を為す等屡々不穏の言動あるのみならず、各地支部に於ても亦会員勧誘等に当たりて「今に御稜威

紙幣が発行され借金等は支払はなくてもよい様になる」…「昭和10年2、3月頃には一大変革がある」「近く大本教に所謂建替建直しがある」又は「近く戦争があって日本が世界を統一する」等不穏の予言的風説を流布し、然も自ら深く之を盲信せる模様ある等其の取り締まり上深甚の注意を要するものありと認めらる[77]

　これらの報告で注意が喚起されているのは、農村疲弊対策として土地の個人所有や税を廃止するという「皇道経済」の主張、議会制の否定と独裁の提唱、軍部の政治的運動への支援などの革新政治的活動に対してである。特に「皇道経済」は資本主義の根幹を否定する点で、特高警察設立当初の警戒対象であった共産主義とも共通点を有する。その主張や活動が宗教的思想に基づくものであれ、当時の思想的風潮に棹差したものであれ、それが現行の政治体制を否定する運動であれば、大日本帝国憲法体制を維持する任を負う特高警察は問題視せざるを得ないであろう。
　昭和神聖会の〈結成〉がまず『特高月報』に報告され、皇道大本に関する報告はその1年半後に〈検挙〉報告として初出するという経緯は、皇道大本と世俗的革新政治運動との関連性にこそまず特高警察が注目したことを示している。この点は、皇道大本取り締まりの論理を考える時に看過し得ない事実である。つまり、皇道大本弾圧事件は、議会制と私有財産制を基礎とする立憲君主制の体制・国家を守ることを目的とした、宗教団体を基盤とする全体主義的政治運動に対する取り締まりとして位置づけられていた。
　皇道大本そのものに関する報告の初出は、『特高月報昭和10年12月分』「大本教団の治安維持法違反並に不敬事件」である。同報告および続く翌年3月分の報告は検挙報告であり、皇道大本が展開した運動の性格を以下のように指摘している。

　　大正13年以来更始会、人類愛善会等を組織し逐年勢力を増大し、更に昭和6年以降に於ては教線拡張の手段として、昭和青年会、昭和坤生会等を結成し諸種の機関紙による宣伝と相俟つて大衆の獲得に努め居たるが、其間出口王仁三郎を中心としたる主要幹部は天人共に許さゞる極悪非道の不敬不逞の思想を宣布し、信者亦之が影響を受けて不穏の言動あ

り、…治安維持法違反並に不敬罪被疑事件としての確証を得るに至りたる[78]

検挙直前までの情勢…皇道経済、皇道政治と称する幼稚浅薄なる大衆的欺瞞的主張を唱導し、…信仰団体たるの範囲を逸脱して遂には之等の諸勢力を通じて其の根底に抱持する国体変革の思想に基き、時宜に応じて不敬の言動を隠見せしめ、不逞の大望を達成すべく著々其の実勢力を構築しつゝありたるものなり[79]

終始一貫して変らざるものは建替建直(ママ)(ママ)に依る五六七の世実現の思想なり。而して前叙御筆先又は霊界物語等に依り之の思想を観るに該建替(ママ)（破壊を意味す）建直（建設を意味す）なるものは単に精神的問題を謂ふものにあらずして現実の政治経済等の社会諸制度を変革せむとするものにして、依つて招来せらるゝ五六七の世とは畏くも　皇統の御統治を否認して、五六七大神、素盞嗚尊の現世的顕現者たる王仁三郎が自ら我日本国の統治者として登極し、神慮に基き統治する時世を指称せるものなり[80]

昭和10年12月分の報告において、「天人共に許さゞる極悪非道の不敬不逞の思想を宣布」「其の根底に抱持する国体変革の思想に基き、時宜に応じて不敬の言動を隠見せしめ、不逞の大望を達成すべく著々其の実勢力を構築」とやや抽象的に表現されていた皇道大本取り締まりの理由は、翌3月分では「皇統の御統治を否認して」「王仁三郎が自ら我日本国の統治者として登極」というより明確な表現で、つまり皇道大本の皇位簒奪計画（革命計画）に対する取り締まりであることが示されている。

以上のような、検挙取り締まりの経緯を鑑みれば、皇道大本取り締まりは、単なる「国体」に対する異端取り締まり説では十全に説明しきれないことがわかる。特高警察が宗教運動を管轄下に置く契機となった皇道大本の取り締まりは、社会運動の極みとしての全体主義的革命運動に対する取り締まりであった。すなわち近代主義的体制をポストモダン的全体主義的な運動から守るという、特高警察の従来の社会運動取り締まりの論理が直接的にあてはま

る事例と位置付けることができる。

(2) ひとのみち教団取り締まりの論理
　ところが、皇道大本弾圧の翌年のひとのみち教団弾圧は従来の全体主義的運動に対する取り締まりの論理と全く性格の異なる論理に基づくものであった。『特高月報昭和11年5月分』巻頭の「運動状況、概説」は、皇道大本のような「宗教の範疇を逸脱して不穏なる思想若は政治運動に出でんとする」宗教団体とともに「粢りに除病攘災等の迷信を流布して人心を誑惑し又は献金を従慂」する宗教団体を「邪教」と呼び、それらの宗教に対する取り締まりの必要性を訴えている。ここにおいて特高警察は、呪術迷信的宗教を取り締まり対象とする方針を示したのである。続く翌月の『特高月報昭和11年6月分』には、以下のように呪術迷信的宗教に対する取り締まり理念がより明確なかたちで述べられている。

　　　近時国家主義思想の台頭と共に排外、復古の思想横溢し、動もすれば現代科学殊に医学を排除して精神療法、漢方医術等を偏重し、或は卜占、加持祈祷等を以て除病攘災を願はんとするの風潮を生ずるに至れるが、這間諸宗教々師又は祈祷師卜占業等の一部不良徒輩に在りては妄に吉凶禍福を説きて民心を惑乱し、或は荒唐無稽の憑霊巫呪を説きて医療を妨害し、以て不当に金品を詐取し、若は人倫を紊る等の所為を営むもの漸く多からんとするの情勢にあり。即ち最近各地に於て発生したる紛上事例中、顕著なるものを例示すれば概ね後記の如くにして、斯る徒輩の跋扈は啻に迷信を助長して国民の正信を妨害するに留らず、直ちに個人の生活を脅かし社会の秩序を紊る等其の弊害少からざるものあるを以て、夫々厳重なる取り締まりを加へて之が剿滅を期するの要ありと認めらる[81]

　以上のような呪術迷信撲滅の論理に基づいて最初に注目された大教団が、「扶桑教ひとのみち教団」であった。ひとのみち教団に対する注意警戒を呼びかけた最初の報告は『特高月報昭和11年5月分』のものである。

第 9 章｜昭和戦前期日本の「宗教弾圧」再考

全国に120余の布教所を設置し信者百万を擁せりと称する「人の道教団」の如きも、其の謂ふ所科学的常識を無視し加之低級幼稚なる為最近一般より邪教なりとして非難攻撃せらるゝに至り、教団の具体的事実に基き其の欠陥を剔抉せられんとする状況にあり、…此の種宗教団体の布教実情、他団体との関係等に就いては周匝なる視察取締を要す[82]

其の教義教理は通俗平凡にして道徳常識の範囲を出でず、而も其の布教の方法に至りては専ら除病攘災等の現世的利益を誇大に宣伝して往々医療妨害、療術類似の行為を反復し、其の募財の手段に於ても相当猾智巧妙を極め居るやにして、其の教勢の発展と共に漸く社会の著目する所となりて屡々典型的迷信邪教なりとすら酷評せられつゝある模様なり[83]

素より斯る所説は神霊万能に堕して現代科学殊に医学の根本的否定となり、軈て医療を妨害し、又は療術行為を営むの因を為し、無智の迷信者をして不慮の重患に導き遂に死亡に誘ふの虞あるのみならず、各種邪悪の迷信を流行せしめて国民生活の健全を荼毒するに至るべく其の動向に就ては厳重注目の要ありと認めらる[84]

　ここで主として注目されているのは「現代科学殊に医学の根本的否定」、すなわち医療妨害によって「不慮の重患に導き遂に死亡に誘ふの虞」と、「猾智巧妙」な「募財の手段」すなわち財物搾取である。なお、この報告においては、「御木徳一を以て畏くも唯一の教育勅語の眞解者なりと僭称するは不遜僭上にして不敬の沙汰なりと謂ふべく」という同教団の「不敬」に着目した記述も見出すことができるが、ごくわずかな記述にすぎず、主たる関心は同教団の「呪術迷信」性であることは明らかである[85]。
　ひとのみち教団に対する取り締まりは1936（昭和11）年9月、検挙の段階を迎える。その検挙は5月の段階で注意警戒の報告が寄せられていた医療妨害や財物搾取に対する取り締まりを契機とするものではなかった。教祖御木徳一が教団幹部の子女を強姦したとして教団内部関係者に告訴されたことが検挙の直接のきっかけとなったのである[86]。教祖の強姦、強制猥褻被疑を契機に、ひとのみち調査のために「醜関係、財産関係、教義関係、被害調査、聞

込班」の五つの係が設けられたことが『特高月報昭和11年9月分』に報告され[87]、翌月の報告には、教祖による強姦容疑に続いて、教団幹部と地元行政（町長・警察）との贈収賄の検挙が報告される[88]。続く『特高月報昭和11年11月分』には同教団の「医療妨害」の現状が以下のように報告されている。

> 多数の盲信者にして教師等の使嗾により医療を排し遂に死に至りたる事例少からず。而して其の多くは病身者の弱点として容易に教師等の言を信じたるものにして、即ち病気は神のみしらせなるを以て入信して神宣を得れば必ず全癒するも医療にては全治せずと勧説せらるゝ儘に之を盲信し、入信後は専ら医療を排して朝詣を励行し、而も之が為め重症に陥入れば尚真行の不足なりと宣示さるゝの結果みそぎ等によりて更に過激なる労務に掌はり遂に死亡を見るに至りたるものにして、其の悲惨なる真に目を覆はしむるものあり[89]

　以上の経緯からわかるように、ひとのみち教団に対する取り締まりは、全体主義的社会運動に対する取り締まりとしての性格を有しておらず、またこの段階では「不敬」＝「国体」に対する異端説に対する取り締まりの性格もあらわれてきていない。

　ただし検挙後の捜査の進捗に伴い、ひとのみち教団の「不敬」思想がしだいに主題化されてゆく。不敬嫌疑が具体的に報告されたのは、『特高月報昭和12年4月分』においてであった。最後には不敬罪による検挙に至るとはいえ、以上の経緯を鑑みれば不敬罪はひとのみちの「邪教性」を最後に決定付ける手段として、より具体的には治安警察法第8条第2項に基づく結社禁止処分を視野に入れた〈とどめの一撃〉として、用いられたように思われる[90]。

　このように、ひとのみち教団に対する捜査は、呪術迷信的宗教一般に対する警戒が宣された後、教祖に対する教団内部の強姦・強制猥褻告発を契機に進められ、続いて捜査の進捗に伴い汚職事件が発覚し、さらに教義や布教活動上の医療妨害・財物搾取及び不敬が問題とされるに至るという経緯を辿った。これは同教団の取り締まりが主として宗教運動の呪術迷信的性格に対して行われたものであることを示している。ひとのみち教団取り締まりの論理は、単なる「国体」に対する異端取り締まり説では十全に説明することがで

きず、葦津珍彦や安丸良夫のいう「科学合理主義」による宗教弾圧の性格が色濃いことが明らかである。

　設立当初、全体主義的社会運動対策をもって任じていた特高警察は、かかる運動からの国家体制防衛の論理とは異質な、啓蒙合理主義的観点からの呪術迷信的宗教撲滅の論理で取り締まりを行ったことになる。

⑶　戦時下における取り締まりの拡大と縮小

　最後に、その後の特高警察による宗教取り締まりの展開について概観しておきたい。

　特高警察による宗教運動取り締まりがなされた約10年間は、その取り締まりのあり方から4期に時期区分することができる。それは、①1935（昭和10）年から1936（昭和11）年、特高警察による宗教取り締まりの開始から2年間の「試行期」、②1937（昭和12）年から1940（昭和15）年、特高警察による宗教運動の本格的取り締まりが全国的に展開された「全盛期」、③1941（昭和16）年から1942（昭和17）年、宗教団体法施行から1年が経過し、改正治安維持法が施行された「転換期」、④1943（昭和18）年から1945（昭和20）年、特高警察による宗教運動の取り締まりが激減してゆく「縮小期」の四期である。

　「試行期」は、特高警察が宗教取り締まりを管轄下に置いた端緒である皇道大本摘発から支那事変勃発直後までであり、すでに述べた「二大不敬事件」の検挙がなされた時期であるが全体的な検挙数はかなり少ない。「全盛期」においては、全国的に祈祷師、無許可の宗教施設・宗教行為、無許可守札頒布、出征遺家族に対する喜捨強要等の取り締まりが徹底して行われ、治安維持法違反による検挙者も多かった。さらに、支那事変下という全体社会的状況の影響もあり、プロテスタント系教会を中心としたキリスト教に対する特高警察の注意警戒が強化されている。「転換期」は、支那事変の長期化、国家総動員法改正、治安維持法改正、日ソ中立条約、ゾルゲ尾崎スパイ事件、そして第二次世界大戦（大東亜戦争・太平洋戦争）への突入と対内的対外的緊張が加速化した時期であり、キリスト教に加え既成仏教に対する特高警察の注意警戒が強化され、『特高月報』の既成宗教に関する報告が増加している。また、1941（昭和16）年の治安維持法改正が、宗教による不敬言動の検挙数を増加させたのに対し、届け出による宗教結社の設立を認めた1940（昭和15）年の宗

教団体法の施行は無許可の宗教施設・宗教行為に対する取り締まり検挙数を大きく減少させた。「縮小期」は、ガダルカナル撤退開始、山本五十六元帥戦死、アッツ島玉砕、インパール作戦の失敗、サイパン・グアム玉砕、B29による東京空襲など、戦局の混迷、敗色が濃厚となる時期である。この時期においては、カトリック教団に対しても警戒が強化された点が特徴的であるが、全体的に戦況の悪化により特高警察による宗教検挙の件数は激減している。

おわりに

以上、本章においては、まず特高警察に関する先行研究において、特高警察が守ろうとしたものは何であるかについて必ずしも具体的・端的には明確にされてこなかったことを指摘した。その上で、「特高教本」を手がかりにするかぎり、特高警察が、1938（昭和13）年頃までは、反議会制・反私有財産制を掲げる全体主義的社会運動から、西洋近代的個人主義・自由主義理念とそれを制度的に担保する議会制＋私有財産制（資本主義）を基礎とする立憲君主制の「体制」「国家」を守る任に当たっていたこと、そしてそのために共産主義運動やファシズム運動を取り締まってきたことを明らかにした。

続いて、特高警察による1935（昭和10）年の皇道大本の取り締まりは全体主義的社会運動に対する取り締まりと同一の理由に基づいて行われたものであることを明らかにし、一方、その翌年のひとのみち教団に対する取り締まりは、「科学合理主義」的観点からの、呪術迷信的宗教撲滅という理由で行われたことを述べた。同じ「邪教」取り締まり、不敬事件と称されながら、特高警察にとって両事件の性格は取り締まりの論理において全く異質のものであった。先行研究が指摘してきたように、両事件において両教団の「異端」説が特高警察によって大きな問題とされ[91]、また両事件の裁判において不敬罪の成否が争われるに際して、教義の不敬性について激しい議論が展開されたのも事実である。その意味において先行研究が両事件を、〈「国体」すなわち国家神道観・天皇観・神宮観をめぐる権力と民衆の相克〉が焦点となった「不敬事件」として位置づけたのも理由がある。しかし、裁判の論理と、警察の論理は異なる。裁判の場面において「国体」をめぐる激しい議論が展開

されたとしても、それは不敬罪の構成要件該当性を論証するという裁判の論理を前提として生じた状況であり、特高警察の取り締まりの論理が「国体」に対する異説にのみ焦点化されていたことを意味しない。

　特高警察による宗教に対する取り締まりは、①従来の目的であった政治的な全体主義的社会運動に対する取り締まりを前提に、②皇道大本の政治運動を契機に、政治運動を展開する〈宗教〉にその対象を拡大し、③特高警察による〈宗教〉の取り締まりという契機を媒介として〈宗教〉の有する〈非合理性〉が問題の俎上に上るという、いわば芋づる式・連鎖的理路において拡大していった。特高警察による宗教取り締まりは、「宗教による政治運動」から「宗教そのもの」へと推移したのである[92]。

　「宗教そのもの」を対象として取り込んだ特高警察による宗教取り締まりは、啓蒙的・合理的・科学的観点からの呪術迷信的宗教運動取り締まりに加え、正統「国体」擁護のための異端説取り締まり、「敵性宗教」への警戒、宗教制度上の正当な許可等を受けていない宗教施設・行為に対する取り締まりの厳格化、戦時統制一般に関連する宗教的流言蜚語等の取り締まり、宗教者による一般犯罪取り締まりの強化など、多様な論理に基づく取り締まりの拡大を導く。その背景を確認するなら、1938（昭和13）年の国家総動員法成立の前後の時期を契機として、従来の個人主義的・自由主義的「体制」が総動員体制のもとで「百八十度の旋回をなし」、統制経済を旨として議会制・資本主義を制限する（準）戦時体制≒「全体主義的体制」へと変化した状況が存在した。特高警察が守るべき「体制」そのものの変化が「特高教本」の内容のみならず、宗教運動に対する取り締まりを含む実際の特高警察の取り締まり活動に少なからぬ影響を与えたのである。

　戦時期に起きた宗教弾圧を含めた思想弾圧の苛烈化という状況を真摯に反省し、その再来を防遏することを望むのであれば、特高警察による宗教取り締まりについて、"「天皇制国家」をイデオロギー的に擁護するために信教の自由・思想の自由を徹底的に弾圧した"というような単純化された理解にとどまってはならない。なぜならそうした単純化は、本章が検討したような特高警察の本来的目的と、取り締まり論理の多様性、取り締まりの拡大過程を一面的にディフォルメし、「真に反省すべきなにか」を隠蔽する作用を持ってしまいかねないからである。

国際的なテロ活動の活発化やそれに対する対応のあり方が議論の俎上に上る今日において、またカルト問題への社会的対応が求められる現代において、我々が特高警察の経験から何を歴史の教訓として学び、何を真に反省すべきなのかをより具体的に明確にすることは、きわめて重要な意味を有しているのである。

注
* 本稿は、［小島 2008b］および［小島 2010］を下敷きに改稿を加えたものである。
1 砂川政教分離訴訟については、本書第6章の塚田論文を参照。
2 砂川政教分離訴訟空知太神社事件最高裁判決（最大判平成22年1月20日、民集第64巻1号1頁）。
3 ［荻野 1988：13］。
4 荻野は、1929（昭和4）年4月に発生した、第二次日本共産党取り締まり事件（4.16事件）の前後、「特高警察の"あるべき姿"」「特高精神知識の涵養」のために各種の特高関係書が出版されたと指摘しているが［荻野 1988：218-220］、その後も終戦に至るまで多くの「特高教本」が出版されている。なお、当時警察官一般を主たる読者層と想定したであろう多くの「特高教本」が公刊・販売された事実は、特高警察がいわゆる秘密警察ではなく、警察の部局一般の一つであったことと関連している。つまり、警察官は部局移動などにより特高警察の任に携わる可能性があったのであり、それに備えるための"教科書"のニーズが広範に存在していたのである。
5 ［荻野 1988：15］。
6 ［荻野 1988：13］。
7 ［大日方 2000：202］。
8 ［大日方 2000：204］。
9 ［奥平 1977=2006：20-21］。
10 ［奥平 1977=2006：24］。
11 ［奥平 1977=2006：19-20］参照。
12 ［奥平 2007：14-49］。
13 ［奥平 1973；1977=2006］［大本七十年史編纂会 1964；1967］［池田 1977；1982a, b；1985］［キリスト教社会問題研究会編 1972a, b；1973］［明石・松浦 1975a, b］［荻野 1996a, b, c, d］［我妻・林・団藤 1969；1970a, b］［井上・孝本・對馬・中牧・西山編 1990］等。
14 ［小島 2008a］参照。
15 ［小島 2008b］参照。
16 ［荻野 1988：23］［奥平 21977=006：187-190］。
17 ［荻野 1988：311］。
18 ［大日方 2000：256］。
19 ［奥平 1977=2006：13］。
20 ［村上 1985：20］。
21 ［村上 1970：203-204］。

22　津地鎮祭事件判決（名高判昭和46年5月14日、判時630号7頁）。
23　津地鎮祭事件判決（最大判昭和52年7月13日、民集第31巻4号53頁）。
24　［池田1977］［渡辺1979］。
25　「O（オーソドキシィ）異端」「H（ヘテロジーニアス）異端」は、安丸良夫の提示した概念である。安丸は、近代日本社会のなかで生まれた「反対派的言説」（反体制的言説）のなかで「天皇の権威や国体論を前提とし、またしばしばそれを権威のよりどころとして、そうした正統説のなかに生れた異端説として展開」されたものを「O異端」、「もともと天皇制的正統説とはまったく異質な思想的系譜にたつもの」を「H異端」と名付け、（初期の）黒住教・天理教・金光教・丸山教・「大本教」などの民衆宗教運動をその例としている。同時に、「H異端」と「O異端」の可変性・連続性を指摘し、「H異端として出発した思想や運動も、やがて近代日本の現実と触れあってO異端となったり、正統説と見分けのつかないものになったりする」と述べ、1910年代以降の大本や天理ほんみちをともに「典型的なO異端」としている［安丸1992：221-222；1999：238］。安丸のいう「H異端」と「O異端」のグラデーショナルな連続性・可変性を前提にするならば、ある宗教運動は「O異端」性と「H異端」性をともに含んでいることになる。
26　［小島2008b：73-75］。
27　［葦津1987：177］。
28　［葦津1987：176］。
29　［葦津1987：176］。
30　［安丸1992：223-233］。
31　［安丸1999：179-212］。
32　［小島2016：618］。
33　［荻野1988：219］。
34　［城南1932：1］。
35　［荻野1988：15］。
36　［荻野1988：219］。
37　なお、小林五郎は、「その後も、特高警察が政治警察や選挙活動に関与する事はなかつたが、遂に大東亜戦争中、東条内閣による1943年（昭和18年）4月の推薦選挙で、全国の特高警察が選挙に関与せしめられるに至つた。特高警察の堕落であった。推薦選挙では、時の陸軍省軍務局長武藤章の手が大きく動いた。武藤は、ナチスを真似ようとした」と述べ、戦時下においては特高警察が選挙干渉を行ったことを指摘している［小林1952：199-200］。
38　［城南1932：2］。
39　［木下1932：2］。
40　［田中1938：5］。
41　［奈良県警察部1939：5-6］。
42　［島村1944：22-23］。
43　［城南1932：49］。
44　［城南1932：50-51］。
45　［城南1932：54］。
46　例えば、［ソルゼニーツィン1973-1975＝1975-1978］［クルトワ・ヴェルト1997＝2001］参照。

47　［城南1932：220］。
48　［尾形1932：71］。
49　［尾形1932：74-76］。
50　［青木1937：13-15］。
51　［青木1937：21-22］。
52　［奈良県警察部1939：8］。
53　［奈良県警察部1939：8-9］［青木1937：15-23］参照。
54　この過程についての詳細は、［奥平1977=2006：49-70］参照。
55　［木下1932：28-29］。
56　［日本警察社編1938：20-21］。
57　例えば、［ハイエク1992：32-35］参照。
58　［岩田1942：70-71］。
59　［岩田1942：110］。
60　［長尾2000：232-233］。
61　［青木1937：3-8］。
62　［青木1939：4］。
63　［佐藤1937：59］。
64　［村瀬1941：1-3］。
65　［村瀬1941：9-10］。
66　［村瀬1941：118］。
67　［村瀬1941：109］。
68　［村瀬1941：1-2］。
69　［村瀬1941：3-5］。
70　［島村1944：17］。
71　［島村1944：7］。
72　［島村1944：8-9］。
73　［島村1944：12］。
74　［特高月報1934/8：34-36］（本章では、『特高月報』からの引用について［特高月報 刊行年月：頁］で示す）。
75　なお、皇道大本が母体となって昭和神聖会等の政治運動を展開することに関し、「皇道大本本部内に於ては宗教団体の埒外に出づるを不可と為して本会の運動に反対するものあり」と、皇道大本内にも葛藤が存在していることが報告されている［特高月報1935/5：29］。
76　［特高月報1934/10：36］。
77　［特高月報1934/10：52-53］。
78　［特高月報1935/12：72］。
79　［特高月報1935/12：74］。
80　［特高月報1936/3：79］。
81　［特高月報1936/6：99］。
82　［特高月報1936/5：6］。
83　［特高月報1936/5：180-109］。
84　［特高月報1936/5：110-112］。

85 ［特高月報1936/5：115］。
86 ［特高月報1936/9：143-144］。
87 ［特高月報1936/9：144］。
88 ［特高月報1936/10：110-111］。
89 ［特高月報1936/11：91］。
90 ［小島2008b：81］。
91 例えば、『特高月報昭和11年3月分』は皇道大本の不敬について、「「太古伊邪那岐尊の御神勅に依り天照大神は高天原の主宰神に、又素盞嗚尊は地上の主宰神として神定めせられしより、…地上界に於ては『皇祖』素盞嗚尊により霊主体従の神行はれたるが、尊の神政は厳格剛直なりし為八百万神の反抗排斥を受け遂に天の岩戸隠の責を負ひ、地上統治者たるの御地位を放棄せられて御隠退の止むなきに至り給へり。

斯くて其後地上の主宰者として瓊々杵尊の降臨となりたるが、爾来天孫の御施政は和光同塵体主霊従を旨とせられたる結果統治全く乱れ弱肉強食、私利私欲を恣にする現今の紛乱状態を現出するに至れり。之れ正に太古の神勅に背き地上本来の統治者たる素盞嗚尊の御子孫に由らずして、高天原の主宰神たる天照大神の後子孫の皇統に依り統治せらるゝに基因するものなり。茲に於て天運循環三千歳後の今日は再び素盞嗚尊は王仁三郎の肉体に化生して綾部本宮に出現し、地上の統治権を回復し此の世の建替建直を行なはせらるゝに至れり、之即ち地上現界に於ける五六七の世の成就なり。」と説きたり。…

以上は大本教義の根底を為せる大逆思想の梗概に過ぎず、其他に於ても畏くも神武天皇は猶太より渡来せられ真の天照大神の御系統たる饒速日尊を征伏せられたるものにして　皇室は決して正当なる統治者にあらせられず等と称し、以て信者の皇室に対し奉る根本精神を揺がし因て王仁三郎の大逆意図達成の一助たらしめむとしつゝありたるものなり」［特高月報1936/3：80-81］と報告している。

ひとのみち教団の不敬については、『特高月報昭和12年4月分』が、「その不敬神観の発展する所は遂に我国古来の神祇観を根本的に覆して八百万神の神格を悉く否定し、神宮神社を以て大元霊の礼拝場所に過ぎずと妄断し、更に進んでは天照皇大神の御神名は、即ち大元霊の神名にして、皇祖の御神名にあらず、皇祖は人として現はれ給ひたるが故に神と称すべきにあらず、又神として礼拝すべきにあらずと冒称し、或は伊勢神宮の御神体は御神鏡にあらず、大元霊即ち日（太陽）の気であり檜の五寸角なりと云ひ、其の事実を知らざる者が神宮に参拝するも無益のことなりと称して教師信者等の神宮参拝を阻止し、又は神宮より頒布する神霊神札は皇祖の霊を込めたるものにして礼拝すべきものにあらずと為し、之を教徒が自宅に奉斎することすら禁じて教団に持参せしめ悉く之を焼却する等全く恐懼に堪へざる不敬の言動を反覆するに至れり」と報告している［特高月報1937/4：181-182］。

92 この拡大の理路はセクションとしての特高警察を主体とした時に当てはまることであり、警察機構全体としては、そもそも明治期より宗教をその取り締まり対象とし続けてきた。なお、特高警察が宗教を管轄するまでは高等警察が宗教を管轄していた。

参考資料・文献

内務省警保局保安課 1934-1936 ＝ 1973『特高月報』（『特高外事月報』）（復刻）、政経出版社。

ソルジェニーツィン，A. 1973-1975=1975-1978『収容所群島 1-6』（木村浩訳）新潮文庫。
明石博隆・松浦総三 1975a『昭和特高弾圧史 3 ―宗教人に対する弾圧―（上）』太平出版社。
―――― 1975b『昭和特高弾圧史 4 ―宗教人に対する弾圧―（下）』太平出版社。
青木貞雄 1937『特高教程』新光閣。
―――― 1939『改訂特高教程』新光閣。
葦津珍彦 1987『国家神道とは何だったのか』神社新報社。
ハイエク，F.A. 1944=1992『隷従への道 改訂版』（一谷藤一郎・一谷映理子訳）東京創元社。
池田昭編 1977『ひとのみち教団不敬事件関係資料集成』三一書房。
――― 1982a『大本史料集成 思想編』三一書房。
――― 1982b『大本史料集成 運動編』三一書房。
――― 1985『大本史料集成 事件編』三一書房。
井上順孝・孝本貢・對馬路人・中牧弘允・西山茂編 1990『新宗教事典』弘文堂。
岩田新 1942『大東亜建設の理念と構造』厳松堂書店。
木下栄一 1932『特高法令の新研究』松華堂書店。
城南陰士 1932『特高教科書』松華堂書店。
キリスト教社会問題研究会編 1972a『戦時下のキリスト教運動 1 ―昭和11年 - 昭和15年 特高資料による―』新教出版社。
――― 1972b『戦時下のキリスト教運動 2 ―昭和16年 - 昭和17年 特高資料による―』新教出版社。
――― 1973『戦時下のキリスト教運動 3 ―昭和18年 - 昭和19年 特高資料による―』新教出版社。
小林五郎 1952『特高警察秘録』生活新社。
小島伸之 2008a「「信教の自由」制限の困難性―戦前日本の宗教取り締まりと現代フランスのセクト問題の比較から―」『目白大学短期大学部研究紀要』44：255-265。
――― 2008b「特別高等警察による信教自由制限の論理―皇道大本とひとのみち教団「不敬事件」の背後にあるもの―」『宗教と社会』14：69-86。
――― 2010「自由権・民主制と特別高等警察―「特高教本」を題材として―」『宗教法』29：71-98。
――― 2016「「国家神道」と特別高等警察」阪本是丸責任編集・國學院大學研究開発推進センター編『昭和前期の神道と社会』弘文堂、613-634。
村上重良 1970『国家神道』岩波書店。
――― 1985『宗教の昭和史』三嶺書房。
村瀬武比古 1941『特高警察大義』日光書院。
奈良県警察部 1939『脈打つ特高』奈良県警察部。
長尾龍一 2000「二つの悪法」『歴史重箱隅つつき』信山社、232-233。
日本警察社編 1938『思想警察通論』日本警察社。
大日方純夫 2000『近代日本の警察と地域社会』筑摩書房。
尾形半 1932『特高警察読本』松華堂書店。
荻野富士夫 1988『増補 特高警察体制史 社会運動抑圧取り締まりの構造と実態』せきた書房。
――― 1996a『治安維持法関係資料集 第 1 巻』新日本出版社。
――― 1996b『治安維持法関係資料集 第 2 巻』新日本出版社。
――― 1996c『治安維持法関係資料集 第 3 巻』新日本出版社。

―――― 1996d『治安維持法関係資料集 第4巻』新日本出版社。
奥平康弘 1973『現代史資料45 治安維持法』みすず書房。
―――― 1977＝2006『治安維持法小史』岩波現代新書。
―――― 2007「明治憲法における「信教ノ自由」」富坂キリスト教センター編『十五年戦争期の天皇制とキリスト教』新教出版社、14-49。
大本七十年史編纂会 1964『大本七十年史 上巻』大本。
―――― 1967『大本七十年史 下巻』大本。
佐藤彰三 1937『現下に於ける特高概観と随感随想』新光閣。
島村一 1944『高等警察概要』大阪府警察練習所。
クルトワ，S.・ヴェルト，N. 1997＝2001『共産主義黒書―犯罪・テロル・抑圧―〈ソ連編〉』（外川継男訳）恵雅堂出版。
田中省吾 1938「特高警察」『警察講習講義録第十二巻 刑法各論（下）犯罪捜査法総論（下）警察予算 特高警察』日本警務学会。
安丸良夫 1992『近代天皇像の形成』岩波書店。
―――― 1999『一揆・監獄・コスモロジー―周縁性の歴史学―』朝日新聞社。
我妻栄・林茂・辻清明・団藤重光編 1969『日本政治裁判史録 大正』第一法規出版。
―――― 1970a『日本政治裁判史録 昭和・前』第一法規出版。
―――― 1970b『日本政治裁判史録 昭和・後』第一法規出版。
渡辺治 1979「ファシズム期の宗教統制―治安維持法の宗教団体への発動をめぐって―」東京大学社会科学研究所編『ファシズム期の国家と社会4 戦時日本の法体制』東京大学出版会、113-163。

研究動向 3
国家神道研究

原田　雄斗

はじめに

　国家神道という語は、1945（昭和20）年12月15日にGHQより発令された「神道指令」（正式名称は「国家神道、神社神道ニ対スル政府ノ保証、支援、保全、監督並ニ弘布ノ廃止ニ関スル件」）において初めて使用された。本指令は英文で発せられたため、指令中にあるState Shintoの訳語として「国家神道」が採用されたのである[1]。

　今日、国家神道の定義については議論が分かれている。例えば、『国史大辞典』において柳川啓一は、国家神道を戦前における「国家のイデオロギー的基礎となった宗教。事実上の、日本の国教」と定義している[2]。他方、『神道事典』において阪本是丸は、「戦前の国家によって管理され、国家の法令によって他の神道とは区別されて行政の対象となった神社神道」と定義している[3]。新田均の整理に従うなら、前者は国家神道を広く捉えた「広義の国家神道」概念となり、後者は国家神道の内容を限定的に捉えた「狭義の国家神道」概念となり[4]、両者の間にはかなりの認識の差異が存在する。

　本稿では、こうした国家神道概念をめぐる状況を踏まえつつ、国家神道研究がどのように展開してきたのかを確認し、その上で国家神道研究と宗教社会学の関連について考えてみたい[5]。

1.「広義の国家神道」論

　国家神道という用語を、初めて学問上の議論に組み込んだのは歴史学者の藤谷俊雄である。藤谷は1959年に発表した「国家神道の成立」のなかで、国家神道を「天皇の祖先神を中心とし、天皇が祭主として祭祀をおこない、全

国に多数の神社を抱えた」体制であり、「一つの国家権力と結びついた宗教が国民の義務として信奉を強制」したものと規定している[6]。そして、その構成要素として、①神社制度、②宮中祭祀、③天皇制イデオロギーの三つを挙げている。

　この藤谷の議論を継承し、発展させたのが宗教史学者の村上重良である。村上は、1970年に出版された『国家神道』の冒頭で、「国家神道は、二十数年以前まで、日本国民を支配していた国家宗教であり、宗教的な政治的制度」とし、国民の生活意識に広く深く影響を及ぼした「神仏基の公認宗教のうえに君臨する、内容を欠いた国教」だったと述べている[7]。

　村上はこのように国家神道を広く捉えて位置づけ、明治維新から終戦までの約80年間にわたる国家神道の歴史を、①祭祀と宗教の分離によって国家神道の基本的性格が定まった「形成期：明治維新（1868年）〜明治20年代初頭（1880年代）」、②国家祭祀として神仏基の公認宗教の上に国家神道が君臨する「教義的完成期：帝国憲法発布（1889年）〜日露戦争（1905年）」、③日本資本主義が帝国主義化した時期である「制度的完成期：明治30年代末（1900年代後半）〜昭和初期（1930年代初頭）」、そして④国家神道が国民に対する精神的支配の武器としての真価を発揮した「ファシズム的国教期：満州事変（1931年）〜太平洋戦争敗戦（1945年）」の四つの時期に区分している[8]。

　こうした村上の国家神道研究の背景には、同時代の政治と宗教の問題があった。1965年からの津地鎮祭訴訟や1969年の自民党による靖国神社国営化法案提出など1960年代後半は政教分離や信教の自由が争点になることが多かった時期である。このような出来事を村上は、「国家神道の事実上の復活」だと位置づけた。ここから村上の国家神道研究の中枢には、同時代に起こった政教問題に対峙し、国家神道の復活阻止という意図があったことが看取される[9]。

　村上は『国家神道』を著した後、『慰霊と招魂』『天皇の祭祀』『国家神道と民衆宗教』『天皇制国家と宗教』などの著作を次々と刊行し、その後の国家神道研究に大きな影響を与えた[10]。

2. 「広義の国家神道」論の修正

　戦前の天皇制国家のイデオロギー的側面を神道が一貫して担っていたとする村上の国家神道論に対しては、多くの批判が投げかけられた。その主な批判としては、村上の用法では明治維新から終戦までの宗教運動や宗教行政の多様な動きを描ききれないというものである。こうした批判から国家と神社の関係を問い直すことで、村上国家神道論の乗り越えを図ろうとする研究が歴史学を中心になされるようになった。

　まず中島三千男の「「明治憲法体制」の確立と国家のイデオロギー政策」が挙げられる。中島は、内務省による神社（宗教）行政の展開を事例に、国家神道体制の確立の過程を分析した。中島は、大日本帝国憲法には「信教の自由」規定があり、ここには神道を奉じない可能性が存在したため、「神社は大和民族の習俗であり、宗教ではない」という「神社非宗教論」が展開したことと、1886（明治19）年の「神社改正ノ件」構想が日清・日露戦争を経て崩壊していったことの二点を挙げる。そして「国家神道（体制）は、「明治憲法体制」の確立とともに、そういった意味では日本帝国主義のイデオロギー政策の一環として確立せしめられた」と結論づけている[11]。中島の議論に従えば、国家神道は明治初期の国民教化政策における問題群ではなく、日本の帝国主義化の過程に関わる問題群である。

　次に、安丸良夫の『神々の明治維新』が挙げられる。安丸は、明治初年の神仏分離と廃仏毀釈を画期として日本の精神史に巨大な転換が生まれたという見方に立ち、明治初期の廃仏毀釈や祭祀体系の成立過程、民俗信仰への抑圧の様相を分析した。明治初年の「神道国教化政策」の挫折、祭政一致を主張する急進派を斥けることによる祭の次元と政の次元の区別、神官の葬儀不関与と教派神道諸教派の分離独立を促した1882（明治15）年の神官の教導職兼補廃止を経ることで、「国家のイデオロギー的要請にたいして、各宗派がみずから有効性を証明してみせる自由競争」としての「日本型政教分離」が達成されたと述べている[12]。

　この他にも、前掲の中島の議論を、天皇制イデオロギーの形成が神道論の系譜や宗教政策の展開でしか捉えられていないと批判し[13]、近世の朝幕関係や教部省政策を事例に、近代天皇制イデオロギーの形成過程を明らかにした

宮地正人の『天皇制の政治史的研究』や、明治初期から大日本帝国憲法制定までの宗教行政を事例に、近代天皇制国家の政教関係について明らかにした平野武の「近代天皇制国家の政教関係」、日露戦争後、「帝国日本」としての内実を固めるべく国内組織化を政府が推進していくなか、神社界にも新たな役割が求められていく過程を、当該期の雑誌を用いて描いた赤澤史朗の『近代日本の思想動員と宗教統制』などが挙げられる[14]。

これらの村上の国家神道論に対する問い直しを図った研究は、明治初期から第二次世界大戦終結まで一貫して神道強制の時代が続いたという村上の歴史像を批判することでスタートした。そして、時代状況の変化や神社行政の変化に着目することで、国家神道体制なるものがいつのどのようなかたちで「確立」したのかという点に迫ったものであった[15]。ただしそれらは、天皇制イデオロギーの解明という問題関心自体は共有していたために、村上の提示した「広義の国家神道」概念そのものの批判にまでは至らなかった。

3.「狭義の国家神道」論

本書の序章において確認したように、明治初期の神社行政は複雑かつ爬行的なものであり、村上的な国家神道論では、このような神社行政のゆらぎを等閑視した単純な歴史像をイメージさせてしまう危険性がある[16]。

こうした歴史的事実を前提に、村上の国家神道論そのものに対する批判も登場するようになる。その嚆矢となったのは、神社新報社の主筆・葦津珍彦による『国家神道とは何だったのか』の出版である[17]。葦津は、今まで国家神道という語を用いてきた論者はそれを自らの立論に合うかたちで解釈していることが多い現状を指摘し、「はなはだしい場合は「日本の国の伝統精神を重んずる全宗派・全流派の神道」として用いている論も少なくない」と述べる。そして、議論の核となる国家神道概念がさまざまであれば論者間の対話は難しいため、葦津は国家神道を、「神道指令」が定義した意味に限定すべきだと主張した[18]。同書の出版によって、村上に代表される「広義の国家神道」論、すなわち、国家神道を神社神道と皇室神道、教育勅語を代表とする近代天皇制イデオロギーが複合した「国教」とするような議論が批判され、「神道指令」の定義に則して国家神道（体制）は議論されるべきだという「狭義の国

家神道」論が提示された。

　この葦津の議論を継承したのが、神道学者の阪本是丸である。阪本は『国家神道形成過程の研究』の中で、国家神道の形成と展開を史実に基づいて跡づけることを課題として挙げる。そこで阪本は、国家神道という用語の初出である「神道指令」に立ち返り、指令中の「政府ノ法令」に限定して国家神道（体制）の展開を分析した。阪本は、1885（明治18）年の「神社改正ノ件」と1887（明治20）年の官国幣社保存金制度の導入が国家からの「神社切り捨て策」であったことを指摘し、この方針を撤回しようとする運動の結果、1900（明治33）年の神社局の設置、1906（明治39）年の官国幣社経費の国庫供進と府県社以下神社への神饌幣帛料制度の採用となって、国家神道が成立したとしている[19]。

4. 国家神道研究のその後の動向

　1990年代に入ってからは、神社制度や皇室祭祀、近代日本の政教関係などをテーマにした研究成果が次々と刊行されていった。近世から近代にかけて天皇のイメージや権威がどのように構築されたのかという点を、社会状況との関連から分析した安丸良夫の『近代天皇像の形成』や、神祇官再興から立憲制までの国家祭祀の展開や宗教行政を分析した羽賀祥二の『明治維新と宗教』、明治初期における神社行政の中心を担っていた国学者による政策に着目した武田秀章の『維新期天皇祭祀の研究』、年中行事や文化財といった側面から近代天皇制の特質を分析した高木博志の『近代天皇制の文化史的研究』、近代日本の神社行政・宗教行政を政教関係という視座から整理・検討した新田均の『近代政教関係の基礎的研究』などが挙げられる[20]。

　2000年代に入ると、近代における神道・神社をめぐる多様な展開を明らかにする近代神道史研究[21]も続いた。代表的なものとして、井上毅が行った政策を事例に明治国家形成期における宗教の扱われ方を分析した齊藤智朗の『井上毅と宗教』や、近世から近代における「国家と祭祀」の関係や「祭政一致」構想の歴史的展開に着目することで、「国家神道とは何だったのか」という問いに改めて迫った阪本是丸編の『国家神道再考』[22]、明治期以降の皇室制度や神社制度、国家祭祀の形成過程などから「近代国学」という学知の方

向性や国学者の動きを分析した藤田大誠の『近代国学の研究』、水野錬太郎、井上友一、佐上信一など歴代内務省神社局長の神社観や神社行政を通時的に分析した上で、神社と社会事業の関係を明らかにした藤本頼生の『神道と社会事業の近代史』などが挙げられる[23]。

他方で、religion の翻訳語としての「宗教」に着目し、近代日本における「宗教」概念の歴史性を問う研究も進められた。新田均の『近代政教関係の基礎的研究』や、神祇官再興運動、「神社改正ノ件」、内務省神社局の設置などを事例に19〜20世紀における「宗教」の生成と変容を扱った山口輝臣の『明治国家と宗教』などが挙げられる[24]。この他にも、宗教という西洋概念が日本に定着する過程にこそ、国家神道とよばれる国民教化の体制が成立可能になる社会空間が開かれていったとする、磯前順一の「国家神道をめぐる覚書」などが挙げられる[25]。これらの研究は共通して、国家神道を学術用語として使用すべきではないという立場をとっている。

1990年代以降の別の動向としては、「帝国日本」への関心の高まりから、朝鮮や台湾など旧植民地を中心とした海外神社研究[26]も進められている。先に挙げた中島は、海外神社研究史や海外神社の全体像と地域別展開、時期区分を整理した[27]。菅浩二は『日本統治下の海外神社』において、朝鮮神宮や台湾神社の祭神に注目することで内地社会から台湾と朝鮮に向けられたまなざし、すなわち近代日本社会の他者認識と自己認識について分析した[28]。青井哲人は『植民地神社と帝国日本』において、朝鮮や台湾の神社を都市施設の一つとして位置づけることで、植民都市空間における権力関係を明らかにした[29]。青野正明は『帝国神道の形成』において、朝鮮神宮での祭神論争や心田開発運動など1930年代における朝鮮での神社政策を事例に、植民地における神社神道と国民教化の関係を分析した[30]。

地域社会史の立場から国家神道論を扱った研究としては、畔上直樹の『「村の鎮守」と戦前日本』が挙げられる。畔上は、地域の神職の活発な運動に注目し、岡山県神職会の活動や1920年代半ばの神社政策を分析した。日露戦争後から大正デモクラシー期にかけて地域神職が活性化することで、「下から」国家神道体制を支えていったと述べている[31]。

続いて、島薗進の『国家神道と日本人』も刊行された。島薗は葦津・阪本らによる「狭義の国家神道」概念を「狭い神道理解」とし、村上の国家神道論

を「鍛え直す」という言い回しを用いて、「広義の国家神道」概念を再評価する立場をとった[32]。島薗の議論に対しては、国家神道という概念に様々な要素を含めることに対する多くの反響・批判が寄せられているが[33]、あらためて「国家神道とは何か」という議論を誘発する契機となった。

　他方、近年では、村上や島薗らの議論においては手薄であった、大正・昭和前期における神道と社会の関係についての実証的研究の成果も蓄積されつつある[34]。

おわりに――国家神道研究と宗教社会学――

　以上見てきたように、国家神道研究は、藤谷や村上が提示した「広義の国家神道」論が嚆矢となり、主に歴史学・神道学・宗教学を専門とする研究者によって検討がなされてきた。村上の国家神道論のあいまいさを批判するかたちで、国家神道という語を神社制度に限定する「狭義の国家神道」論が提示された。その後、神社制度、皇室祭祀、近代日本の政教関係などに関する個別研究が進展していき、近代神道史研究や海外神社研究、「下からの国家神道」論、大正・昭和前期における神道と社会の関わりに注目した研究も提出されるようになった。

　国家神道研究と関連する宗教社会学の研究領域には、神社整理研究と新宗教研究、日蓮主義的国体論研究などがある。

　1906（明治39）年から行われた神社整理[35]に関する研究については、集落神社の展開を分析した森岡清美による研究[36]を皮切りに、事例研究の蓄積が見られる。森岡は『近代の集落神社と国家統制』において、三重県を事例に、権力による神社整理事業推進の圧力（推進体）、地域住民側の対応（被推進体）、県知事や地元の有力者等の媒介者（媒介体）の三者の相互作用や相互規定について分析した[37]。また、孝本貢は、神奈川県相模原市を事例に明治末期の地域社会の展開を分析した[38]。この他にも、村落祭祀の構造の変容を明らかにするため、明治末期の神社政策に着目した米地実の『村落祭祀と国家統制』、神社整理のみではなく、その後復祀された神社の実態についても分析した櫻井治男の『蘇るムラの神々』などがある[39]。

　こうした研究は、神社整理を契機とした集落神社や村落祭祀、氏神祭祀の

変容を分析することで、近代日本の地域社会を描き出すことを目的としてきた[40]。この視点は、有賀喜左衞門や鈴木榮太郎らによって推進された農村社会学の関心の延長線上にある、「地域社会のなかの宗教」という宗教社会学的テーマと深く関わっている。つまり神社整理研究は、制度史的観点を有すると同時に、神社制度がどのように地域社会のなかで展開したかという視点も有する。よって、それは、制度史的観点を有するという意味での「狭義の国家神道」研究と宗教社会学的研究との接点に位置していることを指摘できる。

新宗教教団に見られる国体神話の浸透・習合・交渉の問題に関しては、昭和初期における神政龍神会の立替立直思想から擬似天皇制を分析した對馬路人[41]、出口王仁三郎や浅野和三郎などの大本関係者の言説と時代状況の関係を分析することで、1930年代から大本が天皇をメシアとして崇敬する救済宗教の性格を帯びるようになったことを指摘した島薗進[42]、生長の家の独自の天皇観と日本中心主義的な言説を分析した寺田喜朗[43]などの研究が挙げられる。

また、日蓮主義運動における国体論・国体神話については、田中智学や本多日生など日蓮主義者の国体論を分析した西山茂や大谷栄一の研究が挙げられる[44]。

本書で扱っている浄風会の適応戦略や金光教の一派独立運動、特高警察の宗教取り締まり、穂積陳重の祖先祭祀論の変遷なども、社会や宗教運動による「制度」への応答や、社会状況に適合させたかたちでの「制度」の運用を扱ったものと言える[45]。すなわち、歴史社会のなかの宗教運動群とそのイデオロギーを扱うという点において、こうした対象を扱ってきた宗教社会学と国家神道研究との接点が出てくる。これらの研究は、「広義の国家神道」概念の立場の研究との関連が指摘できる。

宗教社会学は、「宗教と社会」の関係を問う学問分野である。国家神道研究もまた、単なる歴史や制度の変遷のみではなく、国家・社会と宗教の関係[46]に関わる以上、そこに宗教社会学との接点が必然的に生じるのである。

注

1 「神道指令」中において「国家神道」の定義が示されている英文と日本語訳は、以下の通りである。
〈英文〉 The term State Shinto within the meaning of this directive will refer to that branch of Shinto (Kokka Shinto or Jinja Shinto) which by official acts of the Japanese Government has been differentiated from the religion of Sect Shinto (Shuha Shinto or Kyoha Shinto) and has been classified a non-religious cult commonly known as State Shinto, National Shinto, or Shrine Shinto. (下線部は引用者。以下同。)
〈日本語訳〉 本指令ノ中ニテ意味スル国家神道ナル用語ハ、日本政府ノ法令ニ依テ宗派神道或ハ教派神道ト区別セラレタル神道ノ一派即チ国家神道乃至神社神道トシテ一般ニ知ラレタル非宗教的ナル国家的祭祀トシテ類別セラレタル神道ノ一派(国家神道或ハ神社神道)ヲ指スモノデアル

日本語訳については、文部科学省サイト内「連合国軍最高司令部指令」(http://www.mext.go.jp/b_menu/hakusho/html/others/detail/1317996.htm 2016年4月30日最終アクセス)を、英文については、南山宗教文化研究所サイト内「The Shinto Directive」(http://nirc.nanzan-u.ac.jp/nfile/3229 同)をそれぞれ参照のこと。

2 [柳川1984：889]。
3 [阪本1999：129]。
4 [新田1999a]。
5 以下、国家神道に関する研究動向をおさえるにあたっては、[新田1999a, b；2005；2013][阪本2010][畔上2012][藤田2014a]などを参照した。
6 [藤谷1959：215]。
7 [村上1970：ⅰ, ⅲ]。
8 [村上1970：78-80]。
9 こうした村上の問題関心を踏まえた上で、国家神道研究は「戦後の政治的宗教的イデオロギーの対立をめぐる「政治史」の過程から生まれ出たものであり、当初から政治的イデオロギー性を濃厚に有した日本近代史研究の一分野」として出発したという評価もなされている[阪本2010：46]。村上の学問的背景などについては、[林2010a, b][昆野2013]を参照のこと。
10 林淳は村上の国家神道論が歴史学者に広く受容された要因として、「近代史の時期区分にあわせて国家神道の成立、展開を叙述」した点を挙げ、「宗教学的な構造論と、歴史学的な時代区分論という二つの構成の基軸が、村上説の強さを支えた」と述べている[林2006：93]。
11 [中島1977a：190]。中島は、国家神道(体制)を「非宗教・国家の宗祀・道徳であるというたてまえの下に「改変」させられた神社神道の確立過程」であるとし、そこには「信仰の自由」や「政教分離」という近代の思想原理を組み込まなければならなかったとしている[同：167-168]。
12 [安丸1979：209]。
13 宮地と中島とは国家神道体制をめぐって『日本史研究』誌上で論争している。宮地は、明治憲法体制の確立期に国家神道体制が確立したという中島の議論を、それ以前の時期を国家神道体制確立の前史としてしか位置づけていないと批判する[宮地1977]。それに対して中島は、「「神道国教化政策」といわれるものと「国家神道体制」といわれるものと

の差異性をしっかりおさえる必要がある」というかたちで、宮地の批判に応答している［中島1977b：49］。
14 ［宮地1981］［平野1983］［赤澤1985］。
15 新田均は、村上の国家神道論を修正する動きは近代天皇制批判、近代日本批判、近代神道批判などといった「広義の国家神道」論が本来的に内包していた問題意識を継承しようとするものだったと述べている［新田2005：8］。なお、1988年に出版された『近代日本思想体系5 宗教と国家』においては、安丸が「近代転換期における宗教と国家」を、宮地が「国家神道形成過程の問題点」という論考（解説）を発表している。
16 この点について安丸は、村上の国家神道論には「多様な宗教現象をひとつの檻のなかに追いたてるような性急さが感じられる」と述べている［安丸1992：194］。
17 ［葦津2006（1987）］。葦津の立場については、［藤田2006］［齊藤2006b］［神社新報社編2012］などを参照のこと。葦津は、「神道弁護士」とも称された。
18 ［葦津2006（1987）：9］。
19 ［阪本1994］。ただし阪本は同書の中で、終戦を迎えるまで統一的な神社法が制定されなかったことから、国家神道が成立したといってもその体制は依然不安定であったと述べている［同：358］。
20 ［安丸1992］［羽賀1994］［武田1996］［高木1997］［新田1997］。
21 阪本は丸は『近代の神社神道』の中で、近代の神社神道＝「国家神道」という見方を批判し、近代における神社神道にも多様な側面と豊かな信仰的要素を有していたと述べている。その上で阪本は、神社神道を「神社を中核とする日本人の伝統的神祇信仰・崇敬によって起こるあらゆる現象」と定義している［阪本2005：ⅰ］。ここでいう近代神道史研究の背景には、以上のような阪本の定義があると言える。
22 阪本は別の論考で、国家神道の形成過程は「神道宗門的敬神崇祖・祭政一致の神社制度」から「神社非宗教論的敬神崇祖・祭政一致の神社制度」への変遷過程だと述べている［阪本2007（2003）：368］。『国家神道再考』において「祭政一致」構想の歴史的展開に注目が向けられているのは、このような阪本の視点が背景にある。
23 ［齊藤2006a］［阪本編2006］［藤田2007］［藤本2009］。
24 新田は、「広義の国家神道」論を批判し、国家神道の代わりに「公認教」または「日本型公認教制度」という語を用いるべきだと述べている［新田1997：344-345］。また新田は『「現人神」「国家神道」という幻想——「絶対神」を呼び出したのは誰か——』においても、国家神道という用語を用いるべきでないことを再度強調している［新田2014：290］。

山口輝臣は、従来の国家神道研究では何を国家神道と見るかによって異なる三つの見解（①神社神道と皇室神道の結合、②神社非宗教論、③神社神道そのもの）が併存していることを指摘した。その上で山口は、①従来の研究が村上の国家神道論への批判に終始しており、他の見解との関係が問われていないという意味での定説の「空洞化」、②村上の国家神道論の問題点ばかりが提示され、新たな国家神道像が提示されていないという意味での像の「空洞化」、③天皇制や国体神学などについては研究されるものの、国家神道という語が登場することが稀になったという意味での研究の「空洞化」を指摘する。ここから、「近代日本における国家と宗教との関係を研究することは、すなわち国家神道を研究することである、とは言えなくなった」とし、国家神道という語の使用を避けた［山口1999：11］。そして、山口は、神社を独立自営させていこうとした19世紀の「神社改正ノ件」構想から、官国幣社や府県社以下神社の「国庫支弁」化される状態である20世紀へ

と変化していったことを指摘し、「普通イメージされるところの国家神道なるものは、19世紀の関係が崩れた後に出現する20世紀の現象である」と述べている［同：346-347］。

25　［磯前2003］。

26　中島によると、海外神社研究が飛躍的に進んだのは1990年代に入ってからであるとされ、朝鮮については栗田英二・青野正明・山口公一が、台湾については中島・蔡錦堂が、満州については嵯峨井建・中島が、樺太やハワイについては前田孝和が代表的な論者として挙げられている［中島2000：47-48］。
　　海外神社は、①台湾や朝鮮・樺太・南洋諸島など日本の旧植民地や旧委任統治領に建てられた神社、②満州や中国大陸・東南アジアなど日本の旧占領地に建てられた神社、③ハワイや南北アメリカなど日本人が移民をした地域に建てられた神社の3つが含まれる［同：61］。
　　その後中島は、海外に移民した人々が不慣れで厳しい環境下で自らの生活の安穏を祈願するため、日本人としてのアイデンティティを維持するために建てられた神社を「居留民設置（奉斎）神社」、日本政府や総督府・軍などの現地統治組織によって、その地域の統治のシンボルとして建てられた神社を「政府設置（奉斎）神社」の2つに分類している［中島2013：19］。なお海外神社の概要については、［中島2000：49］［菅2004：3］［中島2013：16-18］などを参照のこと。

27　中島は、海外神社の設立時期を3つに区分している。それは、日清戦争後から1910年代半ば頃までの時期で、台湾神社などの政府設置神社と居留民設置神社が並行して建てられていく第一期、1910年代半ば頃から1930年頃までの時期で、法制度が整備され、「内地」で確立した国家神道の論理が「外地」にも波及し、居留民設置神社の性格が政府設置神社のそれに近づき始める第二期、1931年の満州事変から終戦までの時期で、「外地」や占領地における皇民化政策の拠点や日本の海外侵略のシンボルとしての役割を海外神社が果たした第三期である［中島2000：55-59］。

28　［菅2004］。ここで菅が言う「まなざし」とは、「「開拓」意識と「同祖」論とが基本的には対を為していること」を指す［同：357］。

29　［青井2005］。青井は近代日本における神社（境内）の特質を、住民行政や都市行政などと関連づけられる一方で、他の宗教法人や私人とは異なる位置づけを与えられたことだとし、その特徴が植民地にも持ち出されたと指摘する。その上で青井は、「国家神道体制の特質を、それにまつわる物的・空間的環境の形成という局面に即して捉えていくこともできるはずであり、本書はそれを試みている」と述べる［同：18-20］。

30　［青野2015］。青野は、「多民族帝国主義的ナショナリズムに立脚した国家神道の姿」を「帝国神道」と定義し、「国家神道」を「神社を通して天皇制ナショナリズムを国民に教化しようとする戦前の社会体制」と位置づけている［同：1, 13］。ここから、青野は植民地期朝鮮における神社政策の分析を通して、国家神道の解明を目指していることがわかる。その一方で、青野と同じく朝鮮神宮の祭神論争を扱った菅は、国家神道という用語を通じて自らの立論に論理の混乱や曖昧さが持ち込まれることを防ぐため、国家神道という用語の使用を避けている［菅2004：19］。
　　なお、この他の最近の成果は、海外神社全体については［中島2013］が、朝鮮については［青野2006；2009］［樋浦2013］［山口2006；2014］が、台湾については［西村2010］［金子2012］［津田2012］が、満州については［中島2007］が、シンガポールについては［大澤2009］などが挙げられる。

31　[畔上2009]。地域神職の活動や当該期の神社政策の分析を通して畔上は、「本書の立場からすれば、「国家神道」は、意外なことではあるが1920年代半ばまでは確立していない」と結論づけている[同：273]。

32　[島薗2010]。島薗の他に近年「広義の国家神道」論を採用しているものとしては、[子安2004]や[井上2006；2011]などが挙げられる。また、島薗の最近の論考としては、[島薗2014a, b]などが挙げられる。島薗の議論は、戦後にも皇室祭祀が存続したことや神社本庁の動きなどを根拠に、戦後も国家神道は生き続けているとしている点に特徴がある。その際、島薗が参照しているのが、戦後の象徴天皇制がいかに浸透・定着したかを分析したアメリカの政治学者ケネス・ルオフの『国民の天皇』である[ルオフ2001=2003]。なお、戦後における神社本庁の存在と国家神道存続論について塚田穂高は、神社本庁や神社界の政治性についてのルオフや島薗の指摘自体は重要であるとしながらも、「島薗の言う戦後「国家神道」維持やルオフの言う「天皇制文化」復活の担い手を、神社本庁・神道界に偏り気味で論じるのは、島薗自身が批判する「国家神道」の「狭い定義」観に近くなってはいないだろうか」と述べ、その戦後の「国家神道」存続・復興論を批判的に検討している[塚田2015：35]。

33　島薗の国家神道論に対しては、「神社神道が「基体」(種々の変化、作用を受ける基礎となる実体)では無い何ものかを、あへて「国家神道」といふ言葉・概念で括つて表現する必然性は全く無」く、「近代日本において打ち出された様々な「理想」(構想)とその「現実」(結果)との間の厳密な線引きが殆どなされてゐない」[藤田2014b：93, 120]や、「「国家神道」概念によって国体思想の「かなりの部分」をカバーできるというのはやや過大評価」[昆野2010：118]などといった指摘がなされている。

34　例えば[阪本2012][明治聖徳記念学会編2014][國學院大學研究開発推進センター編2016]など。なお関連する対象領域の研究としては、1920 (大正9) 年に創建された明治神宮について、[山口2005]によって明治神宮創建の全体像が提示され、[今泉2013]によって内務省や明治神宮創建に関わった技師たちの動きが明らかにされた。最近では、明治神宮創建に注目することで、近代の神社造営をめぐる空間・環境形成の変遷に迫った[藤田・青井・畔上・今泉編2015]が刊行された。他にも、近世から近代にかけての神職像の変化を分析した[小平2009]、従来の国家神道研究が「国家」研究の側面を疎かにしていた点を指摘し、「国家」と「神道」との相関を問うべきだとする[田中2009]などの研究を挙げておきたい。

35　なお神社整理の概況に関しては、[森岡1987][藤本2009]を参照のこと。

36　森岡による神社整理研究の初出は、[森岡1966]である。

37　[森岡1987：236-237]。

38　[孝本1974]。また孝本は別の論考で、神社整理から大正期における社会の動きと神社行政や神社観の展開について分析している[孝本1978]。

39　[米地1977][櫻井1992]。

40　こうした視点は、畔上による研究にも深く関連している。[畔上2009]第一章、第二章を参照のこと。

41　[對馬1988]。

42　[島薗2002]。

43　[寺田2008]。

44　[西山1985；1988][大谷2001]など。大谷栄一は、近代以降の法華・日蓮系の宗教運動

を包括するカテゴリーとして、「近代法華仏教運動」という概念を提示している［同：15］。最近のものとしては、［西山 2014］などが挙げられる。西山は、久野収によって提唱された天皇の神聖性を表裏二面の意味で解釈し使い分ける「近代天皇制の顕密性」という視点を援用し、日蓮主義的国体論の変遷と両者の構造連関を扱っている。ただし西山の議論は、「国家神道」という概念と「ミカドカルト」という概念とを使い分けて論じており、近代天皇制と日蓮主義的国体論の関係を「国家神道」という枠に単純に当てはめて論じていない点には注意が必要である。

45　このような視点は近年の学会でも注目され、議論が行われている。［塚田・藤田・小島・髙橋・寺田 2009］［小島編 2014］などを参照のこと。

46　近代日本における国家と宗教や政教関係については、本書序章および［小島 2015］を参照のこと。

参考文献

赤澤史朗 1985『近代日本の思想動員と宗教統制』校倉書房。
青井哲人 2005『植民地神社と帝国日本』吉川弘文館。
青野正明 2006「植民地期朝鮮における神社の神職・神職任用関連の法令──1936年の神社制度改編を中心に──」『桃山学院大学人間科学』30：29-50。
─── 2009「植民地期朝鮮の神職に関する基礎的研究──戦時体制下の神職任用を中心に──」松田利彦・やまだあつし編『日本の朝鮮・台湾支配と植民地官僚』思文閣出版、364-394。
─── 2015『帝国神道の形成──植民地朝鮮と国家神道の論理──』岩波書店。
葦津珍彦著・阪本是丸註 2006（1987）『新版 国家神道とは何だったのか』神社新報社。
畔上直樹 2009『「村の鎮守」と戦前日本──「国家神道」の地域社会史──』有志舎。
─── 2012「国家神道」歴史科学協議会編『戦後歴史学用語辞典』東京堂、316、448-449。
藤本頼生 2009『神道と社会事業の近代史』弘文堂。
藤谷俊雄 1959「国家神道の成立」『日本宗教史講座 第1巻 国家と宗教』三一書房、215-290。
藤田大誠 2006「「神道人」葦津珍彦と近現代の神社神道」葦津珍彦著・阪本是丸註『新版 国家神道とは何だったのか』神社新報社、172-200。
─── 2007『近代国学の研究』弘文堂。
─── 2014a「近代日本の国体論・「国家神道」研究の現状と課題」『国体文化』1080：10-31。
─── 2014b「「国家神道」はいかに論じられるべきか──島薗進著『国家神道と日本人』を読む──」小島伸之編『近現代日本の宗教とナショナリズム──国家神道論を軸にした学際的総合検討の試み──』平成23年度〜平成25年度 科学研究費補助金（基盤研究（Ｃ））研究成果報告書、92-124。
藤田大誠・青井哲人・畔上直樹・今泉宜子編 2015『明治神宮以前・以後──近代神社をめぐる環境形成の構造転換──』鹿島出版会。
羽賀祥二 1994『明治維新と宗教』筑摩書房。
林淳 2006「近代仏教と国家神道──研究史の素描と問題点の整理──」『禅研究所紀要』34：85-103。
─── 2010a「国家神道と民衆宗教──村上重良論序説──」『人間文化』25：33-52。

─────2010b「村上重良の近代宗教史研究──政教分離をめぐる生き方──」安丸良夫・喜安朗編『戦後知の可能性──歴史・宗教・民衆──』山川出版社、176-203。
平野武1983「近代天皇制国家の政教関係」日本近代法制史研究会編『日本近代国家の法構造』木鐸社、77-102。
樋浦郷子2013『神社・学校・植民地──逆機能する朝鮮支配──』京都大学学術出版会。
今泉宜子2013『明治神宮──「伝統」を創った大プロジェクト──』新潮選書。
井上寛司2006『日本の神社と「神道」』校倉書房。
─────2011『「神道」の虚像と実像』講談社現代新書。
磯前順一2003「国家神道をめぐる覚書」『近代日本の宗教言説とその系譜──宗教・国家・神道──』岩波書店、97-107。
神社新報社編2012『次代へつなぐ葦津珍彦の精神と思想──生誕百年・没後二十年を記念して──』神社新報社。
金子展也2012「台湾神社の創建と祭典時の催し物の変容」『年報非文字資料研究』8：203-219。
小島伸之2015「近代日本の政教関係と宗教の社会参加」櫻井義秀・外川昌彦・矢野秀武編著『アジアの社会参加仏教──政教関係の視座から──』北海道大学出版会、45-72。
─────編2014『近現代日本の宗教とナショナリズム──国家神道論を軸にした学際的総合検討の試み──』平成23年度～平成25年度 科学研究費補助金（基盤研究（C））研究成果報告書。
國學院大學研究開発推進センター編・阪本是丸責任編集2016『昭和前期の神道と社会』弘文堂。
孝本貢1974「神社整理と地域社会──神奈川県相模原市の事例──」笠原一男編『日本における政治と宗教』吉川弘文館、313-352。
─────1978「「思想国難」と神社──大正期を中心にして──」下出積與博士還暦記念会編『日本における国家と宗教』大蔵出版、315-335。
昆野伸幸2010「近代日本における祭と政──国民の主体化をめぐって──」『日本史研究』571：117-140。
─────2013「村上重良『国家神道』」『日本史研究』616：55-67。
子安宣邦2004『国家と祭祀──国家神道の現在──』青土社。
明治聖徳記念学会編2014『明治聖徳記念学会紀要』復刊51、明治聖徳記念学会。
宮地正人1977「近代史部会報告批判」『日本史研究』178：53-56。
─────1981『天皇制の政治史的研究』校倉書房。
森岡清美1966「明治末期における集落神社の整理──三重県下の合祀過程とその結末──」『東洋文化』40：1-50。
─────1987『近代の集落神社と国家統制──明治末期の神社整理──』吉川弘文館。
村上重良1970『国家神道』岩波新書。
中島三千男1977a「「明治憲法体制」の確立と国家のイデオロギー政策──国家神道体制の確立過程──」『日本史研究』176：166-191。
─────1977b「「国家神道体制」研究の発展のために──宮地正人氏の批判に接して──」『日本史研究』184：48-63。
─────2000「「海外神社」研究序説」『歴史評論』602：45-63。
─────2007「旧満州国における神社の設立について」木場明志・程舒偉編『植民地期満州

の宗教——日中両国の視点から語る——』柏書房、139-170。
――― 2013『海外神社跡地の景観変容——さまざまな現在——』御茶の水書房。
西村一之2010「台湾東部における「歴史」の構築——「祠」から「神社」へ——」『日本女子大学紀要 人間社会学部』21：1-16。
西山茂1985「日本の近・現代における国体論的日蓮主義の展開」『東洋大学社会学部紀要』22 (2)：167-196。
――― 1988「日蓮主義の展開と日本国体論」孝本貢編『論集日本仏教史9 大正・昭和時代』雄山閣、135-162。
――― 2014「近代天皇制と日蓮主義の構造連関——国体をめぐる「顕密」変動——」西山茂責任編集『シリーズ日蓮4 近現代の法華運動と在家教団』春秋社、4-40。
新田均1997『近代政教関係の基礎的研究』大明堂。
――― 1999a「「国家神道」論の系譜（上）」『皇學館論叢』186：1-36。
――― 1999b「「国家神道」論の系譜（下）」『皇學館論叢』187：23-59。
――― 2005「「国家神道」研究の整理」『神道史研究』53（1）：2-15。
――― 2013「最近の動向を踏まえた「国家神道」研究の再整理」『宗教法』32：21-44。
――― 2014『「現人神」「国家神道」という幻想——「絶対神」を呼び出したのは誰か——』神社新報社。
小平美香2009『女性神職の近代—— 神祇儀礼・行政における祭祀者の研究 ——』ぺりかん社。
大澤広嗣2009「昭南神社—— 創建から終焉まで（シンガポール都市論）——」『アジア遊学』123：150-160。
大谷栄一2001『近代日本の日蓮主義運動』法藏館。
ルオフ，K, J. 2001=2003『国民の天皇—— 戦後日本の民主主義と天皇制 ——』(高橋紘監修、木村剛久・福島睦男訳) 共同通信社。
齊藤智朗2006a『井上毅と宗教——明治国家形成と世俗主義——』弘文堂。
――― 2006b「『国家神道とは何だったのか』と国家神道研究史」葦津珍彦著・阪本是丸註『新版 国家神道とは何だったのか』神社新報社、201-221。
阪本是丸1994『国家神道形成過程の研究』岩波書店。
――― 1999「国家神道」國學院大學日本文化研究所編『縮刷版 神道事典』弘文堂、129-130。
――― 2005『近代の神社神道』弘文堂。
――― 2007 (2003)「内務省の「神社非宗教論」に関する一考察」『近世・近代神道論考』弘文堂、367-389。
――― 2010「「国家神道」研究の40年」『日本思想史学』42：46-58。
――― 2012「「日本ファシズム」と神社・神道に関する素描」『國學院大學研究開発推進センター研究紀要』6：1-67。
――― 編2006『国家神道再考——祭政一致国家の形成と展開——』弘文堂。
櫻井治男1992『蘇るムラの神々』大明堂。
島薗進2002「国家神道とメシアニズム ——「天皇の神格化」からみた大本教 ——」網野善彦・樺山紘一・宮田登・安丸良夫・山本幸司編集委員『岩波講座天皇と王権を考える 第4巻 宗教と権威』岩波書店、247-269。
――― 2010『国家神道と日本人』岩波新書。

―――2014a『国家神道と戦前・戦後の日本人――「無宗教」になる前と後――』河合文化教育研究所。
―――2014b「明治初期の国家神道―― 神社と制度史中心の歴史的叙述を見直す ――」島薗進・高埜利彦・林淳・若尾政希編『シリーズ日本人と宗教 近世から近代へ 第1巻 将軍と天皇』春秋社、208-235。
菅浩二 2004『日本統治下の海外神社―― 朝鮮神宮・台湾神社と祭神 ――』弘文堂。
高木博志 1997『近代天皇制の文化史的研究―― 天皇就任儀礼・年中行事・文化財 ――』校倉書房。
田中悟 2009「関係論としての「国家神道」論」『宗教研究』83(1):139-160。
武田秀章 1996『維新期天皇祭祀の研究』大明堂。
寺田喜朗 2008「新宗教とエスノセントリズム――生長の家の日本中心主義の変遷をめぐって――」『東洋学研究』45:179-208。
津田良樹 2012「台湾神社から台湾神宮へ―― 台湾神社昭和造替の経過とその結果の検討 ――」『年報非文字資料研究』8:1-29。
塚田穂高 2015『宗教と政治の転轍点―― 保守合同と政教一致の宗教社会学 ――』花伝社。
塚田穂高・藤田大誠・小島伸之・高橋典史・寺田喜朗 2009「近・現代日本宗教におけるナショナリズムの諸相―― 神道・新宗教・海外日系宗教を中心に ――」『宗教と社会』15:217-234。
對馬路人 1988「新宗教における天皇観と世直し観―― 神政龍神会の場合 ――」孝本貢編『論集日本仏教史9 大正・昭和時代』雄山閣、189-214。
安丸良夫 1979『神々の明治維新―― 神仏分離と廃仏毀釈 ――』岩波新書。
―――1992『近代天皇像の形成』岩波書店。
山口公一 2006「植民地期朝鮮における神社政策と朝鮮社会」(一橋大学大学院社会学研究科博士論文)。
―――2014「植民地朝鮮における「国家祭祀」の整備過程」君島和彦編『近代の日本と朝鮮――「された側」からの視座――』東京堂出版、73-119。
山口輝臣 1999『明治国家と宗教』東京大学出版会。
―――2005『明治神宮の出現』吉川弘文館。
柳川啓一 1984「国家神道」国史大辞典編集委員会編『国史大辞典 第5巻』吉川弘文館、889。
米地実 1977『村落祭祀と国家統制』御茶の水書房。

あとがき

　本書『近現代日本の宗教変動―実証的宗教社会学の視座から―』は、編者にとってハーベスト社から刊行される宗教社会学論集の第三弾にあたるものと考えている。第一弾にあたるものは、本書の編者の一人である川又俊則が共編者を務めた『構築される信念―宗教社会学のアクチュアリティを求めて―』(2000年)、第二弾にあたるものは、川又と『構築される信念』では著者の一人であった寺田喜朗が共編者を務めた『ライフヒストリーの宗教社会学―紡がれる信仰と人生―』(2006年)である。これに続いて刊行されるのが本書であり、川又、寺田に加えて『ライフヒストリーの宗教社会学』では著者の一人であった塚田穂高、そして同論集作成の最終段階で開催された検討会においてコメンテーターを務めた小島伸之が編者に加わっている。

　2014年末、ハーベスト社の小林達也社長から『ライフヒストリーの宗教社会学』の残部がわずかとなったため、改訂の意向を問い合わせる連絡をいただいた。しかし、旧著の改訂にはかなりの時間と労力がかかることが判明し、また、すでに刊行からかなりの年月が経っていたこともあり、我々は、仕切り直しをして新しい成果を世に問いたいと考えた。

　本書執筆陣には、大学院生時代からの旧知の間柄である編者四人だけではなく、「実証的宗教社会学」という観点で考え、近年、学界でめざましい活躍を遂げている二人の若手研究者(問芝志保・藤井麻央)に声をかけた。また、次代を担う大学院生(小林惇道・原田雄斗・大場あや)にも、「研究動向」執筆というかたちで論集作成に参加してもらうことにした。

　『構築される信念』が社会構築主義、『ライフヒストリーの宗教社会学』がライフヒストリー法と、特定のアプローチを前面に押し出したタイトルを採用していたのに対し、本書は『近現代日本の宗教変動―実証的宗教社会学の視座から―』というタイトルにした。編集方針に関しても、テクニカル・タームや方法論を執筆者で共有するより、それぞれの論文が実証的なデータに即した―近現代日本の宗教変動の諸相を照射する―検討作業が十全に行え

ているか、という点にこだわることにした。2ヶ月に1回ほどのペースで開催された検討会ならびに編集会議はゆうに10回を超える。そこで交わされた忌憚のない議論を経て、内容的にも分量的にも大きな拡充と改善が図られた。

　本書作成には、宗教社会学という学問領域に関心を抱く人々へ、踏まえるべき研究史、研究テーマ、分析概念等といった〈ディシプリンとしての宗教社会学の共有財産〉を示し、その研究実践を通じてそれらの継承を図りたい、という企図があった。なお、本書がモデルとしたのは、1986年に刊行された『リーディングス日本の社会学19 宗教』（宮家準・孝本貢・西山茂編）であった。同書は、「宗教の社会的性格」「家・家族と宗教」「地域社会と宗教」「教団組織と宗教運動」「宗教と社会変動」の五部構成で、学界で高い評価を受けている既発表論文をオムニバス形式で収録した内容だった。本書は、この構成を意識して、「宗教運動論の展開」「地域社会と宗教」「国家と宗教」という三部構成を採用し、ポスト・リーディングスの研究テクストとなることを目指したのである。

　本書刊行に際し、ハーベスト社の小林社長にまずは感謝の念を捧げたい。大変厳しい出版状況があるなか、本書刊行を快く引き受けて下さったことに心から感謝する。余談だが、各章執筆の只中にあった2015年6月にハーベスト社創業30周年パーティ（於：東中野・ポレポレ坐）が開催された。本書執筆陣も受付その他でパーティの運営に関わらせていただいたが、これは大変光栄なことだった。小林さんとハーベスト社の益々の発展を祈念するものである。

　また、研究動向2・3の執筆にあたっては、西村明氏と畔上直樹氏からそれぞれ貴重な御教示をいただいたことを記して感謝したい。

　加えて、長年奉職された東洋大学を2012年に退職された西山茂先生に感謝を捧げたい。本書の執筆陣は、西山ゼミに参加していた編者四人と、西山ゼミ出身者のゼミに参加しているメンバーによって構成されている。本書執筆の検討会・編集会議でのやりとりは、かつてのゼミのそれを思い出させるものだった。その意味で本書は、西山先生の学恩に大きく預かる研究であり、西山ゼミの議論の延長線上に産出された成果とも言える。西山先生にはあらためて、日頃の学恩に感謝し、今後の切磋を誓うものである。

なお、本書公刊に際しては平成28年度大正大学学術出版助成金を受けた。貴重な支援に執筆陣一同感謝する。

　2016年5月
　　　　　執筆者を代表して
　　　　　　　　寺田喜朗・塚田穂高・川又俊則・小島伸之

人名索引
(50音順)

あ行

アイアナコン, L. 151
赤沢文治 17, 47, 82, 86, 90-95, 108, 110, 112
秋尾眞禄 65-66, 71-73
葦津珍彦 350, 373, 377, 385-387, 391
畔上直樹 387, 390, 393, 400
アルヴァックス, M. 290, 298
有賀喜左衞門 4, 166, 207-210, 306-307, 334
アンダーソン, B. 290-291, 298
井門富二夫 25, 28, 42, 153, 157-158
石井研士 153, 158, 219-222, 243-244, 246, 281-282, 285
伊藤博文 12, 315, 334, 336
井上哲次郎 308-309, 322, 333-334, 338
井上順孝 20-21, 25, 31, 41-45, 47, 87, 109-112, 141-142, 244, 282, 376
ウィルソン, B. 3, 42-43, 148-149, 156, 158
ウェーバー, M. 2-3, 6, 42, 45-47, 141, 147-148, 152, 156, 320
荻野富士夫 343, 345, 351, 376-377
小野泰博 121, 142,

か行

カサノヴァ, J. 150, 156-157
桂島宣弘 84-85, 106, 110, 112, 114
クラウゼヴィッツ, C. 297
孝本貢 21, 25, 41-42, 47, 110, 141, 281, 296, 300, 308, 335-336, 376, 388, 393, 400
小沢浩 77, 82, 84, 109
コント, A. 2, 8

さ行

阪本是丸 21, 109, 111-112, 299, 339, 382, 386-387, 390-391, 393
桜井德太郎 209, 307, 334-335
櫻井義秀 19, 42, 244, 280, 282-283, 286
佐藤範雄 91-98, 100-101, 103-106, 108, 111-114
佐藤光俊 85, 109-112
島地黙雷 11, 88
島薗進 21, 25, 29-31, 41-47, 77, 83-84, 109-110, 119, 141-142, 144, 158, 298, 338, 387-389,

393
新谷尚紀 208-209, 213, 285, 298
菅浩二 387, 392
鈴木岩弓 208, 212-213, 300
鈴木榮太郎 4, 207-208, 218, 243, 389
スターク, R. 41, 43, 47, 150-152, 157

た行

高木宏夫 25, 30, 43, 109
竹内利美 20, 167, 207-209, 211
竹沢尚一郎 30, 43, 46, 141
竹田聴洲 307, 334, 336
多羅尾清車 61, 65-66
千葉正士 170, 177, 203, 211, 213
對馬路人 25, 29, 32, 36, 41-44, 46-47, 110, 118, 141-142, 376, 389, 393
出口王仁三郎 367-368, 389
デュルケム, É. 2, 3, 6, 147-148, 156, 207
テンニース, F. 166, 206-207
ドベラーレ, K. 150, 156-157
富永健一 166, 207
トレルチ, E. 42, 320

な行

中島三千男 384, 387, 390-392
中牧弘允 25, 31, 41-42, 44, 110, 376
長松日扇 55, 64, 68, 76
西村明 208, 294-296, 299-300, 400
西山茂 4-6, 20, 25, 29-32, 36, 41-44, 46-47, 55, 58-60, 76-79, 81, 86, 109-111, 114, 118-119, 141-142, 158, 210-211, 282, 376, 389, 393-394, 400
新田均 111, 382, 386-387, 390-391
日蓮 34, 54, 55
ニーバー, R. 3, 42, 78

は行

バーガー, P. 3, 148-149, 151-152, 156-157, 332
芳賀学 31, 42, 44
波瀬敬詞 120, 132
波瀬善雄 17, 35, 120, 122, 124

林淳　20, 25, 41-42, 157-158
福嶋信吉　83-85, 109-110, 114, 298
福武直　166, 207, 209
藤田大誠　298, 387, 390-391, 393-394
ベインブリッジ, W.　43, 150-151, 157
ベラー, R.　3, 42
穂積陳重　18, 308-339, 389
穂積八束　308-309, 315, 317, 322-323, 333-334, 337-339

ま行
三木英　28, 42-43, 45, 47, 57-60, 76-79
村上興匡　208, 296, 300
村上重良　21, 25-26, 42, 55, 77, 82, 84, 109, 292, 299, 302, 348-349, 376, 383-385, 387-388, 390-391
モバーグ, D.　32, 36, 44, 85, 142
森岡清美　4-6, 20-21, 25, 28-29, 31-32, 36, 41, 43-44, 84-86, 110-113, 118-119, 141, 153, 158, 207, 219-220, 243, 250, 280-282, 286, 295, 300, 306-307, 309-310, 332, 334-336, 339, 388, 393

や行
安丸良夫　25, 42, 55, 77, 113-114, 335, 350, 373, 377, 384, 386, 390-391
柳川啓一　153, 157-158, 382, 390
柳田國男　3, 206-207, 293, 297, 306, 334-335, 339
山口輝臣　21, 112, 387, 391, 393
山中弘　20, 25, 41-42, 149-150, 156-158
弓山達也　42, 47, 141-142

ら行
ルックマン, Th.　3, 148-149, 156-157, 332

わ行
渡辺雅子　25, 41-42, 47, 141-142, 156, 158, 244, 281
ワッハ, J.　3, 17, 42, 219, 243, 246

事項索引
(50音順)

あ行

Ancestor-Worship and Japanese Law　309, 318, 323-325, 333-334

家　4, 7-8, 14, 16, 19, 44, 153-154, 166, 176-178, 183, 202, 205, 207-209, 243, 250, 280, 293-294, 306-309, 314-317, 319, 321-322, 329, 331-332, 334-335, 339, 400

いえモデル　29, 31, 112

生神思想　83, 119, 139, 141

違憲　217, 222, 230-232, 234-235, 239, 241, 246

イデオロギー的祖先観　307-310, 334-335

一派独立　86, 93, 95, 100-101, 103-106, 108, 113, 389

慰霊　18, 236-237, 239-240, 290-300, 383

氏子　4, 18, 153-154, 157, 176, 189, 207-208, 210, 217-220, 224, 227-229, 231-233, 237, 241-242

――調　10

オウム真理教　16, 25-27, 29, 44, 46, 347

大本　26-27, 30-32, 34, 38, 81, 343-344, 348, 349, 350, 367, 368, 369, 370, 373-379, 389

おやこモデル　29, 31, 112

か行

海外神社　387-388, 392

解体（dissolution）　168, 183, 187-189, 201-206

階梯型　34-36, 38-39, 46

開放型　34-36, 38, 46

隔絶型　35-36, 45, 140, 144

過疎化　15, 18, 220-221, 242, 264

合致的宗教集団　17, 42, 219, 242

カリスマ　3, 17, 29, 33-35, 38-40, 44-47, 117-119, 121-124, 127-128, 131-132, 134, 136, 138-141, 309

――の日常化　46, 109, 118-119, 141

――の転封　38, 40, 47, 119, 127, 131, 139-140

カルト　36, 43, 376, 394

管長　12, 63-65, 68, 75, 84, 88-91, 93, 97, 99, 102-103, 106-108, 111-113

祈願寺　8

教育勅語　27, 333, 349, 371, 385

教師養成　98-101, 103-104, 106, 113-114

教祖　17, 27, 30, 35, 37-40, 44-45, 47, 59, 82-85, 94-96, 98, 101, 109-111, 114, 117-144, 371-372

教団ライフコース論　32-33, 36, 44, 85-86, 132

教団ライフサイクル論　32-33, 36, 44, 85-86, 142

教団類型論　17, 25-26, 28, 31, 33, 36, 47, 53, 56-59, 61, 65, 67, 69, 72, 74, 76-77, 118

教導職　11-12, 21, 63, 87-97, 108, 384

教派神道　11-12, 27, 29, 43, 46, 55, 63, 81-83, 85-90, 93, 96-97, 99, 102-105, 107, 109-111, 221, 384, 390

禁教令　7

近世宗政教関係　6

近代化　1, 3, 8, 19, 26, 55, 82, 84, 106, 147-148, 150, 156-158, 165-166, 168, 206-208, 219, 242, 249, 309, 311, 321, 332, 335, 337

近隣

――組　204-205, 208, 212

――集団　207-208, 210

――組織　17, 165-167, 188, 207

供養　1, 27, 35, 45, 56, 252, 266-267, 270, 294, 298, 306

継承型　35-36, 45, 144

契約講　17, 165-168, 175-196, 198-206, 208-213

ゲゼルシャフト　166, 204, 206-207

ゲマインシャフト　166, 204, 206-207

同族――　166, 168, 207, 210

近隣――　166, 169, 205-206

限界集落　220-222, 241-242, 258, 285

顕彰　236-237, 239, 290-292, 294, 296-298

兼務　64, 189, 253, 256, 258-260, 263, 267, 269-271, 276, 278, 280, 282-284

後継者　38-39, 41, 46, 84, 117-119, 121, 127-128, 131-134, 136-141, 143-144, 254, 259, 266-267, 269, 276, 283, 285

講社　1, 17, 87-88, 91-95, 98, 108, 111

高等警察　351, 354, 365, 379

高度経済成長　15, 18, 26, 153, 171, 177, 209, 219, 224, 249, 269, 274, 279

公有地　218, 228-229, 233-243, 245-246, 299

事項索引

合理的選択理論　18-19, 147, 150-156, 158
高齢化　18, 117, 203, 222, 242, 245, 250, 257, 262-264, 266, 269, 275-276, 281, 285
国家神道　14, 18, 82, 83, 85, 102, 105, 109, 110, 153, 229, 241, 292, 343, 348, 349, 350, 374, 382-394
国家総動員法　362, 364, 373, 375
国家ノ宗祀　10-11, 88, 96, 390
国勢調査　171, 173-174, 223-224, 250, 262, 281, 284
国体　8, 18, 305, 310, 317, 322, 324-325, 328-331, 333-335, 337-339, 345, 348-350, 353, 359-360, 365-366, 369, 372, 374-375, 377, 388-389, 391, 393-394
国民国家　9, 12, 19, 290-291, 297, 330
国民道徳　9-10, 305, 308, 322, 326, 330, 334, 336, 338-339
護国神社　292-294
個人宗教　28, 157
御霊信仰　293, 305
金光教　9, 17, 26-27, 29-31, 35, 46-47, 55, 70, 76, 81-86, 90-91, 93-114, 119, 221, 377, 389

さ行

在家日蓮宗浄風会（浄風会）　17, 37, 46, 53-54, 59, 61-62, 70, 73-76, 78, 389
在家仏教運動　17, 44, 53-55, 58-59, 61, 64
最高裁　217-218, 230-234, 239, 245-246, 343, 349, 376
祭政一致　9, 11, 87, 366-367, 384, 386, 391
三条の教則　87, 90
GHQ　14, 299, 382
寺院法度　6, 20
至高者神話　47, 119, 137, 139-140
実証的宗教社会学　1-2, 5-6, 18-19, 399
自然村　4, 18, 207, 218, 243
指導者集中型　17, 34-36, 38-39, 46-47, 117-118, 120-121, 138, 140, 144
社会進化論　312-314, 331
借傘型　31, 58-59, 69, 76, 90, 96, 99, 104, 106, 111
宗教運動論　17, 25-26, 32-33, 36, 44, 53, 56-57, 77, 109, 118, 400
宗教構造　1-2, 6-10, 12-14, 16, 19, 243, 343
宗教市場　151-152, 155

宗教社会学研究会（宗社研）　4, 25
宗教団体法　13-15, 60, 63-64, 69-71, 73-74, 79, 89, 111, 349, 373
「宗教と社会」学会　5, 19
宗教年鑑　143, 221, 255, 260
宗教の私事化　149-150, 154
宗教変動　1, 6, 16, 18, 20, 399
宗教法人　14, 16, 74-75, 120, 143, 221-222, 224, 226, 240, 253, 255, 265, 274, 277-278, 292, 392
宗教法人法　14, 16, 74, 143, 253
宗教法人令　14, 74
集合的記憶　290-291, 295
習合テクスト型　34-37, 45-46
宗勢調査　251, 256-259, 278, 282-283
招魂社　291-292
消滅可能性都市　221-222, 250, 265
昭和維聖会　367-368, 378
新義異宗の禁　7
信仰継承　141, 263, 270-271, 276, 279
人口減少　18, 217, 220-221, 229, 241-242, 244, 249-251, 255, 258, 263-265, 271, 275-276, 278-279, 281-282
新寺建立禁止令　7, 78
神社改正ノ件　384, 386-387, 391
神社整理　388-389, 393
神社非宗教（論）　88, 92, 97, 100, 111, 326, 384, 391
神社本庁　221, 224, 243, 265, 393
新宗教事典　4, 25
真実出家論　64, 68, 70, 72-73, 75-76
新新宗教　31, 41, 43, 46-47
神道指令　382, 385-386, 390
信徒分有型　34-36, 38-39, 46, 140, 144
砂川政教分離訴訟　230, 245, 343, 376
スピリチュアル（スピリチュアリティ）　29, 42-43
政教分離　11-14, 17, 81, 88, 111, 217, 229, 231, 235, 239, 241-243, 293, 343, 383-384, 390
成熟過程論　32-33, 36
生存戦略　18, 249, 251, 275, 277-281
政体　9, 328, 339, 359-360
生長の家　26-27, 30, 34, 37, 46, 389
制度化　29, 33, 44, 84-86, 103, 106-107, 110, 119,

405

139, 141
制度宗教　28, 156-157
聖なる天蓋　19, 148
生命主義的救済観　27, 142
セクト　31, 42-43, 47, 78
世俗化　1-2, 18-19, 147-159, 249-250
専従　253, 263, 266, 269-270, 276, 280, 284
戦争死者慰霊　294, 296, 300
先祖祭祀（祖先祭祀）　4, 16, 18, 153, 158, 205-206, 208, 249, 305-314, 317-332, 334-336, 339, 389
戦没者　18, 213, 290-300
創価学会　4, 15, 26, 29-32, 34, 36-37, 43-44, 46, 86, 118, 176, 210
葬儀　6, 11-12, 16, 21, 88, 91, 167-168, 175, 178-181, 183-189, 198-199, 201, 203-205, 209-210, 212-213, 252, 255, 259, 266-267, 270-273, 280, 384
葬制　1, 213
想像の共同体　290
組織宗教　28, 43, 157
『祖先祭祀ト日本法律』　309-310, 323-324, 334, 336
空知太神社　217, 225-227, 229-230, 232-234, 241, 376
祖霊信仰論　293, 335, 339

た行

大日本帝国憲法　12-13, 90, 108-109, 328, 333, 339, 346, 357-359, 368, 383-385
太政官布達19号　12, 63, 89-90, 102, 104, 107-108, 111
治安維持法　344-346, 348-349, 355, 359-360, 362, 368-369, 373
チャーチ　42-43
忠魂碑　236-237, 239, 293-296, 299-300
追弔　293, 298
追悼　290-292, 294, 297-298, 300
テクスト教団　33-38, 45-47, 53-55, 60, 76, 118, 140, 144
寺請制度（寺檀制度）　7, 10, 20, 26, 56, 62, 78, 252
伝統テクスト型　17, 34-37, 46, 53-54
天理教　9, 26-27, 29-32, 35, 38-40, 46-47, 55, 81-83, 96, 99, 101-103, 108-109, 112-113, 119, 141, 176, 221, 266, 281, 377
同族（団）　4, 8, 166, 168, 175, 205, 207-211, 306-308, 334
特殊的宗教集団　17, 42, 242
特別高等警察（特高警察）　18, 343-357, 359-361, 363-370, 373-377, 379, 389
「特高教本」　344, 350-354, 356, 359, 361-365, 374-376
トナリ関係　175, 204-205, 208, 212
富平神社　217, 225, 228-230, 233, 237

な行

内棲型（内棲宗教）　4, 31, 58-60, 65-66, 69, 73-76
なかま—官僚制連結モデル　29, 31
ナショナリズム　290-291, 392
二重構造　82, 85, 109
日本国憲法　14, 217, 243, 343
日本創成会議　221, 224, 244
農地改革　15, 175

は行

ハイパー宗教　31, 45
廃仏毀釈（神仏分離）　9, 252, 384
発達課題　17, 39, 117, 119, 127, 130, 139-140, 144
流行神　8, 32-33, 93, 141
ひとのみち教団　26-27, 30, 344, 348-349, 370-372, 374, 379
ビリーフ　85, 106, 110
ファシズム　347-348, 356, 360-361, 366, 374, 383
不敬　322, 333, 338, 344, 350, 368-369, 371-375, 379
プラクティス　85, 106, 110
文化宗教　28, 157
便宜剃髪論　64, 68, 70, 72-73, 75-76
変形（transformation）　168, 183, 188-189, 202
変質（qualitative changing）　168, 183, 186, 188, 202
法華経　34-36, 54-56, 118
本門佛立講（佛立講）　4, 17, 26-27, 30, 34, 37, 46, 53-56, 60-62, 64-69, 71-77

ま行

見えない宗教　148-149
民衆宗教　47, 55, 77, 82, 84-85, 109-110, 350, 377, 383
民俗学　3, 166, 168, 293, 296, 331-332, 335-336, 339
「民法出テヽ、忠孝亡フ」　315, 333, 337-338
民法典論争　312-316, 320, 322, 333, 337-338
村（ムラ）　7-8, 10, 16, 18, 91-92, 97, 167-168, 175-177, 202, 205-213, 217-218, 221-222, 240-241, 249, 293-295, 335, 387-388
村組　205, 208
明治民法　309-311, 313-320, 323, 336
目的効果基準　231

や行

靖国神社　230, 291-295, 298-299, 383

ら行

立正佼成会　4, 15, 26-27, 29-32, 34, 36, 40, 57, 85, 118, 176, 210, 221, 281
離村向都　15
〈霊＝術〉系新宗教（術の宗教）　30-31, 36, 43
霊能教団　33-36, 45-47, 53-54, 118
霊波之光教会　17, 26, 34-35, 39, 46, 117-118, 120-123, 131-132, 135, 137-138, 142-143
老年期　267-269, 276

著者紹介

[編者]

寺田喜朗（てらだ　よしろう）　序章・第1章・第5章　　宗教社会学・新宗教研究
　1972年生。大正大学文学部教授。東洋大学大学院社会学研究科博士後期課程修了。博士（社会学）
　主要研究業績：『旧植民地における日系新宗教の受容』(ハーベスト社　2009)／『教養教育の新たな学び』(共編著　大学教育出版　2009)／『ライフヒストリーの宗教社会学』(共編著　ハーベスト社　2006)／『シリーズ日蓮4　近現代の法華運動と在家教団』(共著　西山茂責任編集　春秋社　2014)／「新宗教における幸福観とその追求法」『宗教研究』380号　日本宗教学会　2014)

塚田穂高（つかだ　ほたか）　第1章・第4章・第6章　　宗教社会学・日本文化論
　1980年生。國學院大學研究開発推進機構助教。東京大学大学院人文社会系研究科博士課程修了。博士（文学）
　主要研究業績：『宗教と政治の転轍点』(花伝社　2015)／『宗教と社会のフロンティア』(共編著　勁草書房　2012)／『〈オウム真理教〉を検証する』(共著　井上順孝責任編集　春秋社　2015)／『情報時代のオウム真理教』(共著　井上順孝責任編集　春秋社　2011)／「日本の〈新宗教運動＝文化〉研究の課題と展望」『國學院大學研究開発推進機構紀要』8号　國學院大學研究開発推進機構　2016)

川又俊則（かわまた　としのり）　第7章　　宗教社会学・社会調査論
　1966年生。鈴鹿大学短期大学部教授。成城大学大学院文学研究科博士後期課程単位取得退学
　主要研究業績：『世の中が見えてくる統計学』(幻冬舎　2015)／『数字にだまされない生活統計』(北樹出版　2013)／『ライフヒストリー研究の基礎』(創風社　2002)／『人口減少社会と寺院』(共編著　法藏館　2016)／『ライフヒストリーの宗教社会学』(共編著　ハーベスト社　2006)

小島伸之（こじま　のぶゆき）　序章・第2章・第9章　　宗教社会学・憲法・日本近代法史
　1970年生。上越教育大学大学院学校教育研究科准教授。東洋大学大学院社会学研究科博士後期課程修了。博士（社会学）
　主要研究業績：『昭和戦前期の神道と社会』(共著　阪本是丸責任編集　弘文堂　2016)／『アジアの社会参加仏教』(共著　櫻井義秀・外川昌彦・矢野秀武編　北海道大学出版会　2015)／『情報時代のオウム真理教』(共著　井上順孝責任編集　春秋社　2011)／『井上毅とその周辺』(共著　梧院文庫研究会編　木鐸社　2000)／「近現代日本における「教育の中立性」」『比較憲法学研究』26号　比較憲法学会　2014)

408

[執筆者]

問芝志保(といしば　しほ)　第8章　　宗教学・宗教社会学
　1984年生。筑波大学大学院人文社会科学研究科一貫制博士課程在籍
　主要研究業績：「明治10年代以降の墓地法制と都市」(『宗教と社会』22号　「宗教と社会」学会　2016)／「近代の都市における墓地形成と受容」(『宗教学・比較思想学論集』16号　筑波大学宗教学・比較思想学研究会　2015)／「祖先祭祀の「文明化」」(『宗教研究』379号　日本宗教学会　2014)／「葬送に関連する事業の展開と墓の変化」(『宗教学年報』26号　大正大学宗教学会　2011)

藤井麻央(ふじい　まお)　第3章　　宗教社会学・近代日本宗教史
　1986年生。國學院大學文学研究科博士課程後期満期退学
　主要研究業績：「制度化過程の初期新宗教」(『國學院雑誌』116-11号　國學院大學　2015)／「明治中期の宗教政策と神道教派」(『國學院雑誌』115-7号　國學院大學　2014)／「天理教有志の支援活動」(『宗教学年報』29号　大正大学宗教学会　2014)／「大正期の金光教における「めぐり」論の浮上とその背景」(『國學院大學大学院紀要（文学研究科）』45号　國學院大學文学研究科　2014)

小林惇道(こばやし　あつみち)　研究動向2　　宗教学・近代日本宗教史
　1983年生。大正大学大学院文学研究科宗教学専攻博士後期課程在籍。慶應義塾大学商学部卒業、大正大学大学院文学研究科宗教学専攻博士前期課程修了
　主要研究業績：「孝道教団の災害・復興支援活動」(『宗教学年報』29号　大正大学宗教学会　2014)／「現代における慰霊・追悼の展開」(『宗教学年報』27号　大正大学宗教学会　2012)

原田雄斗(はらだ　ゆうと)　研究動向3　　地域社会史・近代日本思想史
　1990年生。一橋大学大学院社会学研究科総合社会科学専攻歴史社会研究分野（社会史日本）博士後期課程在籍。東京学芸大学教育学部卒業、一橋大学大学院社会学研究科総合社会科学専攻修士課程修了
　主要研究業績：「世紀転換期における在地神職の神道解釈と宗教観」(『次世代人文社会研究』12号　日韓次世代学術フォーラム　2016)

大場あや(おおば　あや)　研究動向1　　宗教学・比較葬制論
　1991年生。大正大学大学院文学研究科宗教学専攻修士課程在籍。東京外国語大学外国語学部卒業
　主要研究業績：「台湾における日系新宗教および宗教関連施設の現況」(共著　『宗教学年報』30号　大正大学宗教学会　2015)

近現代日本の宗教変動―――――――――――――――――
実証的宗教社会学の視座から

発　　行――2016年6月20日　第1刷発行
定　　価――定価はカバーに表示
編著者――寺田喜朗・塚田穂高・川又俊則・小島伸之
発行者――小林達也
発行所――ハーベスト社
　　　　　〒188-0013　東京都西東京市向台町2-11-5
　　　　　電話　042-467-6441
　　　　　振替　00170-6-68127
　　　　　http://www.harvest-sha.co.jp
印刷――――㈱平河工業社
製本――――㈱新里製本所

落丁・乱丁本はお取りかえいたします。
Printed in Japan
ISBN4-86339-078-2　C3036
© TERADA Yoshiro, TSUKADA Hotaka, KAWAMATA Toshinori, and KOJIMA Nobuyuki, 2016

本書の内容を無断で複写・複製・転訳載することは、著作者および出版者の権利を侵害することがございます。その場合には、あらかじめ小社に許諾を求めてください。

視覚障害などで活字のまま本書を活用できない人のために、非営利の場合のみ「録音図書」「点字図書」「拡大複写」などの製作を認めます。その場合には、小社までご連絡ください。